Política, afectos e identidades en América Latina

Política, afectos e identidades en América Latina / Anna Hickey-Moody ... [et al.]; coordinación general de Luciana Anapios; Claudia Hammerschmidt. - 1a ed. - Ciudad Autónoma de Buenos Aires: CLACSO; Guadalajara: CALAS; San Martín: UNSAM; Jena: Universitat Jena; Alemania: Bundesministerium für Bildung und Forschung, 2022.
472 p. ; 21 x 14 cm.
ISBN 978-987-813-155-9
1. Política. 2. América Latina. I. Hickey-Moody, Anna. II. Anapios, Luciana, coord. III. Hammerschmidt, Claudia, coord.
CDD 306.2098

Otros descriptores asignados por CLACSO:
Afecto / Identidad / Política / Giro afectivo / Teoría queer / Feminismos / Emociones / Público / Privado

Corrección: Marcela Alemandi
Diseño de tapa: Ezequiel Cafaro
Diseño interior y maquetado: Eleonora Silva

Política, afectos e identidades en América Latina

Luciana Anapios
y Claudia Hammerschmidt
(Coords.)

GEFÖRDERT VOM

UNSAM · FRIEDRICH-SCHILLER-UNIVERSITÄT JENA · Bundesministerium für Bildung und Forschung · CALAS · CLACSO

CLACSO
Consejo Latinoamericano de Ciencias Sociales
Conselho Latino-americano de Ciências Sociais

CLACSO Secretaría Ejecutiva
Karina Batthyány - Secretaria Ejecutiva
María Fernanda Pampín - Directora de Publicaciones

Equipo Editorial
Lucas Sablich - Coordinador Editorial
Solange Victory y Marcela Alemandi - Gestión Editorial
Nicolás Sticotti - Fondo Editorial

Política, afectos e identidades en América Latina (Buenos Aires: CLACSO, marzo de 2022).
ISBN 978-987-813-155-9

CLACSO
Consejo Latinoamericano de Ciencias Sociales - Conselho Latino-americano de Ciências Sociais
Estados Unidos 1168 | C1023AAB Ciudad de Buenos Aires | Argentina
Tel [54 11] 4304 9145 | Fax [54 11] 4305 0875 | <clacso@clacsoinst.edu.ar> |
<www.clacso.org>

Asdi

Este material/producción ha sido financiado por la Agencia Sueca de Cooperación Internacional para el Desarrollo, Asdi. La responsabilidad del contenido recae enteramente sobre el creador. Asdi no comparte necesariamente las opiniones e interpretaciones expresadas.

Índice

III. Experiencias afectivizadas entre espacios íntimos y públicos

Introducción

Luciana Anapios y Claudia Hammerschmidt

Este libro es el producto de una plataforma de diálogo organizada por la Sede Cono Sur del CALAS (Centro Maria Sibylla Merian de Estudios Latinoamericanos Avanzados en Humanidades y Ciencias Sociales) para abordar la relación entre política, afectos e identidades en América Latina. El objetivo de la plataforma fue y es presentar los debates que renovaron las agendas de las ciencias sociales y las humanidades con las propuestas del giro afectivo, y los logros, límites y tensiones de los enfoques centrados en emociones, intimidad y afectividad. Al mismo tiempo, la plataforma partió de los afectos para indagar y dialogar sobre las transformaciones políticas y la construcción/reconversión de identidades tal como estas se muestran sobre todo en América Latina en los últimos años, prestando especial atención a la perspectiva de género, al equilibrio regional, a las propuestas desde disciplinas diversas, con énfasis en la promoción de trabajos presentados desde y por fuera del mundo académico.

Como tantos otros eventos a partir de 2020, la plataforma de diálogo, origen de este libro, fue pensada inicialmente como un encuentro presencial, que hubiera tenido lugar en la Universidad Nacional de San Martín, en la Provincia de Buenos Aires, Argentina. La emergencia y expansión de la pandemia de COVID-19 obligó a modificar la propuesta original alterando todos los proyectos, fueran estos públicos, íntimos, colectivos e individuales, como en todo el mundo. Descartada la presencialidad, la plataforma se realizó de modo virtual en abril de 2021, una fecha en la que la aplicación de modalidades virtuales aún no era tan extendida. Debimos adecuarnos, adaptarnos, innovar y ser creativas con un formato poco conocido, por lo menos para nosotras. Pudimos hacerlo porque contamos con apoyo institucional y con la participación dispuesta y colaborativa de todas y todos los participantes.

En ese contexto, con la pandemia en expansión, la incertidumbre, el miedo, la soledad o las pérdidas de afectos y de cercanía de millones de personas, el tema del encuentro –la articulación entre política, afectos e identidades– cobró un sentido que nadie había dimensionado cuando comenzamos a organizarlo.

América Latina es una de las regiones más desiguales del planeta. Las políticas gubernamentales (de la región y del mundo) que imponían y/o propiciaban el confinamiento de la población, la restricción de los contactos sociales, las medidas de higiene, etc., se hacían difíciles de cumplir por parte de los sectores más vulnerables, pobres, carentes de servicios básicos y de ingresos seguros. En los barrios populares, donde las organizaciones sociales, civiles, barriales, los centros culturales, las bibliotecas populares y las escuelas y jardines eran espacios de encuentro comunitario y puente para que muchas familias comieran, el aislamiento era imposible.

"Quedarse en casa" no era, ni es aún, una posibilidad real para la mayoría de los trabajadores en América Latina y el Caribe que tienen un empleo precario y mal remunerado (Gutiérrez Cham, Herrera Lima, Kemner, 2021, p. 12). "Nadie se salva solo", bordan las mujeres del taller organizado en San Martín en los primeros días de abril del 2021 del que participan integrantes y referentas de las organizaciones y espacios que funcionan como lugares de encuentro, solidaridad y contención en este territorio. [1]

[1] El 1° de abril de 2021, la sede CALAS Cono Sur organizó un taller de arpillera para el diseño de la imagen visual de la Plataforma en San Martín, Provincia de Buenos Aires,

A pesar de la pandemia, de la incertidumbre que aún genera y la incorporación de nuevas modalidades de interacción, el resultado de nuestro encuentro virtual es este volumen que evidencia la capacidad de adaptación, creatividad, perseverancia y esfuerzo conjunto de muchas personas e instituciones.

El libro está organizado en tres partes vinculadas a tres de los ejes y preguntas en las que se organizaron las presentaciones de las autoras y autores: ¿cómo las crisis y procesos de cambio son objetivados y reflexionados por diferentes actores?; ¿cómo la identidad es negociada y reinventada?; y ¿cómo las personas inmersas en procesos de crisis son capaces de reconfigurar una arena transnacional y/o local imaginaria por la que circulan diferentes manifestaciones de afecto simbólicas y materiales?

El libro plasma en cada capítulo apartados teórico-metodológicos sobre los debates y autores que son retomados justamente porque consideramos que la teoría de los afectos, el giro afectivo, las teorías *queer* y las perspectivas feministas, la historia de las emociones y la intimidad son cajas de herramientas, y porque las combinaciones para pensar los problemas de quienes participan del libro son ágiles, heterogéneas y todas posibles. Lo mismo ocurre con los autores, autoras y bibliografías citadas.

En la primera parte del libro, centrada en las "Reconfiguraciones afectivas de la identidad", se propone un recorrido por diversos abordajes que hilan sus preguntas con la teoría de los afectos y las emociones, lo cual permite leer en otra clave, introducir la dimensión afectiva, o partir de ella para reflexionar sobre diversos objetos. Para algunas de las autoras de esta sección, la referencia a Baruch Spinoza, Gilles Deleuze, Lauren Berlant y Sara Ahmed, sus aproximaciones, propuestas y preguntas, son un puente para enriquecer

---

en vinculación con el proyecto de investigación-acción "Migrantas en Reconquista" (UNSAM/IDRC). Participaron mujeres migrantes, referentes de los siguientes espacios socio-comunitarios: Colectividades Unidas Sin Fronteras, Flor de Loto, Biblioteca Popular La Carcova, Merendero Lxs Amigxs de Barrio Sarmiento, Kuña Guapa, Comedor San Blas Barrio Eucaliptus, Colectivo Osadía.

y abrir otras formas de interrogar temas y problemas que trabajan desde hace largo tiempo. En otros casos, son los archivos los que imponen el acercamiento a lo que llamamos teoría de los afectos, giro afectivo con perspectiva feminista, nuevos materialismos, historia de las emociones. Si bien se trata de conceptos diversos, el aporte surge de la misma cantera de renovación en las ciencias sociales y las humanidades: hacer preguntas que tomen como punto de partida la potencialidad de las emociones humanas y no humanas, la carga afectiva de los objetos, la pregunta de dónde surge la emoción, el rol de los cuerpos y la experiencia emocional, como emergente social, comunitario y colectivo. Gran parte de estos trabajos ponen en primer plano las emociones que se manifiestan en relatos, testimonios, dibujos, producciones artísticas, fotografías. El objetivo es recuperar y convertir en protagonista la experiencia emocional que de otra forma corre el riesgo de perderse, disolverse.

El libro comienza con una relectura de Anna Hickey-Moody de su trabajo empírico con inmigrantes en Australia. Retomando la teoría del afecto, se centra en la fe –situada material, conceptual, social e históricamente– como experiencia colectiva y afectiva; la fe como geografía emocional que crea subjetividades y comunidades, como experiencia sensorial, que puede aumentar o disminuir la capacidad de actuar de un cuerpo. De muchos cuerpos. Todos tenemos fe en algo, dice la autora, retomando, desde otro lado, el "optimismo cruel" de Berlant, y tomando la fe tanto como una expresión del contexto como en cuanto acto político.

En una respuesta situada desde su investigación sobre el territorio conocido como Área Reconquista, del partido de General San Martín en la Provincia de Buenos Aires, Silvia Grinberg retoma la flecha lanzada por Anna Hickey-Moody y la redirecciona. Los dibujos de niños inmigrantes en Australia se mezclan con intervenciones de adolescentes de una escuela secundaria a obras canónicas del arte contemporáneo. *Sin pan y sin trabajo*, de Ernesto de la Cárcova, con corazones, colores y guirnaldas. ¿Qué aportan el giro afectivo y el nuevo materialismo a la pregunta por la identidad y la crisis en una comunidad geográfica de pertenencia específica como los barrios populares de esta área del mundo? Entre el optimismo cruel y la alegría spinoziana, Grinberg encuentra la crueldad política que entreteje la vida cotidiana de cada vez más vastos sectores de la población. La pregunta sigue siendo política.

La identidad, el cuerpo, el espacio y el cruce con los afectos y emociones vuelve para articularse con un archivo de fotografías *amateurs* de momentos de ocio en el artículo de Gisela Kaczan y Agustina González. Basándose en el "Archivo Fotográfico de las Vacaciones. Viajes por Argentina entre 1900-1969", las autoras se sirven de las imágenes de la vida privada como reflejos y disparadores de afectos y emociones, y de estas como fuentes para construir la memoria social nacional ligada al orgullo de la nacionalidad.

Mariana Eva Pérez y Ulrike Capdepón reflexionan sobre la forma en que son representadas las niñas, niños y adolescentes sobrevivientes del terrorismo de Estado en Argentina en los sitios de memoria, la relación de esta forma de representarlos con su rol en los juicios de lesa humanidad, la dificultad de nombrarlos e incorporar su voz y sus experiencias, la resignificación de la violencia y la experiencia traumática a lo largo de los años de una experiencia vital. Proponen poner en primer plano las emociones que se manifiestan en relatos, testimonios y producciones culturales de las infancias sobrevivientes, y para ello hacen pie en una perspectiva desde los afectos. Se trata de la posibilidad de focalizar en la dimensión corporal el alcance del terrorismo de Estado sobre sus víctimas infantiles, descubrir modos específicos de afectación que permanecen y se multiplican.

La vergüenza como emoción que habilita desplazamientos subjetivos en las hijas de perpetradores de crímenes de lesa humanidad es el tema que aborda Mariela Peller en su capítulo. Una emoción convertida en práctica social que orienta la acción y genera efectos en el espacio público. Peller analiza las emociones que se convierten en actos políticos y habilitan el desplazamiento desde la lealtad familiar a la asunción de responsabilidad en un camino que está atravesado por el dolor y la verdad "que no tiene vuelta atrás". Emociones como acontecimientos sociales que afectan y que permiten construir una nueva identidad para un colectivo de mujeres y varones, donde las marcas de género revelan experiencias en primera persona.

La primera parte termina con el artículo de Mariela Solana, que retoma el debate sobre afectos y emociones que está presente tácitamente en gran parte de los abordajes del libro. Los límites, demarcaciones, la utilidad de estas fronteras para las ciencias sociales y las potencialidades de cuestionar esos límites funcionan como propuesta, apertura dinámica y relecturas desde el Sur Global de las teorías de Brian Massumi.

La segunda parte del libro incluye una serie de capítulos cuyo eje está puesto en las "Reinvenciones políticas en contextos de crisis". Como sugiere Mariana Cané Pastorutti, las crisis –políticas, sociales, económicas– aparecen como coyunturas privilegiadas para el análisis del vínculo entre lo político, lo afectivo y las identidades. Una serie de estos capítulos propone remarcar la dimensión política en los discursos y experiencias afectivas/emocionales, mientras otros destacan la afectividad de los discursos políticos. El sentido de las emociones aparece como un espacio de disputa que puede movilizarse no solo para reforzar la desigualdad, sino también como herramienta de consuelo cuando la volátil promesa de mejores condiciones de existencia se evapora. Estos artículos indagan en una rejerarquización de los problemas estructurales y las desigualdades de género, de clase, raciales, y son un llamado de atención sobre las políticas que operan sobre el deseo.

Montserrat Fois analiza las políticas de empoderamiento y producción de afectos a partir una política pública implementada por la Secretaría Nacional de Turismo en Paraguay desde 2011, el Programa "Posadas Turísticas de Paraguay". Propone repolitizar la dimensión emocional. Desigualdades de género que se superponen con otras desigualdades se producen y reproducen en la configuración de políticas y programas estatales y con el rostro de agentes estatales, técnicas/os concretas/os, que diseñan las políticas públicas. A partir de su trabajo de campo, Fois analiza cómo las narrativas de empoderamiento legitiman y jerarquizan afectos o emociones, cómo el optimismo, vinculado con la racionalidad neoliberal, es colocado como central para alcanzar el crecimiento económico, el empoderamiento y la superación personal.

Mariana Cané Pastorutti retoma las preguntas del giro afectivo para analizar los discursos políticos en la crisis de 2001 en Argentina. El rol de las emociones y afectos en la vida pública, el rol del cuerpo y la materialidad entraman las formas de inscripción de las emociones y los modos de evocación de la memoria peronista en los discursos de dos expresidentes en un contexto marcado por la crisis política, social y económica.

El plebiscito en Colombia en 2016 y los Acuerdos de Paz son el marco para el capítulo de Laura Bonilla Neira y Cristian Acosta Olaya, que proponen reflexionar sobre las emociones que atravesaron la campaña y sostienen que el plebiscito, al funcionalizar los afectos, operó como mecanismo de propaganda del gobierno.

Donovan Hernández Castellanos interroga las políticas del fantasma en las sociedades latinoamericanas y analiza la gestión de la pandemia en México a partir de sus matrices narrativas atravesadas por el deseo y la subjetividad.

Cintia Schwamberger, María Cecilia Bocchio y Julieta Armella retoman en su capítulo una etnografía educativa realizada en escuelas en contexto de pobreza urbana en dos provincias argentinas. Introducen la categoría de inclusión gerenciada para indagar, a partir de fragmentos y pequeños episodios, los vacíos de las políticas públicas.

Tanja Schindewolf se interroga sobre el rol de los sindicatos durante la pandemia del COVID-19, sus límites y desafíos, a la vez que recupera la dimensión de género en los ámbitos sindicales y los desequilibrios que la pandemia puso en evidencia sobre el sector de trabajadoras y trabajadores organizados, en un contrapunto entre sindicatos en Alemania y América Latina.

Oliva López Sánchez analiza el lugar de las emociones y los afec tos en la salud mental en el contexto de pandemia tomando como punto de partida los discursos sobre bienestar emocional y vida afectiva del paradigma neoliberal dominante. Estos discursos, que ponen el énfasis en la autoestima y la resiliencia como capacidades autónomas de mujeres y hombres aislados entre sí, son analizados retomando a Lauren Berlant, con su categoría de "optimismo cruel", o recurriendo a Barbara Held. El texto opone dos categorías: por un lado "vida emocional", que parece una simplificación de la experiencia humana, y por otro lado, la categoría "sufrimiento emocional". Retomando a Eva Illouz o Arlie Russell Hochschild, López Sánchez sostiene que el discurso individualista reduce un problema sociopolítico y económico a uno psicológico e invisibiliza la relación entre salud mental y factores sociales, económicos y culturales.

A partir del relato de una trabajadora doméstica en Chile, Rosario Fernández Ossandón indaga en el miedo como emoción y su capacidad afectiva, la inmovilidad, la desconexión entre los cuerpos y lazos sociales en el contexto del Chile neoliberal. El miedo, como afecto, convierte el cuidado en un proyecto político.

En el tercer apartado del libro, "Experiencias afectivizadas entre espacios íntimos y públicos", se presentan una serie de trabajos atravesados por la reflexión sobre lo afectivo como componente constitutivo pero no inmutable de los vínculos humanos, las identidades individuales y colectivas.

Eduardo Mattio propone mapear una comunidad de afectos alternativa a partir de una *nouvelle* de Peter Pank, *Tarzan Boy* (2017), en la búsqueda de una justicia erótica más extendida. En este capítulo las prácticas sexo-afectivas disidentes, que permanecen por fuera de lo que se considera integrable en términos de derechos, permiten reconstruir una cultura pública marica que exhibe formas de vida disidentes.

En un trabajo que retoma su investigación previa, Maximiliano Marentes selecciona cuatro trayectorias amorosas y políticas de varones gays en contextos urbanos en Argentina para buscar huellas y estaciones afectivas que contribuyan a los estudios sobre politización de la diversidad sexual a partir de enfoques biográficos.

Laura Gherlone, por su parte, propone articular los estudios sobre las migraciones y los abordajes desde las emociones para pensar el cruce entre migración y medios de comunicación, ciberespacio y redes.

Una lectura en clave afectiva de la labor docente y la identidad de esta profesión en un sentido histórico es abordada en el capítulo de Ana Abramowski, "'Darlo todo'. La entrega incondicional como componente fundante del magisterio argentino y sus resonancias en el siglo XXI". Retomando el concepto de trabajo emocional y la categoría de reglas emocionales de Arlie Russell Hochschild, propone leer el discurso afectivo en la trama histórica y sus transformaciones a partir de la pandemia. En este contexto y ante el retraimiento institucional, emergen nuevas reglas emocionales que tejen identidades y sentidos políticos nuevos.

Zeyda Rodríguez Morales y Tania Rodríguez Salazar analizan los vínculos y transformaciones en las relaciones de pareja heterosexuales de jóvenes y adultos urbanos en Ciudad de México. A partir de la categoría de trabajo emocional analizan concepciones genéricas, formas de organización de las relaciones amorosas y sexuales prestando atención a las disonancias.

Por último, Eliana Rosa de Queiroz Barbosa, a partir de un trabajo de campo en Río de Janeiro y El Salvador, indaga cómo la teoría de los afectos puede ayudar a aproximarnos a una noción de urbanidad brasileña.

Como vemos, los aportes reunidos en el volumen son tan heterogéneos como los enfoques dentro del giro afectivo y sus implicancias políticas mismas. Por un lado, parten de los afectos como fuerza que resiste el control disciplinario del Estado y posibilita la liberación de la energía nomádica, en el sentido de Deleuze; y por el otro, critican su conservadurismo al legitimar la invasión del mercado y la lógica económica hacia las zonas más íntimas y privadas. En este sentido, en los presentes estudios los afectos aparecen, o bien como promesa de emancipación, o bien como otra cara más del mercado capitalista, que amenaza con la comodificación de los afectos, haciéndonos "emprendedores de nosotres mismes" (Oliva López Sánchez), víctimas del "optimismo cruel" (Berlant), o "creyentes" con la fuerza de oponerse al sistema y seguir en contextos de crisis (Hickey-Moody).

Poner en diálogo estas perspectivas, que se comunican y se chocan, que parten de puntos de vista diferentes, a veces opuestos, y de enfoques diversos, inter o transdisciplinarios, sobre la interseccionalidad de *Política, afectos e identidades en América Latina*, fue una de las metas de la presente publicación. Aportar nuevas perspectivas a nuevas formas de crisis siempre significa también exponerse a nuevos desafíos. Que estos son abordables desde la heterogeneidad y horizontalidad, lo demuestran les autores de este libro.

Bibliografía

Gutiérrez Cham, Gerardo; Herrera Lima, Susana y Kemner, Jochen (coords.) (2021). *Pandemia y crisis: el COVID-19 en América Latina*. Guadalajara: Editorial Universidad de Guadalajara.

I.
Reconfiguraciones afectivas de la identidad

La política afectiva de la fe

Anna Hickey-Moody

En este capítulo desarrollo una nueva filosofía materialista de la fe. A través de la movilización de la teoría del afecto y de los escritos de los nuevos materialismos, demuestro cómo la fe opera como una forma a la que Lauren Berlant llama "optimismo cruel" y, alternativamente, como un medio para crear lo que Spinoza llama alegría. Demuestro que un cambio en la capacidad de actuar (afectar), como el que se crea a través de la creencia, es una experiencia que une tanto a las personas seculares como a las religiosas. Por ejemplo, la creencia en la superioridad de la cultura secular sobre la cultura religiosa y, viceversa, son dos orientaciones corporales afectivamente similares que, citando a Braidotti, muestran cómo somos "todos demasiado humanos" (2019, pp.1-5) y cómo estamos "en-esto-juntos-pero-no-somos-uno-y-lo-mismo" (2019, p. 157). Esbozo las tres escalas a través de las cuales se articulan los enredos de la fe y las orientaciones inconscientes resultantes: macro, meso y micro. Demuestro que, a nivel macro, las economías materiales globales y las visiones del mundo, las geografías y las redes de fe tienen un impacto sustancial en las capacidades de actuar de un individuo, ya que estos ensamblajes crean el mundo y son políticos. A nivel meso, las geografías individuales y comunitarias de pertenencia que constituyen la vida cotidiana de las personas demuestran los complejos enredos de materia y creencia que conforman los mundos de fe vividos. A nivel micro, como he sugerido, la fe es tanto una forma a la que Spinoza (1677) llamara alegría y, en algunas circunstancias, Berlant (2011) la llama "optimismo cruel". Todos estamos inmersos, consciente o inconscientemente, en diversos sistemas de relación con la fe, tanto formales como informales, religiosos y seculares. Este capítulo propone un enfoque unificado para pensar en las políticas sociales e individuales de orientación como expresiones de diferentes formas de fe.

La fe es un estado ontológico, una orientación y una capacidad de actuar. Es un conjunto de prácticas, una geografía emocional encarnada que crea una coreografía para subjetividades y comunidades. Las filosofías de la religión suelen dar cuenta de marcos trascendentales, ya que una religión es una estructura de creencias; sin embargo, las estructuras de creencias religiosas interpolan objetos. Sostengo que, como el afecto, la fe es material, se presenta como una capacidad de actuar caracterizada por la creencia en el mundo. Mi proyecto de desarrollar una nueva teoría materialista de la fe como una condición cosmológica y ontológica se basa en fuentes del campo académico del nuevo materialismo (Braidotti, 2019; Birgit, 2015, 2019; Coleman, 2020) para reflexionar sobre lo que significa tener fe. La necesidad de esta perspectiva se me ha hecho evidente a lo largo de varios años a través de la investigación empírica que emprendí para mi proyecto de investigación *Interfaith Childhoods* (2016-2021). Durante mi trabajo de campo he hablado con miembros de comunidades religiosas y seculares en Australia y Gran Bretaña, y todos ellos tienen fe. Para algunos de estos participantes en la investigación, esta fe comienza con una fe en *un* Dios o *Dioses*, aunque para muchos otros no es así. Para ellos la fe tiene que ver con la conexión con la comunidad, la familia, los valores, los lugares y los rituales. La fe es una forma de ser persona y de pertenecer a una comunidad. Es una capacidad de actuar, o un conjunto de orientaciones encarnadas que limitan la capacidad de actuar.

La fe: una nueva historia materialista de una idea

Mis aportes aquí, en cierto modo, amplían, pero también ofrecen un enfoque muy diferente a los de las nuevas tradiciones materialistas de trabajos sobre religión (Birgit, 2015, 2019; Bräunlein, 2019; Arab, 2019; Burchardt, 2019; Hazard, 2019). Lo hago a través de mi propio relato sobre un concepto materialista nuevo y expansivo de la fe (Hickey-Moody, 2019) como aquello que une a las comunidades religiosas y seculares. Basándome en el análisis de Iris van der Tuin sobre la difracción, como una práctica diseñada para "provocar el cambio... [a través de prestar atención a] las grietas en el canon académico" (2015, p. 100), ofrezco un compromiso difractivo con las filosofías de la religión como ejemplos de algunas ideas que motivan a los cuerpos que tienen fe. En términos generales, las filosofías de la religión pueden tener muy poco que ver con las prácticas de fe de muchas personas, que suelen ser actuaciones de compromiso con la comunidad, los valores y la pertenencia más que una inversión en la ideología existencial. Como explica una de mis participantes en la investigación, se siente más atraída por la comunidad que por las creencias abstractas:

> Al crecer como anglicana blanca... no existía ese ambiente acogedor, como, por ejemplo, invitar a ir a una casa y comer todos de una sola cacerola. Todo era bastante austero y recto. Cuando me casé con Simon, que en ese momento profesaba la religión Bahai, algo que me pareció absolutamente encantador fue toda esa gente persa que te invita a su casa, te da de comer y te abraza. Simplemente adoro eso (Nancy, Focus Group de Adelaida, 2018).

Para Nancy, su comunidad de fe le proporciona sustento emocional y físico. Si bien se reconoce que las filosofías de la religión tienen impactos limitados en las vidas de muchas personas que tienen fe, pensar en las filosofías de la religión es una forma de mapear algunas de las muchas constelaciones de pensamiento que se reflejan en los patrones de sentimientos basados en la fe. Con frecuencia, estas constelaciones son puntos frente a los que los que tienen fe se definen a sí mismos, o se diferencian.

En su libro *Reinventing Philosophy of Religion: An Opinionated Introduction* (2014), Graham Oppy enfatiza que es imposible brindar una definición consistente de religión, ya que, aunque más de la mitad del mundo tiene fe en una religión, definir exactamente lo que es una religión debe ser siempre una tarea con un contexto específico. Oppy lo explica de la siguiente manera:

> Quizá la primera cuestión que se plantea la filosofía de la religión es si existe la religión. Esta pregunta parece sencilla. Todos conocemos el hinduismo, el budismo, el confucianismo, el jainismo, el sijismo, el sintoísmo, el taoísmo, el judaísmo, el cristianismo y el islam. ¿Qué son, si no son religiones? Por supuesto, reconocer que las principales religiones del mundo son religiones no garantiza que podamos decidir en casos más difíciles, ni que no nos equivoquemos gravemente si intentamos dar una definición de "religión". Por un lado, es muy posible que no estemos seguros de si la Cienciología (o el discordianismo, o la Iglesia de MOO) es una religión; por otro lado, podríamos pensar que simplemente entendemos mal el culto a los ancestros si pensamos que es un tipo de religión (Oppy, 2014, p. 3).

Mis conversaciones en profundidad sobre la fe con personas que pertenecen a comunidades religiosas me han enseñado que, con frecuencia, la fe y los vínculos de las personas surgen como resultado de experiencias vividas, hábitos y valores más que de creencias abstractas. La fe es en gran medida una práctica encarnada, no una idea abstracta. Si bien la investigación de Oppy se basa en una comprensión liberal de lo que es la religión, desarrolla una nueva idea de lo que es la filosofía cuando se trata de estudiar la religión:

> En cualquier relato sobre la religión, está claro que hay muchas maneras de estudiarla. La historia, la antropología, la geografía, la sociología, la demografía y la psicología prometen aportar información significativa sobre la religión. Tal vez el estudio de la literatura, la música, la pintura, la escultura y la arquitectura también lo hagan. Sin

> embargo, aunque la filosofía de la religión no debería continuar desconociendo la información que aportan otros enfoques al estudio de la religión, las preguntas que se plantean los filósofos de la religión no se responderán directamente con esa información (Oppy, 2014, p. 6).

Podría decirse que las cuestiones filosóficas nunca tienen una respuesta directa. Una perspectiva filosófica contemporánea sobre la fe debe ser informada por, o al menos desarrollada en relación con las religiones que inspiran la fe de tantas personas. Esto requiere una lectura difractiva de la religión que se aleje de una lectura estrictamente religiosa y que tenga "efectos diferenciados" (Van der Tuin, 2018, p. 100) de los compromisos canónicos con las filosofías de la religión. De hecho, como he sugerido (Hickey-Moody, 2019), al pensar en la fe como una experiencia encarnada, podemos ver que las personas que pertenecen a diferentes religiones tienen más en común de lo que las separa. Una lectura deleuzo-espinozista de la fe como capacidad de actuar nos muestra que pertenecer a una religión no tiene tanto que ver con tener una visión del mundo, sino con sentir la pertenencia y estar conectado a comunidades. Para Oppy, la religión es cognitiva más que encarnada y, basándonos en Spinoza (2001), podemos entender que las constelaciones cognitivas deben entenderse como imágenes de cosas en torno a las cuales se organizan las creencias y las capacidades de actuar.

La educativa y útil obra de Birgit Meyer, *Material Mediations and Religious Practices of World-Making* (2003), ofrece recursos que, en cierto modo, están en consonancia con la filosofía contemporánea de la fe que desarrollo aquí. Meyer argumenta que

> [la] teoría de la secularización, con su teleología incorporada, dio paso a una comprensión de la religión como algo en constante transformación en múltiples direcciones. La cuestión de cómo (y por qué) se transforma la religión está en el centro de gran parte de la investigación actual, lo que da lugar a un fuerte énfasis en los estudios de casos detallados que sitúan la religión en entornos socioculturales más amplios. (Meyer, 2003, pp. 1-2)

Como afirma Meyer, la experiencia de tener fe está determinada por un contexto específico. Es una imaginación localizada, históricamente situada y encarnada de lo que podría ser el futuro (Braidotti, 2008, p. 18), y de cómo se constituye el presente. Meyer ve la religión como una práctica localizada y encarnada:

> Al darse cuenta de las limitaciones de las concepciones de la religión que ponen en primer plano el nivel de la mente, los estudiosos señalaron la necesidad de prestar atención urgente a las prácticas religiosas reales de compromiso con cosas, palabras, imágenes y otras formas religiosas. La materialidad se convirtió en un término clave. Lejos de designar simplemente el estudio empírico de la cultura material religiosa desde una perspectiva práctica, se trata de "rematerializar" nuestros enfoques conceptuales de la religión (Meyer, 2003, p. 2).

Meyer nos llama a reflexionar sobre el papel que desempeña la materialidad en la religión. No puedo estar más de acuerdo con su propuesta y ampliaría estas consideraciones sobre la religión para incluir todas las formas de fe. Una "rematerialización" de las estructuras de creencia, a menudo abstractas, requiere un compromiso crítico con el sesgo romántico protestante posterior a la Ilustración que, según Meyer (2010a), aún persigue en el estudio moderno de la religión, así como una apertura hacia las esferas del nivel cotidiano de la "religión vivida", preguntando cómo la religión se hace tangible en "el mundo" (Meyer, 2003, p. 2).

En *Religions, Reasons and Gods: Essays in Cross-Cultural Philosophy of Religion*, Clayton, Blackburn y Carroll (2006) sostienen que las filosofías transculturales de la religión tienen que ver mucho más con las formas en que las creencias religiosas orientan un cuerpo y proporcionan marcos en los que un cuerpo se convierte:

> Los argumentos teístas como formas de análisis conceptual podrían ayudarnos a comprender mejor el lugar y la naturaleza de los dioses en las tradiciones religiosas, lo que nos llevaría a tener un sentido más claro de la gramática comparada de la religión: las reglas del

> discurso sobre los dioses. Dichas reglas del discurso mostrarían lo que se consideraría como dioses, los tipos de propiedades que poseen esos seres y su lugar en las diferentes formas de vida religiosa, ya que no podemos asumir que los dioses desempeñan el mismo papel en todas las tradiciones, como tampoco podemos asumir, por ejemplo, que las constituciones desempeñan el mismo papel en todos los países. La identificación de las reglas del discurso sobre los dioses también podría servir para fines específicamente filosóficos... Desde este punto de vista, los contextos religiosos proporcionarían ejemplos particularmente interesantes de algunos de los rompecabezas filosóficos más difíciles y podrían contribuir a su aclaración o incluso a su solución (Clayton, Blackburn y Carroll, 2006, p. 306).

Como los autores dejan claro aquí, la comprensión de la filosofía religiosa es imposible fuera de contexto, es decir, de los contextos en los que se genera, se aprecia y se da vida a la filosofía. De hecho, el contexto hace la religión una y otra vez; hace la fe una y otra vez. Pienso en "mil pequeñas fes" después de los "mil pequeños sexos" de Deleuze y Guattari. Clayton, Blackburn y Carroll continúan explicando que

> A diferencia de lo que ocurre con el énfasis dominante post-Ilustración sobre el consenso, el examen de los contextos reales en los que se utilizan las pruebas teístas conduce a una mayor apreciación de las diferencias, no de la igualdad, de la comprensión de la divinidad por parte de la humanidad. El anhelo de un consenso alcanzado racionalmente es, en parte, una reacción indirecta a las reivindicaciones contrapuestas de las tradiciones religiosas y, más directamente, una protesta contra el rencor sectario que había surgido durante el siglo de conflicto posterior a la Reforma. Puede que fuera un sueño utópico, pero no hay que subestimar sus logros. En todo caso, en una sociedad pluralista como la que se está convirtiendo cada vez más la nuestra, un consenso sustantivo sobre los medios de los objetivos es poco probable. El único consenso que se puede esperar es un marco en el que se puedan proteger las diferencias, así como identificar los puntos comunes (Clayton, Blackburn y Carroll, 2006, p. 307).

Las diferencias y los puntos comunes a los que se refieren los autores se promulgan y se llevan a cabo a través del cuerpo, a través de la fe y de las (in)capacidades de actuar que dan forma a las culturas y realizan los mundos vitales.

Quiero proponer una lectura de la fe como una experiencia encarnada que está conformada por las culturas materiales de la religión y por el estado "post-secular". En este sentido, sigo el ejemplo de Rosi Braidotti quien observa astutamente que:

> [el] legado del psicoanálisis nos permite interpelar las ideas recibidas sobre la racionalidad de la subjetividad política. Tomemos una noción simple, como la fe en el progreso social y los poderes autocorrectivos de la gobernanza democrática. En una perspectiva psicoanalítica, el concepto operativo aquí es la propia fe. El psicoanálisis es un sobrio recordatorio de nuestras contradicciones históricamente acumuladas: hoy en día nos enfrentamos a la constatación post-secular de que todas las creencias son actos de fe, independientemente de su contenido propositivo, incluso, o, especialmente, cuando implican la superioridad de la razón, la ciencia y la tecnología. Todos los sistemas de creencias contienen un núcleo duro de esperanza espiritual; como dijo Lacan: si crees en la gramática, crees en Dios (Braidotti, 2008, p. 11).

No existe una fe puramente trascendental. Para quienes son religiosos, incluso cuando suscriben creencias trascendentales, las modulaciones de la fe que experimentan son afectos encarnados. Con frecuencia se crean conjuntamente a través de las culturas visuales y materiales de la religión, como muestra John Cort:

> Una mirada a la cultura material de una tradición religiosa indica que los textos por sí solos son insuficientes. Los textos, en el mejor de los casos, solo proporcionan una perspectiva limitada de una religión. Dos siglos de estudios textuales han conducido a una comprensión académica del jainismo[1] como una tradición religiosa ascética,

[1] El jainismo es una religión no teísta fundada en la India en el siglo VI a.C. por el Jina Vardhamana Mahavira como reacción contra las enseñanzas del brahmanismo

> que renuncia al mundo y no es estética... Mirar sólo los textos ha cegado a los académicos; los jainistas, durante siglos, han construido templos, esculpido y adornado imágenes, pintado, bordado tejidos y creado un sinfín de otros objetos. En resumen, han creado una cultura material completa (Cort, 1996, pp. 630-631).

Las culturas materiales están en el centro de las prácticas religiosas (y, por ende, de la fe); solo que no siempre están en el centro de los *métodos académicos* para entender la fe y la religión. Matthews-Jones y Jones (2015) desarrollaron este argumento y explican: "Por un lado, los objetos son moldeados por las personas y las culturas, y se convierten en expresión de sus creencias y valores. Por otro lado, los objetos tienen el potencial de moldear y condicionar a las personas. La apreciación de estos dos procesos es esencial para entender la fe religiosa y la espiritualidad" (p. 2). Aquí vemos que las culturas visuales y materiales de la religión son clave para constituir la forma en que se experimenta la fe por quienes participan en las religiones: "En lugar de percibirlos como el producto final, o como un reflejo, de los sistemas sociales y culturales, los estudiosos de la cultura material prefieren considerar que los objetos desempeñan un papel activo y constitutivo en la construcción y el mantenimiento de estos mismos sistemas. Los primeros trabajos sobre culturas materiales se basaban en una perspectiva ampliamente marxista, centrándose en el proceso de mercantilización, en el fetiche de la mercancía como característica de la cultura burguesa y en la alienación causada por los procesos de producción modernos" (Matthews-Jones y Jones, 2015, p. 2). Hay una coincidencia aquí con el argumento de Braidotti de que el mundo político y cultural globalizado contemporáneo genera experiencias de fe a través de experiencias inmanentes y compromisos materiales, incrustados con las visiones del mundo. De hecho, los autores afirman que:

---

ortodoxo y aún se practica en la India. La religión jainista enseña la salvación por medio de la perfección a través de vidas sucesivas y la no agresión a los seres vivos y se destaca por sus ascetas.

> [L]a religiosidad no es simplemente una creencia interna que llega a encontrar una forma codificada en los textos escritos de las instituciones religiosas. La religión también se construye en el día a día, a través del compromiso de las personas con los objetos materiales. Por tanto, la creencia no es estática, sino que se negocia a través del contacto con los objetos cotidianos. *La creencia depende en gran medida de las experiencias sensoriales que permiten a las personas dar sentido a su fe* (Matthews-Jones y Jones, 2015, p. 3; énfasis propio).

Desde el punto de vista deleuzo-guattariano, la fe no depende de la experiencia sensorial, sino que es un *producto* de las experiencias sensoriales. Dichas experiencias sensoriales son respuestas al conocimiento trascendental que se enseña como religión y la participación en eventos cotidianos y experiencias culturales que dan forma a la religión. A través de una lente deleuzo-espinozista, las experiencias cotidianas de participación en culturas visuales, materiales y sensoriales de la religión producen un imaginario encarnado, crean ideas de las cosas, creencias y fe en las creencias. Desde esta perspectiva, *la religión es creada por* la fe, que es una respuesta a las culturas visuales y materiales.

Las culturas visuales y materiales están siempre localizadas y globalizadas. Un ejemplo es que, aunque el proyecto colonizador del cristianismo tiene eco en su continua popularidad cuantitativa (actualmente hay alrededor de 2.100 millones de cristianos en todo el mundo), los vínculos entre el cristianismo y la colonización se han visto obscurecidos durante mucho tiempo por excepciones. Un caso es Irlanda, el primer país descolonizador, que tiene una población católica importante; otro ejemplo puede encontrarse en la mayoría contemporánea de creyentes cristianos no blancos en todo el mundo. Después del cristianismo, el islam tiene unos 1.300 millones de seguidores en todo el mundo y el hinduismo, 900 millones. Por supuesto, esta lista podría continuar. Las religiones siempre han sido y son, ahora más que nunca, globales y se están globalizando. Esto tiene implicancias para formas en que el proyecto colonial se lleva a cabo de diversas maneras a través de las religiones. Además, como muestra Richard Mann (2014), el imperativo colonial se tradujo originalmente en el academicismo en forma de desprecio por lo material:

> Para muchos arqueólogos e historiadores del arte durante el período colonial, como Henry Cole, Alexander Cunningham y John Marshall... la aparición histórica de la cultura material en la India se interpretó como un signo de decadencia religiosa. En el caso del budismo, se percibía que la tradición había degenerado desde sus alturas racionales y éticas "originale" hasta una tradición corrupta, supersticiosa e idólatra. De hecho, para muchos, el signo de esta degeneración fue la aparición de la iconografía, el ritual y la cultura material budistas. También se utilizaron narrativas similares de decadencia y degradación para caracterizar al hinduismo. La materialidad del hinduismo y el budismo se percibía como un indicio de una sociedad que había pasado de la sofisticación a la superstición; un deslizamiento que los británicos argumentaban que corregirían con sus propias nociones de alta cultura religiosa (Mann, 2014, pp. 267-268).

Para evitar la recolonización de la cultura a través de los paradigmas académicos, debemos atender el razonado llamamiento de Braidotti para que los europeos desarrollen una perspectiva crítica sobre su imaginación de sí mismos como "guardianes morales del mundo" (2008, p. 8). Tenemos que negarnos a cambiar el pensamiento trascendental por el pensamiento inmanente que se moviliza de forma igualmente problemática. Este llamamiento se replantea en términos diferentes en el trabajo posterior de Matthews-Jones y Jones:

> La tradición intelectual que ha privilegiado la religión-como-pensamiento sobre la religión-como-material- es parte de esa tradición modernista altamente problemática en la que todo tipo de binarios, mente/cuerpo, masculino/femenino, moderno/pre-moderno, civilizado/ incivilizado y, así sucesivamente, han tomado la apariencia de una verdad universal en lugar de una construcción ideológica. Al igual que hemos llegado a cuestionar estos binarios en relación con las historias de género y sexualidad, por ejemplo, también deberíamos cuestionar los supuestos sobre las prácticas de creencia en las sociedades modernas (2015, p. 4).

La creencia se experimenta como fe, porque toda fe debe entenderse como sentida y encarnada; es una respuesta a objetos, ideas, lugares y prácticas. En *Material Christianity: Religion and Popular Culture in America*, Colleen McDannell (1995) ofrece una perspectiva localizada sobre la organización material de los sentimientos y explica lo siguiente:

> Los sistemas de símbolos de un determinado lenguaje religioso no se transmiten simplemente, sino que deben aprenderse haciendo, viendo y tocando. La cultura material cristiana no refleja simplemente una realidad existente. Experimentar la dimensión física de la religión ayuda a generar valores, normas, comportamientos y actitudes religiosas. La práctica de la religión pone en juego formas de pensar. Es la interacción continua con los objetos y las imágenes lo que hace que uno sea religioso de una manera particular (McDannell, 1995, p. 2).

Las culturas materiales dan forma a patrones de sentimiento, para aquellos que tienen fe en el poder de la ciencia y cuyas experiencias de fe están coreografiadas en relación con los laboratorios científicos y las tablas periódicas, pero también para aquellos que tienen fe en las deidades religiosas o en Dios.

Una filosofía contemporánea de la fe, entonces, necesita ser informada por las intra-acciones humano-no-humanas (véase Bräunlein, 2019) con las culturas visuales y materiales de la religión, así como por las filosofías de la inmanencia que ubican al cuerpo como núcleo de la producción de conocimiento. Este es un momento en el que la filosofía necesita mirar fuera de sí misma y plegarse a la otredad. De hecho, podemos tomar el *dividuo* spinozista de Deleuze (1992), la idea del cuerpo como una parte de un todo mayor, lleno de conocimiento inmanente; los cuerpos de Gatens y Lloyd (1999) que comparten imaginaciones colectivas, o las ficciones sociales compartidas en el sujeto nómada de Braidotti (1994), como modelos filosóficos que interactúan con la otredad de las culturas materiales de la religión. Aquí, la filosofía se convierte en el "sujeto que busca las formas en que la otredad incita, moviliza y permite la afirmación de lo que no está contenido en las condiciones actuales" (Braidotti, 2008, p. 19).

En *Integrating Texts and material Culture: Methodological Approaches to the Study of Premodern Religions* Abhishek Amar (2012) sugiere que: "El privilegio de las fuentes textuales sobre las arqueológicas ha sido un problema importante en la historiografía de las religiones premodernas del sur de Asia" (p. 528). Este llamamiento a la reconsideración del material se lleva a cabo en *The Bow and the Blanket: Religion, Identity and Resistance in Rarámuri Material Culture*, donde Jerome Levi sostiene que "la consideración renovada de los marcadores materiales de la diferenciación interna es un equilibrio complementario al discurso reciente que enfatiza los vínculos entre las economías globales y locales" (1998, p. 300). Van der Tuin (después de Elizabeth Grosz) caracteriza el nuevo materialismo como un medio para localizar "'la sorpresa del futuro' que encontramos en el pasado" (2015, p. 10). De forma similar, Levi argumenta que los "*objetos* religiosos no son reliquias inertes del pasado, sino que, por el contrario, *son estrategias activas para el presente*" (1998, p. 300; énfasis propio). Los objetos religiosos son estrategias para el presente y para la subjetivación; son puntos de constelación que dan forma a las experiencias de fe. Los objetos religiosos informan lo que David Morgan (2015) llama "la vida social del sentimiento". Morgan también está de acuerdo con esta afirmación de que el cuerpo y los compromisos encarnados con las culturas materiales de la religión dan forma a los imaginarios sociales. Sugiere lo siguiente:

> [p]ertenecer a una comunidad es participar, tomar parte, desempeñar un papel, encontrar un lugar dentro del conjunto imaginado, al que he llamado cuerpo social. La creencia, es importante señalar, no es simplemente el asentimiento a los principios dogmáticos o a las proposiciones del credo, sino también las prácticas encarnadas o materiales que promulgan la pertenencia al grupo. El sentimiento de pertenencia adopta la forma de muchas experiencias, se desarrolla a lo largo del tiempo y está mediado de muchas formas. Además, la pertenencia se nutre de las prácticas estéticas que están diseñadas para generar y

> refinar el sentimiento en los ejes cruzados de las relaciones humanas y la interacción humano-divina (Morgan, 2015, p. 141).

La intra-acción entre la estética material, el sentimiento y lo social es fundamental en este caso. Si nos tomamos en serio la tesis sobre el afecto, por supuesto que la estética está en el centro de nuestra experiencia, pero las ideas también dan forma a la manera en que interactuamos con los mundos materiales y deben considerarse como uno de los factores que influyen en los estados afectivos: la gente tiene fe en las ideas tanto como en las cosas. Hay, pues, un sentido en el que los estudios de las culturas visuales y materiales de la religión reifican el ámbito material por existir fuera de los ideales iconoclastas o las estructuras dogmáticas. Si bien esto es en gran medida cierto, los compromisos con las culturas materiales también pueden ser iconoclastas y dogmáticos, y a menudo están popularmente entrelazados con la ideología. Cualquier división distinta entre ambas es una construcción binaria cartesiana que no puede sostenerse en la vida real. Bağlı (2015) se pronuncia a favor de la naturaleza resbaladiza del mundo material, al explicar la conexión entre lo existencial, lo abstracto y lo material. Bağlı señala lo siguiente:

> El caso especial de los símbolos religiosos difiere de los símbolos de la vida cotidiana como las señales de tráfico, donde podemos hacer la conexión entre significante y significado de manera mucho más fácil. Sin embargo, en el caso de la religión, la naturaleza metafísica o "desconocida" del significado (Dios) y la interconexión del significante "ritual" con el significado hacen que el proceso de análisis sea mucho más difícil y complicado (Bağlı, 2015, p. 306).

La experiencia vivida de tener fe, por lo tanto, es un ensamblaje complejo que es diferente para todos los que tienen fe, pero siempre es una mezcla compleja y específica del contexto de lo material, lo inmaterial, el ritual comunitario y la historia familiar. Bağlı examina este carácter resbaladizo, o esta complejidad, como un nuevo terreno en el academicismo, recordándonos lo siguiente:

> [s]i vamos a hablar de la funcionalidad de un objeto religioso, por lo general se relaciona directamente con una acción como parte de un ritual o una práctica, por ejemplo, cuentas de oración (rosarios), alfombras de oración, etc. El aspecto simbólico, sin embargo, es más periférico. Utiliza la representación de algunos valores abstractos relacionados con el sistema de creencias o de ciertas figuras religiosas, sobre todo en forma de íconos, sin estar necesariamente relacionados con ninguna práctica religiosa (Bağlı, 2015, p. 306).

De hecho, Bağlı no es la única académica que argumenta (véase Xing Wang, 2018) que la lectura de los símbolos como algo significativo para las experiencias religiosas es una importación colonial, si no es que es una imposición racista:

> El aspecto simbólico es una parte importante de la estética de los productos definidos y determinados por áreas de limitaciones y libertad en términos de representación. Diferentes manifestaciones de valores conforman todo el sistema de significación y simbolización. Para el islam, una de ellas y quizá la más importante es la distancia crítica con la representación icónica (Bağlı, 2015, p. 306).

La preferencia de la cultura islámica por la caligrafía, su trabajo coreográfico en torno al cuerpo en la oración y cómo se posicionan los cuerpos orantes en el espacio y el tiempo cuando rezan, y los rituales materiales de lavarse, ayunar y compartir las comidas son los aspectos culturales materiales organizadores de la religión que mantienen el poder, en lugar del enfoque en los símbolos que caracterizan a las religiones católica, cristiana, hindú y budista. Por lo tanto, necesitamos tener una posición material-conceptual intra-activa, mutable, reformable y comprometida sobre lo que podría ser una nueva filosofía materialista de la fe. La fe es engendrada por ideas, por prácticas, lugares, rituales, símbolos, y estos se entrecruzan de manera que generan zonas ilimitadas de relacionalidad, informando las experiencias de fe.

La cultura material no puede separarse de las ideas, de los afectos, de las creencias e incluso de la ideología. No es un ámbito virgen que modela inocentemente nuestra experiencia. Más bien, la cultura material y la ideología se co-constituyen mutuamente e intra-actúan en la producción de la experiencia de la fe. Nicole Boivin plantea esta cuestión en términos ligeramente diferentes en su artículo *Grasping the Elusive and Unknowable: Material Culture in Ritual Practice* (2009). Boivin argumenta que:

> [s]iguiendo a académicos como Clifford Geertz, muchos arqueólogos han visto la religión como un "sistema de símbolos". El reconocimiento de que muchos de estos símbolos son materiales, recuperables en el registro arqueológico, ha contribuido a que la religión antigua sea en cierto modo accesible a las paletas (y a los marcos interpretativos) de los arqueólogos. [Sin embargo, también advierte que:] a pesar del creciente interés en los últimos años por la dimensión material de la práctica religiosa, especialmente dentro de la disciplina de la arqueología, los estudios de los aspectos materiales y artefactuales del ritual siguen pasando por alto en gran medida la materialidad de los objetos y paisajes rituales (Boivin, 2009, p. 269).

Boivin nos muestra que los sistemas materiales de significación se rehacen, se reinventan dentro de la maraña de intra-acción específica del contexto que constituye las prácticas de fe. Los sistemas de codificación se rompen y se piratean, se recodifican en la vida cotidiana:

> El reconocimiento de la importancia de las cualidades físicas de los signos materiales ya estaba implícito en los análisis estructuralistas de la arqueología y tanto los antropólogos como los arqueólogos empezaron a reconocer más explícitamente que el significado de los signos materiales estaba motivado con frecuencia por sus cualidades físicas. Un ejemplo antropológico temprano de este reconocimiento puede encontrarse en el trabajo de Victor Turner, cuyo extenso análisis de los símbolos rituales entre los Ndembu de Zambia a mediados de la década de 1960 exploró con cierto detalle los vínculos entre los significantes materiales y los conceptos que significan (Boivin, 2009, p. 272).

El trabajo de Turner no es más que un ejemplo temprano de los cambiantes significados que pueden tener los símbolos religiosos. El otro punto que planteo al enmarcar la intra-acción líneas arriba es que compartir la comida, la bebida y la unión de la comunidad es una parte clave de los enredos que crean la fe. Esto, también, es un punto que se hace constantemente en la literatura que examina las culturas materiales de la religión. Por ejemplo, Uri Kaplan (2017) sostiene que la naturaleza individual de la fe está co-constituida por el consumo (comida y bebida) en la cultura material y explica lo siguiente:

> La comida y la bebida (y la abstención de las mismas) desempeñan un papel central en los ritos religiosos, en los que la recreación de las mitologías hace revivir los recuerdos colectivos y reconfirma la adhesión y el carácter distintivo de la religión... facilitando la comunicación entre los individuos y sus comunidades, así como con sus antepasados y dioses (Kaplan, 2017, p. 4).

Dejando de lado la cuestión de la transubstanciación por ahora, me parece claro que hay muchas formas en las que el consumo de alimentos forma parte de los ensamblajes de fe. También lo son las actuaciones rituales, tal y como las caracteriza Christiane Gruber:

> Dejando de lado el dogma verbalizado en los textos prescriptivos y las restricciones modernas implementadas en los medios más conservadores, las prácticas y los objetos votivos han sido durante mucho tiempo un sello distintivo de la actividad creativa entre los miembros de la comunidad musulmana global. Las primeras fuentes narrativas árabes nos hablan de devotos que colocan velas votivas en los santuarios, mientras que las ceremonias de luto contemporáneas de Muharram ofrecen a sus participantes un rico *Gesamtkunstwerk*, que combina procesiones y actuaciones musicales con objetos y alimentos votivos (Gruber, 2017, p. 99).

La fe, por tanto, se produce a través de las actuaciones de la vida cotidiana, la participación en la cultura material, la ideología, la creencia y, sobre todo, el *contexto*.

Cuestiones de escala

Respondo a tres escalas en las que se articulan los enredos de la fe y las orientaciones inconscientes, y me muevo dentro y fuera de ellas: macro, meso y micro. Tanto explícita como implícitamente, sostengo que, en un nivel macro, las geografías y las redes de fe, las economías materiales y las visiones del mundo tienen un impacto sustancial en las capacidades de actuar de los individuos. Las geografías y las economías materiales de la fe son a la vez políticas y creadoras del mundo. Por ejemplo, el lugar de nacimiento de las personas, al igual que las condiciones económicas y materiales, suele influir en la religión o el sistema de creencias en el que nacen. Las guerras, las economías y los aumentos y disminuciones de las oportunidades de empleo que conllevan son acontecimientos mundiales que forman parte de flujos y ensamblajes que repercuten en la creación y propagación de flujos de creencias religiosas y seculares. Por ejemplo, muchos de los participantes australianos en la investigación habían buscado refugio en Australia como consecuencia del conflicto entre Israel y Palestina, la guerra de Afganistán y la guerra de Papúa Nueva Guinea. Los participantes de mi investigación en Inglaterra habían emigrado en su mayoría de África (Eritrea, Nigeria, República Democrática del Congo, Zimbabue), India, Bangladesh, Pakistán y Sri Lanka. Del mismo modo, la guerra civil fue un importante factor motivador de estos patrones migratorios. Por lo tanto, hay movimientos globales y macro que causan las historias de vida individuales representadas aquí.

A nivel meso, los sistemas educativos y la familia son estructuras que tienden un puente entre lo global y lo personal y que pueden reforzar la fe religiosa, enseñar diferentes credos religiosos, cuestionar la fe religiosa y, sin duda, influir en las formas en que se mantienen los sistemas de fe. A nivel meso, las geografías individuales y comunitarias de pertenencia que constituyen la vida cotidiana de las personas demuestran los complejos enredos de materia y creencia que conforman los mundos de fe vividos. Por ejemplo, los discursos nacionales sobre la fe en los países de residencia de los participantes y las organizaciones religiosas o las comunidades escolares a las que pertenecen los individuos, orientan e informan sus experiencias de fe. Medina, de Adelaida, traza una línea directa entre su religión nacional y su elección de invertir en la religión por encima de la etnia:

> Empezando por mi origen religioso, soy musulmana, así que pertenezco a la religión del islam, yo diría que nací en ella afortunadamente, porque mis padres eran ambos musulmanes. Eran musulmanes de Bangladesh, así que esa es mi parte étnica. Pertenezco a Bangladesh, que es un país del sudeste asiático, muy cercano a la India, pero es un país propio, y no solo tiene el islam como religión, aunque el gobierno, que funciona con el islam... tiene inclusiones islámicas en él. Pero, hay hinduismo, budismo, y cristianismo, pero son una minoría. Sí, pero en realidad tuvimos la oportunidad como bangladesíes de integrarnos en otras religiones también. Pero en mi casa siempre tratamos de mantener nuestra identidad como musulmanes en un nivel superior al de ser bangladesíes, porque hay puntos en los que la religión y la cultura bangladesí chocan, y... mi padre siempre fue muy firme con su creencia en el islam y nos enseñó a diferenciar dónde se está yendo mal, o dónde la religión no está siendo aceptada por la cultura bangladesí debido a sus propios antecedentes y acontecimientos históricos, que realmente hicieron algunos cambios con la forma en que la gente sigue el islam allí (Entrevista a Medina, 2019).

Medina se identifica principalmente con el hecho de ser musulmana por encima de cualquier otro vínculo con la comunidad. A un nivel micro, como he sugerido y paso a explorar con más detalle, Medina nos muestra cómo la fe es una forma de lo que Spinoza llamaría alegría. Sin embargo, en otras circunstancias, la fe es lo que Berlant (2011) llama "optimismo cruel". Las experiencias educativas y biográficas orientan a las personas hacia su fe, ya sea religiosa o secular. Desde una perspectiva micro, la fe es un ensamblaje de vínculos afectivos creados en formas específicas del contexto.

La fe como efecto corporal

Tener fe puede aumentar, o por el contrario disminuir, la capacidad de actuar de un cuerpo. Los juicios de valor sobre la fe pueden impedir que una persona conecte con otra, pueden provocar rechazo y crear un "filo" (Barad, 2003, p. 803). La fe también puede proporcionar la capacidad de llegar a los demás, de estar ahí para los demás, de mantener a la gente en pie. Muchas de las personas que participaron en mi investigación cuentan historias de mudanzas, guerras, cambios y separación de la familia, y sus historias dejan claro que la fe puede sostener a las personas en momentos muy difíciles. Rafi, un hombre musulmán que vive en Melbourne, explica así su viaje hasta la relativa seguridad en Australia:

> Hace diez años, vine de Christmas Island [un centro de detención de inmigrantes]. Solo tenía una camiseta de Inmigración. Una camiseta más pequeña que mi talla. La camiseta es de Inmigración. Nada más. Y hoy tengo una casa, dos, tres coches. Mi vida no es de opulencia. No soy pobre. Pero podría decirse que soy de clase media. Similar a alguien que ha nacido en Australia. Vivimos de la misma manera. Es el mejor país. Creo que es el mejor; el mejor país del mundo (Future Foundations Focus Group, Melbourne, 2019).

Rafi había vivido en Afganistán hasta que huyó de la guerra y llegó a Christmas Island en 2009. Su fe musulmana lo sostuvo a través de la guerra, la búsqueda de asilo y los difíciles pasos para construir una nueva vida. Él mismo lo explica: "Toda religión es buscar un camino, seguir, buscar un dios". Me parece que, como sugieren Rafi y muchos otros, la fe puede dar a los cuerpos la capacidad de seguir adelante. Tanto Rafi como Ersheen, una madre de Manchester, se esforzaron por explicar las similitudes entre las relaciones musulmanas y cristianas, y aunque ofrecieron detallados relatos académicos de estas similitudes, fueron dos relatos ejemplares que destacaron entre muchos otros comentarios sobre la similitud de las religiones.

Aunque estos relatos ilustran que la fe, en este caso la fe en la religión y en la humanidad, amplía la capacidad de actuar de las personas, mi investigación también ha demostrado que la fe puede generar límites encarnados. Por ejemplo, la secretaria de un ministro cristiano en los suburbios al oeste de Sydney (una zona conservadora) se enfadó y me dijo que "me iba a ir al infierno" por creer que todas las religiones son iguales. En cierto modo, creo que todavía me estoy recuperando de la pronunciación. Como tal, la fe puede pensarse como una (in)capacidad, como algo que permite e inhabilita. Joanie, en el capítulo 6, constituye otro ejemplo de los límites de actuar. Explica que se siente rechazada por las madres musulmanas, una de las cuales le dijo "*ya sabes lo que quiero decir*" como justificación de su afirmación de que su hija, procedente de una familia musulmana del norte de Pakistán, y la hija inglesa blanca y laica de Joanie no deberían ser amigas.

De una manera que crea afecto, la fe alinea a los sujetos para que experimenten un momento en el que "la mente es asaltada por cualquier emoción, [y] el cuerpo es afectado al mismo tiempo por una modificación por la que su poder de actuar aumenta o disminuye" (Spinoza, 1996, p. 148). Siguiendo el ejemplo de Spinoza, Deleuze, y Deleuze y Guattari, sostienen que el afecto se refiere a cambios en la capacidad corporal. El cuerpo al que se refiere Deleuze no es necesariamente humano. Es un grado de poder que se mantiene dentro de cualquier ensamblaje o mezcla. La fe crea afectos, en el sentido de que amplía o disminuye los límites de lo que un cuerpo, *o un determinado ensamblaje o mezcla*, puede hacer. Un afecto, por tanto, es el margen de cambio en la capacidad: un bloque material y/o conceptual que articula un aumento o disminución de la capacidad de actuar de un cuerpo.

El término *fe* puede, de hecho, emplearse de forma similar al de *afecto* para referirse a los cambios de los cuerpos: a lo que un cuerpo puede hacer. Los cambios reales causados por la experiencia de la fe son *affectus*, el aumento o disminución empírica de la capacidad subjetiva realizada por un afecto (Clough, 2008; Duff, 2014;

Hickey-Moody, 2009, 2013a, 2013b; Marrati, 2006; Parr, 2010). Como he explicado en otro lugar (Hickey-Moody, 2020) en *Spinoza, filosofía práctica,* Deleuze sostiene que un *affectus* es: "Un aumento o disminución del poder de actuar, tanto para el cuerpo como para la mente" (1988, p. 49). Se basa en esta definición argumentando que el *affectus* es diferente de la emoción. Mientras que la emoción es el estrato psicológico del afecto, el *affectus* es la forma en que nuestras experiencias de cambio son captadas por la subjetividad, es la virtualidad y la materialidad del aumento o la disminución efectuada en el poder de actuar de un cuerpo. Los objetos como los íconos religiosos, las experiencias de recitar una oración, de unirse a una comunidad para rezar o comer, son experiencias afectivas enculturantes, enculturadas. Deleuze explica:

> La afección se refiere a un estado del cuerpo afectado e implica la presencia del cuerpo afectante, mientras que el *affectus* se refiere al paso [o movimiento] de un estado a otro, teniendo en cuenta la variación correlativa de los cuerpos afectados. De ahí que haya una diferencia de naturaleza entre los afectos de imagen o ideas y los afectos de sentimiento (Deleuze, 1988, p. 49).

Así, el *affectus* es la materialidad del cambio: es el paso de un estado a otro que se produce en relación con los *cuerpos afectantes.* Los afectos de imagen, o las "ideas", a las que se refiere Deleuze, pueden ser la idea de un dios o dioses, o una imagen de las deidades o figuras religiosas en las que la gente cree. Aumentar o disminuir la capacidad de actuar es la modulación del *affectus*: el cambio virtual y material que provoca la afección o el sentimiento en la conciencia (Hickey-Moody, 2013a, 2013b). Los vínculos de fe y el acto de creer en algo son exactamente este cambio virtual y material que incita a la afección o al *sentimiento de afecto* en la conciencia.

El trabajo de Deleuze sobre el afecto como cambios en las capacidades encarnadas comienza con su lectura de Spinoza. En *Spinoza, filosofía práctica*, Deleuze explica:

> Las afecciones [affectiones] son los modos [formas de vida] mismos. Los modos son las afecciones de la sustancia [la materia, lo universal] o de sus atributos.... Estas afecciones no son necesariamente activas, ya que se explican por la naturaleza de Dios como causa adecuada y Dios no puede ser actuado. En un segundo nivel, las afecciones designan lo que sucede al modo, las modificaciones del modo [affectus], los efectos de otros modos sobre él. Estas afecciones son, por tanto, imágenes o huellas corpóreas en primer lugar y sus ideas implican tanto la naturaleza del cuerpo afectado como la del cuerpo externo que afecta (Deleuze, 1988, p. 48).

Deleuze nos recuerda cómo los sentimientos, y yo añadiría las creencias, marcan nuestras geografías emocionales. Este es el marco spinozista de Deleuze para pensar en las formas en que las ideas y las interacciones pueden crear cambios conceptuales y materiales. Para Spinoza, la sustancia es la materia de la que está hecha la vida. La sustancia se expresa en modos, que son cambiados (afectados o modulados) por las afecciones (affectiones). Las afecciones son huellas de la interacción: residuos de la experiencia que viven en el pensamiento y en el cuerpo. Hacen afectos, modulaciones marcadas por nuestros sentimientos. Por lo tanto, la fe, que es la creencia de que algo es posible, o de que algo es intrínsecamente erróneo, modifica las capacidades de forma marcada por los sentimientos. La fe en la religión, y la fe en los valores sociales, coreografía a las personas, las sociedades y las relaciones. Siguiendo esta concepción de los ensamblajes de lugares, objetos, personas y creencias como formas de conformar patrones de sentimiento, podemos ver que la fe puede convertirse en un mapa, un conjunto de coordenadas internas y externas que mueve a los cuerpos a actuar y reaccionar de determinadas maneras. Al ser receptiva, la fe siempre se rehace; da forma a corrientes de conciencia que fluyen a través de patrones de sentimiento establecidos.

En los ejemplos que he dado más arriba, el ejemplo de fe que se da es el de la religión, sin embargo, como muestra la historia de Joanie en la introducción y muchos otros relatos de creencia en el secularismo, la experiencia de la fe es mayor que, y se extiende más allá, de la experiencia de la religión. De hecho, la fe en la ciencia también puede considerarse una forma de religión.

La fe como alegría

La fe puede ser claramente una forma de gran alegría, por emplear el sentido spinozista del término. Spinoza habla de diferentes tipos de alegría: alegrías activas y pasivas que pueden surgir de la experiencia vicaria o de actuar a través de la buena intención, que él llama "buenos encuentros". Al escribir sobre los buenos encuentros, Deleuze explica que:

> El único mandamiento de la razón... es vincular un máximo de alegrías pasivas con un máximo de activas. Porque la alegría es la única afección pasiva que aumenta nuestro poder de acción y de todas las afecciones, solo la alegría puede ser activa. El esclavo puede ser reconocido por sus pasiones tristes y el hombre libre, por sus alegrías pasivas y activas. El sentido de la alegría se revela como el sentido verdaderamente ético; es para la esfera práctica lo que la afirmación misma es para la especulativa. La *Ética*, una filosofía de la afirmación pura, es también una filosofía de la alegría correspondiente a dicha afirmación (Deleuze, 1990, p. 272).

Las alegrías activas son aquellas por las que trabajamos, más que las que experimentamos por casualidad. Cuando la fe es una forma de ampliar la capacidad de actuar de los demás, así como de ampliar la propia capacidad de actuar, esto permite el matrimonio de la razón y las pasiones y crea una alegría activa. Deleuze continúa y afirma que "... las pasiones alegres aumentan nuestro poder de acción; la razón es el poder de comprensión, el poder de acción que pertenece al alma; así que las pasiones alegres están de acuerdo con la razón, y nos llevan a comprender, o nos determinan a ser razonables" (1990, pp. 273-274). Para muchos de los participantes en mi investigación, su fe es un recurso que utilizan para sobrevivir y superar los cambios difíciles de la vida y también un medio para apoyar a su familia y a su comunidad.

Spinoza habla de tres tipos de alegría, dos de los cuales pueden considerarse accidentales. Las alegrías indirectas y parciales se experimentan como resultado de beneficiarse de la desgracia de otros, o de alegrarse por algo que puede darnos un placer pasajero, pero que en realidad no amplía nuestra capacidad de actuar. Deleuze explica las alegrías indirectas y parciales en la obra de Spinoza de la siguiente manera:

> Hay que tener en cuenta también otros factores concretos, ya que el primer tipo de encuentro, los buenos encuentros con cuerpos cuya relación se combina directamente con los nuestros sigue siendo totalmente hipotético. La cuestión es que, una vez que existimos, *¿hay alguna posibilidad de que tengamos naturalmente buenos encuentros y experimentemos los afectos gozosos que se derivan de ellos?* De hecho, las posibilidades son bastante escasas. [...] Hay, pues, muy pocas posibilidades de que tengamos naturalmente buenos encuentros. Parece que estamos determinados a mucha contienda, a mucho odio, y a la experiencia de alegrías solo parciales o indirectas que no interrumpen suficientemente la cadena de nuestras penas y odios. Las alegrías parciales son "excitaciones" que solo aumentan nuestro poder de acción en un punto reduciéndolo en todos los demás. Las alegrías indirectas son las que experimentamos al ver un objeto odiado triste o destruido; pero tales alegrías permanecen presas en la tristeza. El odio es, en efecto, una tristeza, que implica ella misma la tristeza de la que deriva. Las alegrías del odio enmascaran esta tristeza y la inhiben, pero nunca pueden eliminarla (Deleuze, 1990, pp. 244-245).

La triste lectura que hace Spinoza de la orientación natural del ser humano hacia el odio es toda una acusación a la condición humana. Aquí hace un gesto hacia la orientación ética de su obra: la verdadera alegría implica aumentar la capacidad de actuar de los demás, así como la propia. La alegría solo es posible cuando la razón y la intuición se alinean. Deleuze amplía la naturaleza ética de la alegría de la siguiente manera:

> El único mandamiento de la razón, el único requisito de *pietas* y *religio*, es vincular un máximo de alegrías pasivas con un máximo de alegrías activas. Porque la alegría es la única afección pasiva que aumenta nuestro poder de acción, y de todas las afecciones solo la alegría puede ser activa. El esclavo puede ser reconocido por sus pasiones tristes y el hombre libre por sus alegrías pasivas y activas. El sentido de la alegría se revela como el verdadero sentido ético; es para la esfera práctica lo que la afirmación misma es para la especulativa. El naturalismo de Spinoza se define por la afirmación especulativa en su teoría de la sustancia y por la alegría práctica en su concepción de los modos. La *Ética*, la filosofía de la afirmación pura, es también una filosofía de la alegría correspondiente a dicha afirmación (Deleuze, 1990, p. 272).

La palabra *religio*, que aparece en la cita anterior, era originalmente un término latino que se refería a un sentido de obligación, y se empleaba en un contexto secular más que religioso. Así, Spinoza habla de los beneficios de abrazar activamente lo que podría considerarse una obligación moral o la llamada a hacer lo correcto. La alegría activa es el acto de ampliar conscientemente las capacidades de actuar propias y ajenas. El pensamiento crítico, la autorreflexión, el diálogo y la atención son ejemplos de las formas en que las personas trabajan consigo mismas y con los demás para ampliar sus capacidades de actuar. Estos actos son expresiones de pasiones alegres. Deleuze explica, además, lo siguiente:

> La pregunta principal de la *Ética* es, pues: ¿qué debemos hacer para estar afectados por un máximo de pasiones alegres? La naturaleza no nos favorece en este sentido. Pero debemos confiar en los esfuerzos de la razón, el lentísimo esfuerzo empírico que encuentra en la Ciudad las condiciones que lo hacen posible: la razón en el primer principio de su desarrollo, o en su aspecto inicial, es el esfuerzo por organizar los encuentros de tal manera que nos veamos afectados por un máximo de pasiones alegres. Pues las pasiones alegres aumentan nuestro poder de acción; la razón es el poder de comprensión, el poder de acción que pertenece al alma; así que las pasiones

> alegres están de acuerdo con la razón y nos llevan a comprender o nos determinan a ser razonables (Deleuze, 1990, p. 273-4).

Aquí, Deleuze explica la alineación de Spinoza entre la razón, la intuición y la acción. Este alineamiento forma parte del trabajo de "llegar a ser razonable" y desarrollar la propia capacidad de actuar. Muchos de los relatos de la fe religiosa y secular que se ofrecen en mi investigación explican la tónica de las pasiones alegres: las ideas, las acciones, los contextos y las historias que inspiran los actos de *llegar a ser razonables* en relación con los demás, de aumentar la propia capacidad de actuar, y la de los demás. Como tal, la producción de la alegría puede identificarse como uno de los discursos dominantes de la fe. Sin embargo, no es el único relato "global" que producen las culturas de la fe. Aunque la fe suele ser un agente positivo en la vida de las personas, también puede ser, como mostrarán algunas de las historias que se analizarán en los próximos capítulos, una promesa que opera como una forma de optimismo cruel, algo que nunca se llega a realizar. La fe puede ser una serie de sacrificios que uno hace con la esperanza de que puedan ser cambiados por un futuro mejor.

La fe como promesa, objeto y valor de cambio

En *Cruel Optimism* (2011), Lauren Berlant analiza los sentimientos de fracaso y el proceso de lo que ella llama "muerte lenta", que pueden surgir al tratar de cambiar hábitos que tal vez no son lo mejor para nosotros (pensemos en fumar, comer demasiado, tener sexo sin protección con múltiples parejas). En esta parte del capítulo exploro algunas de las astutas observaciones de Berlant sobre el deseo irrealizado e imposible en un contexto muy diferente, no en relación con las personas que intentan cambiar cuando las estructuras sociales, biológicas, económicas e institucionales impiden esta posibilidad, sino más bien, en relación con la fe religiosa como una forma de muerte lenta. En estos casos, la fe religiosa demuestra: "la crueldad del optimismo que se revela a las personas sin control sobre las condiciones materiales de sus vidas" (Berlant, 2011, p. 46). Berlant examina las promesas incumplibles, a menudo incrustadas en los objetos de deseo, como un ejemplo de optimismo cruel. También analiza la promesa del valor de cambio como otra forma de optimismo cruel. Cada una de estas formas de pensar ofrece una visión de algunas experiencias de fe.

Objetos de fe

En algunos contextos, la fe religiosa opera como una forma de optimismo cruel en la que "la proximidad al objeto [la religión] significa la proximidad al conjunto de cosas que el objeto [la religión] promete" (Berlant, 2011, p.23). La fe en la religión puede, dependiendo de su configuración, llevar a creer en un "cúmulo de promesas... incrustadas en una persona, una cosa, una institución, un texto, una norma..." (Berlant, 2011, p. 23). Esto no es necesariamente algo malo y, como muestro en la discusión anterior, la experiencia cuando una idea y la práctica se unen (o la intuición y la razón se encuentran) puede ser una experiencia alegre y sustentadora. Sin embargo, como todas las cosas, la fe, ya sea en la medicina, la ciencia o la fe religiosa, no siempre puede ser alegre y sostenible. Puede ser un conjunto de imposibilidades o rechazos. La medicina no puede curar todos los males. La ciencia por sí sola no puede detener el cambio climático. En algunos casos, la fe religiosa puede ser un aplazamiento interminable del placer que puede nunca llegar a realizarse y que puede valorar los actos de aplazamiento del placer emprendidos en relación con los apegos objetuales. Berlant lo explica de la siguiente manera: "todos los apegos son optimistas. Cuando hablamos de un objeto de deseo, en realidad estamos hablando de un cúmulo de promesas que queremos que alguien o algo nos haga y nos posibilite" (Berlant, 2011, p. 23). Todas las religiones tienen objetos de fe: santuarios para los ancianos y sus fantasmas, imágenes o estatuas de deidades, cuentas de oración, libros sagrados, el crucifijo, una alfombra de oración, la Ka'bah: los apegos a los objetos relacionados con la fe religiosa forman parte de las prácticas de las personas religiosas ortodoxas y no ortodoxas de manera que facilitan el apego a la fantasía. Berlant explica lo siguiente:

> ...muchos de los objetos normativos y singulares puestos a disposición para invertir en el mundo son en sí mismos amenazas, tanto a la energía como a la fantasía de la continuidad, es decir, que las personas/colectividades se enfrentan a diario a la crueldad no solo de renunciar de manera potencial a sus objetos o de cambiar de vida, sino de perder el vínculo que la propia fantasía ha permitido con lo que potencialmente hay en los arriesgados dominios de la vida aún no probada y no vivida (Berlant, 2011, p. 48).

Los apegos de las personas a los objetos y a las esperanzas e ideas asociadas son, en algunos casos, más poderosos que los apegos a los otros inmediatos o al entorno y "la proximidad al objeto significa la proximidad al conjunto de cosas que el objeto promete" (Berlant, 2011, p. 23). Aquí nos vienen a la mente muchos ejemplos de peregrinaciones a lugares sagrados y apegos a iconos u objetos religiosos. Cada religión tiene su propia versión de apego al objeto o lugar de fe, como los santuarios de la Virgen María, las cuentas del rosario, el Hajj, las malas, los templos, etc. Berlant también habla de la promesa del valor de cambio como otra forma de optimismo cruel. Este enfoque también ofrece una visión de algunas experiencias de fe.

La oración como valor de cambio

El optimismo cruel también se expresa en la posibilidad del valor de cambio, los tipos de relaciones intersubjetivas que se cultivan mediante la atención y la expresión de apegos a posibilidades de cualidades prometedoras que aún no se han materializado. La autora examina el rendimiento de la inversión en el posible valor de cambio de una manera que me hizo pensar en el acto de la oración, es decir, en una práctica de anunciación hablada a un oyente que no está físicamente presente:

> la condición de posibilidad proyectada de una escucha que no puede tener lugar en los términos de su anunciación ("tú" no estás aquí; "tú" estás eternamente atrasado en la conversación que estoy imaginando contigo) crea un momento presente falso de intersubjetividad en el que, sin embargo, puede tener lugar el desempeño de destinatario (Berlant, 2011, p. 25).

Esta cita me trajo a la mente a una madre, una refugiada serbia que vive en Melbourne que explicó que sentía que necesitaba guardar su apego para el más allá. Malina explica lo siguiente:

> Intento no apegarme demasiado a las recetas, a las cosas, a los lugares ni a nada. Para mí, no son importantes. Lo lamento. Para mí es como mi oración, mis creencias, es como lo que yo... Amo a mi familia y demás, pero un día justo mi otra amiga me dijo que su marido acababa de fallecer. ¿Cómo? Como que era un hombre joven, sano y de aspecto perfecto. Un día la gente está aquí y otro día se ha ido. ¿Sabes? Te hace pensar que están aquí, que es mi familia. ¿Pero qué importancia tiene eso? Es como si al día siguiente te fueras y dejaras todo allí, incluso a tus amigos y a tu familia. Nada de eso importa ya (Grupo focal de Future Foundations Melbourne, 2019).

Claramente aquí, vemos la fe como valor de cambio, la fe en el más allá se intercambia por la inversión diaria en sus hijos o marido. Ella está viviendo su vida en preparación para su vida después de la muerte.

Conclusión

En este capítulo me he basado en la obra de Spinoza, Deleuze y Berlant para pensar en la fe como algo positivo y negativo en las vidas de los participantes de mi investigación. He explorado las escalas micro, meso y macro en las que se articula la fe. He tratado de mostrar que, en cierto modo, todos los que tienen fe la fabrican ellos mismos, aunque lo hagan de forma inconsciente. Los rituales, las prácticas de consumo y las prácticas de significación son prácticas de citación que coreografían las experiencias de fe.

Los recursos teóricos reunidos en este capítulo demuestran mi creencia de que cualquier perspectiva filosófica útil sobre la fe necesita ser informada por conocimientos interdisciplinarios, ya que "[c]uando los estudiosos de la religión escriben sobre la materialidad... generalmente se benefician de la perspectiva de un historiador del arte, al igual que los historiadores del arte con escasa formación en los marcos de los estudios religiosos pueden beneficiarse de las ideas de un lector de esa disciplina" (Floyd y Promey, 2018, p. 267). Al desarrollar mi propia perspectiva materialista nueva sobre la fe y aprovechar los recursos interdisciplinarios para pensar en la producción de la fe como una experiencia afectiva, quiero mostrar las complejas formas en que las personas son impulsadas a creer. Todos tenemos fe en algo. Nuestra fe es tanto una expresión del contexto como un acto político. La fe, al igual que el cuerpo, es un termómetro de los devenires sociales y, estemos donde estemos y profesemos lo que profesemos, la fe es el medio por el que seguimos siendo quienes somos. Al avanzar, investigo esta fe situada en su complejidad material-conceptual-social e histórica.

Bibliografía

Amar, Abhishek S. (2012). Integrating texts and material culture: methodological approaches to the study of premodern religions. *Material Religion*, 8(4), 528-529. https://doi.org/10.2752/175183412X13522006994971

Bağlı, Hümanur (2015). Material culture of religion: new approaches to functionality in Islamic objects. *The Design Journal*, 18(3), 305-25. https://doi.org/10.1080/14606925.2015.1059598

Barad, Karen (2003). Posthumanist performativity: toward an understanding of how matter comes to matter. *Signs*, 28(3), 801-831. https://doi.org/10.1086/345321

Boivin, Nicole (2009). Grasping the elusive and unknowable: material culture in ritual practice. *Material Religion*, 5(3), 226-287. https://doi.org/10.2752/175183409X12550007729860

Braidotti, Rosi (2008). In spite of the times: the postsecular turn in feminism. *Theory, Culture & Society*, 25(6) (November), 1-24. https://doi.org/10.1177/0263276408095542

Clayton, John Powell; M. Blackburn, Anne y D. Carroll, Thomas (2006). *Religions, Rea-sons and Gods: Essays in Cross-cultural Philosophy of Religion*. New York: Cambridge University Press. https://doi.org/10.1017/CBO9780511488399

Cort, John E. (1996). Art, religion, and material culture: some reflections on method. *Journal of the American Academy of Religion*, 64(3), 613-32. https://doi.org/10.1093/jaarel/LXIV.3.613

Deleuze, Gilles (1988). *Spinoza, practical philosophy* [Traducido por Robert Hurley]. City Lights Publishers.

Deleuze, Gilles y Guattari, Felix (1988). *A Thousand Plateaus* [Traducido por Brian Massumi]. Vol. 2 de *Capitalism and Schizophrenia*. London: Continuum.

Floyd, Emily C. y Promey, Sally M. (2018). Collaborative scholarly communities and access in the study of material and visual cultures of religion. *Religion*, 48(2), 262-275. https://doi.org/10.1080/0048721X.2018.1445603

Gruber, Christaine (2017). Back to nature: the votive in Islamic visual and material cultures. *Material Religion*, 13(1), 99-101. https://doi.org/10.1080/17432200.2017.1272737

Hickey-Moody, Anna (2009). *Unimaginable bodies: intellectual disability, performance and becomings*. Rotterdam: Sense. https://doi.org/10.1163/9789087908553_003

Hickey-Moody, Anna (2013a). Affect as method: feelings, aesthetics and affective pedagogy. En Rebecca Coleman y Jessica Ringrose (eds.), *Deleuze and Research Methodologies* (pp. 79-95). Edinburgh: Edinburgh University Press.

Hickey-Moody, Anna (2013b). *Youth, arts and education: reassembling subjectivity through affect*. Abingdon: Routledge. https://doi.org/10.4324/9780203855829

Kaplan, Uri (2017). From the tea to the coffee ceremony: modernizing Buddhist material culture in contemporary Korea. *Material Religion*, 13(1), 1-22. https://doi.org/10.1080/17432200.2016.1271969

Levi, Jerome M. (1998). The bow and the blanket: religion, identity and resistance in Rarámuri material culture. *Journal of Anthropological Research*, 54(3), 299-324. https://doi.org/10.1086/jar.54.3.3630650

Mann, Richard D. (2014). Material culture and the study of Hinduism and Buddhism. *Religion Compass*, 8, 264-273. https://doi.org/10.1111/rec3.12116

Matthews-Jones, Lucinda y Willem Jones, Timothy (2015). Introduction: materiality and religious history. En Timothy Willem Jones y Lucinda Matthew-Jones (eds.), *Material Religion in Modern Britain: The Spirit of Things* (pp. 1-14). New York: Palgrave Macmillan. https://doi.org/10.1057/9781137540638_1

McDannell, Colleen (1995). *Material Christianity: religion and popular culture in America*. New Haven, CT: Yale University Press.

Meyer, Birgit (2013). Material mediations and religious practices of world-making. En Knut Lundby (ed.), *Religion Across Media: From Early Antiquity to Late Modernity* (pp. 1-19). New York: Peter Lang.

Morgan, David (2015). The look of sympathy: religion, visual culture, and the social life of feeling. *Material Religion: The Journal of Objects, Art and Belief*, 5(2), 132-155. https://doi.org/10.2752/174322009X12448040551567

Oppy, Graham (2014). *Reinventing philosophy of religion: an opinionated introduction*. London: Palgrave Macmillan. https://doi.org/10.1057/9781137434562

Spinoza, Baruch (1996). *Ethics* [6° ed. Traducido por Edwin Curley]. London: Penguin Books.

Van der Tuin, Iris (2015). *Generational feminism: new materialist introduction to a generative approach*. Lanham, MD: Lexington Books.

Van der Tuin, Iris (2018). Diffraction. En Rosi Braidotti y Maria Hlavajova (eds.), *Posthuman Glossary* (pp. 99-101). London: Bloomsbury Academic.

Wang, Xing (2018). Rethinking material religion in the East: Orientalism and religious material culture in contemporary Western academia. *Religions*, 9(2). https://doi.org/10.3390/rel9020062

Comunidades geográficas de pertenencia

Interrogaciones y aportes que el nuevo materialismo trae consigo. Comentarios a "La política afectiva de la fe"

Silvia Grinberg

Este capítulo presenta comentarios al trabajo de Anna Hickey-Moody. Un comentario que procura recoger la flecha que lanza en su capítulo y lanzarla en otra dirección,[1] o mejor aún en otra longitud del sur global. Una flecha que retoma la fe migrante que llega de Australia y es recogida en el Área Metropolitana de Buenos Aires. En y a partir de esa imagen este texto se propone tomar esa flecha, algunos de los hilos que introduce en ese texto la autora. En aras de ello tomamos tres de ellos para hilvanar este comentario. En primer lugar, las interrogaciones y aportes que los nuevos materialismos y el giro afectivo traen consigo. Allí, la autora, refiriendo a la fe, abre un abanico que nos acerca a pensar la pregunta por la identidad y las crisis, eje de CALAS Cono Sur. En esa línea, seguidamente recuperamos el concepto de comunidades geográficas de pertenencia,

[1] Retomamos aquí el final de la conversación que Deleuze (1996) mantiene con Parnet donde, bajo el título retrato de Foucault, retoma la afirmación nietzscheana sobre la filosofía. En palabras de Deleuze: "Porque esto es lo esencial. Nietzsche decía que un pensador lanza siempre una flecha como al vacío, y que otro pensador la recoge para lanzarla en otra dirección" (p. 189).

propuesto por Hickey-Moody, que en otros momentos retoma como geografías y economías materiales de la fe. Se trata de un trabajo de investigación desarrollado principalmente en Australia, con comunidades de migrantes. Desde aquel concepto, y para finalizar, recogemos esas flechas con el objeto de proponer algunos hilos para una analítica material de la producción artística y de investigación en este otro lado del Cono Sur y, más específicamente, en el área del río Reconquista del partido de General San Martín (Buenos Aires, Argentina), donde desde fines del siglo XX se han ido emplazando y solidificando aquellos barrios cuyo signo es la escasa o nula urbanización y la degradación ambiental (Grinberg, 2009, 2011, 2021; Curutchet et al., 2012).

Emociones y afecto: qué traen los nuevos materialismos consigo

Afecto: dícese de la capacidad de actuar. *Affectus*: aumento o disminución de la capacidad subjetiva. A diferencia de la emoción, la pregunta por el afecto no remite a un estado sino a un movimiento. Retomando a Deleuze, al Spinoza de Deleuze, Hickey-Moody repone esa diferencia. Mientras que la emoción remite a lo estriado, a la estriación psicológica del afecto, el afecto refiere a la capacidad de, pero también al modo en que nuestra experiencia de cambio es capturada por la subjetividad; el afecto es el poder de un cuerpo de actuar.

Las emociones remiten a un estado de lo estriado, lo acanalado, a aquello que se marcó; el *affectus* refiere a la experiencia, al pasaje. Esto es, no a lo acanalado sino a la capacidad de afectar, a lo que puede un cuerpo, a su capacidad. Y, vale recalcar como lo hace en su capítulo, que se trata de un poder, de una capacidad que puede aumentar o disminuir. El afecto es un pasaje, es la materialidad de ese pasaje. No es lo estriado sino ese pasar, el pasaje de un estado a otro, y por tanto puede involucrar el aumento de la capacidad de un cuerpo o su disminución, la capacidad de afectar-nos, el afectar de un cuerpo a otro cuerpo. Un cuerpo humano o no humano.

Es aquí donde la pregunta sobre el afecto nos afecta, su materialidad nos aporta un cúmulo de nuevas miradas para pensarnos en el mundo, en un mundo entre cuerpos: como humanos que aumentamos/disminuimos la capacidad de nuestros y otros cuerpos humanos y no humanos y cómo esa afección también nos afecta; aumenta o disminuye nuestra capacidad. Si muchas de estas cuestiones no son *per se* nuevas, el Antropoceno nos coloca directamente en esa pregunta por el afecto. Vivimos tiempos en que las crisis se han vuelto lo más estable, tiempos en los que quisiéramos pensar que la pandemia del COVID-19 está quedando atrás pero aún no sabemos, un mundo que se enfrenta de modo acelerado al cambio climático y a sus efectos en un plano donde se entremezclan los "nano-detalles" de nuestra vida cotidiana y los grandes movimientos de escala planetaria, que nos resuenan en aquello que esta mirada tiene para decirnos.

Ahora cabe tener ojo. La capacidad de actuar, el aumento o disminución de lo que puede un cuerpo, nada tiene que ver con los discursos gerenciales de la auto-ayuda, del empoderamiento o del tú puedes. No admite romantizaciones. No se trata de pensar en héroes o heroínas que todo lo pueden, o sí, porque nadie sabe lo que puede un cuerpo. Pero ese cúmulo de heroizaciones no dejan de entretejerse en la crueldad política entre la que se entreteje la vida cotidiana de cada vez más vastos sectores de la población. En su capítulo, la autora lo enfatiza: se trata tanto de aumentos como de disminuciones. La afección remite a las relaciones de fuerza, una fuerza que afecta otras fuerzas, a las luchas. En esa promesa del *tú puedes*, retomando a Berlant (2011), nos encontramos con las promesas incumplibles, a menudo incrustadas en los objetos de deseo, de fe que portan la promesa del valor de cambio que se vuelven ejemplo de optimismo cruel.

Ello nos lleva directo a la pregunta política. A aquello que Hickey-Moody denomina las políticas afectivas de la fe. Como lo señala en su texto, esa política se realiza por ejemplo cuando es incriminada por proponer la equivalencia de toda fe. En esas escalas nos lleva a pensar el desempleo o las guerras cuestiones globales, pero también en la escala micro y meso de esas políticas. Aquí, quizá podamos agregar una lectura nano de ese afectar. Aquella donde los cuerpos humanos y no humanos se afectan, se adentran entre epidermis, aquella que se irriga en los campos/cuerpos y deja esa equivalencia de cuerpos, tierra, ríos fumigados. Multiplicidad de escalas un solo plano.

Es allí donde adquiere vigor la idea de un mapa vivo. En ese mapa, como líneas de aquel, en el capítulo la autora recoge el relato de una migrante bangladesí cuya historia se enreda entre las mayorías musulmanas de su país natal y su condición de migrante en Australia, donde su fe se vuelve minoría. Se compone, así, un mapa vivo, donde en este caso la fe, en tanto que acto de creencia, alinea a los sujetos con la experiencia. Por ello, retomando a Spinoza, concluye "la mente es asaltada por la emoción, el cuerpo es afectado y aumenta o disminuye el poder de acción".

La investigación basada en el arte, en prácticas artísticas, en tanto métodos creativos que nos acercan a ese afectar: allí radica su especial potencia. Quizá, en tanto que investigadores, nos acercan, aunque sea tímidamente, a la "invención de posibilidades de vida [...]. Nietzsche veía en estos modos la última dimensión de la voluntad de poder, el querer-artístico. Foucault señala esta dimensión como aquella en que la fuerza se afecta a sí misma o se pliega" (Deleuze, 1999, pp. 188-189).

En su presentación, Hickey-Moody remite a los cuadros que en su trabajo de investigación producen niños/as y familias migrantes.[2] Un mapa donde las vidas se componen entre escalas. En un plano: esos cuerpos. Cuadros/mapas vivos que vibran la afirmación de la autora: la fe es material. Una materialidad que se hace entre escalas

[2] Esa producción está disponible en https://www.youtube.com/watch?v=qu3MeN-YCSMs. (12/11/2021)

se dibuja en la producción de un niño donde prevalecen iglesias y aviones.

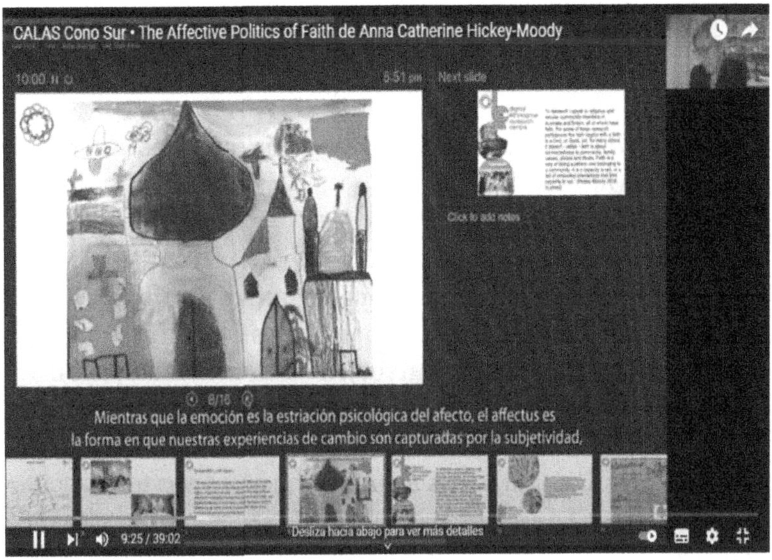

La fe, ensamble de lugares, objetos, personas. En esa línea, señala: “siguiendo esta concepción de los ensamblajes de lugares, objetos, personas y creencias como formas de conformar patrones de sentimiento, podemos ver que la fe puede convertirse en un mapa, un conjunto de coordenadas internas y externas que mueve a los cuerpos a actuar y reaccionar de determinadas maneras. Al ser receptiva, la fe siempre se rehace; da forma a corrientes de conciencia que fluyen a través de patrones de sentimiento establecidos” (p. 45 en la presente edición). La fe, aquella que brinda apego cuando todo se mueve.

Ahora, retomando a Barad, señala que la fe también se puede volver un borde afilado, que en el caso de la fe funcionaría impidiendo que una persona conecte con otra: los juicios de la fe, en el caso que aborda Hickey-Moody, pero podríamos identificar tantas otras escenas con ese filo, ese borde filoso que provoca rechazo, borde límite que corta y niega.

En esos trabajos nos encontramos con aquello que el giro afectivo nos ubica en una analítica de la afección, lo humano y lo no humano.

Sin duda, la pregunta por la cuestión urbana y ambiental y sus afecciones múltiples en nuestras vidas diarias. Desafío de nuestro hacer investigación, de los mapas vivos del área del Reconquista sobre los que lanzamos la flecha en el siguiente eje de este comentario.

Comunidades geográficas de pertenencia que constituyen las vidas cotidianas

La fe, propone Hickey-Moody, desde los nuevos materialismos, supone un estatuto ontológico, una orientación, una capacidad de actuar. Un cúmulo de prácticas que funcionan como geografías emocionales encarnadas que coreografían subjetividades y comunidades.

El video de presentación de la plataforma de CALAS nos ubica entre ambas cuestiones: coloca su eje en la comunidad mientras, a su vez, muestra biografías, geografías migrantes, mapas vivos realizados en otras longitudes. En este caso no vemos aviones, pero sí una geografía que evoca viajes: un taller y un telar realizado entre mujeres, en asentamientos precarios del AMBA, barrios profundamente urbanos que se materializan como mapa vivo de otras geografías que nos llevan al altiplano de Sudamérica. Los tejidos evocan esas subjetividades, comunidades que se realizan en una escala múltiple. En los cuadros que compartía Hickey-Moody vemos un árbol de familia. En el video vemos a Marta, quien afirma: “Yo necesitaba un lugar de pertenencia”; “vamos a ser un puente siempre”, señala Mónica en otro momento.

¿Por qué coreografía? Arriesgo: porque funciona en sí como mapa vivo. Es un concepto que contiene una especial fuerza. La fe (religiosa o secular) coreografía gente, sociedades, relaciones. Dibuja determinados recorridos. Ensamble de lugar, objetos, personas. ¿De qué hablan las mujeres en su tejido, en su hacer/decir del telar, entre sus pliegues? Como los cuadros que muestran crisis globales, iglesias y aviones, el telar hace de puente, donde la comunidad se vuelve clave para biografías, que dibujan paisajes que recuerdan el recorrido del mapa, del viaje y el hacer de esa comunidad porque, como lo tejen, "nadie se salva solo".

Un viaje, un telar, que en su emplazarse en uno de tantos barrios de sur global atravesados por la pobreza urbana y la degradación ambiental, porta las ollas en las bellezas de esos tejidos. En ese momento nos recuerdan el tiempo que vivimos y cómo lo vivimos. "Nadie se salva solo" titula la olla popular en el telar y en ese minuto nos ubica en la historia. Una afirmación que está lejos de los relatos de auto-ayuda, en 2020 cuando los barrios vivían, sobre-vivían, producían un plus de vida, justamente, en y entre esas ollas que permitieron a todos esos que no se hubieran salvado tramitar la vida durante el shock del COVID-19 (Grinberg y Verón, 2021).

Nuevamente las escalas y lo que puede un cuerpo. El COVID, la crisis y las respuestas de esas comunidades. Un mapa vivo; el viaje, la migración. El afecto como pasaje, un estado a otro que remite de modo dinámico a límites y bordes, a las relaciones y compromisos de las personas en y con sus contextos. A cómo somos afectadas, cómo afectamos. La pregunta por la identidad, en este viaje, estalla y vuelve revitalizada.

Escalas como geografías y economías materiales de fe, políticas hacedoras de mundo. Guerras, desplazamientos (más o menos forzados), el desempleo, eventos tan globales como individuales. Cómo las personas viven esa "necesidad" de migrar. Esa materialidad geográfica que involucra la fe, la identidad, el devenir altiplano, puente, avión, olla, comunidad. Una comunidad geográfica de pertenencia que se enreda como territorio.

Así, las preguntas que se abren desde los nuevos materialismos remiten a cómo los sentimientos y creencias de/marcan geografías emocionales y, podríamos decir también, viceversa: cómo esas materialidades geográficas producen, nos hacen parte, nos apegan, nos demarcan y excluyen también. Nuevamente, a través de esas producciones podemos retomar estos ejes, estas escalas para una comprensión crítica de nuestro presente, de aquello que parece haberse vuelto una crisis eterna. Sobre esta última cuestión versa el tercer punto de este comentario a las políticas afectivas de la fe.

Identidad, fe, promesa: mantenerse en viaje. Insistir

Mantenerse en viaje, mantenernos yendo, insistiendo. Como los aviones del dibujo, la fe en sus múltiples modos, en las muy diversas formas en que se materializa en objetos e imágenes, se configura en esos viajes, en ese estar yendo. Pero también se ubica en los filos, en los límites del cuerpo, marca allí donde no todas las religiones son lo mismo; no todas las fes o creencias son lo mismo. En ese instante se instalan las políticas de la fe, en la distribución de esas creencias; de esa capacidad. Qué nos toca aceptar en estas políticas o más bien, en la disputa de las políticas de (la) fe. Es allí donde el valor de cambio aparece como optimismo cruel, pero también la alegría y el goce juegan sus cartas.

¿Qué significa tener fe? Es una capacidad de actuar, un cúmulo de orientaciones encarnadas. Tanto las religiosas como las seculares. Así, por ejemplo, ¿la escuela no sería parte de esa política de la fe? Cabe retomar otra escena de campo donde una ex alumna (Nair) de una escuela del área del Reconquista narra la frustración y la voluntad, todo junto en una cuerda, en un enredo, que en su vida se expresa entre estudiar y lo poco que logra haciéndolo, así mientras insiste y sigue, se pregunta cómo hacer para seguir estudiando: "Le pongo voluntad, nadie sabe las ganas que tengo de tener un puto título y mejorar mi vida a futuro".

Nair es muchas Nair, es/son los/as tantos/as jóvenes que insisten, que se caen mil veces y se vuelven a levantar. Es entre esas insistencias que se hace a diario la fe, la escuela. Lejos de las imágenes que señalan que para quienes viven en los barrios más empobrecidos reina el nihilismo, la voluntad de nada, nos encontramos con los enormes esfuerzos tan silenciosos como silenciados que ocurren en esa forma secular de la fe, aquella que insiste: "Yo sé que a mí se me van a dar las cosas, voy a lograr mis objetivos. Me voy a caer mil veces, pero me voy a levantar porque quiero un futuro mejor para mi hijo".

Es en esa fe, en ese apego, es donde radica también lo cruel. Retomando a Berlant (2011), esa crueldad o ese optimismo cruel se encarna en el hecho de no tener control sobre las condiciones materiales de las propias vidas, en el conjunto de imposibilidades o rechazos que se vuelven límite. La medicina no lo cura todo, y la fe no siempre mueve montañas. Como señalábamos, *affectus* remite a la capacidad de actuar tanto como a los límites, al borde filoso. No tiene ninguna ligazón con la promesa del tú puedes, sino que indica su cinismo cruel.

Como señala Berlant (2011), cuando hablamos de un objeto de deseo hablamos de grupo/conjunto de promesas, aquellas que las personas/colectividades enfrentan diariamente: la crueldad no solo de renunciar potencialmente a sus objetos o cambiar sus vidas, sino de perder la unión que la fantasía misma ha permitido a lo que potencialmente existe en los dominios riesgosos de la vida aún no probada y no vivida. Hickey-Moody nos invita allí a pensar los objetos, los cúmulos de objetos y las promesas que portan, el valor de cambio y también la alegría.

Vale, a modo de cierre, retomar otro trabajo hecho en el área del Reconquista, como un modo de encontramos con esos objetos, esas promesas y sin duda la fe, la creencia esa que nos recuerda que "somos todos humanos".

Se trata de una intervención al cuadro Sin Pan y sin trabajo[3] (1894), de Ernesto de la Cárcova. Sobre ese trabajo en sí nos ocupamos en otros lugares, aquí solo quisiera señalar cómo dialogan y se afectan mutuamente los objetos, llenos de alegría, placer y el diálogo: "¿en qué estás pensando viejo?", "en nuestra pobreza", le contesta el hombre de ese cuadro intervenido por estudiantes adolescentes en la escuela. El cuerpo afectado, activo. Llenos de objetos, corazones, guirnaldas, gorras, color. Una ventana que muestra una escena rural, y la señal urbana de una calle que es la vez nombre de un barrio, un cartel que se vuelve marca, identidad, como en el dibujo del niño en Adelaida los aviones y las iglesias, en el telar las montañas del altiplano y las ollas populares del barrio. Este cuadro narra, enreda en una actualidad urbana donde el paisaje rural nos recuerda nuevamente un viaje; un movimiento un pasaje.

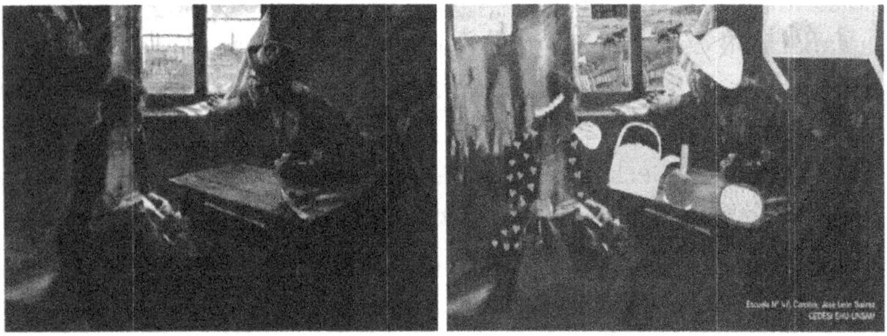

Este cuadro, producido, intervenido por los jóvenes en la escuela, posee eso que retoma Deleuze de Spinoza: la alegría. Aquella que

[3] La obra original, pintada por Ernesto de la Cárcova en 1894, es una expresión de protesta política en el arte argentino y latinoamericano. https://www.bellasartes.gob.ar/coleccion/obra/1777. Los alumnos trabajaron a partir del cuadro en el marco de un proyecto realizado en conjunto con los docentes de la escuela con motivo del aniversario del nacimiento del pintor. El pintor y su obra cobran especial relevancia en este contexto porque, debido a una calle del barrio que lleva su nombre, la zona se conoce como La Cárcova. La escuela y otras organizaciones comunitarias participaron en una muestra en un museo y en la universidad. Ver http://noticias.unsam.edu.ar/2016/11/16/se-realizo-el-festival-artistico-carcova-en-la-unsam/

porta el buen encuentro. No se trata de las alegrías parciales que como "excitaciones" que solo aumentan nuestro poder de acción en un punto reduciéndolo en todo los demás. En esa fuerza del puño contra la mesa resuena la fuerza, la afección, lo estriado de la emoción y el enojo por la propia pobreza; una escena que, delante de una biblioteca, está en otra escala de objetos, otro viaje, otro encuentro. La alegría del buen encuentro, aquella que también vibra entre las mujeres produciendo el telar aquel que se arma entre las historias de cada viajera. Y, entonces entre el enredo de escalas globales, experiencias, biografías migrantes, entre latitudes y longitudes, vale la pena a modo de cierre de este comentario recordar en las palabras que pronuncia Inés en el video, que todos tenemos una historia y nos gusta compartirla.

Bibliografía

Berlant, L. (2011). *Cruel optimism*. Durham, NC and London: Duke University Press.

Curutchet, G., Grinberg, S. y Gutiérrez, R. A. (2012). Degradación ambiental y periferia urbana: un estudio transdiciplinario sobre la contaminación en la región metropolitana de Buenos Aires. *Ambiente & Sociedade*, *15*(2), 173-194. https://doi.org/10.1590/S1414-753X2012000200010

Deleuze, G. (1996). *Conversaciones*. Madrid: Pre-textos.

Grinberg, S. (2020). Cartografías de la cotidianidad: Un estudio de la serie barrio/escuela/sujetos en contextos de pobreza urbana. *Psicoperspectivas*, *19*(3). https://dx.doi.org/10.5027/psicoperspectivas-vol19-issue3-fulltext-2079

Grinberg, S. (2020). Etnografía, biopolítica y colonialidad: Genealogías de la precariedad urbana en la Región Metropolitana de Buenos Aires. *Tabula Rasa, 34*, 19-39. https://doi.org/10.25058/20112742.n34.02

Grinberg, S. y Verón, E. (2021). #COVID-19: Shock y el derecho a tener derechos en las periferias metropolitanas. Un estudio en la Región Metropolitana de Buenos Aires. En *Pandemia y crisis: el COVID-19 en América Latina* (pp. 232-257). Guadalajara: Editorial de la Universidad de Guadalajara.

Afectos y emociones
Cuerpos y espacios en el ocio

Gisela Paola Kaczan y Agustina González

Introducción

El trabajo que compartimos plantea miradas exploratorias sobre los estudios de los afectos y las emociones en relación con los cuerpos y espacios.

El interés por los afectos y las emociones en el mundo académico está en plena efervescencia y ya tiene una compleja y extensa producción teórica, por lo cual promete ser un campo fértil para practicar lecturas novedosas e interdisciplinarias de las ciencias sociales y humanas.

En nuestro enfoque proponemos un abordaje en términos históricos, en este sentido y aceptando que el acceso a las producciones materiales que habitan en el pasado es indirecto, y más aún, sabiendo que el papel de la dimensión emocional en la investigación histórica es un desafío, se decide una investigación cualitativa, en el marco de los estudios de la cultura visual.[1] Lo haremos a través de la fotografía de la vida privada, principalmente *amateur*, para identificar vínculos de los afectos con lo social y con diversas prácticas espaciales.

Proponemos, entonces, un acercamiento a ciertos lineamientos teóricos desde los cuales abordar las relaciones-cuerpos-espacios-emociones, por lo cual, en una primera parte, se hace un breve recorrido sobre los afectos y las emociones (¿qué son?), sobre su dimensión temporal (¿son variables a lo largo del tiempo?) y sobre la implicancia del cuerpo y de la experiencia en el espacio (¿cómo se interpretan?). Por otro lado, y en una segunda parte, abordaremos la noción de imagen y, en particular, algunos significados de la fotografía, porque entendemos que su interpretación nos permite iluminar aspectos relacionales en las experiencias emocionales de los grupos sociales del pasado. Por último, apuntaremos algunos casos que nos permiten articular los conceptos teóricos con las prácticas y experiencias, en particular en prácticas de ocio en vacaciones en la primera mitad del siglo XX en Argentina.[2]

El corpus se construye a partir de imágenes fotográficas de álbumes privados y de fotografías familiares reunidas en el *Archivo Fotográfico de las Vacaciones. Viajes por Argentina entre 1900-1969* (Kaczan y González, 2020), un espacio colaborativo que hemos creado para preservar la memoria visual del turismo en el país.[3]

[1] En este camino se incorporan los aportes más recientes de los estudios visuales, que se aproximan a las imágenes entendiendo que son parte integrante de la comunicación humana a través de metáforas visuales de registro, no menos ciertas que las secuencias ordenadas y lineales de las palabras (Bohem, 1994).

[2] Estos casos forman parte de un estudio más amplio en el marco de proyectos inscriptos en el Grupo de Investigación "Estudios en Diseño. Género, Historia y Visualidades" (DiGeHVi), dependiente del Centro de Investigaciones Proyectuales y Acciones de Diseño Industrial (CIPADI), FAUD-UNMdP, dirigido por la Dra. Gisela P. Kaczan.

[3] La creación de este sitio se vio motivada por asumir que los archivos no son espacios físicos de almacenamiento, cúmulos de papeles con un rol de resguardo fijo y estático. Al contrario, los archivos se crean y se transforman en consonancia con las nuevas nociones sociales, los cambios teóricos y metodológicos propulsados por los giros de las ciencias sociales. Deriva de esto, el llamado giro archivístico propone estudiarlos como proceso más que como objeto, entendiendo también que estos son

Los afectos y las emociones

Incorporar el estudio de los afectos y las emociones en perspectiva histórica implica algunas dificultades y, al mismo tiempo, abre nuevas oportunidades. Por un lado, la propia naturaleza de estos objetos ha sido concebida como un aspecto subjetivo e interno de las personas, invisible y frecuentemente desestimado en los abordajes tradicionales de la investigación científica. Sin embargo, los estudios recientes prosperan en la idea de que las emociones resultan ser una categoría de análisis valiosa y versátil para diferentes áreas del conocimiento, porque permiten establecer transversalidades disciplinares, diálogo con propuestas teóricas y metodológicas diversas y recuperar la potencia de la corporalidad por sobre la racionalidad. Al reducir las escalas de observación e iluminar enfoques desde ángulos más íntimos, ayudan a interpretar aspectos no convencionales de los grupos culturales a lo largo del tiempo.

La filosofía, la doctrina del derecho, la biología evolutiva, la psicología cognitiva, la antropología, y más recientemente la historia, han colaborado en marcar ciertos lineamientos teóricos y metodológicos para acceder a la comprensión de los afectos y las emociones.

Algunas voces se ocupan de estudiar las definiciones terminológicas que distinguen los afectos y las emociones, así como los sentimientos, las sensibilidades, las pasiones. Sin entrar en esta discusión, diremos que estudiados en el marco del "giro afectivo" o de manera más amplia dentro de la teoría de los afectos, estos son entendidos como la capacidad de afectar y ser afectados, resultando

sitios de producción de conocimiento (Stoler, 2012). Esto contribuye a nuevas propuestas para el tratamiento de acervos documentales, a un nuevo acercamiento a los objetos de estudio y al descubrimiento de nuevas fuentes que quedan fuera del corpus de hemerotecas, archivos nacionales o bibliotecas. Recuperar y acercar las imágenes singulares de forma colectiva con el fin de poner en valor el sentido histórico y social de la información. Así, explorar el rol de la imagen en espacios plurales permite desacralizarla y trascender sus lecturas canónicas. Se puede formar parte del sitio en https://www.facebook.com/groups/archivodelasvacacionesargentinas.

profundamente performativos, por la disposición del cuerpo para actuar, enlazar y conectar (Gregg y Seigworth, 2010).[4]

En relación con las emociones, hay cierto consenso por parte de un grupo de investigadores de Occidente y de otras culturas no occidentales en que son experiencias humanas, respuestas inteligentes que están en sintonía tanto con los acontecimientos como con los valores y las metas importantes para la persona (Nussman, 2006). Si bien tanto la capacidad física como cognitiva para experimentar las emociones se entiende como algo propio de todos los seres humanos, no se expresan ni se experimentan de manera uniforme y no son motivadas por las mismas condiciones. Por lo tanto, no solo dependen de cómo lo experimenta cada persona sino de la influencia del medio cultural donde se inscribe.

En este trabajo no nos detendremos en profundizar en las diferencias:[5] las estudiaremos entendiendo que están en relación, es decir, entendemos que son nociones en diálogo que permiten establecer articulaciones entre las experiencias subjetivas, personales e íntimas y las experiencias compartidas y creadas colectivamente. Siguiendo a Le Bretón (1999), los sentimientos y las emociones no son estados absolutos, sustancias susceptibles de transponerse de un individuo y un grupo a otro; no son –o no son solamente– procesos fisiológicos cuyo secreto, se supone, posee el cuerpo. Son relaciones. En este sentido, coincidimos con Ahmed (2018) cuando señala que:

> algunas personas usan la palabra “afecto” para describir cómo uno es afectado –afecta y es afectado– expresando de este modo una

[4] Se destaca un gesto intelectual de transcendencia hacia el siglo XVII con el interés de Spinoza por la dimensión subjetiva de los afectos. En un contexto cultural dominado por entendimientos racionales, en el cual predominaban pretensiones de objetividad, Spinoza introdujo un fuerte componente relacional del afecto, un mundo en el que todas las cosas se encuentran interconectadas, relacionándose de manera permanente y produciéndose cambios y transformaciones de manera continuada (Aubán Borrell, 2017). Esa doble afectación, mantiene cierta línea de continuidad con los estudios actuales.

[5] Para tener un panorama general sobre la diferencia conceptual entre afecto y emoción puede verse Macón, 2020.

> capacidad de respuesta corporal al mundo que ese mismo mundo acostumbra otorgar. Yo prefiero referirme a "emoción" porque esta palabra me permite evitar comenzar con la cuestión de cómo es que somos afectados. Lo que resulta interesante para mí no es solo cómo es que el cuerpo afecta y es afectado, sino cómo es que ciertos tipos de cosas reciben valor a lo largo del tiempo (Ahmed, 2018 en Berlant, 2020, p. 13).

Entendemos que los afectos, los sentimientos y las emociones son performativos y siempre entran en procesos de negociación con las articulaciones identitarias y las identidades narrativas que la gente desarrolla y lleva consigo (Molinero y Vila, 2016, p. 27). Pero esto no siempre fue así.

La dimensión temporal

El interés por estudiar los afectos y las emociones no es nuevo, ni es exclusivo de un campo del saber: estudios señuelo dan cuenta de ciertos momentos a lo largo de la historia en los cuales se reflexionó sobre los afectos y las emociones, con períodos que responden a diferentes modelos explicativos y que pueden remontarse a las culturas del mundo antiguo.[6] De este recorrido, nos interesa marcar que en el cambio del siglo XX al siglo XXI, la emocionalidad fue ganando interés en algunas corrientes historiográficas. Febvre (1941) fue uno de los pioneros en contribuir a la desencialización de las emociones, al marcar la necesidad de inscribirlas dentro de un relato histórico, es decir, de situar el estudio específico de las emociones en el centro de la investigación historiográfica (Plamper, 2015; Moscoso, 2015). Las narrativas de Elías (1939) y Huizinga (1945) sobre el aumento del control emocional en el pasado medieval marcaron la incidencia de los sentimientos en las transformaciones sociales.

[6] Para ampliar sobre estos modelos puede verse Barrera y Sierra, 2020.

Dos décadas más tarde, el giro cultural de la disciplina histórica propició un interés por la dimensión simbólica de los estudios sociales. Influida por la historia de las mentalidades y por una antropología que estaba innovando sus temas y fuentes, se introdujo una clara tendencia a incorporar la historicidad. Del amplio repertorio temático de la historia cultural emergieron estudios sobre la familia, sobre las mujeres y la categoría de género para construir diálogos más fluidos entre las subjetividades y los comportamientos colectivos en clave histórico-cultural (Pollock, 1983; Nash y Amelang, 1975)

En la década siguiente de 1980, P. Stearns y C. Z. Stearns propusieron el término "emocionología" para referirse al conjunto de todos aquellos factores capaces de configurar o de reprimir las pautas de expresión emocional, reconociendo que "el cambio emocional debía adherirse al tejido histórico" (Stearns y Stearns, 1985, p. 820).

De acuerdo con Barrera y Sierra, dos circunstancias ocurrieron para acelerar el acercamiento de los historiadores a las emociones, el "giro lingüístico" y el "giro afectivo". El giro lingüístico introdujo un nuevo paradigma, el lenguaje posibilitaba un acceso renovado a las construcciones significativas/cognitivas de la realidad. Pero, pese a su aceptación, surgieron propuestas que intentaron tomar distancia de las explicaciones puramente lingüísticas para reflexionar sobre las formas de construcción del sujeto como un proceso más dinámico y desde ángulos más amplios y plurales que integraran sus emociones y su vivencia corporal. Este fue un factor desencadenante para la aparición del "giro afectivo". Los trabajos de Bonnell y Hunt (1999), Massumi (1995) y Reddy (2008) son sus principales referentes. Asimismo, surgieron pensadores que, tomando algunas de estas bases, generaron propuestas novedosas, como Rosenwein (2006), quien señala la importancia de tener en cuenta otras expresiones o performances no verbales, así como las secuencias en las que se producen estas manifestaciones. También se destacan los trabajos de Ahmed (2015), que han puesto de relieve la importancia de la percepción corporal en el desencantamiento de un estado afectivo, de Sheer (2012) y su noción de "prácticas emocionales", que posibilitan entender las emociones como disposiciones corporales condicionadas por un contexto cultural, los de Arbaiza (2018), quien señala que el cuerpo afectado sería el lugar donde habremos de comprender tales transformaciones (Barrera y Sierra, 2019).

Este breve camino advierte que en el interés por la dimensión de la sensibilidad, los afectos y las emociones se conjuga en una red de intersecciones teóricas con una fuerte impronta transdisciplinar, en la cual adquiere sentido incorporar las contribuciones de, por un lado, los estudios sociales sobre el cuerpo y, por otro, la dimensión de lo espacial en lo social.

La dimensión corporal

No se puede obviar el carácter cultural y corporalmente situado de los afectos y las emociones. Si el cuerpo es, en palabras de Le Breton (UAMVIDEOS, noviembre de 2017), ese vector semántico por medio del cual se construye la evidencia de la relación con el mundo, no es solamente en las actividades perceptivas, sino también en la expresión de los sentimientos, nuestra forma de encarnar la vida. Definido, a su vez, como un significante con dos sentidos, el cuerpo es una construcción socio-cultural, incorporación de lo social –cuerpo que mira– y como recepción de la sensibilidad, socialización de lo corporal –el cuerpo que es dicho– (Marcús, 2007). Así, pensar en el cuerpo es poder pensar, de otra manera, en los vínculos sociales que se inscriben en el mundo.

La cuestión del cuerpo como medio para dar explicaciones en el marco de relaciones sociales y provocar significados deviene de una tradición sostenida desde la antropología, la psicología, la sociología, la historia cultural y las lecturas interdisciplinarias, y ha sentado bases epistemológicas y métodos de abordaje para numerosos enfoques.[7]

[7] De allí que no puedan pasarse por alto aportes que abrieron caminos: los de Freud y D. Efron para pensar la gestualidad del cuerpo subordinada a la simbología social;

En este marco es importante reconocer la influencia de los estudios de género y la crítica feminista como una fuente indispensable para estudiar la dimensión afectiva, ya que han teorizado sobre las emociones en tanto diferencia capaz de desestabilizar las dicotomías generizadas que oponen emoción y razón, cuerpo y mente, privado y público, naturaleza y cultura (Solana y Vacarezza, 2020). Desde que comenzaron a escucharse las primeras feministas hacia el siglo XIX, los aportes –ni lineales ni superadores unos de otros– pusieron en discusión temas como el derecho a la igualdad entre mujeres y varones, el determinismo biológico, la desencialización de las categorías prevalentes y la resignificación de términos, la necesidad de un pensamiento interseccional para repensar las relaciones sociales y de poder. Entre estos temas se dio lugar a reflexionar y criticar las diferencias esencializadas tradicionalmente sobre el cuerpo femenino y su conexión "natural" con la dimensión de lo sensible.

Atravesados por el paradigma del binarismo sexual que caracterizaba el pensamiento moderno, los varones eran racionales, activos y tenían el mundo público como escenario de acción, mientras que las mujeres eran emocionales, pasivas y encontraban en la esfera doméstica su lugar de pertenencia. Esto se transparentó en el diagrama de lenguajes corporales y gestuales, así como en un repertorio kinético que identificó lo femenino a partir de la diferencia con lo masculino, fuertemente ligado a la necesidad de establecer claros roles y emociones para mujeres y para varones.

Siguiendo a Butler, un cuerpo no es una condición estática, sino que es resultante de un proceso donde las normas reguladoras

---

los de M. Mauss, sobre las "técnicas del cuerpo" y la kinésica de Birdwhistella, la idea de que el cuerpo metaforiza lo social y lo social metaforiza el cuerpo, por M. Douglas, el pensamiento social de B. Turner, el lenguaje corporal de E. Goffman, las indagaciones de M. Mead y G. Bateson, que emplearon las fotografías para generar registros de comportamientos. Los trabajos de G. Vigarello A. Corbin y J.- J. Courtine, U. Eco y G. de Michele, D. Le Breton sobre cómo el cuerpo fue abordado a través de diversas prácticas que buscaban su evaluación, su cuidado, su embellecimiento y perfeccionamiento en relación con los diferentes campos simbólicos que le otorgan sentido a la existencia colectiva.

materializan el "sexo" a partir de la reiteración forzada de esas normas. Así, los atributos de género, las actuaciones, los gestos, los deseos y los modos con los cuales un cuerpo se visibiliza, no serían expresivos sino performativos (Butler, 1988). En este camino, los estudios de género pusieron en valor la experiencia, la subjetividad y la dimensión sensible de la existencia corporal en la vida cotidiana y en sus representaciones.

La dimensión espacial

La noción de espacialidad cobró nuevas formas de interpretación a partir de mediados del siglo XX, cuando ciertos pensadores entendieron de una forma más humana las relaciones entre personas y espacios, vinculadas con las espacialidades urbanas.[8] La tendencia fue creciente hacia dirigir la mirada al actor, su agencia y subjetividad y comprender el proceso constante y complejo de construcción socio-espacial de los lugares por parte de los sujetos.[9] Lo que define el lugar son las prácticas, las relaciones sociales de poder y de exclusión, por eso los espacios se superponen, se entrecruzan y sus límites son variados, móviles (Massey, 1991; Smith, 1992). Esto lleva a reflexionar sobre que los espacios plurales interpelan al cuerpo e influyen en las formas de percepción que los propios actores tienen de sí y de los otros y, también, cómo los cuerpos desiguales se reproducen en y a través del espacio físico y social. Resulta sugestivo pensar cómo "las relaciones espaciales de los cuerpos humanos determinan en buena

[8] Para adentrarse en esta transformación puede verse Norberg-Schulz (1975).

[9] Entre otros tantos, no se puede obviar la fenomenología aportada por Merleau-Ponty, las heterotopías elaboradas por M. Foucault, la obra de K. Lynch sobre problemas relativos a la espacialidad, la proxémica de E. Hall, la propuesta de que el espacio social se resimboliza en el espacio físico, por P. Bourdieu, las conexiones entre identidad corporal e identidad urbana de Sennet, los aportes de H. Lefebvre para comprender que el espacio se produce a través de las prácticas, representaciones y experiencias, los trabajos pioneros de G. Simmel sobre la relevancia de los sentidos y las sensibilidades de los cuerpos en el espacio de la ciudad moderna.

medida la manera en que las personas reaccionan unas respecto a otras, la forma en que se ven y escuchan, en si se tocan o están distantes" (Sennett, 1997, p. 19).

Con la llegada del posmodernismo en geografía en los años 1990, la mirada de las investigadoras feministas fue clave al introducir búsquedas renovadas sobre los análisis socioculturales entre identidades, representaciones, lugares y los sentimientos.[10]

Entre las innovaciones, se destaca el hecho de considerar el cuerpo como la primera escala territorial, posicionarlo como lugar, "espacio en el que se localiza el individuo y sus límites resultan impermeables respecto a los restantes cuerpos" (McDowell, 2000, p. 59). El cuerpo sexuado y generizado se convirtió en el lugar por excelencia para explorar nuevas formas de entender el poder y las relaciones sociales entre personas y lugares, las formas de penetrar el poder y dónde ofrecer resistencia (Ortiz Guitart, 2012; Longhurst, 2001). En él habitan, se encarnan y se producen las emociones y los afectos al tiempo que se comunican y se comparten, el cuerpo es el sitio de la experiencia emocional y por ende el espacio forma parte de la corporeidad (Soto, 2013; Longhurst, 2003; McDowell, 2000).

Estas perspectivas definen que es imposible pensar en la experiencia humana sin una inscripción en su medio, el cuerpo permite el anclaje, cuerpo y espacio están interconectados. En este sentido, Lindón señala que la experiencia del ser humano con su medio es a través del cuerpo, pues al concebir al sujeto espacialmente se reconoce que nuestro actuar en el mundo hace y modela los lugares y, al mismo tiempo, deja en nosotros la marca de los lugares que habitamos (Lindón, 2006).

Desde la articulación de estos marcos creemos operativo estudiar las relaciones entre cuerpos, espacios, afectos y emociones con un sentido relacional y, siguiendo a Ahmed (2015) y a otras autoras, el objetivo no es tanto definir qué son las emociones o los afectos, sino

[10] Es importante mencionar que este proceso forma parte de algunas líneas de reflexión de las geografías emocionales (Smith, Davidson, Cameron y Bondi, 2009).

rastrear qué hacen, cómo circulan, cómo se fijan, cómo determinan prácticas y se desplazan. Por ello, consideramos valioso interpretar estos procesos a través de las imágenes visuales de la intimidad como medios aptos para el registro y la comunicación de aspectos vinculados con el orden de lo sensible.

Fotografías y emociones

Los afectos y las emociones se aprenden y se comunican a través del lenguaje, de los gestos, los rituales, los medios e influyen en ellas las normas socio-culturales, y una de las formas de expresarse es a través de la cultura visual (Depetris Chauvín y Taccetta, 2019). Así como el interés por las emociones se potencia en el marco del giro afectivo en las ciencias sociales, no en vano la fotografía se constituye como una fuente privilegiada que ha permitido un giro en el análisis de la imagen, "no ya como reservorio de datos fidedignos y verificables, sino como fuentes de estudio de una 'psicología de la expresión humana', en términos de A. Warburg" (Cabrera y Guarín, 2012). [11]

La imagen fotográfica concentra una presencia que no ha sabido explicarse enteramente desde lo racional. Desde sus comienzos ha estado ligada a su rol de hacer visible lo real, y como signo confiable de documentación asociada a las prácticas científicas, forenses y a los estudios medicinales del cuerpo, la cámara fue utilizada como un dispositivo racional y como un objeto para el registro, la evidencia, la técnica y la medición. En este sentido, la fotografía habría sido catalogada como signo icónico o índex, es decir, el significante tendría una relación de similitud con su referente (Freund, 1993). Sin embargo, esto no concluye la discusión, todo lo contrario, ya que no se puede obviar que el registro del mundo es, necesariamente, sesgado.

[11] Para ampliar sobre el rol de la imagen desde los estudios visuales pueden consultarse los artículos de K. Moxey (2009), W. Mitchell (2009), A. Guash (2003), D. Huberman (2008), entre otros.

Es innegable que su comprensión total es volátil, que al intentar explicarla desde la razón algo queda por fuera. Siendo sensibles a su capacidad de afectarnos, el poder de lo que puede hacerse presente se transforma en la pregunta por lo que habita en las imágenes. Desde lo corporal, las imágenes nos conectan con otras capas de sensibilidad.

Así, fotografía y emociones están estrechamente relacionadas. El acto mismo de tomar una fotografía significa que existieron emociones para propiciar esa captura, son parte constitutiva de su conformación. A su vez, cada vez que se contempla, se provoca una producción de afectos y efectos que dependen de quien observe, el sentido de las fotografías –como de las imágenes– trasciende el que podría tener el autor, se multiplica tantas veces como observadores la contemplen. Y se superponen instantes, el momento de la toma y los momentos sucesivos en los que se mira, por lo tanto también está implicada la dimensión del tiempo. Estos tiempos en los que se divide la fotografía nunca vuelven a tocarse, esta elipsis entre el hecho fotográfico y el momento de lectura de la representación fotográfica es lo que la carga de potencia (Nuñez, Catalán y Serrano, 2020). En el contacto con la fotografía uno se compromete, se predispone, se abre a la historia en ella, a decir de Didi Huberman (2008), la emoción nos toma poderosamente ante algunas imágenes donde somos espectadores de un naufragio, de una ruina o una estela. En ese acto fotográfico la foto se vuelve posible.

De acuerdo con Bourdieu (1965), el hecho de tomar fotografías, de mirarlas y de conservarlas puede ser satisfactorio en diferentes sentidos, como una protección contra el paso del tiempo, una forma de comunicación con los demás y de expresión de sentimientos, como una especie de distracción o evasión, para la realización de uno mismo y por el prestigio social del símbolo fotográfico. Esta especie de evasión social que según el autor supone la fotografía, ligada a emociones como la angustia producto del irremediable paso del tiempo, le otorga una función de "sustituto mágico" o "punto de apoyo" para sobrellevar emociones (Korstanje, 2008). Así, fotografía, recuerdo, memoria y tiempo se vuelven palabras amalgamadas que trazan una historia donde la imagen implica efectos y afectos que nos comprometen.

Fotografías de viaje

En los inicios del siglo XX, las transformaciones en la tecnología y con ello en la práctica fotográfica propiciaron no sólo que cierto público en general pudiera acceder a ella sino que los fotógrafos *amateurs* tuvieran la oportunidad de aprehender sus experiencias y conservar sus memorias.[12]

En Argentina, la fotografía de aficionados tuvo sus inicios en sectores de la elite. Durante las primeras décadas del siglo XX, la práctica se expandió a las clases medias, para consolidar hacia 1960 diversas experiencias de representación analógica a partir de que nuevos grupos sociales, convertidos en consumidores, tuvieron acceso bien a estas tecnologías o, en otros casos, a representaciones fotográficas de sí mismos (Príamo, 1999; Torre y Pastoriza, 2002).

Esta división entre roles profesional y *amateur* marca lo que Ortiz García (2005) menciona como la presencia de una visión externa hecha desde la otredad, reconocida como la técnica del profesional, y una visión interna, doméstica en correlato a una mirada de fotógrafo local y del aficionado. De este modo, si en los inicios las fotografías eran tomadas por un tercero y tenían un acceso más restringido por su costo, los temas, los escenarios y el lenguaje corporal respondían a modelos más normalizados, con la irrupción de la cámara fotográfica en las prácticas familiares, no solo se convirtió a la fotografía en

[12] En manos de Kodak, la representación visual pasó de ser un privilegio de elite a una práctica más accesible a grupos plurales. Bajo su slogan "*You press the button, we do the rest*" e inmersos en un contexto de aceleración y consumismo, los usuarios descubrieron la posibilidad de la auto-representación. Así, primero en Estados Unidos y luego en otras partes del mundo expandieron la tecnología a un público en gran escala. Pueden leerse los trabajos de A. Lapenda (2020) y A. Torricella (2021).

una práctica más accesible, sino que se marcó una producción más heterogénea de imágenes proveniente de la intimidad y lo cotidiano.

Entre los temas desarrollados se encontraban las reuniones familiares, las celebraciones y los hábitos de ocio, como las excursiones y los viajes. Así, la fotografía fue una forma ritual de articular las disrupciones del mundo cotidiano, de lo conocido y lo habitual dadas en las vacaciones (Korstanje, 2008).

La cultura visual acompañó este proceso aportando imágenes e imaginarios sobre cómo debían construirse los recuerdos de vacaciones para mostrar y hacer persistir momentos que provocaron sensaciones positivas.

Los registros que muestra el corpus seleccionado son muy diversos. Espacios urbanos, paisajes naturales y humanos; rostros, estereotipos e indumentarias de viajeros; formas de movilidad y alojamiento, entre otras tantas temáticas que van de las predominantes y generales a las exclusivas y desconocidas.[13] Y el álbum fue un espacio elegido para preservarlas.[14]

[13] De acuerdo con C. Ortiz García, 2005, pueden encontrarse dos estilos de imágenes tradicionales: las que reproducen las escenas más significativas de lo visitado y las fotos de *life on the road*, mostrando cronológicamente el recorrido del viaje, los hoteles, restaurants, días de paseos, entre otros.

[14] Si bien no nos extenderemos sobre el tema en este trabajo, por su complejidad y porque estamos avanzando en un trabajo específico sobre imágenes de viaje y álbum, diremos que dentro del relato de la fotografía familiar, este toma importancia como colección y elemento que dispone una historia personal diferente a la de las imágenes sueltas y dispersas. Existen autores/as que se han encargado de clasificarlos según el tipo de formalización, encontrando así álbumes del tipo familiar, álbum de foto-recuerdo, y el álbum de viaje. A su vez también puede existir una clasificación que instaura un orden del tipo anacrónico o diacrónico. Resultan muy interesantes los aportes de P. Holland (2003), C. Ortiz García (2005), I. Pérez y A. Torricella (2013), N. M. Santacruz (2019) y P. Gallo (2021) donde pueden rastrearse además lineamientos del giro afectivo para entender que el álbum es un objeto de memoria y de relato de la construcción identitaria.

Imagen 1. Autor desconocido (San Luis, ca. 1945).
Archivo Fotográfico de las Vacaciones.
Viajes por Argentina entre 1900-1969

Fuente: Archivo digital, cortesía de la familia Adriana Sacco y Rocío Canetti.

Imagen 2. Autor desconocido (Villa Gesell, 1960).
Archivo Fotográfico de las Vacaciones.
Viajes por Argentina entre 1900-1969

Fuente: Archivo digital, cortesía colección Gisela Kaczan.

Imagen 3. Autor desconocido (Mar del Plata, 1952).
Archivo Fotográfico de las Vacaciones.
Viajes por Argentina entre 1900-1969

Fuente: Archivo digital, cortesía colección Mauro Murillo.

Imagen 4. Autor desconocido (Bariloche, circa 1955).
Archivo Fotográfico de las Vacaciones.
Viajes por Argentina entre 1900-1969

Fuente: Archivo digital, álbum anónimo.

Imagen 5. Autor desconocido (Mendoza, circa 1949).
Archivo Fotográfico de las Vacaciones.
Viajes por Argentina entre 1900-1969

Fuente: Archivo digital, álbum de "Pocha y Tuco".

Imagen 6. Autor desconocido (Tandil, 1959).
Archivo Fotográfico de las Vacaciones.
Viajes por Argentina entre 1900-1969

Fuente: Archivo digital, cortesía de Adriana y Jorge Gilardi.

Las fotos de viaje tienen un alto componente social, se construyen en base a ciertos estereotipos que se repiten, pero también tienen una carga personal innegable, porque representan los sentimientos individuales, familiares, emotivos, el viaje es una vivencia diferente para cada persona. Toman protagonismo el suceso fotografiado y el escenario donde esto sucede, pero también el reconocimiento de los personajes en la imagen, dando lugar no sólo a cómo debía ser y parecer el individuo y el grupo sino, también, a la experiencia compartida y los lazos afectivos que pasan a ser el móvil fotografiable, es decir lo compositivo, las cuestiones más formales y técnicas, provenientes del orden de la razón y el cálculo, no serían las privilegiadas sino las formas de la experiencia y la subjetividad.[15] En primera instancia posarán para el encuadre, y luego se verán afectados siendo sujetos de su propia presencia.

En general, estas imágenes íntimas que retratan momentos de esparcimiento están atravesadas por sensaciones de placer y satisfacción y el lenguaje del cuerpo lo expresa a partir de signos perceptualmente reconocibles. En numerosas ocasiones exaltan la emoción de la felicidad (en diferentes gamas del parecer al ser), la sonrisa, la informalidad de posturas, la cercanía con los otros cuerpos, las expresiones de afecto y el contacto.

Uno de los espacios frecuentados fue la playa. Allí se detecta que el contacto con la naturaleza predispone una apropiación corporal del paisaje que explora formas de proximidad menos restrictivas y más sensoriales a las cotidianas de lo urbano. El contacto con la arena, las piedras, el agua, alertan involuntariamente el cuerpo y reaniman su sensibilidad. Son comunes las aglomeraciones y el encantamiento colectivo por mostrarse reunidos en círculos cercanos y en proximidades corporales que no parecen alentarse en prácticas corrientes de la ciudad. El ocio tiene un fuerte factor social y es una actividad en la que el individuo goza acompañado, donde el otro importa. Según Bourdieu "la necesidad de fotografiar se siente más vivamente cuando el grupo está más integrado, cuando atraviesa por su momento de mayor integración" (Korstanje, 2008).

[15] Para ampliar sobre este tema puede consultarse Nuñez, Catalán, Serrano, 2020 y Ortiz García, 2005.

En estas imágenes los cuerpos son invariablemente generizados. En este sentido, a pesar de las licencias de este tipo de práctica, las fotografías no dejan de reproducir los códigos convenidos sobre los estereotipos de género. Esto permite advertir que gran parte de los protocolos corporales en los que se insiste en las imágenes están atravesados por marcas para mujeres y varones que han esencializado socialmente –y siguen haciéndolo– desde las proxémicas hasta los modos de lucir la corporalidad, para transmitir valores y sentires. La alusión al heroísmo para los varones, su muestra de virilidad a través de la exhibición del cuerpo semidesnudo en la playa, el pecho erguido, la demostración de compañerismo y complicidad, resaltando la camaradería y el sentido de pertenencia.

Cabe resaltar la construcción de una homogénea modalidad de disponer las piernas para las mujeres, que se mantienen juntas. Si se piensa en términos de códigos inhibidores de género (Mc Phail Fanger, 2012), se trataría de una señal estructural en el cuerpo, sobreviviente a una trayectoria histórica de generaciones que restituye gestos expresivos, en apariencia espontáneos, aunque culturalmente incorporados desde la infancia. La necesidad de resguardar las inquietantes fantasías sexuales que despierta la entrepierna femenina constriñe insinuaciones de separación o apertura que perviven más allá de la actitud de reserva, desenfado o coqueteo de la retratada (Kaczan, 2018). La sensibilidad femenina esencializada se reproduce en estrategias corporales, en este sentido, la acción no es un mero reflejo de lo que sentimos, sino lo que sentimos, significa explorar cómo las emociones se performativizan en función de un hábito aprendido y cómo esta performativización afecta a la emoción misma, la acentúa, la aplaca, la transforma (Sheer, 2012). Aquí también está comprometida la dimensión temporal de las prácticas emocionales, en su persistencia. Retomamos la crítica feminista para entender que la matriz heteronormativa, las desigualdades de poder no solo son contenidos ideológicos que naturalizan y normalizan ciertas formas de pensar, también son dispositivos que estructuran afectos y emociones, es decir, condicionan formas de sentir y de vivir esas experiencias (Solana y Vacarezza, 2020).

Pensando en la variable espacial, una cuestión interesante en la fotografía espontánea y al aire libre es que se pueden hallar otros espacios, otros planos y otros escenarios que habitan y disfrutan los cuerpos, pueden ser superpuestos, contiguos, paralelos. Hay repertorios kinéticos, posturales y protocolos de actitudes para quienes están en el primer plano, los fotografiados, frente a quienes continúan sus prácticas en el fondo de la escena. Las multitudes por detrás establecen otros usos no normalizados del retrato, son los usos lejos de la mirada del fotógrafo, los usos no planeados.

Otras imágenes certifican la llegada a un lugar emblemático para el turismo, son una especie de trofeo, de una conquista. Cuerpos y espacios se interconectan con vistas de naturaleza, monumentos, edificios paradigmáticos, es el espacio y su significado afectivo el que domina el sentido de la toma. Se trata de la repetición de íconos que no solo alimentan el espíritu personal de haber llegado hasta ahí; ese hecho tiene un valor particular: refuerza la identidad nacional. En este sentido, se puede pensar en término de "comunidad emocional" (Rosenwein, 2010) en tanto que grupo de individuos vinculados por un "sistema de sentimientos" mediante el que se definen las emociones propias y ajenas, los lazos afectivos que los unen y los modos de expresión sentimental que se comparten, que alientan, recuperan o reproducen ciertas prácticas y rituales.

Es decir, quienes tienen el deseo de visitar esos lugares comparten la emoción de llegar hasta ahí como un acto patriótico, que de algún modo los identifica como parte de una nación que respetan y valoran. Viajar por territorio argentino y visitar los atractivos más tradicionales históricamente refuerza el imaginario de "hacer patria" conociendo el país, que tanto pregonaba la prensa gráfica de interés general y de corte turístico. Y muchas veces ese impulso está alimentado por generaciones pasadas, por un legado familiar de quien no pudo concretar su viaje. En la producción de estas imágenes, los afectos establecen lazos con las construcciones de la memoria social ligadas al orgullo de la nacionalidad, respondiendo a un canon de capturas arquetípicas que perviven en el tiempo y reviven sus emociones cada vez que son vistas.

Hay muchas más imágenes como las expuestas. Y, en este sentido, la fotografía como marco de cruce entre cuerpos, espacios y emociones da la oportunidad de explorar la creatividad con la que las vidas individuales construyen sus experiencias. En este sentido, Larrosa (2006) afirma que "la experiencia no puede captarse desde la lógica de la acción sino desde una lógica de la pasión, desde una reflexión del sujeto sobre sí mismo en tanto que sujeto pasional". De allí que la fotografía de la vida privada, en tanto sean los propios protagonistas los que posan o toman las fotografías del recuerdo, pueda captar las emociones para transparentarlas, perpetuarlas y compartirlas con los otros.

Algunas reflexiones

Las reflexiones desarrolladas a lo largo del texto permitieron ver que, dada la complejidad y multidimensionalidad de los abordajes posibles para penetrar en las relaciones entre afectos emociones cuerpos y espacios, se requiere, por un lado, desandar algunos de los aportes teóricos y metodológicos más recientes en los afectos y las emociones en línea historiografía para entender su dimensión social y temporal y, por otro, detenerse en las contribuciones provenientes de tradiciones sostenidas desde la antropología, la psicología, la sociología, la historia cultural y urbana, la geografía y sus lecturas en red, así como de los llamados giros donde se dinamiza la relación cuerpo-espacio-emociones, en términos tales que refieran tanto al cuerpo como a la mente, involucrando razón y pasiones y constituyéndose en articuladores de experiencias.

Como practicamos una mirada hacia el pasado, fue necesario transitar a través de un producto de la cultura material como la imagen fotográfica. Las imágenes invitan a transparentar usos y significados de los territorios, las costumbres y los estilos de vida, penetrar en los rasgos de los bienes materiales, en las formas de identificación de las personas cuando se entretienen, en las sensibilidades familiares y de los géneros, así como indagar en las estructuras emocionales de los grupos culturales del pasado. Investigar a partir de ellas es propiciar un proceso de significado con capacidad de interpelación.

Hemos mencionado que los grupos dejaron como testimonio de sus prácticas emocionales una densa red de imágenes, entre ellas las de sus momentos de ocio y viaje. Y si bien no fue el objetivo del trabajo detenernos en estudios de caso, algunas de las miradas iniciadas permitieron reconocer que las historias de la vida cotidiana son válidas para advertir el orden más sensible y de los afectos como fuentes para conocer convenciones y estructuras del pasado y, en consecuencia, para conocernos a nosotros mismos. Esto también forma parte de un clima emocional que caracteriza nuestra época, el deseo por apreciar lo subjetivo como proceso de lo social y ponerlo en el eje de las discusiones académicas.

Bibliografía

Kaczan, G. y González, A. (2021). Archivo fotográfico de las vacaciones. Viajes por argentina entre 1900-1969. [Facebook: Grupo cerrado de Facebook]. https://www.facebook.com/groups/archivodelasvacacionesargentinas

Aguilar, M. y Soto Villagrán, P. (2013). Presentación. En Miguel Ángel Aguilar y Paula Soto (coords.), *Cuerpos, espacios y emociones: aproximaciones desde las ciencias sociales* (pp. 5-15). México D.F: M. A. Porrúa y UAM.

Ahmed, S. (2010). *The Promise of Happiness*. Durham: Duke University Press.

Ahmed, S. (2015). *La política cultural de las emociones*. México: UNAM.

Arbaiza, M. (2018). Dones en transición: el feminismo como acontecimiento emocional. En T. Ortega López et al. (eds.), *Mujeres, Dones, Mulleres, Emakumeak. Estudios sobre la historia de las mujeres y del género*. Madrid: Cátedra.

Barrera, B. y Sierra, M. (2020). Historia de las emociones: ¿qué cuentan los afectos del pasado? *Historia y Memoria*, (especial), pp. 103-142. https://doi.org/10.19053/20275137.nespecial.2020.11583

Bonnell, V. y Hunt L. (1999). *Beyond the cultural turn. New directions in the study of society and culture*. Berkley-Los Angeles: University of California Press.

Bourdieu, P. (ed.) (2010). Efectos de lugar. En *La miseria del mundo*. Buenos Aires: Fondo de Cultura Económica.

Butler, J. (2007). *El género en disputa. El feminismo y la subversión de la identidad*. Madrid: Paidós.

Cabrera, M. y Guarín, O. (2012). Presentación. Imagen y ciencias sociales: trayectorias de una relación. *Memoria y Sociedad*, 16(33), 7-22.

Casa del Tiempo de la Universidad Autónoma Metropolitana [UAMVIDEOS] (noviembre de 2017). Antropología del cuerpo en los mundos contemporáneos. David Le Breton [Video]. YouTube. [Conferencia dictada por David Le Breton en la Casa del Tiempo de la UAM]. https://www.youtube.com/watch?v=tOzkpaINTaA&t=4978s

Cuenca Cabeza, M. y Goytia Prat, A. (2012). Ocio experiencial: antecedentes y características en ciencia. *Arbor Bimestral Ciencia Pensamiento y Cultura*, 188/754(2), 265-281. http://digital.casalini.it/2498957

Depetris Chauvín, I. y Taccetta, N. (comps.) (2019). *Afectos, historia y cultura visual. Una aproximación indisciplinada*. Buenos Aires: Prometeo.

Didi-Huberman, G. (2008). La imagen quema. *La Puerta FBA*, (03), 57-74. http://sedici.unlp.edu.ar/handle/10915/39830

Elias, N. (1987 [1939]). *El proceso de la civilización: investigaciones sociogenéticas y psicogenéticas*. Madrid: Fondo de Cultura Económica.

Febvre, L. (1941). La sensibilité et l'histoire: Comment reconstituer la vie affective d'autrefois. *Annales d'Histoire Sociale*, (3), 5-20.

Freund, G. (1993). *La fotografía como documento social*. Barcelona: G. Gili.

Gallo, P. (2021). El álbum de Sara. Fotografía, género y familia en sectores trabajadores (Argentina, años 1940-1970). *Secuencia*, (109), 1-35. https://doi.org/10.18234/secuencia.v0i109.1732

Guash, A. M. (2003). Los estudios visuales. Un estado de la cuestión. *Estudios Visuales: los estudios visuales en el siglo XXI*, (1), 8-16.

Gregg, M. y Seigworth, G. (ed.) (2010). *The affect theory reader*. Durham: Duke University Press.

Holland, P. (2003). Historia, memoria y familia. Los significados del álbum fotográfico familiar. *Este País* (México), (151), 2-9.

Huizinga, J. (1945). *El otoño de la Edad Media: estudios sobre las formas de la vida y del espíritu durante los siglos XIV y XV en Francia y en los Países Bajos.* Madrid: Revista de Occidente.

Kaczan, G. (2018). Registros visuales de comportamientos y experiencias sociales. Imágenes del ocio femenino en fotografías de la prensa argentina, circa 1930. *Revista Interdisciplinaria de Estudios de Género de El Colegio de México,* (4), 1-37.

Korstanje, M. (2017). La Fotografía en Pierre Bourdieu y el problema de la integración social. *Revista Austral de Ciencias Sociales,* (14), 179-190. 10.4206/rev.austral.cienc.soc.2008.n14-10

Larrosa J. (2006). Sobre la experiencia I. *Revista Educación y Pedagogía,* (18), 87-112. https://revistas.udea.edu.co/index.php/revistaeyp/article/view/19065

Le Breton, D. (2019). *Las pasiones ordinarias. Antropología de las emociones.* Buenos Aires: Ediciones Nueva Visión.

Lindón, A. (2006). Territorialidad y género. Aproximaciones desde la subjetividad espacial. En Ramirez P. y Aguilar M. (coords.), *Pensar y habitar la ciudad: afectividad, memoria y significado.* Barcelona: Anthropos.

Lindón, A. (2009). La construcción socioespacial de la ciudad: el sujeto cuerpo y el sujeto sentimiento. *Cuerpo, Emociones y Sociedad* (Córdoba-Madrid, Ediciones Cátedra), *1*(1), 6-20.

Longhurst, R. (2003). *Bodies. Exploring Fluid Boundaries.* Nueva York: Routledge.

McDowell, L. (2000). *Género, identidad y lugar: un estudio de las geografías feministas.* Madrid: Cátedra.

Marcús, J. (septiembre, 2007). Cuerpo y cultura: la encarnación de lo social y la socialización de lo corporal en mujeres migrantes residentes en la ciudad de Buenos Aires. *IV Jornadas de Jóvenes Investigadores. Instituto de Investigaciones Gino Germani*, Facultad de Ciencias Sociales, Universidad de Buenos Aires, Buenos Aires. https://www.aacademica.org/000-024/159

Massumi, B. (2002). *Parables for the Virtual: Movement, Affect, Sensation*. Durham: Duke University Press.

Massey, D. (2004). Lugar, identidad y geografías de la responsabilidad en un mundo en proceso de globalización. *Treballs de la Societat Catalana de Geografia*, (55), 77-84. https://raco.cat/index.php/TreballsSCGeografia/article/view/247695

Mitchell, W. J. T. (2009). *Teoría de la imagen*. Madrid: Akal.

Moscoso, J. (2015). La historia de las emociones, ¿de qué es historia? *Vínculos de Historia*, (4), 15-27.

Moxey, K. (2009). Los estudios visuales y el giro icónico. *Estudios Visuales: Ensayo, teoría y crítica de la cultura visual y el arte contemporáneo*, (6), 8-27.

Norberg-Schulz, Ch. (1975). *Nuevos caminos de la arquitectura: existencia, espacio y arquitectura*. Barcelona: Blume.

Núñez, M.; García-Catalán, S. y Rodríguez-Serrano, A. (2020). Conservar, conversar y contestar. Grietas y relecturas del álbum familiar. *Arte, Individuo y Sociedad*, 32(4), 1065-1083. https://dx.doi.org/10.5209/aris.66761

Nussbaum, M. (2006). *El ocultamiento de lo humano. Repugnancia, vergüenza y ley*. Buenos Aires: Katz.

Ortiz García, C. (2005) Fotos de familia. Los álbumes y las fotografías domésticas como forma de arte popular. En García Ortiz C., Sanchez Carretero, C. y Cea Gutierrez, A. (coords.), *Maneras de mirar, lecturas antropológicas de la fotografía*. Consejo Superior de Investigaciones Científicas. http://hdl.handle.net/10261/7764

Ortiz Guitart, A. (2012). Cuerpo, emociones y lugar: aproximaciones teóricas y metodológicas desde la geografía. *GEOGRAPHICALIA*, (62), 115-131. https://doi.org/10.26754/ojs_geoph/geoph.201262850

Pasmiño Yáñez, J. (agosto del 2014). Tiempo de vacaciones. Imágenes y prácticas sociales. *IV Encuentro Latinoamericano de Metodología de las Ciencias Sociales. La investigación social ante desafíos transnacionales: procesos globales, problemáticas emergentes y perspectivas de integración regional*. Ensenada: Universidad Nacional de La Plata. Facultad de Humanidades y Ciencias de la Educación. Centro Interdisciplinario de Metodología de las Ciencias Sociales. http://www.memoria.fahce.unlp.edu.ar/trab_eventos/ev.8281/ev.8281.pdf

Pérez, I. y Torricella, A. (2005). Memoria de género y biografía familiar. *Revista Argentina de Sociología*, 3(4), 99-116. https://www.redalyc.org/articulo.oa?id=26930406

Plamper, J. (2015). *The history of emotions. An introduction*. Oxford: OUP.

Pollock, L. (1983). *Forgotten children: parent-child relationships from 1500 to 1900*. Cambridge: CUP.

Príamo, L. (1999). Fotografía y vida privada (1870-1930). En Devoto, F. y Madero, M. (eds.), *Historia de la vida privada en la Argentina*. Buenos Aires: Taurus.

Reddy, W. (2008). Emotional styles and modern forms of life. En Karafyllis, N. y Ulshöfer, G. (eds.). *Sexualized brains. Scientific modeling of emotional intelligence from a cultural perspective* (pp. 81-100). Cambridge: MA, MIT Press.

Rosenwein, B. (2010). Problems and methods in the history of emotions. Passions in context. *International Journal for the History and Theory of Emotions*, (I), 1-32.

Sennet, R (1997). *Carne y piedra: el cuerpo y la ciudad en la civilización occidental*. Madrid: Alianza.

Smith, N. (1992). Contours of a spatialized politics: homeless vehicles and the production of geographical scale. *Social Text*, (33), 54-81.

Smith, M.; Davidson, J.; Cameron, L. y Bondi, L. (eds.) (2009). *Emotion, place and culture*. Aldershot: Ashgate.

Solana, M. y Vacarezza, N. (2020). Sentimientos feministas. *Revista Estudos Feministas, 28*(2), 1-15.

Stearns, P. y Stearns, C. (1985). Emotionology: clarifying the history of emotions and emotional standards. *American Historical Review, 90*(4), 813-836. https:// doi.org/10.1086/ahr/90.4.813.

Stoler, A. (2012). Archivos coloniales y el arte de gobernar. *Revista Colombiana de Antropología* (Instituto Colombiano de Antropología e Historia, Bogotá), *46*(2), 465-496.

Torre, J. C. y Pastoriza, E. (2002). La democratización del bienestar. En Torre, J. (dir.), *Los años peronistas (1943-1955)*. Buenos Aires: Sudamericana.

Torricella, A. (2021). Una democratización diferenciada. Discursos y representaciones sobre los artefactos y las prácticas fotográficas familiares/personales en Buenos Aires (Argentina) entre 1930 y fines de 1960. *Historia y Sociedad*, (40), 116-141. https://doi.org/10.15446/hys.n40.86664

Infancias "afectadas"

Los niños sobrevivientes en los procesos de lesa humanidad y los sitios de memoria

Mariana Eva Pérez y Ulrike Capdepón

Infancias en las memorias de la desaparición en Argentina

Si hablamos de infancias víctimas de la dictadura, es necesario distinguir entre dos grandes grupos: por un lado, niños y niñas que fueron "apropiados"; por el otro, hijos e hijas de militantes que no fueron víctimas de esa modalidad de desaparición forzada. Mientras que la mayoría de los bebés nacidos en los CCD fueron robados para ser inscriptos falsamente como otros, entre los niños y niñas ya nacidos presentes en el secuestro de sus padres, la relación se invierte. Sin embargo, solo la "apropiación" se constituyó como un problema público desde 1977, gracias a la acción desplegada por los familiares reunidos en la organización Abuelas de Plaza de Mayo.[1] Otras modalidades represivas diseñadas y aplicadas sobre las infancias

[1] Cabe aclarar que en ese entonces no se conceptualizaba la apropiación en estos términos: las Abuelas de Plaza de Mayo hablaban de desaparición y robo de niños (Di María y Pérez, 2004).

permanecieron fuera de agenda y al día de hoy resultan parcialmente reconocidas y poco difundidas.

Al rastrear las figuras de niños, niñas y adolescentes sobrevivientes en las memorias de la post-dictadura inmediata, solo las hallamos en la literatura especializada en psicología infantil: estudios de caso que se apoyan en el trabajo clínico, muchas veces desarrollado en el marco de organismos de derechos humanos.[2] Sin minimizar estos aportes, resulta llamativa la escasez histórica de estudios provenientes de las ciencias sociales sobre las múltiples situaciones que atravesaron niños, niñas y adolescentes, hijos e hijas de militantes perseguidos, presos, asesinados y/o desaparecidos. En los últimos años, desde la antropología se produjeron contribuciones que permiten comprender de manera más detallada las redes de tráfico y gestión burocrática de niños y niñas previas a la dictadura y que hicieron posible las apropiaciones por motivos políticos (Da Silva, 2016; Villalta, 2012; Regueiro, 2013; Gesteira, 2016). Más recientemente, fueron historiadores quienes comenzaron a prestar atención a esas infancias, tanto a los "nietos" en su relación con las Abuelas de Plaza de Mayo (Laino Sanchis, 2020; Durán, 2018) como a los niños y niñas que participaron de experiencias locales de trabajo asistencial y/o recreativo bajo la forma de talleres, como el Taller de la Amistad en La Plata o el Taller Julio Cortázar en Córdoba, antecedentes de H.I.J.O.S. (Hijos por la Identidad y la Justicia contra el Olvido y el Silencio) (Pighin, 2019; Puttini, 2020). Sin embargo, los modos de afectación, elaboración y construcción identitaria de niños y niñas que no fueron apropiados, permanecen poco explorados bajo el velo indiferenciador de la condición de "hijos".[3]

[2] Nos referimos al EATIP (Equipo Argentino de Trabajo e Investigación Psicosocial), los profesionales del área de salud mental de Abuelas de Plaza de Mayo, diferentes cátedras de Psicología de la UBA, entre otros.

[3] A lo largo de este texto hemos intentado evitar el masculino genérico. En este caso, y siempre que hablemos de "hijos", se trata del modo en el que suelen ser designados en las narrativas de la memoria; incluso el nombre de la organización H.I.J.O.S., pese a ser una sigla, se lee y se pronuncia como masculino genérico. La homogeneización e

Estas infancias sobrevivientes se adueñaron al crecer de las denominaciones en clave familiar-filial. En 1995 se crea la agrupación H.I.J.O.S., que aporta nuevas estrategias y discursos, pero siempre en torno al reclamo por los padres y madres ausentes; la construcción identitaria y el testimonio a partir de la propia experiencia como niños y niñas bajo el terrorismo de Estado serán preocupaciones marginales y quedarán definitivamente de lado con la apertura de la agrupación a militantes no afectados de forma directa por la represión. A esta toma de la palabra pública y política, le sigue en el campo de la estética el advenimiento de un “arte de hijos” (con obras como las de Albertina Carri, Félix Bruzzone, Benjamín Ávila, Patricio Pron, Nicolás Prividera, Laura Alcoba, Lucila Quieto, entre otros) que ofrece los más diversos y originales abordajes de la desaparición de personas. Desde la militancia y desde la cultura, aquellos niño/as, ya adulto/as, se hicieron oír. Muchos reprodujeron la narrativa militante-humanitaria oficializada durante el docenio kirchnerista, mientras que otros se distanciaron del discurso dominante de la sangre, el ADN y el parentesco y desafiaron la idea de una identidad unívoca basada en la herencia genética (Gatti, 2014).

Durante las presidencias de Néstor Kirchner (2003-2007) y Cristina Fernández de Kirchner (2007-2015), las demandas de Memoria, Verdad y Justicia en relación con las desapariciones forzadas, largamente desatendidas, encontraron interlocución y fueron en buena medida traducidas a políticas públicas. Al tiempo que se anulaban las leyes de impunidad y se reabría la vía judicial para la investigación de lo sucedido, numerosos espacios de reclusión, tortura y exterminio fueron recuperados para su uso por la sociedad civil como espacios para la promoción de la memoria y la defensa de los derechos humanos. Durante este período se promovió asimismo una visibilización creciente de la figura de los “nietos recuperados”, bajo la premisa de que la difusión de sus historias podía movilizar la duda

indiferenciación de experiencias bajo la denominación de “hijos” abarca también esta cuestión de género, que no podemos desarrollar aquí.

para que las propias víctimas se buscaran y encontraran. Al mismo tiempo, la organización H.I.J.O.S. fue incorporada a la gestión de los sitios de memoria, mientras que algunos de sus referentes eran convocados para puestos de gobierno o candidaturas.

Sin embargo, nada de esto redundó en una mayor visibilidad de las diferentes modalidades represivas de las que fueron víctimas las infancias entre 1974 y 1983. Al igual que sus padres y madres, miles de niños y niñas fueron privados de su libertad, sometidos a torturas y abusos, empujados a la clandestinidad y al exilio. Y si bien algunos casos de desapariciones o asesinatos de niños alcanzaron una difusión macabra durante la apertura democrática, no se visibilizó de igual manera la situación de los niños y niñas sobrevivientes –categoría que, de hecho, no utilizaron ni utilizan las asociaciones de derechos humanos ni las autoridades.[4] En cambio, las víctimas infantiles fueron inscriptas en las narrativas de la memoria postdictatoriales en tanto "hijos" (de desaparecidos, de exiliados, de presos políticos) y/o "nietos" (de las Abuelas de Plaza de Mayo). El abordaje en clave filial de sus experiencias contribuye a mantener veladas las formas de afectación más directas y reproduce la centralidad de la figura del detenido-desaparecido en la constelación de víctimas del terror estatal y en la conformación del campo social en torno a la misma (Gatti, 2014). En los estudios de memoria, esta perspectiva se complementa con la adopción de las nociones de "segunda generación" y "post-memoria" (Hirsch, 2008), procedentes de los *Holocaust Studies*, que contribuyen a homogeneizar situaciones diversas y a opacar el impacto directo del terror en el propio cuerpo de los niños y las niñas.

[4] A partir de 1991, el Estado argentino otorgó reparaciones económicas a ex detenidos y ex presos políticos, así como a familiares de desaparecidos (adultos), mientras que recién en 2004 fueron alcanzados por la legislación reparatoria lo/as niño/as privados de su libertad, nacido/as en cárceles o centros clandestinos y las víctimas de sustracción y apropiación. Para un análisis del reconocimiento estatal de las víctimas infantiles a partir de la legislación reparatoria, véase Goyochea, Pérez y Surraco, 2011.

Para abordar estas infancias, una perspectiva desde los afectos ofrece la posibilidad de focalizar en la dimensión corporal del alcance del terrorismo de Estado sobre sus víctimas infantiles para descubrir modos específicos de afectación; por otra parte, contribuye a poner en primer plano las emociones que se manifiestan en sus relatos, testimonios y producciones culturales.

Baruch Spinoza pensó los afectos como "las afecciones del cuerpo, con las que se aumenta o disminuye, ayuda o estorba la potencia de actuar del mismo cuerpo, y al mismo tiempo, las ideas de estas afecciones" (2000, p. 126). Este abordaje puede ser útil para interrogarnos por las afecciones sobre los cuerpos infantiles y por los sentidos y las memorias (las "ideas") construidas a partir de esas experiencias. Asimismo, Spinoza distinguió el actuar del padecer en estos términos: actuamos cuando producimos algo de lo que somos causa adecuada, cuyo efecto se percibe y distingue por sí mismo; en cambio, padecemos cuando en nosotros se produce algo de lo que no somos causa adecuada, sino parcial (Spinoza, 2000). Estas nociones parecen particularmente interesantes para pensar la cuestión de la agencia infantil frente a hechos traumáticos. Resulta evidente que la agresión estatal hacia la niñez produce efectos del orden del padecimiento, pero como alertara Spinoza, esas afecciones son diversas: "Hombres diversos pueden ser afectados de diversa manera por uno y el mismo objeto, y uno y el mismo hombre puede ser afectado de diversa manera por uno y el mismo objeto en tiempos diversos" (Spinoza, 2000, p. 159). El acento en el cuerpo como territorio donde tiene lugar la afectación, nos fuerza a observar los cuerpos de niños y niñas en escenas inimaginables para preguntarnos: ¿en qué medida y bajo qué modalidades fueron alcanzados esos cuerpos?

Conectando esta dimensión afectiva con el concepto de *agencia* dentro de los estudios de la infancia, que toma en serio a los niños y niñas como actores sociales ya que "participan en la construcción y determinación de sus propias vidas de quienes les rodean y de las sociedades en las que viven" como sujetos activos (Pávez Sotto y Selpúlveda Kattan, 2019, p. 203), nuestro enfoque se centra en la experiencia infantil durante la violencia extrema de la dictadura, para recuperar y reconstruir los testimonios, las memorias de primera mano y las historias de vida de esos niños y niñas que hoy son adulto/as. Para ello, indagaremos en su presente en dos ejes que creemos que recorren y organizan los problemas actuales en torno a la desaparición en Argentina: los sitios de memoria y los juicios de lesa humanidad. Nos centraremos particularmente en los afectos y las emociones relacionadas con estas experiencias infantiles y el modo en que estas se reflejan en narrativas actuales. Sin dejar de prestar atención a discursos mediáticos y productos culturales contemporáneos, nuestra indagación está centrada en el modo en que la Justicia y los museos y sitios de memoria perciben, relatan y reconocen la violencia cometida contra las infancias. El fin es abrir esta perspectiva aún poco investigada: la experiencia represiva de los niños y las niñas sobrevivientes durante la última dictadura y el impacto de sus narrativas en el debate actual.

Juicios de lesa humanidad y sitios de memoria: narrativas que se retroalimentan

Las narrativas judiciales y las narrativas de los sitios de memoria están íntimamente relacionadas. Por un lado, las causas penales en las que se investigan los crímenes y se imputan responsabilidades, se organizan en torno a los ex centros clandestinos de detención que fueron escenario de los hechos. Esto es así en función de la lógica de la prueba, que domina estos procesos, y que puede conducir (o no) a la acumulación de casos asociados a estos espacios. Es preciso señalar que los juicios de lesa humanidad en Argentina no siguen un plan formulado *a priori* ni unificado a nivel nacional. A partir de 2003, se reabrieron causas que habían sido interrumpidas por las leyes de impunidad[5] y que se encontraban en distintos estados de avance, y se

[5] A las leyes de Punto Final y Obediencia Debida, que habían sido promulgadas en 1986 y 1987 respectivamente, y que imposibilitaban que los tribunales sancionasen a

presentaron nuevas querellas, algunas de las cuales se acumularon en función de vinculaciones operativas y otras no. Algunos juicios investigaron la detención y desaparición de cientos de víctimas en un mismo sitio; en otros, pocas víctimas, pero siempre asociadas a un lugar. Estos espacios constituyen en sí pruebas materiales y en muchos casos han sido preservados a disposición de la Justicia en el marco de estas investigaciones; muchos han sido desafectados de su uso para devenir museos o sitios de memoria.[6]

En términos generales, los museos memoriales se erigen para recordar las violencias sufridas por las comunidades. Sus cimientos se apoyan en los vínculos del pasado para sanar el presente, como forma de reparación simbólica. En este sentido, presentan una dimensión ética en la defensa de los derechos humanos. Siguiendo a Paul Williams (2006), un rasgo definitorio de estos museos es el enfoque en las víctimas, pues los museos memoriales, a diferencia de los demás museos de historia, respaldan en el presente procesos de búsqueda de justicia.

Las narrativas de estos espacios de memoria están influenciadas de forma privilegiada por las sentencias judiciales, en tanto las mismas producen o convalidan relatos históricos que dan sentido a los hechos juzgados y a la prueba material preservada. De los expedientes a los guiones museográficos, de los testimonios a las muestras temporarias: los ecos de las narrativas judiciales resuenan en esos "lugares auténticos" que fueron la escena del crimen y desde donde hoy se intenta mantener viva la memoria de lo sucedido. Al mismo tiempo, estos sitios promueven intercambios y debates que eventualmente pueden llegar a correr el límite de lo decible en sede judicial.

los responsables de violaciones de derechos humanos, cometidas durante la última dictadura, le siguieron en 1989 y 1990 los indultos presidenciales a los militares ya condenados, entre ellos los jerarcas que habían sido llevados ante la Justicia en el histórico "Juicio a las Juntas" (1985). Comenzaba un período de impunidad durante el cual solo avanzaron los procesos judiciales por sustracción de "menores".

[6] La Ley N° 26691, sancionada en 2011, establece que la Dirección Nacional de Sitios de Memoria (hoy Dirección Nacional de Sitios y Espacios de Memoria), se encarga de preservar, señalizar y dar a conocer estos lugares.

Por esto decimos que se trata de dos narrativas que se retroalimentan, confluyen y se complementan.

En los juicios, los hijos e hijas de detenidos-desaparecido/as reconstruyen las historias de sus padres, "dando cuenta del daño intergeneracional que la desaparición produjo en sus vidas y familias" (Figari Layús, 2015, p. 26). De acuerdo a la lógica expuesta más arriba, sus testimonios vuelven sobre los CCD, incluso si ellos mismos no han pasado por allí, en tanto recuperan relatos de terceros sobre el cautiverio de sus padres. En general, hijos e hijas pueden ser querellantes, testigos y/o víctimas. Querellar implicar participar de forma activa (si bien es posible otorgar poder a un abogado y desentenderse de los pormenores). No es obligatorio; en cambio, si se los cita a declarar como testigos, no pueden negarse (aunque su participación suele consensuarse con alguna querella o la fiscalía). Finalmente, ser considerados en los juicios de lesa humanidad como víctimas autónomas o casos, no parece seguir un criterio claro sino más bien darse como consecuencia del devenir histórico de estos procesos (salvo en los juicios por sustracción, que los ubican siempre en el lugar de víctimas).

Nos preguntamos: ¿qué lugar ocupan los niños y niñas sobrevivientes en los procesos judiciales a partir de su rol como querellantes, víctimas y/o testigos? ¿Qué características particulares revisten sus testimonios? ¿Qué espectro de afectos y emociones se reflejan en sus relatos? ¿Hasta qué punto sus voces son tenidas en cuenta, consideradas en su agencia propia y en su dimensión afectiva? ¿De qué modo son percibidos y resignificados los ex CCD por las víctimas infantiles? ¿Cómo son presentados los niños y las niñas que pasaron por los campos de concentración en los guiones de los museos/sitios de memoria actuales? ¿De qué modo las voces de las antiguas víctimas infantiles influyen y tensionan el relato dominante y contribuyen a cambiar el discurso en el presente?

En particular, nos interesa contrastar dos espacios con sus respectivas narrativas jurídicas y museísticas: el Museo Sitio de Memoria ESMA y el ex CCDTyE Olimpo, ambos situados en la ciudad de Buenos Aires. La ESMA (Escuela de Mecánica de la Armada) fue uno de los mayores campos de concentración y posteriormente la sede central del proyecto memorial oficial durante el kirchnerismo. El Olimpo funcionó en un garaje policial y su historia como sitio de memoria remite al reclamo sostenido de vecinos del barrio de Floresta, que toma impulso al calor de las asambleas populares surgidas con la crisis del 2001-2002 (Van Drunen, 2017, pp. 249-250). Mientras que el Museo Sitio de Memoria ESMA depende de un directorio con presencia del Estado y organismos de Derechos Humanos, en el Ex CCDTyE Olimpo funciona una Mesa de Trabajo y Consenso integrada además por las agrupaciones barriales que lograron la recuperación del lugar. El primero es, como su nombre lo indica, un museo, y aspira a ser catalogado por la Unesco como patrimonio de la humanidad; el segundo se distanció desde un comienzo de la idea y la denominación de "museo".[7] La relación que cada uno de estos sitios de memoria entabla con su entorno urbano también difiere. Existen iniciativas, incipientes todavía, para incorporar en ambos casos las voces de los llamados "hijos", las víctimas infantiles sobrevivientes, por este motivo nos parece oportuno acompañar, observar y estudiar estos procesos desde una perspectiva comparada, y contraponerlo con una iniciativa museística virtual, colectiva y creada por sus protagonistas: el *Proyecto Tesoros*.

[7] Al respecto, Luciana Messina cita un informe de la Mesa de Trabajo y Consenso, publicado en 2009 por el Instituto Espacio por la Memoria (del cual dependía en ese momento el ex Olimpo): "El consenso generalizado de no comprender a este sitio corno Museo ha sido un punto de partida. La idea de 'Museo' iba (y va) de contramano con la idea-fuerza de los actores que conforman esta Mesa y que se basa en comprender a este sitio como referenciado no solo en el pasado sino en el presente. Que es lo mismo que decir que la Memoria que estamos construyendo tiende al presente, a resituarnos en la actualidad, a ser atravesados por la conflictividad y las luchas de hoy. Así, las actividades emprendidas por esta Mesa de Trabajo y Consenso se rigen por el vector que une al pasado con el presente, a lo conmemorativo con lo combativo, a la recuperación del pasado desde un posicionamiento en el hoy y con la esperanza plantada sobre el devenir" (Messina 2010, p. 180).

Niñas y muñecas en la ESMA

En el Casino de Oficiales de la ESMA fue emplazado uno de los mayores campos de concentración de la dictadura: allí permanecieron detenidas-desaparecidas cerca de cinco mil personas. Además de la magnitud del exterminio, la ESMA presenta otras dos particularidades: fue la sede del proyecto político de la Armada que pretendió aprovecharse del trabajo intelectual esclavo de los secuestrados (gracias a lo cual muchas personas sobrevivieron) y allí funcionó lo que los organismos de derechos humanos han caracterizado como una "maternidad clandestina": un lugar donde se atendieron con sistematicidad partos de detenidas-desaparecidas y desde donde se organizó la distribución de sus bebés a familias comprometidas con el régimen. La ESMA fue un emblema de la impunidad durante los años noventa, cuando se pretendió demolerla para erigir en el lugar un monumento a la unidad nacional. Fue también el escenario de uno de los momentos de mayor carga simbólica del primer kirchnerismo, cuando el presidente Néstor Kirchner pidió perdón a las víctimas de parte del Estado argentino, en el acto de traspaso del predio a la ciudad de Buenos Aires, con el objetivo de construir allí un lugar de memoria. Desde entonces, se transformó en el epicentro del proyecto memorial oficial, con sus dependencias estatales y los edificios cedidos a organismos de derechos humanos. Fue espacio de disputa cuando durante el gobierno de Mauricio Macri sus funcionarios recibían allí a representantes de militares encarcelados por delitos de lesa humanidad y podemos conjeturar que de no mediar la pandemia de COVID-19, habría recuperado su centralidad en el nuevo período kirchnerista.

Los crímenes que tuvieron lugar en la ESMA y otros espacios conexos también a cargo de la Marina, fueron objeto de distintos procesos judiciales a lo largo de los últimos años. El primer juicio no llegó a sentencia ya que el único acusado apareció envenenado con cianuro en su celda días antes, en un episodio nunca aclarado.

El segundo, conocido como ESMA II, culminó en 2011. ESMA III o Unificada fue el mayor juicio de la historia argentina, con 789 víctimas, más de 800 testigos y 54 acusados; finalizó en 2017. ESMA IV se vio interrumpido durante seis meses durante el aislamiento preventivo y obligatorio, luego del cual se retomó vía Zoom hasta abril de 2021, cuando se dictó sentencia. Un quinto juicio se centró durante 2021 en delitos sexuales cometidos contra detenidas. Los juicios contra apropiadores no dejaron de realizarse en ningún período y a eso debemos agregar el juicio que se conoció como "Plan sistemático", en el cual se dictó sentencia en 2012 después de dieciséis años de proceso, donde se analizaron los casos de la ESMA y fueron condenados algunos responsables.

Por su carácter de prueba material, para el diseño del Museo Sitio de Memoria ESMA se idearon estructuras que suponen intervenciones temporarias y fácilmente removibles, como la información provista en paneles acrílicos y las tarimas elevadas por las que se circula en los sectores de "Capucha" y "Capuchita" sin pisar el suelo. Para la señalización de los espacios, ya sea por medio de textos, audios o proyecciones, se recurrió a extractos de testimonios en sede judicial, desde el Juicio a las Juntas hasta ESMA Unificada.

Siguiendo a Maurice Halbwachs (1992), según quien los "marcos sociales de la memoria" están determinados no solo social sino también espacialmente, Julieta Lampasona y Florencia Larralde Armas (2021) destacan en su análisis de la muestra permanente del Museo Sitio de Memoria ESMA que la voz testimonial se ancla al espacio físico sobre el cual a su vez da testimonio. En palabras de las autoras, se otorgó "preeminencia de la voz testimonial en la construcción museográfica [...] en todos los lugares del edificio" (p. 5), lo cual contribuyó a la construcción de una "voz coral" (p. 11). Pero también generó un curioso efecto a la vez espacial y narrativo.

> Se construyó un espacio recubierto, revestido, por la palabra testimonial [...]. Debido a la preeminencia del testimonio judicial de las víctimas en su carácter de "testigos oculares", la narrativa se cierra

> sobre sí misma, sin ofrecer tanto una revisión crítica del pasado (y del presente) (Lampasona y Larralde Armas, 2021, pp. 5, 15).

¿Qué sucede con esta narrativa cuando se trata de las víctimas infantiles? En consonancia con el mayor conocimiento construido hasta el momento desde el movimiento de derechos humanos y en sede judicial, encontramos que el guion del museo documenta exhaustivamente la presencia de detenidas-desaparecidas embarazadas y sus bebés por el centro clandestino. Dos salas de la exhibición permanente en el sector denominado "Capucha" están dedicadas a estas víctimas. Más allá de este grupo, el guion museístico no da cuenta de otras presencias de niños y niñas más que tangencialmente. En el Sótano se menciona que allí se produjeron partos, sin aclarar cuántos ni cuáles. En otro espacio del Casino de Oficiales, la residencia destinada al director de la ESMA, un televisor proyecta el testimonio de Andrea Krichmar en el Juicio a las Juntas de 1985; allí relata que cuando tenía once años, su amiga Berenice, la hija de Rubén Chamorro, director de la ESMA, la invitó a jugar en el Casino de Oficiales, donde pudieron ver a una mujer que era bajada de un auto, encapuchada y encadenada. El testimonio no pone el foco en la experiencia de las niñas, sino en aquello que Andrea vio o no pudo ver.

Si partimos de la premisa de que las narrativas judiciales y museísticas se influyen y refuerzan mutuamente, no podemos reflexionar sobre el lugar que ocupan las víctimas infantiles en el guion del sitio sin preguntarnos al mismo tiempo por los roles que desempeñan los niños y niñas sobrevivientes en los sucesivos juicios de la ESMA. En el marco de estos procesos resaltan testimonios que dan cuenta de un amplio espectro de prácticas represivas y situaciones que implicaron a niños y niñas, si bien todavía no terminan de ser reconocidas ni sistematizadas, por ejemplo: el paso por la ESMA u otros CCD de la Armada de niños y niñas secuestrados con sus padres, que incluyó la tortura entendida en sentido amplio como la (sobre)vida en condiciones inhumanas pero también, ocasionalmente, la tortura en sentido estricto; el abandono por parte del grupo de tareas de la

ESMA en la vía pública o en hospitales de niños; las "visitas" de los padres detenidos-desaparecidos al hogar familiar con personal de la ESMA, como modo de presión y amenaza; la vida en situación de "libertad vigilada" junto con los mayores.

Un caso significativo es el de Marianela Galli, quien fue secuestrada cuando tenía un año y medio junto con sus padres y su abuela. Estuvo detenida-desaparecida tres días en la ESMA, al cabo de los cuales fue dejada por un taxista en casa de su tía, quien no se encontraba allí porque estaba abocada a la búsqueda de la familia. El encargado del edificio entregó la niña a la policía y esta, a un hospital, de donde la tía pudo finalmente recuperarla. La desaparición de la familia Galli estaba siendo investigada por la Justicia cuando se sancionó la Ley de Obediencia Debida y ya entonces Marianela era tenida en cuenta como víctima, pero ese proceso quedó inconcluso. El caso formó parte del juicio ESMA II y Marianela participó en los tres roles distintos: fue querellante, testigo y caso-víctima. Integró la querella colectiva que encabezó el CELS (Centro de Estudios Legales y Sociales), pero en sus palabras: "como había militado en [H.I.J.O.S.] Madrid, mi grupo de pertenencia estaba allá [...]. No sé, el día que yo declaré no vino mucha gente" (Figari Layús 2015, p. 265). Sin embargo, la declaración tuvo una gran importancia para ella. "Es la primera vez que el Poder Judicial, uno de los tres del Estado, escucha lo que tengo para decir, me escucha como víctima del genocidio, como sobreviviente. Me escucha y toda la historia familiar" (Figari Layús, 2015, p. 259). En tanto testigo, Marianela tuvo que reconstruir la historia. "Conté lo que me contaron a mí. Eso lo dije cuando declaré: voy a contar a partir de lo que me contaron familiares, compañeros de militancia de mis padres y abuela" (Figari Layús, 2015, p. 256). Dentro de esta reconstrucción, Marianela puso especial énfasis en la trayectoria de militancia política de su padre, ex guardiamarina y compañero de promoción de algunos de los marinos imputados. Es un gesto que puede leerse como de reafirmación subjetiva, en tanto selecciona del relato de segunda mano aquello que a ella le resulta más relevante política y estratégicamente.

Por el cautiverio de Marianela en la ESMA en condiciones de vida inhumanas, considerado como "imposición de tormentos", fue condenado el marino Manuel García Tallada, aunque paradójicamente sin el agravante de la "condición de perseguido político de la víctima", que sí le cupo por los padres de Marianela. A diferencia del día de su declaración, "en la sentencia [...] vinieron varias de mis amigas del secundario, amigos, mi novio, mi hermano vino, obvio que mi tía [...]. Algunos se quedaron afuera mirando la pantalla, con otros estábamos adentro. Me sentí más contenida, y la sensación fue como algo de triunfo colectivo", sintetizó Marianela (Figari Layús, 2015, p. 265).

De acuerdo con Rosario Figari Layús, que entrevistó a protagonistas de juicios de lesa humanidad como Galli en distintas ciudades de Argentina, los juicios cumplen una de sus funciones más significativas y reparadoras cuando el Estado reconoce públicamente su propia responsabilidad en las violaciones a los derechos humanos previas y legitima esas voces que en el pasado había ignorado y subestimado (Figari Layús 2017, p. 142). La entrevista que citamos de Marianela Galli ofrece un buen ejemplo de este potencial reparatorio de los juicios de lesa humanidad.

Nos interesa contraponer esta experiencia con la de otras dos víctimas infantiles que también participaron como querellantes y testigos en el juicio ESMA II, aunque no fueron consideradas como casos autónomos. Se trata de las primas Celeste Hazan Villaflor y Laura Villaflor Garreiro. Los padres y madres de ambas fueron secuestrados el mismo día, pero mientras que Laura y su hermana Elsa fueron abadonadas en la calle y entregadas poco después a su familia por unos vecinos, Celeste fue conducida a la ESMA, donde pasó un día; luego fue devuelta a sus abuelos. Pese a las similitudes con el caso de Marianela Galli, Celeste no fue considerada víctima en el proceso. En la sentencia, el tribunal ordenó que se investigara lo sucedido con Celeste, así como con otros niños y niñas mencionados en el debate. El caso de Celeste aparece finalmente entre las condenas de los tramos III y IV. Sin embargo, ella no siguió participando como querellante y no fue notificada.[8] Nos preguntamos por el alcance reparatorio de un reconocimiento estatal que no llega a la víctima. ¿No se trata de un gesto, cuanto menos, trunco? Finalmente, por el abandono en la vía pública de sus primas Elsa y Laura Villaflor tras el secuestro de sus padres, no fue imputado ningún marino.

Ninguna de estas historias protagonizadas por víctimas infantiles (ni otras, pocas, más conocidas) se reflejan en el guion del Museo Sitio de Memoria ESMA. Sin embargo, en el sector del “Pañol”, donde solían acumularse los objetos robados de los domicilios de las personas detenidas-desaparecidas, es posible atisbar uno de los modos en que el terrorismo de Estado afectó a las infancias. Un panel en formato díptico muestra en uno de sus lados la fotografía de una muñeca de trapo con la leyenda:

> *Muñeca*
> María Elsa Garreiro Martínez “la Gallega” cosió tres muñecas como esta mientras hacía trabajo forzado en el Pañol. Una de ellas se la regaló a Norma Cristina Cozzi, sobreviviente de este centro clandestino.

Del otro lado del díptico se leen fragmentos de declaraciones judiciales de esta ex detenida y de Laura Villaflor, extraídos del juicio ESMA II. “En esa visita, mi mamá nos trajo de la ESMA estas muñequitas, que tenemos una mi hermana y una yo. Supimos después, por testimonios de los sobrevivientes, que las armó en Pañol [...]”, dice Laura, a quien el epígrafe presenta como “hija”. El fragmento testimonial de Norma completa la historia:

> [E]lla con tres trapitos hizo tres muñequitas, de las cuales traje una que la voy a mostrar. Esta muñequita fue un regalo que llevé a mi hija, que tenía un año, y que fue hecha por la Gallega, la hemos conservado hasta ahora [...].

El guion del museo no ofrece más información sobre la hija de Norma, qué pasó con ella cuando su madre fue secuestrada, cuánto

[8] Comunicación personal, 2 de septiembre de 2021.

tiempo permanecieron separadas, cómo fue esa "visita" en la que pudo darle la muñeca y en qué medida está implicada en el plural de su madre ("la hemos conservado"). Tampoco sabemos nada sobre la "visita" de la Gallega a sus hijas, más allá del hecho de que les entregó esas muñecas hechas en el Pañol. Sería interesante desplegar como forma de afectación específica estas "visitas" a hijos e hijas pequeños que llevaban tiempo sin ver a sus madres detenidas-desaparecidas, pero en el museo la lógica de la señalización impone su jerarquía: el anclaje espacial de la anécdota a un sector en particular pareciera más relevante que la recuperación de esa experiencia infantil. Como si la fotografía (y la historia) de la(s) muñeca(s) estuvieran en función de ilustrar el espacio.

La referencia al Pañol no es propia de la experiencia directa de Laura ni de sus memorias de primera mano. En cambio, los recuerdos de Laura y Celeste afloran con mayor libertad en el *Proyecto Tesoros*, un museo virtual de objetos que pertenecieron a personas detenidas-desaparecidas, ideado y curado por el Colectivo de hijos (Cdh), agrupación de la que formaron parte las primas Villaflor. "La idea del Proyecto Tesoros surgió porque algunos hijos tenían documentos que estaban deteriorándose", explicaba por entonces María Toninetti, integrante del Colectivo, artista plástica y restauradora de profesión (Rebossio, 2013).

> Cuando empezamos a darle forma al registro de los objetos, nos dimos cuenta de que no tenía mucho sentido hacerlo sin registrar también nuestro relato sobre esos objetos. No queríamos centrarnos en los dueños del objeto sino en nuestra propia historia. Queríamos contar cómo llegó ese objeto a nosotros, si siempre estuvimos con él o nos lo dio un compañero de militancia o un familiar, o lo tuvimos que ir a recuperar (Rebossio, 2013).

El Proyecto abarcaba la restauración y conservación de documentos, el registro en fotografía y video de ese proceso acompañado por las historias de esos objetos y la relación de cada hijo/a con ellos y, finalmente, la creación de un "museo virtual" donde esos materiales pudieran ser consultados. Contó para su realización con una beca del Fondo Nacional de las Artes y el apoyo del Instituto Espacio por la Memoria. Su lanzamiento online en 2013 se complementó con la inauguración de una muestra en Buenos Aires, y una docena de videos cortos fueron editados para el canal de YouTube del Cdh. Entre ellos, uno dedicado a la muñeca de Laura Villaflor y otro, a una cámara de fotos de la mamá de Celeste, que un compañero rescató de la ESMA. Pero es en particular en el video de la muñeca, y por contraste con la inclusión de otra muñeca de la misma serie en el Sitio Museo, donde pueden apreciarse los afectos y emociones asociados a esos objetos tan particulares de los desaparecidos. Emilia Perassi describe los objetos que componen el *Proyecto Tesoros* como "individuales e individualizables [...], para construir una autobiografía compartida del quiebre, la de padres, hijos e hijas, cuyo vínculo se materializa en el objeto sobrante, en ese resto que absorbe y totaliza la energía afectiva de los muertos y de los vivos, ambos presentes en estas esquirlas de una materia que se ha vuelto sagrada" (Perassi, 2020, p. 279).

En el Museo Sitio de Memoria ESMA, el acento está puesto en la dimensión probatoria de la muñeca, que la sobreviviente Norma Cozzi incluso exhibe durante su declaración, como si ese precario objeto hecho con prendas robadas a los prisionero/as atestiguara la presencia de Garreiro en el CCD. La fotografía de la muñeca enfatiza su carácter de evidencia, mientras que el soporte en común la asemeja a las fotografías de detenidos-desaparecidos que Víctor Basterra rescató de la ESMA y que se exhiben en el Sótano del museo: fotos de prontuario policial, de frente y de perfil (la muñeca es fotografiada solo de frente). En cambio, en el video del *Proyecto Tesoros*, la muñeca es justamente una muñeca en el regazo de Laura, que mientras relata su historia la mira, la abraza, le sonríe. Su testimonio en un video de factura más bien casera, se intercala con cuidadas fotos de estudios de la muñeca. Gracias a la animación cuadro a cuadro, la muñeca se sienta de piernas y brazos cruzados, se acuesta, baila y hasta muestra la ropa interior con gesto pícaro; una alegre melodía en acordeón acompaña este registro desprejuiciado. La historia del objeto le permite a Laura trazar una apretada trayectoria vital: la "visita" de su madre detenida-desaparecida, que le regala la muñeca; los años que las muñecas pasan escondidas mientras las hermanas crecen separadas, Laura en Argentina y Elsa en Uruguay, con distintos abuelos; el hallazgo de las muñecas que habilita la conversación con su prima Celeste sobre la desaparición de sus padres; el envío de la muñeca de Elsa a Uruguay que sella el reencuentro entre las hermanas, ya mayores. El objeto y la carga emotiva que Laura deposita en él revelan modos concretos en que el terrorismo de Estado afectó a las niñas de la familia Villaflor.

Infancia en el Olimpo: los juicios y la muestra ¿Aquí hubo niñ@s?

El actual Espacio para la Memoria y Promoción de los Derechos Humanos Ex Olimpo, el segundo que aquí nos ocupa, fue un "centro clandestino de detención, tortura y exterminio" (CCDTyE) ubicado en pleno barrio de Floresta de la ciudad de Buenos Aires. Allí permanecieron secuestradas aproximadamente quinientas personas durante los seis meses de su funcionamiento (de agosto de 1978 hasta enero de 1979). En un principio, provenían de otros centros clandestinos ubicados en la Capital Federal y la Provincia de Buenos Aires, principalmente los llamados Club Atlético y Banco, con los que conformaba un circuito represivo hoy conocido como "ABO" (Atlético-Banco-Olimpo). Este aspecto es importante a la hora de entender los "juicios ABO", organizados alrededor de estos tres centros.[9] Después del fin de la dictadura, el garaje policial fue utilizado inicialmente como estación de inspección de automóviles y sólo se cerró en el año

[9] El Club Atlético fue desmantelado a finales de la década del 1970 para construir una autopista. Parte de la infraestructura del Atlético fue utilizada para construir El Olimpo. El sótano donde había funcionado el Atlético quedó literalmente bajo tierra y en los años noventa comenzaron a realizarse excavaciones en el lugar, que quedaron interrumpidas.

2005, a instancias del activismo de asociaciones vecinales y grupos de derechos humanos locales, que implicaron también a sobrevivientes.[10] Entonces, una diferencia importante, si lo comparamos con el Museo de la ESMA, es que mientras este último representa una memoria institucional-oficial, el Ex Olimpo lleva la impronta de un activismo de memoria "desde abajo".

La asistencia a los juicios del Circuito ABO y en particular los testimonios de niños y niñas sobrevivientes que hoy son adultos/as fueron justamente el disparador tanto de la muestra como del proyecto de investigación *¿Aquí hubo niñ@s?*. Se trata de una iniciativa que desde el año 2017 busca recuperar activamente sus voces con el fin de comenzar a dimensionar la violencia ejercida sobre ellos como sobrevivientes. Partían de la misma inquietud que motivó esta investigación: ¿por qué los niños y niñas que padecieron distintos modos de violencia y represión por parte del Estado terrorista no han sido considerados casos en los juicios, salvo excepciones? ¿Por qué el poder judicial se niega a considerar a estos niños y niñas como víctimas de prácticas represivas del Estado? (Goldberg, Mendizábal y Oesterheld, 2019, p. 6). En una entrevista con tres integrantes del proyecto de investigación, una de ellas, María Eugenia Mendizábal, se preguntaba:

> ¿Cómo hicimos para no verlos antes y problematizar sociológicamente esta experiencia adentro del "pozo", en particular, adentro del centro clandestino? ¿Cómo hicimos para no darnos cuenta que la categoría sobreviviente estaba colonizada por solo un tipo de sobrevivientes? Solo adultos. Ahora hay una expresión que es "adultocentrismo" pero en ese momento no existía, no era popular. Nosotros, siendo más jóvenes, formábamos parte de ese mismo canon, ni

[10] De hecho, uno de los primeros proyectos en realizarse –sin un enfoque específico en las víctimas infantiles– fue el denominado "Memorias de vecindad", apuntando a una pregunta que las organizaciones H.I.J.O.S. y Asociación ex Detenidos Desaparecidos querían visibilizar igualmente: ¿qué sabían los vecinos mientras funcionaba el CCD, y cómo reaccionaron frente a ellos? (Messina y Mendizábal, 2020, p. 4, véase también Schindel, 2012, p. 473). El otro proyecto es el la Sala de Historias de Vida, donde se encuentran carpetas que apuntan a la reconstrucción de las biografías de desaparecidos en este ExCCDTyE (Lasa y Goldberg, 2018, p. 7).

> siquiera nos lo preguntábamos. [...] ¿Por qué teníamos naturalizada esta lógica como de apéndice de los niños, apéndices de los padres, sin ver que eran sujetos de derecho? El reconocimiento de niños, niñas y adolescentes como sujetos de derecho llevó mucho tiempo en Argentina.[11]

Como se refleja en la cita, el equipo de investigación explícitamente quiere abrir esta perspectiva ignorada hasta ahora, poniendo en su centro la agencia infantil durante el terrorismo de Estado. Y en este sentido sus preguntas conectan y se complementan con una inquietud clave que conduce a esta contribución: ¿cómo aparecen las voces de los niños que hoy son adultos en los juicios y las respectivas muestras museísticas de los ex CCDTyE, hoy espacios para la memoria? ¿Cuáles fueron los destinos de estos niños? ¿Cómo influyen y desafían sus memorias hoy los relatos establecidos sobre la última dictadura?

Como dejó en evidencia el trabajo del equipo de investigación del ex CCDTyE Olimpo, en los cuatro juicios realizados desde 2006, se comprobó la presencia de niños y niñas en el circuito represivo ABO. A lo largo de los últimos quince años, los tribunales fueron espacios de producción testimonial de gran importancia para dar a conocer diversas experiencias que se mantenían subterráneas, relacionadas con la infancia durante la dictadura. Así pues, a partir de los juicios y el trabajo de investigación posterior, los miembros del equipo del Espacio para la Memoria Ex Olimpo pudieron comprobar que al menos ochenta niños o bebés han resultado víctimas directas de actos represivos en los CCD Banco y Olimpo, mientras que unos treinta chicos y chicas estuvieron presentes en el momento del secuestro de sus padres por parte de represores de esos CCD (Informe 2018, p. 10). Estas cifras, solo en relación a dos centros clandestinos, dejan en

[11] Entrevista en modalidad virtual con María Eugenia Mendizábal, Cecilia Goldberg y Magdalena Oesterheld, junto a las integrantes del grupo de investigación del Espacio de Memoria del ex CCDTyE Olimpo, 30 de abril de 2021. Agradecemos profundamente a este grupo haber compartido sus experiencias e ideas con nosotras.

evidencia que el terrorismo de Estado de la dictadura también estuvo dirigido contra los niños y niñas como víctimas directas, en particular contra los hijos e hijas de personas desaparecidas. Sin embargo, en los juicos ABO esos niños y niñas no figuran necesariamente como víctimas ni como casos, mayormente solo participan en calidad de testigos y querellantes. Sus voces muchas veces no son tenidas en cuenta como autónomas cuando relatan otra cosa que no sea la historia que han podido reconstruir de sus padres. Para dar cuenta de este vacío, el equipo de investigación del ex Olimpo montó la exhibición *¿Aquí hubo niñ@s?*, que busca precisamente mostrar la "gestión del Estado Terrorista sobre los/as niños/as cuyos padres y madres fueron secuestrados/as en el circuito ABO" (Goldberg, Mendizábal y Oesterheld, 2019, p. 5) y crear un espacio para sus memorias. La muestra fue inaugurada en 2018, a cuarenta años del inicio del funcionamiento del Olimpo como CCDTyE, con el significativo título de *¿Aquí hubo niñ@s?*, formulado a propósito como pregunta retórica, provocadora.

Para volver a la afectividad, es decir "el contacto afectivo [...] a la hora de enfrentarse al pasado" (Macón y Solana, 2015, p. 25) conectándose con "vidas pasadas en un tiempo heterogéneo" (Macón y Solana, 2015, p. 27) la exposición que se montó (con recursos escasos y una creatividad inagotable, y también con la libertad que les confirió hacerlo en un sector del edificio administrativo y no el "pozo" en sí) fue una muestra "sensible", como la describen las integrantes del grupo de curadoras, que "no es sólo para ser mirada" (Mendizábal, 2021, p. 13). Más bien busca implicar afectivamente al visitante, remitiendo al mundo infantil y mostrando cómo fue vivida la infancia en ese lugar del terror. Los materiales –en un diseño y una estética marcadamente infantiles de los años ochenta, inspirados en el estilo *vintage*– están dispuestos en una antigua cajonera de mercería, vidriada, que los visitantes pueden revisar. Se trata de "un dispositivo que apunta a la idea de un gabinete de curiosidades, mostrando una colección asistemática que busca expresar la diversidad de fuentes y experiencias y hacer preguntas sobre estas infancias".[12] Los cajones se pueden abrir y los visitantes, en su mayoría estudiantes, pueden tocar y percibir de manera interactiva los materiales y objetos que se encuentran dentro. La muestra contiene copias de las cartas escritas por las madres de algunos de los niños y niñas desde el seno de la desaparición forzada, en la situación de incertidumbre más absoluta sobre el destino de sus niños, que se percibe. Por ejemplo, incluye la carta de siete páginas que María Teresa Manzo escribió a sus padres en noviembre de 1978, para indicarles cómo quería que criaran a su hija Victoria Winkelmann. Victoria había sido llevada junto con ella al CCDTyE Olimpo y permaneció detenida allí durante tres días:

> Siempre decile que mamá la quiere mucho pero que no puede ir a verla y que le manda muchos besos. Cuando quiera ver fotos mías o del Flaco (por el papá) mostráselas, pero no la pongas ansiosa hasta que se vaya acostumbrando a ustedes y al ritmo de ustedes [...].[13]

La muestra contiene además extractos de testimonios de niños y niñas sobrevivientes, al igual que recortes de entrevistas audiovisuales, cuentos, carteles y juguetes, todo dispuesto con el fin de hacer dialogar al visitante con las experiencias infantiles narradas. Unas ventanitas de cartulina invitan a asomarse a leer textos breves, como por ejemplo un testimonio de Norberto Berner, que pone de relieve la dimensión afectiva de la experiencia infantil. Su madre estuvo detenida en los CCD Banco y Olimpo hasta su liberación, mientras que su padre sigue detenido-desaparecido.

> Con el tiempo la ausencia de mi viejo mutó. Hasta hace 6 años siempre pensé en aquello que me perdí como hijo. [...]. No fue imperceptible, fue estruendoso. Cada minuto de criar a mis hijos me pone

[12] Presentación de Cecilia Goldberg, María Eugenia Mendizábal y Magdalena Oesterheld en el marco del taller Internacional "Infancias, violencia y terrorismo de Estado. Voces, miradas, agencia de niñxs sobrevivientes", 30 de junio de 2021.

[13] La carta entera fue publicada por escrito y en audio, leída por Victoria Winkelmann en El DiarioAr: "Amor en el horror: La carta de una desaparecida que decía cómo debían criar a su hija", 24 de marzo de 2021.

> frente a la ausencia más dura, más terrible, más real y concreta: Todo aquello que Popo se perdió porque lo desaparecieron. Sentir a su hijo crecer en la panza, sus pataditas, sufrir con el parto, cambiar los pañales, recostarlo en su pecho para sentir los latidos de sus corazones unidos. [...] Tomar su mano, sentir su mirada, abrazarlo, reír, llorar, emocionarse. Enseñarle las primeras palabras, verlo dar sus primeros pasos. Luego de que nacieron Victoria y Augusto la ausencia de mi viejo es aún más emocionante.

Este testimonio muestra la afectación transgeneracional y cómo queda reflejada, particularmente en una consciencia sobre el impacto destructivo que ha tenido la desaparición de su padre en su vida. Como punto de inflexión, cambia la memoria a partir de la empatía con él, a la hora de relacionarse con los propios hijos, y se expresa en la agencia propia cuando se trata de interpretar lo sucedido. Volviendo a la teoría de los afectos que abriera Spinoza, el testimonio permite apreciar no sólo la dimensión física, corporal, de la ausencia, el padecimiento que acarrea la ausencia forzada, sino también los sentidos y resignificaciones de esas afectaciones a lo largo del tiempo.

En términos generales, con este tipo de elementos, la exhibición *¿Aquí hubo niñ@s?* pretende arrojar luz sobre el mundo inexplorado de estas infancias y las gestiones represivas sobre ellas. Una pregunta que nos hacemos es: ¿cómo dialogan la estética infantil de los materiales presentados con los contenidos que dan testimonio de la represión y la violencia? ¿Los colores pastel, las tapas blandas de las libretas, tienen un efecto suavizante sobre los relatos? ¿O, por el contrario, chocan con ellos? ¿Cómo se disuelve esta tensión? Son preguntas relevantes dada la función pedagógica que se propone el Espacio de Memoria y más aún cuando, como describen las curadoras, la muestra tiene la intención de implicar emocionalmente a los visitantes[14], particular-

[14] Entrevista en modalidad virtual con María Eugenia Mendizábal, Cecilia Goldberg y Magdalena Oesterheld, 30 de abril de 2021.

mente a los más jóvenes, creando así una experiencia perfomativa y potencialmente transformadora.

Como parte de este proyecto, durante 2019 se realizaron en el ex Olimpo una serie de encuentros con sobrevivientes infantiles del circuito ABO. Una de las participantes fue Dafne Casoy. Dafne nació y vivió en la clandestinidad hasta que sus padres fueron secuestrados por el grupo de tareas del Club Atlético; ella tenía nueve meses y quedó en el regazo del casero, a quien dejaron maniatado a una silla. En 2017 declaró como testigo en el juicio ABO III y también publicó su libro autobiográfico *Tal vez mañana*. Sobre los encuentros del proyecto cuyo fin también era crear un espacio de intercambio a partir de la experiencia compartida, ella cuenta:

> Convocaron a los que más conocían o que habíamos estado en los juicios, pero se generó algo más grande de lo que pensaban. Nos juntamos como cinco veces. Al principio la idea era pensar juntos en función de los procesos de memoria pero quizás también ver si había una veta más judicial para proponer, y de hecho se terminó haciendo una presentación colectiva ante el juzgado de Rafecas.[15] Básicamente fue un pedido a la Justicia para decir que esto está pasando, que esto esté instalado de otra manera. Se repensó mucho en las palabras, si somos víctimas o no. Muchos contaron situaciones particulares. De pronto había uno que tenía diez años en el secuestro, salió corriendo, le dispararon: no es sujeto de derecho, más allá de lo económico. Hay cosas en común pero a mí me llamaron más la atención las diferencias. Diferencias en los modos de vivir después. Desde una chica que pasó un tiempo viviendo en la calle y sin llegar a esos extremos, en cosas más sutiles, cuánto se hablaba en esa casa y cuánto no, cosas que te podés imaginar y otras no tanto porque hacían a la particularidad de esa familia. Vivencias distintas, que no trascienden. No eran los casos de siempre, no eran los nietos apropiados, había algunos de

[15] Se trata del juzgado que instruyó los juicios ABO, a cargo durante estos años de Daniel Rafecas.

> H.I.J.O.S. que conocía, otros que jamás habían ido a ningún lado y que hablaban de su propia experiencia.[16]

Luego de interrumpir sus actividades por la pandemia de COVID-19 y a la espera de la reapertura del Espacio de Memoria Ex Olimpo, el proyecto de investigación *¿Aquí hubo niñ@s?* comenzó en la segunda parte de 2021 a realizar nuevas entrevistas a víctimas infantiles.

Conclusiones

Para cerrar, concluimos con una breve observación comparativa de las dos muestras, la permanente de la ESMA y la temporaria de *¿Aqui hubo niñ@s?* Para resumir, hay dos reflexiones que destacar: comparando las dos exposiciones, el recorrido permanente de la ESMA con el del Ex Olimpo, podemos afirmar que se trata de acercamientos afectivos opuestos. Mientras que la exposición del Ex Olimpo, a través de su performatividad, apela a los afectos y las emociones, creando una experiencia individual, vivida a través de la interacción con el material, la ESMA parece apelar más a un aprendizaje racional y distante. Con su institucionalización como espacio de memoria ha venido una profesionalización ligada a un aumento del número personas que visitan el museo que no permite una interacción tan profunda con los guías o entre los visitantes mismos (Kaiser, 2020). Como vimos, la experiencia infantil –excepto en el caso de los niños nacidos en ese CCD– apenas está representada, y los pocos relatos carecen de agencia de los y las niñas.

Con esto, la muestra permanente del museo de la ESMA transmite un relato histórico oficial y redondo, más cerrado, ligado a la evidencia legal –lo que demuestra una vez más la profunda relación entre los ex centros y los juicios. La muñeca presentada como evidencia judicial, casi remedando el gesto de la sobreviviente que

[16] Entrevista realizada el 23 de febrero de 2021 en la Ciudad de Buenos Aires.

la exhibe durante su declaración, es elocuente de esta orientación hacia la prueba y establecimiento de una verdad. Todo lo contrario de lo que sucede con el *Proyecto Tesoros* y su "museo virtual" –que, a partir de materiales como la muñeca que cobra vida, muestra que los objetos no tienen valor en sí, sino que este se construye a través de la relación e historia afectiva de cada uno genera con este objeto. Por el otro lado, si miramos más ampliamente el programa de actividades del Museo, podemos apreciar que en las "Visitas de las Cinco"[17] se propicia la emergencia de experiencias afectivas en torno a historias singulares. Sin embargo, la visita guiada puede realizarse por fuera de ese marco, y en ese caso cobra mayor protagonismo el relato histórico y judicial que propone el guion museográfico.

De todos modos, a partir de la inclusión de la muñeca en la muestra permanente y de la indagación más profunda sobre el objeto con toda su carga afectiva en el *Proyecto Tesoros*, podemos comenzar a apreciar cómo las "visitas" de padres y madres detenidos-desaparecidos constituyen una forma específica de afectación sobre sus hijos e hijas. Al desapego forzoso, al obligado reemplazo de las figuras paterna y materna por otras, viene a añadirse de pronto la reaparición, fugaz, incomprensible, extraña. "En la primer (sic) reunión, las dos se encontraron con sus respectivas hijas y que lo único que hacían era reírse 'como borrachas o con miedo'; que no estaban en estado normal y miraban continuamente a su acompañante": en estos términos recoge la sentencia del juicio ESMA IV (5673) el testimonio de Aníbal Clemente Villaflor, abuelo de Laura, Elsa y Celeste. Nos preguntamos: ¿qué impacto afectivo y a corto y largo plazo tuvieron cada una de estas "visitas" en las niñas? Si la situación era difícilmente comprensible para los adultos, ¿qué podían entender y sentir las niñas? ¿Qué agencia podían desplegar, cómo podían actuar ante eso? ¿Cómo resignifican hoy, si es que lo hacen, esos episodios y sus consecuencias?

[17] "La Visita de las Cinco" es un recorrido temático, con invitados especiales, que se realiza una vez por mes.

Otra situación que debieron atravesar hijos e hijas de sobrevivientes, relevada por las investigadoras del ex Olimpo, es la vida en "libertad vigilada" junto con madres y padres liberados del CCD pero sometidos a control de los represores. Lo mismo sucedió en la ESMA, extendiéndose hasta el fin de la dictadura o hasta que las familias pudieron dejar el país. Gregorio Bigatti, hijo de Mario Bigatti, sobreviviente de la ESMA, nos brindó un relato pormenorizado de los padecimientos de su familia durante los años en que su padre fue obligado a realizar trabajo esclavo para la Marina. Nos contó sobre la convivencia forzada en el hogar con los represores, que comían a la mesa familiar y dormían la siesta en las camas de los niños; sobre la pobreza en la que deliberadamente se los mantenía sumidos como forma de castigo ejemplar; sobre la "visita" a su padre en la Quinta "El Silencio" en una isla del Delta del Paraná[18], cuando la ESMA fue vaciada y los prisioneros trasladados en ocasión de la inspección de la Comisión Interamericana de Derechos Humanos, en 1979.[19]

Observamos entonces que el CCD, a la manera de un pulpo, extiende sus tentáculos mucho más allá del espacio físico en el que está ubicado. Penetra en los hogares familiares en el momento del secuestro, en cada "visita" (y como esperanza y amenaza, después de cada "visita" e indefinidamente), en la convivencia forzosa que se extiende durante largo períodos de tiempo bajo la mal llamada "libertad vigilada". ¿Hubo niños y niñas en el Olimpo, en la ESMA? Sí, los hubo, y las narrativas de los sitios de memoria comienzan a dar cuenta de ello; pero el Olimpo, la ESMA y tantos otros sitios de detención,

[18] La Quinta "El Silencio" fue señalizada como centro clandestino de detención en 2019. En esa ocasión, Gregorio formó parte de la comitiva de sobrevivientes que recorrieron el lugar. Su padre ya falleció, pero él se mantiene en contacto con los compañeros de entonces, a quienes considera sus tíos. Significativamente, en el video que registra la señalización del lugar, Gregorio no es entrevistado en calidad de sobreviviente: solo los sobrevivientes entonces adultos parecen habilitados a describir el CCD. Incluso si se escucha a Gregorio de fondo decir: "esta es la escalera te digo, por acá subíamos", o se lo ve llorar, queda en ese lugar, como "fondo" sobre el que se destacan los testimonios de los adultos. Disponible en www.youtube.com/watch?v=-JMC_lPY4WDM, acceso octubre de 2021.

[19] Entrevista en modo virtual con Gregorio Bigatti, 29 de mayo de 2021.

tortura y muerte también alcanzaron a sus víctimas infantiles en los hogares, lo que potenció el efecto desestabilizador y angustiante de la desaparición, ante la cual no parecía haber refugio. El caso de los hermanos Bigatti resulta particularmente ilustrativo de lo que falta por conceptualizar y reconocer: mientras que Gregorio ha sido considerado como sobreviviente por las *horas* que pasó cautivo del grupo de tareas de la ESMA en el puerto de Buenos Aires, sus hermanos han quedado excluidos de las leyes reparatorias por los *años* que debieron convivir con la patota en casa.

Como hemos querido dejar en evidencia, un abordaje de esta población vasta y diversas de niños, niñas y adolescentes sobrevivientes de la dictadura no en tanto "hijos" sino como *infancias "afectadas"* directamente por el terrorismo de Estado, permite comenzar a indagar en modos específicos de afectación, como las "visitas" de/a padres y madres detenidos-desaparecidos; pero también nos permite releer en otra clave la dimensión afectiva de la separación física. El desafío es aprehender intensidades diversas en lo que se refiere a afectaciones sobre los cuerpos infantiles sin fijar una tipología ni establecer jerarquías. El reconocimiento por parte de la Justicia y la inclusión en las narrativas de los sitios de memoria podrían ser parte de una política de memoria que contemple a estos niños y niñas sobrevivientes, pero las instancias de elaboración colectiva entre pares, como el *Proyecto Tesoros* y los encuentros entre víctimas infantiles del circuito ABO, parecen tener también un enorme potencial reparatorio. Para la investigación futura, queda por explorar qué debates y conflictos suceden a partir de sus relatos y su agencia entonces y hoy, para vislumbrar cómo sus luchas en el presente se desenvuelven a lo largo de diferentes coyunturas políticas y qué estrategias desarrollan estas antiguas víctimas infantiles para establecer su propia interpretación del pasado.

Bibliografía

Da Silva Catela, Ludmila (2016). Un juego de espejos: violencia, nombres, identidades. Un análisis antropológico sobre las apropiaciones de niños durante la última dictadura militar argentina. *Revista Telar*, 2/3, 125-140.

Di María, Andrea y Pérez, Mariana Eva (29 de octubre de 2004). Abuelas de Plaza de Mayo: resignificaciones a lo largo de su historia. *II Jornadas de Jóvenes Investigadores de Abuelas de Plaza de Mayo: "Actualidad de la memoria"*, Facultad de Ciencias de la Educación, UNER, Paraná.

Durán, Milena (2018). Los 20 años del Archivo Biográfico Familiar de Abuelas de Plaza de Mayo. *Historia, Voces y Memoria, 12*, 31-48.

Ex CCDTyE "Olimpo". Espacio para la Memoria y la Promoción de los Derechos Humanos (2018). *Informe 2018*. Disponible online.

Figari Layús, Rosario (2015). *Los juicios por sus protagonistas. Doce historias sobre los juicios por delitos de lesa humanidad en Argentina*. Villa María: Eduvim.

Figari Layús, Rosario (2017). *The reparative effects of human rights trials: lessons from Argentina*. Londres: Routlegde.

Gasteira, Soledad (2016). Entre el activismo y el parentesco. *Lo público, lo íntimo y lo político. Las organizaciones sociales de personas que buscan sus orígenes*. [Tesis doctoral]. Universidad de Buenos Aires.

Gatti, Gabriel (2014). *Surviving Forced Disappearance in Argentina and Uruguay. Identity and Meaning*. New York: Palgrave.

Goldberg, Cecilia y Lasa, Lorena (2018). Pedagogía de la memoria en construcción. La experiencia educativa en el Espacio para la Memoria y la Promoción de los Derechos Humanos Ex Centro

Clandestino de Detención Tortura y Exterminio Olimpo. *IV Encuentro Hacia una Pedagogía Emancipatoria en Nuestra América*, 17, 18 y 19 de septiembre, Centro Cultural de la Cooperación Floreal Gorini, Buenos Aires, Argentina. https://pedagogiaemancipatoria.files.wordpress.com/2018/09/lasa-y-goldberg.pdf

Goyochea, Águeda; Pérez, Mariana Eva y Surraco, Leonardo (20 de julio de 2011). Definiciones del universo de víctimas desde el Estado postgenocida. La invisibilidad de los hijos de desaparecidos y asesinados como sujetos de derecho. *9ª Conferencia Bianual de la International Association of Genocide Scholars*, Centro Cultural Borges, Ciudad de Buenos Aires.

Halbwachs, Maurice (1992). *On collective memory*. Chicago: University of Chicago Press.

Hirsch, Marianne (2008). The Generation of postmemory. *Poetics Today*, *29*(1), 103-128.

Jelin, Elizabeth (2007). Víctimas, familiares y ciudadanos/as: las luchas por la legitimidad de la palabra. *Cadernos Pagu*, *29*(2), 37-60.

Kaiser, Susana (2020). Writing and reading memories at a Buenos Aires memorial site: the Ex-ESMA. *History and Memory*, *32*(1), Museums and Monuments: Memorials of Violent Pasts in Urban Spaces (Spring/Summer 2020), 69-99.

Messina, Luciana y Mendizábal, María Eugenia (2015). Biografía de una política de memoria: diálogos entre la investigación y la gestión a 15 años de la recuperación del ex CCDTyE Olimpo. *IX Jornadas de Investigación en Antropología Social Santiago Wallace*. ICA, FFyL, UBA, Buenos Aires, Argentina.

Mendizábal, María Eugenia (2021). ¿Aquí hubo niñ@s? Proyecto de investigación y muestra. Espacio para la Memoria y Promoción de los DDHH ex CCDyE “Olimpo”, manuscrito inédito.

Mendizábal, María Eugenia y Goldberg, Cecilia (2019). Metodologías situadas: investigación en Espacios de Memoria. *XIII Jornadas de Sociología*. Facultad de Ciencias Sociales, Universidad de Buenos Aires, Buenos Aires, Argentina.

Lampasona, Julieta y Larralde Armas, Florencia (30 de junio de 2021). Testimonio y (des)aparición. Un análisis sobre los usos y sentidos de las voces testimoniales en el Museo-Sitio de Memoria ESMA. Taller Internacional “Infancias, violencia y terrorismo de Estado. Voces, miradas, agencia de niñxs sobrevivientes”. CALAS / UNSAM. youtu.be/OaXaf1ynjfM.

Macón, Cecilia y Solana, Mariela (eds.) (2015). *Pretérito indefinido. Afectos y emociones en las aproximaciones al pasado*. Buenos Aires: Título.

Messina, Luciana (2010). *Políticas de la memoria y construcción de memoria social. Acontecimientos, actores y marcas de lugar. El caso del excentro clandestino de detención “Olimpo”*. [Tesis doctoral]. Facultad de Filosofía y Letras, Universidad de Buenos Aires.

Pavez Soto, Iskra y Sepúlveda Kattan, Natalia (2019). Concepto de agencia en los estudios de infancia. Una revisión teórica. *Sociedad e Infancias*, 3, 193-210.

Perassi, Emilia (2020). Objetos-testigo. Fracturas y reconstrucciones del retrato identitario. *Kamchatka. Revista de análisis cultural*, 16, 261-289.

Pighin, Daniela (2019). Resistencias frente al terrorismo de Estado: El caso del Taller de la Amistad en la Ciudad de La Plata. *XVII Jornadas Interescuelas/Departamentos de Historia*. Departamento de Historia de la Facultad de Humanidades, Universidad Nacional de Catamarca, Catamarca.

Puttini, María Paula (2020). *Hijos e hijas por la identidad y la justicia contra el olvido y el silencio, regional Córdoba. Resignificación de las demandas de memoria, verdad y justicia durante la segunda mitad de la década del 90.* [Tesis de Licenciatura]. Universidad Nacional de Córdoba, Facultad de Filosofía y Humanidades.

Rebossio, Alejandro (7 de mayo de 2013). Una mirada al dolor de la dictadura argentina. *El País.*

Regueiro, Sabina Amantze (2013). *Apropiación de niños, familias y justicia: Argentina (1976-2012).* Rosario: Prohistoria Ediciones.

Sanchis Laino, Fabricio (2020). La apropiación de niños y niñas en el marco del terrorismo de Estado y las luchas por su restitución en Argentina (1975-actualidad). *Revista Universitaria de Historia Militar, 9*(19), 231-259.

Schindel, Estela (2012). "Now the neighbours lose their fear": restoring the social network around former sites of terror. *The International Journal of Transitional Justice, 6*, 467-485

Spinoza, Baruj (2000). *Ética demostrada según el orden geométrico.* Madrid: Trotta.

Van Drunen, Saskia (2017). *En lucha con el pasado. El movimiento de derechos humanos y las políticas de la memoria en Argentina.* Villa María: Eduvim.

Villalta, Carla (2012). *Entregas y secuestros: el rol del estado en la apropiación de niños.* Buenos Aires: Editores del Puerto - CELS.

Williams, Paul (2007). *Memorial Museums. The global rush to commemorate atrocities.* New York: Berg Publishers.

Hijas desobedientes

Un uso justo de la vergüenza en la generación pos-perpetradores en la Argentina

Mariela Peller

Introducción

Hasta hace poco tiempo, los debates sobre la denominada segunda generación dentro de los estudios de memoria latinoamericanos venían enfocándose casi exclusivamente en las memorias de hijos de víctimas de la violencia estatal de los años setenta y ochenta, pero, desde 2017, en un contexto global en que la derecha ha ganado fuerza, comenzaron a aparecer nuevas voces, que muestran otras visiones intergeneracionales sobre las dictaduras de la región. En particular, en la Argentina, han surgido con bastante fuerza las voces de algunas hijas, hijos y familiares de perpetradores y colaboradores de violaciones a los derechos humanos y crímenes de lesa humanidad, quienes reniegan de los actos cometidos por sus progenitores e intentan romper con los pactos de silencio y los legados familiares criminales.[1]

[1] Hay que agregar que también existen los casos de aquellos hijos que no cuestionan o que reivindican el accionar de sus padres durante del terrorismo de Estado. Algunos

Algunas de estas voces, que se posicionan en defensa de "Memoria, verdad y justicia", fundaron el colectivo *Historias desobedientes*, desde el cual realizan acciones y pronunciamientos vinculados al campo de los derechos humanos. Consideran que sus padres deben ser juzgados y condenados, les han solicitado que hablen y digan lo saben, y, también, realizaron un pedido de modificación de la ley, que les permitiría declarar en juicios en su contra.[2]

La emergencia de estas voces muestra que, como ha señalado Elizabeth Jelin, "lo que es silenciado en determinada época puede emerger con voz fuerte después; lo que es importante para cierto período puede perder relevancia en el futuro" (2017, p. 11). Las luchas alrededor de la construcción de la memoria habilitan cambios en los relatos, que van modificando aquello que puede ser dicho, aquello que puede ser escuchado y quiénes pueden tomar legítimamente la palabra.

Una serie de investigaciones recientes refieren al denominado "giro hacia el perpetrador" en producciones culturales y narrativas sociales, a diferencia de periodos previos en los que predominaban las voces testimoniales de las víctimas y sus familiares en sociedades pos-conflicto y pos-dictatoriales (Feld y Salvi, 2019; Crownshaw, 2011; Zylberman, 2020).[3] Estos estudios evidencian la aparición de narra-

de esas historias se pueden consultar en Arenes y Pikielny (2016), Bruzzone y Badaró (2014) y Goldentul (2020).

2 Según el estado actual de la ley argentina, los hijos no pueden declarar en contra de sus padres. Pablo Verna, hijo del médico y ex Capitán del Ejército Julio Verna, es el propulsor del pedido de modificación de la ley (Desobediencia de vida, 2017) y pudo dar su testimonio en la causa Contraofensiva Montonera porque su padre no era imputado.

3 Es necesario hacer una aclaración sobre el uso de los términos "perpetradores", "represores" o "genocidas". En la Argentina, "represor" es la categoría nativa más extendida para referirse a los miembros de las fuerzas armadas y de seguridad que participaron en el terrorismo de Estado. Por su parte, la categoría "genocida" adquirió presencia social tras la sentencia a cadena perpetua a Etchecolatz en 2006, que fue condenado por las acciones que realizó "en el marco de un genocidio". La cuestión acerca de la denominación como "genocidio" de la última dictadura es todavía un debate académico no saldado (Feld y Salvi, 2019, p. 16). No obstante, como señala Basile (2020), las *hijas desobedientes* utilizan dicha noción, dado que parecen seguir la lectura

tivas elaboradas por la "generación pos-perpetradores", aquella que lidia con el legado de sus ancestros criminales. Este giro reciente hacia los perpetradores es resultado de que las nuevas generaciones comienzan a tomar en sus propias manos la memoria del pasado (Moral, Bayer y Canet, 2020).

Las descendencias de perpetradores que cuestionan el accionar de sus familiares, como es el caso de *Historias desobedientes*, realizan un giro más en su acercamiento al pasado. En su intento de lidiar con las responsabilidades heredadas, reconocen su "implicación" y exhiben los modos en que el pasado continúa actuando en el presente. La categoría de "sujeto implicado" elaborada por Michael Rothberg (2019) permite comprender estas figuras complejas, que no solo tensionan las posiciones dicotómicas entre víctimas y victimarios, sino que también eluden el lugar de meros espectadores pasivos. Un sujeto implicado es aquel que reconoce las formas indirectas en las que participó en o heredó historias sobre eventos sociales opresivos y violencias traumáticas, sin haber sido el mismo agente activo en dichos sucesos.[4]

A partir de estas consideraciones –y mediante un corpus compuesto por documentos, entrevistas, notas periodísticas y ensayos testimoniales–, en este artículo, examino el proceso por el cual estas nuevas voces aparecieron en la escena pública y qué novedades trajeron al campo de la memoria.[5] En mi análisis incorporo los planteos del denominado "giro afectivo" (Macón y Solana, 2015), principalmente, de la perspectiva feminista de Sara Ahmed (2014, 2019), quien

---

de Daniel Feierstein (2007) sobre el periodo. Goldentul (2016) realiza una historización de la palabra "represor" en la Argentina. En este trabajo, me referiré indistintamente a "represores" o "perpetradores", denominación que posibilita comparaciones con acontecimientos de otras latitudes.

[4] En diferentes oportunidades, los integrantes de *Historias desobedientes* han señalado que no pretenden presentarse a sí mismos como víctimas, puesto que creen que dicho estatuto corresponde solo a quienes han vivido en carne propia las violencias del terror estatal.

[5] Este artículo presenta algunos avances del proyecto de investigación "Nuevas voces de la memoria social: hijas de represores en Argentina" (PICT-2018-02045), del cual soy investigadora responsable.

estudia cómo la circulación de emociones en discursos y prácticas engendra identidades y subjetividades, en tanto se adhieren a ciertos cuerpos y no a otros. Para esta autora, las emociones no son estados psicológicos sino prácticas sociales que orientan la acción y producen efectos en el espacio público. Asimismo, considero las conceptualizaciones de George Didi-Huberman (2016), quien sostiene que las emociones constituyen la posibilidad de transformación de lo social en tanto se articulan con acciones políticas y pensamientos justos.

Mi hipótesis es que, en las experiencias de estas descendencias, la vergüenza actúa posibilitando el pasaje desde el ámbito de los valores y las lealtades familiares-militares hacia la asunción de una responsabilidad ética respecto de la memoria, los derechos humanos y la justicia. En otras palabras, la vergüenza favorece el reconocimiento de una posición de implicación. Dado que ningún sentimiento es por sí mismo malo o bueno, mediante la vergüenza, estas *hijas desobedientes* hacen un "buen uso", un "uso ético" o un "uso justo" de las emociones (Didi-Huberman, 2016).[6]

En el primer apartado, describo las condiciones de emergencia y las características de este nuevo actor social en el campo de la memoria, desde una perspectiva que atiende al género y a las generaciones. En el segundo, analizo cómo la vergüenza colaboró en el desplazamiento desde una experiencia personal trágica hacia una salida al espacio público y la conformación de un colectivo político, que suponen una posición de "sujeto implicado". Finalmente, en las conclusiones, recapitulo lo analizado y destaco los aportes de estas nuevas voces al campo de la memoria del pasado reciente. Me detengo tanto en las formas de reconfiguración de los relatos sobre el pasado como en sus contribuciones para un presente democrático.

[6] A lo largo del texto, hablaré, principalmente, de *hijas* en femenino porque a pesar de que también hay varones en la agrupación, las mujeres son quienes la lideran y presentan mayor visibilidad. Además, de esa manera me interesa marcar que el colectivo se caracteriza por una impronta de género y feminista en sus gestos y discursos.

Nuevas voces desobedientes

Estas nuevas voces de la memoria social aparecieron en la escena pública argentina en 2017, cuando el país era gobernado por Mauricio Macri (2015-2019), quien llevó adelante políticas regresivas en los temas de memoria y derechos humanos. No voy a detenerme en las especificidades del campo político de derecha en el país, el cual comprende diversos actores, quienes adoptan posiciones negacionistas, reconciliatorias o dialoguistas respecto del terrorismo de Estado (Saferstein y Goldentul, 2019). Pero sí quiero mencionar en detalle un acontecimiento de mayo de 2017, desencadenante inmediato de la aparición pública de las *hijas desobedientes*. El 3 de mayo de 2017, la Corte Suprema de Justicia dictó un fallo –conocido como 2x1– que permitía a condenados por delitos de lesa humanidad computar doble el tiempo que estuvieron detenidos antes de contar con una sentencia firme, a partir de los dos años de prisión preventiva. Tras cuestionamientos a esta medida –que actualizaba la impunidad que se había vivido en los años noventa– por parte de organizaciones y personalidades de los derechos humanos nacionales e internacionales, el 10 de mayo se realizó una masiva movilización a Plaza de Mayo contra el fallo, que, finalmente, fue revertido. Como lo expone este acontecimiento, el momento en que emergieron públicamente las voces de estas hijas fue de alerta social frente al retroceso en políticas de derechos humanos.

Unos pocos días después de la movilización, en *Anfibia*, una revista cultural, se publicó una nota titulada "Marché contra mi padre genocida", en la que Mariana Dopazo, ex hija del represor Miguel Etchecolatz, narraba su participación en la marcha y el proceso judicial por el cual logró quitarse el apellido paterno y cambiarlo por el materno, desafiliándose así de su padre, quien ha sido juzgado y condenado por su accionar durante la dictadura (Mannarino, 2017).[7]

[7] Mariana Dopazo es psicoanalista. Es la ex hija del represor Miguel Etchecolatz, en 2014 presentó un pedido a la justicia de sustracción de su apellido paterno y

A partir de la amplia repercusión mediática de esa nota, otras hijas e hijos de represores comenzaron a contactarse por redes sociales y, tras una serie de encuentros y desencuentros, conformaron dos grupos. Por un lado, algunas hijas, hijos y familiares fundaron el colectivo *Historias desobedientes*, cuya presidenta es Analía Kalinec.[8] Por otro lado, se formó un grupo más disperso, que en un momento se denominó *Ex hijos y ex hijas de genocidas*, nucleados alrededor de Mariana Dopazo, pero que en la actualidad no parece funcionar de modo orgánico.[9]

En un primer momento, los organismos de derechos humanos desconfiaron de estas hijas, porque su voz había quedado anudada a otras de hijos que no cuestionan o que defienden el accionar criminal de sus padres durante la dictadura.[10] Pero con el tiempo, las *hijas desobedientes* remarcaron públicamente su posición de búsqueda de "Memoria, verdad y justicia" y fueron así reconocidas por integrantes del movimiento de derechos humanos.[11]

sustitución por el materno. Etchecolatz fue Director de Investigaciones de la Policía de la Provincia de Buenos Aires durante la dictadura. Coordinó los Grupos de Tareas y los 21 centros clandestinos de detención pertenecientes al denominado Circuito Camps.

[8] Analía Kalinec es psicóloga, docente y delegada sindical. Es hija de Eduardo Emilio Kalinec, ex oficial de la Policía Federal, quien ha sido juzgado por su participación en el circuito ABO (Atlético-Banco-Olimpo) y condenado a la pena de prisión perpetua e inhabilitación absoluta y perpetua, por considerarse los hechos como delitos de lesa humanidad.

[9] Estas divisiones entre los grupos no son tajantes. Por ejemplo, si bien Mariana Dopazo no integra *Historias desobedientes*, suele participar de las actividades organizadas por el colectivo. Como ha señalado Erika Lederer, la cuestión de la denominación respecto de los padres parece ser uno de los puntos de desencuentro entre los grupos (Lipis, 2019, pp. 194-195).

[10] Un primer relato de Analía Kalinec había sido publicado junto con el de otros hijos de militares y de desaparecidos en *Hijos de los setenta* (Arenes y Pikielny, 2016), un libro con tono reconciliatorio. Mario Santucho (2017) realiza un mapeo de los grupos de familiares que defienden a los represores y sitúa la emergencia de *Historias desobedientes* en un contexto de prevalencia de discursos revisionistas y reconciliadores.

[11] En el último tiempo, *Historias desobedientes* adquirió reconocimiento público y legitimidad social, mediante sus participaciones en Jornadas en el Centro Cultural de la Memoria Haroldo Conti y la realización del "Primer encuentro internacional de Historias desobedientes", en 2018 en la Facultad de Ciencias Sociales de Universidad

En cuanto a las posibilidades de emergencia de esta nueva voz, es importante distinguir entre unas condiciones más inmediatas y otras de largo aliento. Entre las más inmediatas se destaca, además del mencionado repudio a las políticas de la memoria del gobierno de Macri, el crecimiento, desde 2015, del movimiento feminista, la denominada "marea feminista" (Laguna y Palmeiro, 2021) o "marea verde", por el color característico de los pañuelos por la campaña a favor de la legalización del aborto (Gago, 2019). En efecto, la primera aparición pública del colectivo *Historias desobedientes* fue el 3 de junio en la marcha *Ni una menos*, contra los feminicidios y la violencia patriarcal, lo que da cuenta no solo de que la agrupación presenta intenciones de crítica al patriarcado y a la violencia machista, sino también de que el movimiento feminista fue un espacio de acogida para estas voces.

Entre las condiciones de emergencia de más larga data se encuentran los debates públicos sobre las responsabilidades criminales, los procesos de construcción de verdad y los avances en la justicia, que colaboraron a que las segundas generaciones, en ocasiones, se vean interpeladas a responder socialmente por las acciones de sus padres. Particularmente, los juicios funcionaron como una inscripción de la ley en las vidas de estas hijas que les confirmó sospechas que ya tenían, les sacó la venda de los ojos o les permitió empezar a nombrar un "saber-no sabido". Liliana Furió, hija de Paulino Furió, condenado a perpetua por crímenes de lesa humanidad, escribe sobre este momento de revelación:[12]

> Confieso, con pesar, que me llevó muchos años indagar realmente en lo que mi padre había hecho. Recién cuando lo llevan a juicio, a finales de 2008, yo comienzo a buscar información detallada del horror

de Buenos Aires, auspiciado por variedad de organizaciones y personalidades vinculadas a los derechos humanos.

[12] Liliana Furió es directora y productora de cine documental. Militante feminista. Su padre, Paulino Furió fue jefe de la División Inteligencia (G2) de la VIII Brigada de Infantería de Mendoza. Está condenado a prisión perpetua por delitos de lesa humanidad, pero goza del beneficio de la prisión domiciliaria.

> que también se había perpetrado en Mendoza, y del cual él había sido uno de los mayores responsables, dado su cargo como jefe del Departamento de Inteligencia del Comando de la Brigada. (Bartalini et al., 2018, pp. 90-91)

Otro tanto hicieron las organizaciones de mujeres y el movimiento feminista, que hace décadas han puesto a circular en el espacio público discursos que, al criticar la naturalización de los lazos de sangre y la institución familiar como espacio de felicidad (Ahmed, 2019), habilitaron cuestionamientos a situaciones de violencia familiar y social, que antes no se reconocían como tales.

En efecto, los discursos y prácticas de las *hijas desobedientes* poseen marcas de género y feministas que permiten explicar su capacidad para resistir los mandatos familiares-patriarcales y filiarse a otras creencias, comportamientos y afectividades. Para lograr enunciarse públicamente, estas hijas tuvieron que romper con mandatos de silencio y de lealtad a la familia y a la casta militar-policial.[13] Esta toma de la palabra implicó la difusión de detalles de una vida familiar endogámica, en la que primaba la ley del padre. De esta manera, las *hijas desobedientes* revelaron experiencias en primera persona –hasta ahora desconocidas– sobre la vida cotidiana y los núcleos cercanos de los represores. De esta manera, como ha señalado Verónica Gago, evidenciaron públicamente que "no hay terrorismo de Estado sin anudamiento con la familia patriarcal" (2019, p. 119). Hay que agregar que, en años previos, ya habían aparecido otras hijas –como Rita Vagliati y Vanina Falco–, que repudiaron a sus padres represores,

[13] Estas rupturas tienen además fuertes cargas simbólicas. Porque no se trata de ir contra los secretos y de desobedecer órdenes al interior de cualquier familia. En el marco de las familias militares y policiales la obediencia y el silencio poseen sentidos sociales específicos. La idea de "pacto de silencio" refiere a la negativa de los agentes implicados en la represión clandestina a aportar informaciones que permitieran conocer y juzgar los crímenes cometidos. Asimismo, la noción de desobediencia contrasta con la idea de "obediencia debida", perteneciente al discurso militar, que sostiene que muchas de las acciones realizadas en el marco de la represión clandestina fueron legítimas en tanto se trató de cumplir órdenes que emanaban de un superior en la cadena de mandos (Feld y Salvi, 2019).

pero la novedad es su actual visibilidad, la fuerte presencia en el espacio público y la conformación de un colectivo político.[14]

Asimismo, el surgimiento y la organización de *Historias desobedientes* evocan la práctica de autoconciencia del feminismo de los años setenta y ochenta, que intentó dar fuerza a las mujeres y crear filiaciones simbólicas femeninas, que posibilitaran el pasaje de lo personal a lo colectivo. Por otra parte, estas hijas recurren al pasado para armar genealogías de mujeres. Se nombran herederas de las Madres y las Abuelas de Plaza de Mayo y examinan sus propias historias personales para descubrir en sus madres, pero sobre todo en sus abuelas, las chispas de la desobediencia y el afecto que hoy las sostiene real y simbólicamente. Estos linajes feministas intentan elidir lógicas masculinistas del poder y construir resistencias al *ethos* militar-policial-patriarcal, que valora lo masculino en detrimento y negación de lo femenino (Peller, 2021).

Implicación, vergüenza y responsabilidad

En su "Manifiesto", *Historias desobedientes* señalaba que sus integrantes se proponían:

> superar la vergüenza y [...] trascender las individualidades para construirnos como una voz que diga lo que hasta ahora no se ha dicho en este país; las hijas, hijos y familiares de genocidas repudiamos sus crímenes, sus prácticas represivas, sus pactos de silencio e impunidad. Nosotros no nos reconciliamos. No perdonamos. Y no nos callamos. (Bartalini et al., 2018, p. 12)

[14] Rita Vagliati es la ex hija del ex comisario Valentín Milton Pretti (fallecido), quien participó en la policía bonaerense durante la dictadura y fue torturador en varios centros de detención. En 2005, Rita solicitó a la justicia cambiarse el apellido por el de su madre. Mariana Dopazo se basó en su caso para llevar adelante su propia causa judicial. Vanina Falco es la hija de Luis Antonio Falco, ex agente de inteligencia de la Policía Federal y apropiador de Juan Cabandié. Vanina declaró contra su padre en el juicio por apropiación en 2011, pudo hacerlo gracias a que su testimonio se había hecho público previamente en una obra teatral en la que participó en 2009.

Estas palabras exponen que el sentimiento de vergüenza les permitió romper el pacto de silencio y hablar para repudiar los crímenes de sus propios padres, para ubicarse en otra posición subjetiva. Dicha emoción tuvo un papel central en el proceso de reconocerse como sujetos implicados –si bien de modo indirecto– en el terrorismo de Estado. Principalmente, porque les permitió desplazarse desde una vivencia personal trágica hacia una posición de responsabilidad social respecto del pasado y el presente. Tal como ha señalado Rothberg (2019), el reconocimiento de la propia implicación no solo supone una dimensión ética y moral, sino también una potencia política.

Si bien son varias las emociones que aparecen en los relatos de las *hijas desobedientes*, la más recurrente es la vergüenza. Se trata de una vergüenza que se pega al sujeto por un acto cometido por otro y no por sí mismo. Ese otro no es cualquier otro. Es un otro al que las une la sangre y de quien descienden. Esa filiación a un sujeto criminal para la sociedad hace que las hijas sientan vergüenza. No se trata de una vergüenza heredada que se desplaza de una generación a otra, reproduciéndose, sino que la vergüenza aparece en la segunda generación porque no estuvo ni está presente en la primera. Los padres no sintieron ni sienten vergüenza. Es frente al no arrepentimiento paterno que la vergüenza alcanza a la descendencia. La experiencia vergonzante aflora en el instante en el cual estas hijas comienzan a saber acerca de los actos criminales realizados por sus progenitores y experimentan el peso de la mirada de la sociedad sobre ellas, por ejemplo, cuando deben dar a conocer su apellido en diferentes instancias sociales. Al respecto, escribe Analía Kalinec,

> Me gustaría no saber de la falta de arrepentimiento de este represor progenitor que sigue convencido de haber hecho lo correcto y de no tener nada de que arrepentirse. Me gustaría no saber que con su silencio cómplice reivindica su crimen imprescriptible para vergüenza y repudio de toda esta sociedad y de esta hija particular. (Bartalini et al., 2018, p. 42)

Hace ya varios años que Analía se encuentra distanciada de su padre, a quién intentó convencer de que reconozca los delitos que cometió, se arrepienta y colabore dando información de los casos de secuestros y desapariciones en los que estuvo involucrado.[15] Así, la aparición de la vergüenza en las *hijas desobedientes* expone que se mueven en un universo de valores diferente al de sus progenitores. En sus relatos y entrevistas, muchas hijas narran que recién pudieron conocer y cuestionar las historias y los silencios sostenidos al interior de la "familia militar" cuando la sociedad comenzó a juzgar y a condenar a sus padres. La vergüenza de las hijas y la necesidad de saber más –para posicionarse diferente– apareció cuando la sociedad develó la criminalidad paterna.

Entonces, si ningún afecto es opresor o emancipador por sí mismo (Macón y Solana, 2015), en las *hijas desobedientes* la vergüenza actúa de un modo liberador, porque les permite articular una perspectiva propia y construir una nueva identidad para sí mismas.[16] La identidad de estas hijas no se está construyendo sobre la vergüenza ni la reivindica, pero es motivada por ella. La vergüenza que ellas sienten –y que quizás vayan perdiendo poco a poco– las separa de sus padres y las deja ingresar al campo de quienes repudian los crímenes cometidos. Su sentimiento las vuelve "traidoras" al interior de sus familias, que las expulsan, pero "héroes" para la sociedad (Basile, 2018).[17] Al asumir la vergüenza públicamente reconocen su

[15] En "Hijas aguafiestas" analizo el caso de Analía Kalinec en extenso, particularmente, examino el juicio por indignidad que le iniciaron su padre y sus hermanas en 2019, impidiéndole heredar a su madre, luego de su fallecimiento (Peller, 2020).

[16] En este sentido, la vergüenza de estas hijas difiere de otras experiencias sociales vergonzantes como las vinculadas a identidades sexuales no hegemónicas (Sedgwick, 1999; Vacarezza, 2016) o a las clases sociales (Eribon, 2015; 2017). A diferencia de esas otras identidades que, en ocasiones, intentan perder la vergüenza, en las *hijas desobedientes* la aparición de la vergüenza tiene un efecto positivo, en tanto exhibe su capacidad para asumir una responsabilidad ética con la sociedad. En este caso se podría hablar del orgullo de sentir vergüenza y no ya de la necesidad de oponer la vergüenza al orgullo.

[17] No obstante, como me sugirió Pierre Ostiguy en la presentación de la ponencia previa a este artículo, debemos tener cuidado, como sociedad y como investigadores, de

implicación en los hechos del pasado y se les abre la puerta hacia la comunidad ética y política del campo de los derechos humanos. Desde esa posición social novedosa pueden levantar la cabeza para mirar a los ojos a la sociedad y a sus propios hijos. Como afirma Ana Berezin, la "vergüenza potencia la posibilidad de asumir una responsabilidad frente a otros y a nosotros mismos" (2020, p. 142). En una entrevista personal, Analía Kalinec decía sobre este tema:

> Nosotros salimos de un país donde estuvo Madres, donde las Abuelas siempre mantuvieron las banderas, siempre reclamaron Memoria, verdad y justicia, donde pudimos juzgar nuestros propios crímenes, que no pasó en otras sociedades. Eso nos habilitó a los familiares de los genocidas a poder ver un montón de cosas que nos eran vedadas o tergiversadas al interior de nuestras propias familias. Historias desobedientes [...] surge también en un momento donde se quiso volver atrás con el tema de la impunidad y donde se avanzó hasta un punto donde no queremos retroceder y donde tomamos un nivel de conciencia que ya no tiene vuelta atrás. Hay una frase de Lacan, que no me la acuerdo textual, pero que dice que lo grave de la verdad es que ya no tiene vuelta atrás. Una vez que está, está, no hay vuelta atrás. Y yo creo que los que formamos parte de Historias desobedientes atravesamos esa barrera, no hay vuelta atrás. A veces añoro estar con mis hermanas, mis sobrinos, el asado, ¿quién carajo me mandó? Y, por otro lado, digo, lo otro era una ficción. Con otros costos que hubiese tenido también. Yo estoy tranquila. Yo puedo mirar a los ojos a mis hijos y decirles esta es tu historia [...]. Mi papá no me puede mirar a los ojos, mi mamá no me podía mirar a los ojos. (Kalinec, A., Comunicación personal, 20 de febrero de 2019)

Si bien en los relatos afloran también otros sentimientos como el dolor y el amor, aquí me interesó focalizar en la vergüenza porque aparece habilitando el desplazamiento subjetivo desde unas hijas acorraladas por los silencios y las lealtades familiares hacia la

no caer en la tentación de realizar lecturas de los procesos subjetivos y sociales desde una idea de heroísmo ético o moral.

asunción de una responsabilidad pública por la verdad y la justicia. Se trata de romper con una familia que pertenece a las fuerzas policiales o militares, una institución organizada bajo un modelo patriarcal y con una concepción cristiana de la moralidad, un clan privado jerárquicamente estructurado, con el padre como líder, la madre sometida al padre y unas hijas e hijos que obedecen sumisamente. Una especie de circuito cerrado, aislado de terceros, quienes suelen ser entendidos como amenazas. Lo que ocurrió al interior de la familia o fue realizado por alguno de sus miembros debe permanecer en secreto, de allí la fuerza que tiene el mandato de silencio.

Las experiencias familiares de estas hijas pueden compararse con las de las segundas y terceras generaciones de perpetradores del nazismo (Crasnianski, 2021; Lebert, 2005). En este sentido, una de las políticas del colectivo *Historias desobedientes* es la de generar vínculos trasnacionales, que permitan ligar a descendientes de criminales y colaboradores de diferentes países e invitarlos a desobedecer los mandatos de silencio.[18] Alexandra Senfft, nieta de un oficial nazi, fue invitada a participar del *Primer encuentro internacional de Historias desobedientes* (Buenos Aires, 2018) y luego publicó un artículo en el libro *Nosotrxs. Historias desobedientes*, compilado por el colectivo. Allí, Senfft (2020) examina las consecuencias transgeneracionales de la perpetración para hablar de "la larga sombra" que los genocidas han dejado sobre sus descendientes, en cuanto a formas de pensar, de sentir y de comportarse. Muestra el camino que recorrió para poder dejarles a sus propios hijos otra versión de la historia, que acepte de un modo crítico la participación activa de sus ancestros en el Holocausto para romper con el silencio y el secreto.[19]

[18] En los últimos años, gracias a esta política trasnacional del colectivo de llamar a la desobediencia, se formaron grupos de *desobedientes* en Chile (2019), en Brasil (2020) y se hizo público un caso en Uruguay (2021). Michael Lazzara (2020) analiza estas nuevas narrativas de la memoria para el caso chileno.

[19] Phillipa Page (2021) describe en profundidad la relación establecida entre Alexandra Senfft y Liliana Furió, integrante de *Historias desobedientes*. Y examina las similitudes y diferencias entre sus experiencias de vida como descendientes de perpetradores.

En las experiencias de las generaciones pos-perpetradores, la emergencia de la vergüenza produce un quiebre en la transmisión intergeneracional. En el caso de las *hijas desobedientes* en la Argentina, esa ruptura les permite desplazarse hacia una posición de implicación y escoger continuar el legado social de las Madres y las Abuelas en detrimento de las lealtades familiares, que las dejaban ubicadas del lado de los "sinvergüenzas".[20] De esta manera, el sentimiento de vergüenza es un signo dirigido hacia la comunidad de quienes defienden los derechos humanos. Porque las emociones no se tratan nunca solamente de un yo individual, sino que al manifestarlas los sujetos nos exponemos y nos dirigimos a otros, que pueden percibir los sentidos de nuestra emoción y reconocerla como un acontecimiento social significativo que nos conecta éticamente.

Conclusiones

La emergencia de las voces de las *hijas desobedientes* ha reconfigurado el campo de la memoria social en la Argentina, en tanto enuncian cuestiones que permiten reescribir el pasado para imaginar un presente más democrático. Entre los diversos procesos sociales que convergieron y colaboraron para esta emergencia se destacan la crítica a las políticas del gobierno de Macri, las intervenciones de la justicia, los reclamos del movimiento de derechos humanos y los avances del movimiento de mujeres y feminista en la región.

Estas voces disruptivas visibilizan las consecuencias del terrorismo de Estado sobre una parte de la población que, si bien no puede comprenderse como víctima directa, exhibe los modos en que "la larga sombra" de la dictadura –para usar las palabras de

[20] Tomo esta idea de "sinvergüenzas" de Kimberly Theidon, quien la utiliza en relación a los perpetradores de crímenes sexuales durante el conflicto armado interno en Perú (2011, p. 65). La autora examina cómo las mujeres víctimas debieron lidiar con el estigma de la vergüenza, mientras que, los criminales, hombres con una capacidad aumentada para la atrocidad, no sintieron vergüenza o remordimiento alguno.

Senfft– continúa presente en nuestra sociedad, en zonas que aún permanecían sin ser escrutadas.

En este trabajo me dediqué a describir cómo el sentimiento de vergüenza actúa en las experiencias de estas hijas permitiéndoles posicionarse como sujetos implicados para asumir una responsabilidad social por los actos criminales cometidos por sus progenitores. Se trata de actos de los que ellas no son directamente culpables, pero sobre los que se posicionan de un modo crítico. Didi-Huberman sostiene que es "a través de las emociones como, eventualmente, se puede transformar nuestro mundo, por supuesto a condición de que ellas mismas se transformen en pensamientos y acciones" (2016, p. 46).

Las *hijas desobedientes* han roto con los pactos de silencio y han producido formas de resistencia a las relaciones de poder en las que estaban insertas, incluidos legados familiares y patriarcales. De esta manera, mostraron cómo el terrorismo de Estado se anudó con el funcionamiento de la familia y exhibieron los cruces entre violencias dictatoriales y patriarcales.

A partir de sus posturas políticas progresistas, estas nuevas voces –que aún están produciendo aperturas y efectos sociales– se alían con grupos movilizados contra el neoliberalismo, el patriarcado y a favor de los derechos humanos. Por otra parte, tienen el potencial político de dislocar los discursos negacionistas, reconciliatorios y dialoguistas de la derecha, especialmente, aquellos sostenidos por otros integrantes de la segunda generación. Las voces desobedientes se proponen intervenir en los procesos de "Memoria, verdad y justicia". Un ejemplo es su pedido de modificación del Código Penal para dar testimonio contra sus progenitores en juicios por crímenes de lesa humanidad.

Finalmente, otra de las potencialidades de estas nuevas voces proviene de su capacidad para exhibir que los sujetos tienen la posibilidad de desobedecer y hacer otra cosa con los legados y las herencias. Pueden rebelarse contra los dictados de la sangre para asumir posiciones ética y políticamente implicadas.

Bibliografía

Ahmed, S. (2015). *La política cultural de las emociones*. México: UNAM.

Ahmed, S. (2019). *La promesa de la felicidad. Una crítica cultural al imperativo de la alegría*. Buenos Aires: Caja Negra.

Arenes, C. y Pikielny, A. (2016). *Hijos de los 70. Historias de la generación que heredó la tragedia argentina*. Buenos Aires: Sudamericana.

Bartalini, C. et al. (2018). *Escritos desobedientes. Historias de hijas, hijos y familiares de genocidas por la memoria, la verdad y la justicia*. Buenos Aires: Marea Editorial.

Basile, T. (2018). Infancias violentas. Los relatos de los otros HIJOS. *Politika*. https://www.politika.io/fr/notice/infancias-violentas-los-relatos-los-otros-hijos

Basile, T. (2020). Padres perpetradores. Perspectivas desde los hijos e hijas de represores en Argentina. *Kamchatka. Revista de Análisis Cultural*, (15), 127-157.

Berezin, A. N. (2020). Un encuentro tan esperado: nuevas voces en la Resistencia. En Kalinec, A. (comp.). *Nosotrxs. Historias desobedientes*. La Rioja: AMP.

Bruzzone, F. y Badaró, M. (2014). Hijos de represores: 30 mil quilombos. *Anfibia*. http://revistaanfibia.com/cronica/hijos-de-represores-30-mil-quilombos/

Crasnianski, T. (2021). *Hijos de nazis*. Buenos Aires: El Ateneo.

Crownshaw, R. (2011). Perpetrator fictions and transcultural memory. *Parallax*, *17*(4), 75-89. 10.1080/13534645.2011.605582.

Desobediencia de vida: hijas e hijos de genocidas piden declarar contra sus padres. (7 de noviembre de 2017). *Lavaca.org*. http://www.lavaca.org/notas/desobediencia-debida-hijos-e-hijas-de-genocidas-piden-declarar-contra-sus-padres/

Didi-Huberman, G. (2016). *¡Qué emoción! ¿Qué emoción*? Buenos Aires: Capital Intelectual.

Eribon, D. (2015). *Regreso a Reims*. Buenos Aires: Libros del Zorzal.

Eribon, D. (2017). *La sociedad como veredicto*. Buenos Aires: El Cuenco de Plata.

Feierstein, D. (2007). *El genocidio como práctica social*. Buenos Aires: Fondo de Cultura Económica

Feld, C. y Salvi, V. (2019). Introducción. Declaraciones públicas de represores de la dictadura argentina: temporalidades, escenarios y debates. En Feld, C. y Salvi, V. (comps.), *Las voces de la represión. Declaraciones de perpetradores de la dictadura argentina*. Buenos Aires: Miño y Dávila.

Gago, V. (2019). *La potencia feminista*. Buenos Aires: Tinta Limón.

Goldentul, A. (2020) Pibes normales, pibes de jean. La problemática del estigma en la agrupación Hijos y Nietos de Presos Políticos. *Revista Sudamérica*, (12), 299-328.

Gondeltul, A. (2016). Represor. En *Proyecto: diccionario del pensamiento alternativo II*, CECIES, Pensamiento Latinoamericano y Alternativo.

Kalinec, A. (comp.) (2020). *Nosotrxs. Historias desobedientes*. La Rioja: AMP.

Laguna, F. y Palmeiro, C. (2021). Apuntes para una memoria feminista: hacia una literatura del nosotras. *Cuadernos del CILHA*, (34), 1-21.

Lazzara, M. (2020). Familiares de colaboradores y perpetradores en el cine documental chileno: memoria y sujeto implicado. *Atenea*, (521), 231-248.

Lebert, N y S. (2005). *Tú llevas mi nombre*. Barcelona: Planeta.

Lipis, G. (2019). *No lo perdono. El testimonio de Erika Lederer, hija de un médico obstetra genocida*. Buenos Aires: Planeta.

Macón, C. y Solana, M. (2015) (eds.). *Pretérito indefinido. Afectos y emociones en las aproximaciones al pasado*. Buenos Aires: Título.

Mannarino, J. M. (2017). Mariana, la hija de Etchecolatz. Marché contra mi padre genocida. *Revista Anfibia*. http://revistaanfibia.com/cronica/marche-contra-mi-padre-genocida/

Moral, J.; Bayer, G. y Canet, F. (2020). Facing the perpetrator's legacy: post-perpetrator generation documentary films. *Continuum*, 10.1080/10304312.2020.1737436

Page, P. (2021). From silence to radical politics: ethics, affect and becoming-disobedient. *MISTRAL. Journal of Latin American Women's Intellectual & Cultural History, 1*(1), 42-62. https://doi.org/10.21827/mistral.1.37519

Peller, M. (2020). Hijas aguafiestas: memorias y experiencias de la segunda generación en Argentina. En Basile, Teresa y González, Cecilia (coords.), *Las posmemorias. Perspectivas latinoamericanas y europeas/ Les post-mémoires. Perspectives latino-américaines et européennes*. La Plata/Bordeaux: Prensas Universitarias de Bordeaux (PUB) y Universidad Nacional de la Plata.

Peller, M. (2021). El género de la desobediencia: resistencias al legado familiar en las hijas de represores en Argentina. *Cuadernos del CILHA*, (34), 1-26.

Rothberg, M. (2019). *The implicated subject: beyond victims and perpetrators.* Stanford: Stanford University Press.

Saferstein, E. y Goldentul, A. (2019). El "diálogo" como discurso emergente. La articulación de un espacio de ideas en torno a la memoria del pasado reciente en Argentina (2008-2018). *Políticas de la Memoria,* (19), 15-30.

Santucho, M. (2017). Historias desobedientes o hijos de genocidas. *Revista Crisis.* https://revistacrisis.com.ar/notas/historias-desobedientes-o-hijos-de-genocidas

Sedgwick, E. K. (1999). Performatividad *queer*. The art of the novel de Henry James. *Nómadas*, (10), 198-214.

Senfft, A. (2020). La larga sombra de los genocidas. En Kalinec, A. (comp.). *Nosotrxs. Historias desobedientes.* La Rioja: AMP.

Theidon, K. (2011). Género en transición: sentido común, mujeres y guerra. *Cadernos Pagu*, (37), 43-78. https://doi. org/10.1590/S0104-83332011000200003.

Vacarezza, N. (2016). ¡Qué vergüenza! Performatividad *queer* y afectos en la obra de Eve K. Sedgwick. *II Congreso de la Asociación Argentina de Sociología (AAS). I Jornadas de Sociología de la Universidad Nacional de Villa María.*

Zylberman, L. (2020). Against family loyalty: documentary films on descendants of perpetrators from the last Argentinean dictatorship. *Continuum.* 10.1080/10304312.2020.1737435

Sobre la distinción entre afectos y emociones

Ventajas y limitaciones*

Mariela Solana

La irrupción del "giro afectivo",[1] en los últimos tiempos, trajo aparejado no solo un interés creciente por estudiar el papel de las emociones en la constitución del sujeto y el mundo sino también un deseo

* Una versión extendida de esta presentación fue publicada en el año 2020 bajo el título "Afectos y emociones. ¿una distinción útil?" en *Diferencia(s): revista de teoría social contemporánea, 1*(10).

[1] Si bien se comienza a hablar de "giro afectivo" recién a fines de 2000, sus orígenes suelen remontarse a mediados de la década del noventa, cuando aparecieron publicaciones –como "La autonomía del afecto", de Brian Massumi, que analizaremos a continuación– que mostraron un interés renovado por estudiar el papel de los afectos, las emociones y la corporalidad en la constitución del sujeto y sus relaciones. Se trata de un campo interdisciplinario que incluye trabajos provenientes de la filosofía, la teoría social, la cibernética, la geografía, la teoría de género, la estética, las neurociencias, la psicología, entre otras disciplinas. En un trabajo previo (Solana, 2017), sostengo que es preferible referirse al giro afectivo como una condensación de intereses, como una tendencia generalizada o como un campo emergente porque de ninguna manera los autores incluidos bajo estos rótulos forman una escuela de pensamiento homogénea –algo que el presente escrito vuelve evidente. Lo que sí los une es un interés por poner en primer lugar dimensiones que fueron relegadas o malinterpretadas por la historia del pensamiento occidental: las emociones, lo corporal, la materia, los afectos. El giro afectivo suele rechazar no solo el dualismo mente-cuerpo y razón-pasión sino, fundamentalmente, la jerarquía del primer término por sobre el segundo (Solana, 2017; Macón y Solana, 2015; Gregg y Seigworth, 2010).

por comprender aquello que excede o escapa a la dimensión emocional: los afectos. Los afectos, entendidos como algo *diferente* a las emociones, son definidos como fuerzas o intensidades corporales que se producen por fuera, debajo o independientemente de las matrices sociales y discursiva que articulan y dan sentido a las emociones. Los afectos designan aquellos encuentros que involucran cambios –ya sea una mejoría o una disminución– en las capacidades corporales de quienes se encuentran, pero, y esto es el punto clave, lo hacen sin mediación de la conciencia ni del lenguaje (Gregg y Seigworth, 2010; Clough, 2007).

El objetivo principal de esta comunicación es, en primer lugar, examinar por qué una parte del giro afectivo considera necesario demarcar entre afectos y emociones; en segundo lugar, quisiera mostrar algunas ventajas y limitaciones de esta demarcación. Para alcanzar estos objetivos, me detendré en la obra de uno de los defensores más radicales de la necesidad de distinguir entre afectos y emociones: Brian Massumi.

Afectos y emociones: lo que los estudios culturales no pueden ver

En 2002 se publica *Parables for the Virtual*, un libro que sistematiza el modo en que Massumi concibe los afectos, el cuerpo y la política. El libro contiene "The Autonomy of Affect", uno de los textos considerados fundacionales del giro afectivo (Gregg y Seigworth, 2010; Clough, 2007). *Parables for the Virtual* comienza con un gesto radical: identificando una serie de errores fatídicos cometidos por los estudios culturales hasta entonces. Según Massumi, el problema de estos estudios es que, a pesar de estar interesados en analizar el cuerpo, no tienen las herramientas para comprender sus características principales: su *movimiento*, su capacidad de *transformarse* y sus *sensaciones*. ¿Por qué? En primer lugar, el autor sostiene que la teoría cultural está más interesada en la posición que en el movimiento. El análisis de la formación de la subjetividad –el tema central para estas teorías– se reduce a identificar la posición de un cuerpo en una grilla cultural conocida: "La grilla fue concebida como un marco oposicional de significaciones culturalmente construidas: masculino versus femenino, negro versus blanco, gay versus heterosexual, etc." (Massumi, 2002, p. 2). Si bien un cuerpo puede ocupar múltiples sitios, y si bien esos sitios pueden desplazarse, esa multiplicidad y ese desplazamiento no son verdaderamente *novedosos* sino opciones *ya determinadas* por la grilla misma. El autor se pregunta: "¿No están las posibilidades de toda la gama de emplazamientos culturales, incluyendo 'las subversivas', precodificadas en la estructura ideológica general? [...] ¿Dónde ha ido a parar el potencial para el cambio?" (Massumi, 2002, p. 3).

Entender al cuerpo como un efecto de significaciones culturales solo permite comprender su detenimiento, no su movimiento ni su potencialidad. La distinción entre lo *posible* y lo *potencial* es central para el autor (tan central como lo es la distinción entre movimiento y posición, o entre afecto y emoción). Mientras lo posible remite a variaciones que son esperables de un cuerpo por su propia definición (por ejemplo, pasar de la niñez a la adultez) o que se siguen lógicamente de la estructura social (como los actos paródicos que resignifican normas preexistentes), lo potencial no sigue guiones, es impredecible e ingobernable.

Para poder entender el movimiento y la novedad que caracterizan a los cuerpos, es necesario ocuparse de otra de sus dimensiones soslayadas: las sensaciones. Según el autor, la sensación es un punto ciego de la teoría cultural ya que remite a una experiencia *no mediada*. El miedo a caer en el realismo o en el subjetivismo condujo a que la teoría cultural excluya todos aquellos fenómenos materiales que no están mediados por los sentidos sociales. Sobre este punto, cabe aclarar que la propuesta de Massumi no busca reflotar una idea de naturaleza cruda, innata o presocial. El carácter no mediado de la sensación implica que hay un nivel de la experiencia que no es consciente y que no puede ser expresado por los símbolos culturales dados; pero esto no implica que sea *innato*. El cuerpo puede desarrollar hábitos y respuestas automáticas en virtud de su experiencia y su historia pasada pero estos hábitos y experiencias operan por debajo del umbral de la conciencia. Se trata de fenómenos que residen en el cuerpo y que son aprendidos pero que nos impulsan a actuar *antes* de que la mente pueda intervenir.

Estas sensaciones y reacciones corporales automáticas, pre- o no-conscientes, son lo que el autor denomina *afecto*. Cuando estas intensidades son articuladas, reconocidas y codificadas según símbolos y convenciones sociales, se transforman en *emociones*. Afectos y emociones, así, remiten a dos niveles independientes pero que entran en juego simultáneamente cuando percibimos un evento: el nivel de la intensidad (energía y fuerza corporal automática) y el nivel de la clasificación (que se sirve de discursos y convenciones sociales para dar forma y organizar el flujo de sensaciones). Las emociones logran ponerle nombre, llevar a la conciencia, darle un significado, volver familiar y comunicar lo que un cuerpo siente en un momento particular: "Una emoción es un contenido subjetivo, la fijación sociolingüística de la cualidad de una experiencia que es a partir de ese momento definida como personal [...]. Es la intensidad adueñada y reconocida" (Massumi, 2002, p. 28). Las emociones, en otras palabras, actualizan, determinan, dan sentido, vuelven consciente y codifican, según normas culturales, la potencia indeterminada que constituye a los afectos.

Massumi afirma que la relación entre ambos niveles no es de oposición sino de resonancia o interferencia: la emoción puede interferir con los afectos, bajando su intensidad, o resonar con ellos, amplificando sus efectos. Sin embargo, la mayoría de las veces que el autor describe la relación entre ambos, prima la retórica negativa de la captura, la domesticación y la reducción: "La voluntad y la conciencia son *sustractivas*. Son funciones derivadas, limitativas que *reducen* una complejidad demasiado rica como para ser funcionalmente expresada" (Massumi, 2002, p. 29, mi cursiva). En la emoción, lo indeterminado se determina, lo prepersonal se vuelve personal, lo potencial es actualizado, lo no consciente es reconocido, las reacciones automáticas adquieren significado, la riqueza sensorial es limitada y lo caótico es domesticado por nuestras narrativas y convenciones. No obstante, siempre queda un resto indómito que no es capturado por las emociones.

Según esta perspectiva, la teoría cultural se beneficiaría de incorporar el estudio de los afectos no solo para lograr atender al movimiento y la transformación de los cuerpos sino también para entender al costado menos visible pero más fundamental de la política. La política no es una mera cuestión de convencimiento ideológico sino de resonancias afectivas. Deborah Gould (2010), quien sigue a Massumi en su distinción entre afectos y emociones, nos recuerda que las figuras políticas pueden interpelarnos más allá de sus discursos explícitos. Quizás lo que cautiva es su tono de voz, su mirada, su optimismo más que sus ideas. Por supuesto que hay procesos cognitivos, hábitos y una historia pasada que dan lugar a esos estados afectivos (nuevamente, no se trata de una naturaleza pura), "pero [lo afectivo] puede volverse independiente, incluso moverse en direcciones opuestas al pensamiento y razonamiento contemporáneo" (Gould, 2010, p. 29). Así, puedo verme atraída, cautivada o repugnada por una figura política aunque no pueda poner en palabras por qué o aunque contradiga algunas de mis convicciones previas. El punto que intentan demostrar Gould y Massumi es que hay formas de poder que interpelan al cuerpo a nivel sensorial, circunvalando el pensamiento consciente y la razón. Los medios y las campañas políticas, en ocasiones, tienen línea directa con nuestras sensaciones, sin pasar por la mediación de la reflexión.

¿Es conveniente distinguir entre afectos y emociones? Ventajas y limitaciones

Como remarqué previamente, la distinción entre afectos y emociones ha dado lugar a varias polémicas. Desde diversas matrices teóricas se ha criticado no solo el modo en que se define cada uno de esos términos sino también el valor metodológico y político de establecer tal distinción (Ahmed, 2015; Hemmings, 2005; Solana, 2017; Wetherell, 2012).

Lo que quisiera proponer en este trabajo es que se trata de una distinción que es, en principio, adecuada y teóricamente productiva. El problema es todo lo adicional que se construye sobre la misma. La noción de afecto es problemática porque funciona como un caballo de Troya: tras la fachada de una defensa inocente de las sensaciones se esconde una visión errónea de lo social como un espacio *determinista, predecible y políticamente limitado.* Además, también se esconde una celebración unilateral de la *espontaneidad* del cuerpo que, creo, debe ser revisada.

Antes de desarrollar la crítica, quisiera señalar algunas ventajas que se siguen de hablar de afectos. Creo que no solo es posible sino teóricamente útil distinguir entre sensaciones no-conscientes y expresiones conscientes. Existe todo un costado sensible, visceral, imposible de poner en palabras, inarticulado e irreductible a la razón, que esta vertiente del giro afectivo no solo *reconoce,* sino que *valora* en términos analíticos. No todas las relaciones sociales y políticas se juegan a nivel de intercambios verbales; identificar ese exceso, ese fondo barroso y caótico, permite dar una mirada más cabal de las prácticas humanas. Este énfasis en lo sensible no es nuevo ni necesariamente contradictorio con el análisis cultural y discursivo –y es en este punto en que difiero de Massumi. Sin embargo, el llamado a atender cómo la vida social se compone no solo de ideas, valores y normas sino de reacciones y "pensamientos" corporales por debajo de nuestros juicios y representaciones conscientes es estimulante para la investigación. Por ejemplo, nos enseña que no podemos limitar el trabajo de campo a lo que los sujetos expresan verbalmente sino que es necesario atender a las sensaciones que complican, y pueden entrar en contradicción, con las narrativas conscientemente articuladas. Esto es valioso no solo porque complejiza nuestros análisis sino también porque pone en jaque la creencia ingenua de que es solo a través del convencimiento ideológico que conseguiremos la transformación política. Prestar atención no solo a lo que se dice sino a los eventos corporales que se producen en los actos políticos –cambio de tono, de ritmo cardíaco, risas, llantos, gemidos, temblores– nos permite tener una idea más cabal de cómo funciona la política. De nuevo, esto no es algo que inventa Massumi pero el énfasis que pone en atender a esta dimensión es sugerente.

El problema –y aquí sí avanzo a la parte crítica– es todo lo que se trafica a partir de esto. El primer punto que debemos revisar son los epítetos de inmediatez y autonomía que se asocian a los afectos. Los afectos no solo son definidos como sensaciones corporales por debajo del umbral de la conciencia, sino que además son caracterizados como *directos* y como constituyendo un sistema *independiente*. Esto ha sido criticado por autoras feministas como Ahmed (2015), Hemmings (2005) y Wetherell (2012). Según Ahmed, por ejemplo, "este modelo crea una distinción entre reconocimiento consciente y sentimiento 'directo', que en sí mismo niega cómo aquello que no se experimenta conscientemente puede verse mediado por experiencias pasadas" (Ahmed, 2015, p. 55). Recordemos, no obstante, que Massumi no quiere apelar a un innatismo ni a una naturaleza cruda. Entonces, ¿por qué habla de inmediatez y autonomía? La lectura que propongo es que ambos epítetos apuntan a una independencia respecto a la conciencia presente pero no respecto a experiencias pasadas. Habiendo dicho esto, coincido en que el problema es el vocabulario. Hablar de inmediatez y autonomía puede llevar a confusiones ya que claramente hay una historia pasada –por ejemplo, una historia de reacciones corporales– que habilita la generación de estados afectivos presentes. La idea de autonomía, no obstante, le permite a Massumi argumentar que los afectos pueden seguir su propio camino, un camino que no está *predeterminado* por los sentidos sociales presentes ni pasados. Lo que le molesta a Massumi no es el pasado sino el determinismo. Si bien las experiencias pasadas hacen mella en nuestras sensaciones, estas no son *efectos* del pasado en términos *causales*. Los afectos son impredecibles no porque no tengan conexiones con el pasado sino porque no se siguen lógicamente de lo anterior. Los afectos, en síntesis, son contingentes.

Si bien esta lectura resguarda a Massumi de la acusación de innatismo, lo preocupante, a mi entender, no es tanto la idea de inmediatez sino cómo su imagen de los afectos malinterpreta la naturaleza de las emociones y de la vida social. Si lo interesante de los afectos es que son no-deterministas y contingentes, ¿esto significa que el pensamiento consciente es determinista y que las emociones con deducciones lógicas de premisas sociales? Las emociones, a mi entender, pueden ser ambivalentes, sorprendentes y contingentes a pesar de estar codificadas por el lenguaje. Que las emociones estén estructuradas por patrones culturales no implica que estén determinadas por ellas. Quizás sea conveniente despojar no solo a los afectos sino también a las emociones de cualquier asociación al determinismo. En este sentido, coincido con Ahmed cuando advierte que el problema de introducir una categoría nueva, a la que se le adosan valores positivos, es que suele malinterpretar aquello a lo que se le opone. En sus palabras: "si de repente introducís un nuevo término, "afecto", que es relacional y no intencional, no funciona, porque entonces la emoción es comprendida simplemente como intencionalidad" (Ahmed y Schmitz, 2014, p. 98). La introducción de la idea de afecto –con su énfasis en la novedad y la contingencia– dificulta entender que las emociones también involucran respuestas corporales que no son efectos causales de guiones y convenciones sociales.

Algo similar sucede cuando las teorías del giro afectivo repiten como un *mantra* la frase spinoziana: *nadie sabe lo que puede un cuerpo.* Puede ser que nadie sepa lo que puede un cuerpo pero parece que *todo el mundo sabe lo que puede la cultura y el discurso.* Cuando se habla de los afectos prima la retórica de la indeterminación, lo extraño, lo inarticulado, lo espontáneo, lo impredecible, lo que está libre de ataduras previas. En cambio, cuando se habla de lo cultural, lo social y el significado, prima la retórica de la captura, la fijación, la reducción, lo establecido, lo conocido, lo predecible. Esto se vuelve evidente en las siguientes palabras de Gould: "el foco en el afecto hace avanzar nuestra investigación al obligarnos a ocuparnos de la complejidad e indeterminación del pensamiento y sentimiento humano y de lo impredecible que se introduce en el comportamiento político" (Gould, 2010, p. 29). ¿No nos ocupamos de la complejidad y la indeterminación si atendemos a las emociones? ¿No hay imprevisibilidad en los discursos y representaciones sociales?

El problema, en síntesis, es que esta vertiente del giro afectivo construye un paisaje *dual* en el que existen, por un lado, sensaciones corporales no mediadas por la conciencia, la voluntad y la cognición (que son indeterminadas, impredecibles y origen del cambio) y, por otro lado, una esfera social, lingüística y cultural (que aparece asociada a desplazamientos predeterminados, a la fijeza, a la captura de sentido y a la falta de vitalidad). Esto es problemático por dos motivos: por cómo entiende lo social y por cómo entiende lo corporal/sensorial. Antes nos preguntamos si no había posibilidad de contingencia, sorpresa y espontaneidad en la esfera social. Ahora agrego: ¿no hay respuestas sensoriales predecibles o habituales? Creo que hay un elemento sumamente valioso de la apuesta de Massumi: el señalamiento de que no toda referencia a lo fisiológico y sensorial implica determinismo biológico. Así, el autor nos permite reconocer que es posible tener una imagen dinámica y contingente de lo biológico, alejada de todo esencialismo. Sin embargo, reconocer la capacidad mutable e indeterminada de la corporalidad es solo una parte del asunto: también hay que atender a todos aquellos fenómenos somáticos que dan testimonio de su estabilidad, de su habitualidad, de sus reacciones esperables, de sus cristalizaciones. Y lo mismo puede ser dicho de lo social, lo discursivo y lo cultural: pueden ser espacios de reproducción de lo establecido, *pero también* constituirse en campos de subversiones, sorpresas y cambios contingentes.

Para finalizar

La tesis que quiero defender aquí es que la *transformación* y la *reproducción*, la *novedad* y la *repetición*, el *movimiento* y la *posición* no son lugares establecidos en un mapa ontológico que divide el mundo entre afectos y emociones o entre sensaciones y discursos o entre lo inmediato y lo consciente. Las sensaciones corporales no siempre son espontáneas e indeterminadas ni las prácticas culturales son tan fácilmente predecibles o fijas. Puede haber tendencias al detenimiento o impulsos transformadores en ambos lados. Esto no es algo que se pueda determinar *a priori* sino que debe ser el resultado de la investigación. Si una práctica reitera convenciones pasadas, da lugar a algo novedoso o hace ambas cosas al mismo tiempo (como suele ser el caso) es algo que solo lo sabremos analizando la práctica en cuestión. Massumi tiene razón al defender al cuerpo y los afectos como fenómenos potencialmente contingentes frente a quienes temen que apelar a la biología conduce al determinismo biológico. Pero no debería trasladar la acusación de determinismo al plano cultural y lingüístico.

Más allá de las ventajas, es necesario revisar la demarcación clara y férrea entre afectos y emociones porque dificulta capturar la complejidad de la experiencia de los cuerpos humanos. Cuerpos que sienten, piensan, repiten hábitos, improvisan, sorprenden y aburren. Y, usualmente, *hacen todo esto al mismo tiempo*.

Bibliografía

Ahmed, S. (2015). *La política cultural de las emociones*. México: PUEG.

Ahmed, S. y Schmitz, S. (2014). Affect/emotion: orientation matters. A conversation between Sigrid Schmitz and Sara Ahmed. *Freiburger Zeitschrift für Geschlechter Studie, 20*(2), 97-108.

Clough, P. T. (2007). *The affective turn*. Durham: Duke University Press.

Gould, D. (2010). On affect and protest. En Staiger, J.; Cvetkocivh, A. y Reynolds, A. (eds.), *Political Emotions* (pp. 18-44). Nueva York: Routledge.

Gregg, M. y Seigworth, G. (2010). An inventory of Shimmers. En Gregg, M. y Seigworth, G. (eds.), *The Affect Theory Reader* (pp. 1-25). Durham: Duke University Press.

Hemmings, C. (2005). Invoking affect. Cultural theory and the ontological turn. *Cultural Studies*, *19*(5), 548-567.

Macón, C. y Solana, M. (2015). Introducción. En Macón, C. y Solana, M. (eds.). *Pretérito indefinido. Afectos y emociones en las aproximaciones al pasado* (pp. 11-40). Buenos Aires: Título.

Massumi, B. (2002). *Parables for the virtual*. Durham: Duke University Press.

Solana, M. (2017). Relatos sobre el surgimiento del giro afectivo y el nuevo materialismo: ¿está agotado el giro lingüístico? *Cuadernos de Filosofía*, *69*, 87-103.

Wetherell, M. (2012). *Affect and emotion. A new social science understanding*, Londres: Sage Publications.

II.
Reinvenciones políticas en contextos de crisis

Las políticas de empoderamiento y la producción de afectos

El caso del Programa Posadas Turísticas del Paraguay[1]

Montserrat Fois

Introducción

Este trabajo se inscribe en una línea de investigación que vengo tejiendo a partir de mis experiencias en el sector público y privado en el campo del turismo en Paraguay entre los años 2014 y 2015. Desde entonces comencé a hilvanar los hilos de lo que más tarde se constituyeron en las grandes temáticas de esta indagación: Estado, mujeres y políticas de empoderamiento. Asumiendo una perspectiva socio-antropológica y feminista, actualmente me centro en rastrear los sentidos y efectos de las políticas y prácticas de "empoderamiento" para y en las mujeres destinatarias de un programa específico, denominado Posadas Turísticas del Paraguay e implementado por la Senatur en la localidad de San Cosme y Damián a partir de 2011.

[1] Agradezco los generosos comentarios al escrito de Lucila Nejamkis y Natalia Castelnuovo.

Las mujeres de zonas rurales y urbanas, así como sus familias, son el eje articulador de este programa cuya propuesta consiste en adaptar las casas familiares de manera que funcionen también como alojamientos para el turismo. En carácter de destinatarias son categorizadas como posaderas, microempresarias o microemprendedoras indistintamente a partir del momento en que ingresan al programa y se encuentran al frente de estas posadas turísticas.

Este microemprendimiento turístico en principio se erigió con el propósito de ampliar la oferta de alojamiento en localidades con "potencial turístico" en el marco de un plan nacional de desarrollo del turismo. Dicho programa se expandió geográfica y temporalmente del mismo modo que sus objetivos. En términos de su difusión geográfica, a la fecha se halla implementado en doce de los diecisiete departamentos que dividen política y administrativamente el país sumando alrededor de trescientos alojamientos de este tipo. En cuanto a su extensión temporal, el programa permanece vigente desde 2011, habiendo atravesado así tres periodos de gobierno distintos. Es, sin embargo, bajo el gobierno de Horacio Cartes (2013-2018) y la gestión de la Senatur a cargo de la ministra Marcela Bacigalupo que el *empoderar* a las mujeres y a las comunidades locales no solo se añade a los objetivos iniciales, sino que ocupa un lugar central. Así, el fin del programa también consiste en el logro del quinto Objetivo de Desarrollo Sostenible (ODS): "la igualdad entre los géneros y el empoderamiento de todas las mujeres y las niñas", generando negocios que tengan a las mujeres como las principales protagonistas.

El propósito de la investigación etnográfica que me encuentro realizando en el presente radica, por un lado, en analizar las formas locales que adoptan las narrativas y políticas de empoderamiento en ese marco. Por el otro, en relevar los efectos de esta política en las vidas de las mujeres destinatarias tomando por caso a las posadas turísticas instaladas en la localidad de San Cosme y Damián.

A raíz de la incitante invitación cursada por el Centro Merian Calas Cono Sur a participar de la Plataforma para el Diálogo "Política, afectos e identidades en América Latina" es que vuelvo sobre el mismo asunto, pero en clave de lo que propuso el encuentro: pensar los afectos en la trama de la política. Este artículo recoge las reflexiones compartidas en aquel diálogo, las amplía y contextualiza con el objetivo mayor de avanzar hacia un análisis de las políticas públicas que trascienda los límites de la mirada técnica e instrumental e indague, en casos empíricos, la dimensión afectiva en la producción de las políticas.

En ese afán es que en este texto propongo indagar acerca de la producción de afectos específicos asociada al "empoderamiento" en tanto política y práctica que se despliega en el contexto del Programa Posadas Turísticas. La relevancia de encarar ese análisis es indiscutible en la medida que, como sostienen autoras como Lauren Berlant (2011) y Sarah Ahmed (2010), los afectos son clave al momento de evaluar la política y, agrego también, las políticas públicas que diversos agentes estatales y técnicas/os diseñan para grupos sociales específicos. Sin embargo, algunas preguntas poco recurrentes en el ámbito de las políticas públicas son las que tienen que ver con qué emociones activan e involucran sus hacedores al momento de diseñarlas o implementarlas y cuáles son los afectos que producen, legitiman, rechazan y jerarquizan.

La invitación a repensar las políticas de empoderamiento destinadas a las mujeres en clave del *giro afectivo* reactualiza la pertinencia de discusiones fundamentales acerca de la enorme potencialidad del enfoque etnográfico para encarar investigaciones sobre el Estado y las políticas públicas. El "Estado" moderno occidental sigue siendo el gran objeto de estudio de diversas disciplinas de las ciencias sociales como la sociología y la ciencia política, ambas autorizadas para su estudio. La antropología, de poco peso en el marco de la teoría política occidental, ha estado escasamente legitimada para este trabajo y casi siempre asociada al estudio de las "sociedades sin Estado". Oslak y O'Donnell señalan que el "[...] el estudio de las políticas públicas permite una visión de Estado en acción desagregado y descongelado como estructura global y puesto en un proceso social en el que se entrecruza complejamente con otras fuerzas sociales" (Oslak y O'Donell, 2007, p. 559). Agregan los autores una argumentación que considero central en el estudio de las políticas públicas que es su potencial aportación al tema de las transformaciones del Estado y de las modalidades de relacionamiento que asume con la sociedad civil.

Desplazar las miradas monolíticas y totalizantes sobre el Estado y transitar hacia otras más dinámicas y creativas posibilita indagaciones sobre cómo este es experimentado por los sujetos y la relación que establece con ellos. He ahí la potencialidad de reflexionar acerca de los afectos que se ponen en juego en el diseño y ejecución de políticas públicas.

Desde esas lentes, Gaztañaga, Piñeiro y Ferrero (2016), en su trabajo "Afectos y efectos de Estado: procesos políticos en torno a la creación de infraestructura, planificación urbana y turistificación", colocan el ojo en los encuentros cotidianos con el Estado. Lo cual se vuelve sumamente ejemplificador de esta perspectiva que intenta exceder los límites institucionales y formales del Estado moderno para acceder a sus intersticios y, así, a otras interpretaciones. En ese afán, las autoras también recuperan lo que ha sido el interés antropológico por la afectividad para entender la política y el Estado que, desde Malinowski, como bien lo indican, se rastrea una búsqueda de esta disciplina por situar a la afectividad en un lugar clave en las indagaciones acerca de la sociabilidad humana.

Sin ánimo de reducirlo, pero sí de acotarlo a los fines de este artículo, el llamado "giro afectivo" recupera los desarrollos posestructuralistas colocando a los cuerpos y a las emociones en el epicentro del análisis. Leído desde la teoría de género, es presentado como un proyecto que explora las formas alternativas de aproximación a la dimensión afectiva o emocional y su rol en la vida pública.

El hecho de introducir la variable afectiva en el análisis de la política pública en general y del Programa Posadas Turísticas en particular coadyuva en el ejercicio de desmontar las interpretaciones del paradigma positivista que primaba al interior de la ciencia política y los Estudios de Políticas Públicas y que los conciben como procedimientos meramente técnicos y, por tanto, exentos de politicidad.

Apoyándome en las fornidas contribuciones que investigadoras feministas de diversas latitudes han hecho sobre el Estado, el presente trabajo busca aportar en el sentido contrario de aquel paradigma que se piensa aséptico, explorando una parte de la trama compleja que las políticas públicas representan.

El reconocer la politicidad de las políticas públicas es también entenderlas tanto en la ambigüedad y en la conflictividad como a partir de los intereses que entran en disputa. En función de mis preocupaciones acerca de la producción de desigualdades de género en el ámbito de las políticas públicas que se dan en intersección con otras desigualdades historizadas y culturalmente específicas (Moore, 2009, p. 227; Scott, 1986), la potencialidad de esta perspectiva radica en el análisis de las desigualdades que se producen y reproducen en la configuración de políticas y programas estatales.

En concordancia con lo hasta aquí referido, retomar el caso del Programa Posadas Turísticas, cuyo propósito es, entre otros, el empoderamiento de las mujeres destinatarias a través de la generación de microemprendimientos, posibilita ingresar a los resquicios del Estado. Esto se constituye así en una vía para aprehender las lógicas que subyacen a sus prácticas en situaciones concretas, así como los afectos que de su accionar derivan. En definitiva, considero es una estrategia más para rastrear las formas en las que el Estado establece vínculos con las "mujeres" (¿qué mujeres?).

Para explorar las emociones o afectos asociados a la idea de "empoderamiento" que producen y legitiman los hacedores de políticas públicas desde sus narrativas y desde la gramática del programa, recurro a los datos relevados de los textos oficiales y materiales audiovisuales de conferencias y de los foros desarrollados por el ente de turismo. Parto de la idea de que las narrativas de empoderamiento legitiman y jerarquizan afectos o emociones como el optimismo que, vinculado con la racionalidad neoliberal, es colocado como central para alcanzar el crecimiento económico, la superación personal. Por tanto, sostengo que la política de empoderamiento desplegada en el marco de programa expresa además a la vez una forma de comprender y responder a las desigualdades.

Sobre la política de empoderamiento y un diálogo con el "giro afectivo"

En términos etimológicos, el empoderamiento es definido como "calco del inglés *to empower*, que se emplea en textos de sociología política con el sentido de 'conceder poder [a un colectivo desfavorecido socioeconómicamente] para que, mediante su autogestión, mejore sus condiciones de vida" (RAE, 2021). Esta es la acepción que, con sus matices, se aplica en múltiples situaciones y contextos advirtiendo con ella que de un lado existen grupos sociales sin poder y del otro quienes pueden otorgarlo. Sin embargo, y a rigor, el empoderamiento como categoría tiene tantos significados como sujetos/ instituciones/organizaciones que la evocan.

Lejos de reducir o limitar su conceptualización, siguiendo a Schild (2016), entiendo el empoderamiento como política y práctica pedagógica de las burocracias, los organismos supraestatales, las organizaciones no gubernamentales y también de algunos movimientos sociales. Cuando señalo que la concibo en tanto política, hago alusión no solo al hecho de que esté diseñada e implementada por el Estado sino porque entiende que existen sujetos desempoderados o sin poder y que, por lo general, son aquellos que integran los sectores subalternizados. Entenderla como práctica pedagógica tiene que ver con que no supone solamente una transferencia monetaria directa, sino que involucra una inculcación de prácticas que se presentan como superadoras de los modos locales de ser, hacer y vivir. Y este considero que puede ser un punto de partida para repensar el problema de investigación en un intento de articular política y afectos en la búsqueda de una mirada alternativa sobre la experiencia de estas mujeres como sujetos de "empoderamiento" del Estado.

El "empoderamiento" de los sectores subalternos suele plantearse como el paso de una situación desfavorable a otra superadora de la anterior a partir de la adquisición de capacidades proveídas por un *otro* que se encuentra en la posición de hacerlo y del posterior despliegue de estrategias que permitirían el mejoramiento de diversos ámbitos de la vida del individuo. En estos términos, es congruente afirmar que el empoderamiento se encuentra asociado a la idea de progreso, y como tal, es valorado positivamente.

Si empleo la noción de individuo es porque considero que la política de empoderamiento está estrechamente vinculada a la ideología del *self-made-man*, difundida en los Estados Unidos en el siglo XIX, apuntalada hasta hoy por el neoliberalismo. En la retórica del desarrollo, la *autoempresarialidad* como filosofía promueve una ética de propiedad, de individualidad y de sacrificio en contextos de muchísima precariedad (Gago, 2015). Allí el Estado, en el mejor de los casos, se hace presente en carácter de facilitador de proyectos y programas como lo es posadas turísticas.

En otras palabras, bajo el rimbombante concepto de empoderamiento, se instala la responsabilidad sobre sí como un valor de nuestras sociedades que contraviene los fundamentos del Estado de Bienestar y el consecuente fortalecimiento de los sistemas de protección social (Serafini y Fois, 2021).

El capitalismo en su fase neoliberal, además de un proyecto económico, ha sido un proyecto cultural de atomización de la vida para el cual la visión del empoderamiento se ataba a la "búsqueda de una solución biográfica a problemas sistémicos" (Papalini y Natalucci, 2006). A contramano del bienestarismo, el proyecto neoliberal desplazó esa responsabilidad del Estado como garante del bienestar de las personas y la posó sobre el individuo convenciéndolo de que su fracaso o éxito (si pudiésemos reducir la vida a este par) es el resultado de decisiones personales, de determinadas capacidades o incapacidades de las que el mismo debía hacerse cargo. Es decir, hay una ética de la responsabilidad asociada al neoliberalismo que descansa exclusivamente en el sujeto.

En esta escena, el empoderamiento puede ser comprendido como política y proceso de inculcación o estímulo de determinadas capacidades que conducirían al logro de las aspiraciones personales. Esto va acompañado de una narrativa renovada en la que conceptos como los de autogestión, emprendedora/emprendedor, microempresaria/microempresario resuenan en las políticas estatales y en los programas de organismos multilaterales de crédito. Asimismo, nuevas narrativas en el mundo empresarial hacen foco en la motivación individual dando cabida a las *pep talks* o charlas motivacionales dirigidas a trabajadoras/es con el propósito de que logren "desarrollar su máximo potencial".

Consciente de la complejidad de la realidad y de la heterogeneidad de voces y perspectivas que circulan en contextos muy disímiles, estimo que el empoderamiento asociado a la capacidad emprendedora se ha venido construyendo junto a unas imágenes y narrativas que combinan de maneras ambiguas la idea de superación y de progreso y ésta a su vez a sentimientos de felicidad y satisfacción.

La autora Lauren Berlant (2011) desarrolla la tesis de que el mantenimiento de las fantasías de progreso, principalmente las de movilidad social ascendente, constituyen un afecto específico que denominó *optimismo cruel*. Lo define como una operación ideológica abocada a que las personas se mantengan apegadas a vidas que, en los hechos, no redundan en su bienestar (Macón, 2013). Sostiene así que esta forma de optimismo lo que hace es refrendar la desigualdad.

Para el caso en estudio, el *optimismo cruel* lo entiendo en el hecho de que la propuesta del Programa Posadas Turísticas deposita en los microemprendimientos la seguridad de autonomía y mejoramiento de las condiciones de vida invisibilizando las relaciones de poder y las desigualdades estructurales y, en las mujeres destinatarias del programa, la absoluta responsabilidad del éxito o fracaso de esas iniciativas aun cuando sea parte de una política pública. Esto recala en un tema central, sobre cómo toda esta "cultura emprendedora" está compuesta –si no reducida– de una fuerte dimensión emocional y psicoafectiva. La persona tiene que "querer poder" y ser, a la par, autoconsciente de sus fortalezas para sacar ventajas. Bajo esa lógica, si el éxito y el fracaso se mide a partir del individuo, toda la hipótesis o la acción apuesta a una reconversión subjetiva de las emociones, a un cambio de actitud.

Esta política de empoderamiento opera sobre el deseo, las aspiraciones e ideas de bienestar y felicidad construidas social y culturalmente bajo la promesa de mejores condiciones de existencia, autonomía individual y crecimiento económico. Por eso sostengo que, en determinados contextos y relaciones, existen emociones jerárquicas que devienen en legitimadoras de la subordinación, la exclusión y el empobrecimiento de ciertos grupos sociales. Por lo que cabría aquí la pregunta acerca de cómo se regulan y emergen los afectos frente a la desigualdad, las crisis y la subalternidad.

Implícitamente, en estos procesos y políticas opera a la par una ética del sacrificio, en donde quienes son considerados sujetos de empoderamiento para alcanzar el "éxito" son llamados a "sacrificarse" y esto no es una novedad. El sacrificio como principio judeocristiano, se constituye en un "afecto positivo" en tanto que la recompensa se dará en proporción al sacrificio, a lo entregado, a lo dejado.

En su estudio acerca de la experiencia de la felicidad, Sara Ahmed muestra cómo se presenta aparejada con ciertas elecciones de vida que hace el individuo. Es en ese mismo sentido que Lauren Berlant ofrece una mirada crítica respecto a la distinción entre afectos positivos como la alegría y el optimismo, que en teoría impulsan a la acción, y los negativos como el odio y la culpa que tienden a detenerla.

La producción de afectos en la política pública. El optimismo cruel de Lauren Berlant en el Programa Posadas Turísticas

A efectos de una aproximación inicial es oportuno dividir al programa en dos etapas. La primera etapa se inició en el año 2011 durante el gobierno de Fernando Lugo (2008-2012), bajo la gestión de la ministra de Turismo Liz Cramer. La segunda etapa comenzó en el año 2013 durante el gobierno de Horacio Cartes (2013-2018) que tuvo a la ministra Marcela Bacigalupo al frente de la Secretaría Nacional de Turismo (Senatur).

En la primera etapa el Programa Posadas Turísticas aparece como una respuesta a los marcados desafíos de la institución de desarrollar el turismo interno y receptivo en Paraguay (Senatur, 2012). Ante una oferta de alojamiento limitada y un turismo interno con potencialidad, la Senatur consideró el aumento de la oferta de hospedajes un imperativo en la medida que las 22.144 camas hoteleras con las que contaba el país hasta 2011 eran insuficientes para desarrollar el turismo interno y receptivo y conseguir que Paraguay en tanto destino turístico se posicione entre los mercados prioritarios.

El programa se inscribe dentro de la modalidad de Turismo Rural y Comunitario. Según las definiciones institucionales, este tipo de turismo tiene "la finalidad de contribuir al progreso de las comunidades rurales cuya diversidad cultural, natural y estilo de vida comprenden un producto diferenciado" (Senatur, 2013). Así, desde sus comienzos, las Posadas Turísticas son definidas como:

> [...] viviendas típicas acondicionadas para el alojamiento de turistas. Las mismas ofrecen servicios básicos preservando las costumbres y tradiciones del país. Están pensadas para poblaciones rurales y urbanas con alto valor turístico, con la idea de ofrecer al viajero la posibilidad de vivir la cultura de las comunidades a través de las costumbres, tradiciones (gastronómicas y artesanales) y los atractivos turísticos de los diferentes destinos. De esta forma, se busca transformar todas estas experiencias en productos turísticos (Senatur, 2018).

La implementación de este programa se dio en el marco de un plan piloto en el Municipio de San Cosme y Damián, ubicado en el Departamento de Itapúa, y se mantiene vigente desde entonces.[2] En

[2] Como antecedente se podría señalar que el proyecto "Desarrollo de alojamientos turísticos/programa posadas turísticas" fue diseñado y ejecutado con la cooperación

el marco de ese plan piloto se instalaron nueve posadas turísticas, experiencia que luego fue replicada en otras ciudades del país por su "alto potencial turístico" según las agentes estatales.

En la segunda etapa del programa, durante la gestión de la ministra Marcela Bacigalupo (2013-2018), no solo se logró dotar de continuidad al programa sino que se le otorgó un enérgico impulso bajo la máxima que versa así: "Turismo, motor para el empoderamiento de las mujeres". Siguiendo uno de los postulados de la Organización Mundial de Turismo, la Senatur desplegó nuevas narrativas que colocaron al turismo como el canal predilecto para el "empoderamiento de la mujer" (OMT, 2018). Así es que la Senatur estableció un nuevo marco que denominó "Empoderamiento de la mujer" en cuyo seno desarrolló el Programa Posadas Turísticas en este periodo. Con el énfasis en el *empoderamiento* de las mujeres, las posadas turísticas se erigieron con el objetivo de acelerar el proceso de empoderamiento económico de mujeres mediante la actividad turística, para ello otorga asistencia técnica para hacer que sus proyectos productivos maduren" (Senatur, 2018).

La habilitación de posadas turísticas en casi todo el país fue colocada como parte de los resultados obtenidos por la Senatur en su afán de empoderar a las mujeres. Dicha institución destaca que su *éxito* radica en que las posadas se encuentran "lideradas en su mayoría por mujeres que pasaron de ser jefas de hogar a emprendedoras turísticas" (Senatur, 2018). Se puede notar en el discurso nativo de las autoridades de la Senatur que el turismo es pensado como un sector productivo que, indefectiblemente, produce un "efecto derrame" en las economías locales y, de manera prioritaria, en las mujeres.

La inclusión del empoderamiento como meta por parte de la Senatur se encuentra alineada con el posicionamiento de la Organización Mundial de Turismo (OMT), que afirma que los Estados deben apuntar a que el desarrollo del turismo repercuta

del Viceministerio de Turismo de Colombia, a través del programa Posadas Turísticas de Colombia Infraestructura Turística y de Acción Social.

positivamente en la vida de las mujeres y que, de ese modo, contribuya al logro del quinto Objetivo de Desarrollo Sostenible (ODS): "la igualdad entre los géneros y el empoderamiento de todas las mujeres y las niñas". En el campo del turismo, desde una perspectiva de género, la OMT se centra en cinco áreas principales: empleo, emprendimiento, liderazgo, comunidad y educación.

La continuidad que le dieron al Programa Posadas Turísticas las tres diferentes administraciones desde el año 2011 no significó que este haya permanecido invariable en el tiempo. Durante la última administración de la Senatur (2013-2018), que es el periodo bajo estudio, el programa despuntó en términos de su propagación hacia diversos distritos del país y de la notoriedad que consiguió tanto en la prensa nacional como internacional. La incorporación de las narrativas vinculadas al empoderamiento de las mujeres operó como la caja de resonancia de este programa, que llegó a ser referencia para entes de turismo de otros países y organizaciones civiles de mujeres, como la Asociación de Empresarias y Ejecutivas de Turismo (ASEET) de Lagos y Volcanes de Chile, que pretendía replicar el programa y veían la experiencia de Paraguay como exitosa.

Desde sus inicios, el programa contemplaba una contrapartida de las beneficiarias (y beneficiarios) así como del gobierno municipal. La persona destinataria del programa debía comprometerse con la adecuación de su vivienda para lograr su habilitación en carácter de alojamiento para turistas, mientras que en muchas ocasiones la municipalidad de la localidad ofrecía la dotación de colchas, cortinas, hamacas y cartelería. A partir del año 2016, la entrega de dotaciones estuvo a cargo del sector privado, específicamente, de la empresa Inverfin Saeca, cuya participación se dio en el marco de la Responsabilidad Social Empresarial (RSE).

Si debo referir a la notoriedad que adquirió el programa, no puedo soslayar las múltiples plataformas que se fueron montando en los últimos años con motivo de visibilizar y compartir la experiencia de las posadas turísticas. Estas plataformas propiciadas por la Senatur incluyeron foros, seminarios, talleres y reuniones a nivel local y nacional que tuvieron el objetivo de fomentar la participación de las mujeres rurales y urbanas en este sector así como el de capacitarlas con el propósito de *empoderarlas* a partir de su desempeño en el sector turístico. Entre los años 2013 y 2018 se realizaron diversos cursos de capacitación dirigidos a grupos de mujeres consideradas como propietarias de las posadas turísticas a lo largo de todo el país con la finalidad de promover su inserción laboral en el sector turístico.

Por tres años consecutivos, la Senatur realizó foros dirigidos a mujeres emprendedoras en turismo en especial, a las "posaderas". El I Foro Nacional de Emprendedoras en Turismo se realizó en el año 2015 en la ciudad de Ayolas, ubicada en el departamento de Misiones. En aquella ocasión, la actividad contó con la colaboración de la Entidad Binacional Yacyretá (EBY), la Asociación Femenina de Empresarias Ejecutivas Turísticas (AFEET) y la empresa Inverfin. El II Foro Nacional de Mujeres Emprendedoras en Turismo se reunió en el año 2017 mientras que el III Foro de Mujeres Emprendedoras en Turismo tuvo lugar en el año 2018 en los departamentos de Misiones e Itapúa. Ese mismo año también se realizó el Congreso "Mujeres que suman", con la coordinación de la Asociación Paraguaya de Empresarias, Ejecutivas y Profesionales (APEP), donde la Ministra de Turismo Bacigalupo presentó el *exitoso caso* de las Posadas Turísticas:

> El Congreso de hoy, es un Congreso importante que habla del empoderamiento de la mujer, estamos en más de 43 destinos, los que incluyen estas Posadas Turísticas, las Posadas son casas reacondicionadas con ofertas de alojamiento, son muy queridas estas posadas, pero no compiten con la hotelería, de hecho, las amas de casa por ejemplo se convierten en empresarias de turismo (Asociación Paraguaya de Empresarias Ejecutivas y Profesionales, 2017).

A cada uno de los foros desarrollados se le imprimió un signo distinto que lo distinguió del anterior. Cambiaron las ciudades, las temáticas y expositoras, no así el "espíritu" de estos espacios ni el formato propuesto. El sentido de estos foros radicaba en su doble faz: instruir a las "mujeres emprendedoras" del sector turístico para lograr que sus emprendimientos crezcan y, en el plano afectivo, motivarlas, llenarlas de optimismo. Una de las tantas intervenciones de la entonces ministra de la Senatur, Marcela Bacigalupo, ilustra este aspecto:

> Este es el primer foro y les prometo que no va a ser el último. Vamos a ir creciendo a través de los foros. Tenemos que ponernos una meta y la meta va a ser construir una red nacional de posadas turísticas. Ustedes son microempresarias turísticas que entendieron que el turismo les deja un beneficio en el corazón, en el alma y en el bolsillo. Pero hay que apuntar a la calidad, todos los días es una oportunidad para mejorar. De que se puede, se puede (Senatur, 2015).

Otros extractos de algunas de las intervenciones en el marco del Primer Foro Nacional de Emprendedoras en Turismo también vislumbran la manera en la que la política de empoderamiento se entreteje con la estimulación de determinadas emociones que se piensan necesarias para el crecimiento económico de estas mujeres. Olga Ferreira, entonces propietaria del Hotel La Quinta y una referente importante del turismo rural del país, expresó:

> [Le] conozco a varias de ustedes, porque tuve el placer de ir a conocer las posadas y estoy segura de que, así como yo pude, cada una va a poder. Sigan soñando, sigan poniendo en el trabajo no solamente la idea, pongan su corazón porque desde el corazón nosotros podemos realizar lo imposible (Senatur, 2015).

En el mismo tenor se explayó Teresita Benegas O'Hara, chef y propietaria de O'Hara gastronomía, también una reconocida figura del ámbito gastronómico local:

> No le hagan caso, y esto le digo a las señoras, a las que están trabajando tan duro en las posadas, no le hagan caso nunca a la gente que les diga "eso no va a funcionar", "no tiene sentido que te esfuerces tanto" porque eso es mentira. Y eso es una mentira total (Senatur, 2015).

Por último, recupero el fragmento en el que se refirió a la experiencia que tuvo como protagonista a Doña Carmen, propietaria de la Posada Aguas del Paraná de la localidad de San Cosme y Damián:

> Tanto hemos trabajado con ustedes esa identidad nacional que llega a oídos de CNN. Si ustedes conocerán, CNN es una distribución de comunicación a nivel mundial muy costosa, exageradamente costosa, apenas podemos acceder a algunos segundos. Sin embargo, ellos vinieron hasta acá a ver este caso de éxito. ¿Qué pasa en Paraguay?, ¿qué está pasando en Paraguay con ese programa de Posadas Turísticas? Y ahí vinieron a compartir. Doña Carmen les enseñó a hacer chipa. ¿Doña Carmen está por ahí? ¿Vino? Ah, no, por motivos de salud. Bueno, Doña Carmen le enseñó a hacer chipa, ella le hablaba en guaraní y la vicepresidenta de CNN en francés. Pero a ambas le caían lágrimas porque había un idioma que estaban hablando en común y ese era el idioma de las emociones y del contacto personal que es lo único que importa en turismo (Senatur, 2017).

En cada uno de estos fragmentos de las intervenciones de autoridades como referentes del sector turístico y gastronómico, es posible observar cómo lo afectivo se imbrica con el campo de la política pública. El carácter afectivo se revela en tanto que se evidencia cómo las historias personales, las miradas propias sobre el mundo y las relaciones entran en juego en los procesos de diseño y ejecución del programa. El hecho de recalar en este aspecto colabora en la tarea de desbaratar la creencia acerca de la neutralidad de las políticas públicas a la par de fortalecer perspectivas que muestren, aunque suene paradójico, la politicidad de las prácticas estatales.

Los extractos seleccionados evidencian, por otra parte, afectos específicos asociados a la política de empoderamiento. Por un lado, las referencias al sentir y a "poner el corazón" se hallan vinculadas al optimismo y este, a su vez, anclado a la idea de que el crecimiento económico es posible mediante el esfuerzo. Una de las frases más escuchadas en esa línea es la que pregona que "querer es poder". Al poner el acento en la dimensión psicoafectiva, estas narrativas que sostienen las políticas de empoderamiento diluyen la dimensión material y estructural que hace a cualquier emprendimiento productivo. En cierta medida y desde esta lógica, el éxito del negocio y, por ende, del individuo se encuentra supeditado al empeño que individual y aisladamente comprometan las destinatarias del programa que en este caso son las mujeres posaderas.

No obstante, que estas emociones se activen en el ámbito del turismo no es casual puesto que la actividad turística está estrechamente vinculada a la experiencia. De mis conversaciones con funcionarias y autoridades relevé el modo en que definen a las posadas turísticas en términos de experiencia proporcionada por las mujeres. Desde esa mirada, el éxito también se ata a la voluntad y a la capacidad de ellas de conducir al turista hacia esa experiencia que en términos del programa debería evocar placer, alegría, relajamiento, entre otras emociones. Planteado de este modo, pareciera que la condición *sine qua non* para "convertirse" en emprendedora tiene que ver más con un cambio de actitud que con otras variables estructurales que en muchas ocasiones operan como fuertes limitantes para el desarrollo de un negocio rentable: la clase social, el género, el poder adquisitivo, el lugar de residencia, la etnia, el nivel educativo. Aun así, la categoría de "emprendedora" o "microemprendedora" es constantemente homologada a la de empresaria.

La política de empoderamiento que se promueve desde el Programa Posadas Turística produce varios afectos entre los que destaco, en términos de Lauren Berlant, el *optimismo cruel*. El rostro conservador y neoliberal de ese afecto responde a que promueve el autoempleo desde una ética de responsabilidad individual que logra desdibujar al Estado de la escena.

Conclusiones

Inauguré estas breves líneas señalando que una de las preocupaciones que guía las investigaciones que me ocupan se relaciona con pensar la producción de desigualdades de género en el ámbito de las políticas públicas en intersección con otras desigualdades historizadas y culturalmente específicas. Esto es así porque las políticas públicas son reconocidas desde el sentido común como un instrumento que necesariamente está al servicio de los intereses de las mayorías, que iguala y distribuye recursos, oportunidades, derechos. Sin embargo, las políticas públicas constituyen una trama compleja de sujetos, relaciones, recursos, intereses y disputas que pueden tomar diferentes direcciones.

Seguir las pistas de las políticas de empoderamiento e identificar las formas que adquieren en contextos particulares como en el caso que estudio abre una hendidura por la cual observar los procesos de producción de alteridades, de la diferencia y de la desigualdad. Señalé que tanto en la gramática del Programa Posadas Turísticas como en sus narrativas el empoderamiento emerge como la vía para el mejoramiento de las condiciones de existencia de las mujeres. Por tanto, expresa una forma de comprender y responder a las desigualdades.

La propuesta del programa consiste en el desarrollo y la gestión de un emprendimiento turístico mediante el cual las agentes estatales entienden que se conseguiría crecimiento y autonomía económica, pero trasciende lo económico. De manera recurrente, y como he trazado *grosso modo* aquí, desde el ente de turismo se enfatiza en los sentimientos de satisfacción y felicidad que se generan en las mujeres al momento de "servir" y compartir con los turistas su cotidianeidad y que el programa traduce en "experiencia".

Es en ese derrotero que sostengo que la política de empoderamiento desdoblada en el marco de este programa legitima y jerarquiza afectos o emociones que guardan estrecha vinculación con la racionalidad neoliberal. Los foros realizados por la Senatur constituyeron, en parte, las instancias de producción y afirmación de afectos como el positivismo y la motivación para alcanzar el éxito de estos microemprendimientos. Las referentes legitimadas para compartir sus experiencias de éxito con las "posaderas" reforzaron la idea de que es suficiente o al menos indispensable el entusiasmo para sostener estos proyectos. El *optimismo cruel* puede leerse también en este sentido, en el hecho de que el foco se corre de las condiciones estructurales en las que se encuentran las mujeres destinatarias, de las especificidades de los territorios en los que se instalan estos negocios, de la fuerza de trabajo necesaria para cumplir con las tareas. En contextos de precariedad muchas veces programas de este tipo son postulados como superadores, como una alternativa. De ahí es que devienen en legitimadoras de la subordinación, la exclusión y el empobrecimiento de ciertos grupos sociales, aunque en muchas ocasiones no se lo propongan. Sobre la base de las aspiraciones de movilidad social ascendente emerge la volátil promesa de mejores condiciones de existencia supeditadas al esfuerzo y a la motivación individual.

Bibliografía

Ahmed, S. (2010). *The promise of happiness*. Londres: Duke University Press.

Asociación Paraguaya de Empresarias Ejecutivas y Profesionales (2017). Congreso Mujeres que Suman: Programa Posadas Turísticas del Paraguay [Video]. YouTube. https://www.youtube.com/watch?v=W44dXJmPo38&t=698s

Berlant, L. (2011). *El corazón de una nación*. México D.F: Fondo de Cultura Económica.

Gago, V. (2015). *La razón neoliberal. Economías barrocas y pragmática popular*. Buenos Aires: Tinta Limón.

Gaztañaga, J.; Piñeiro, J. y Ferrero, L. (2016). Afectos y efectos de Estado: procesos políticos en torno a la creación de infraestructura, planificación urbana y turistificación. *Estudios Sociales del Estado, 2*(3), 125-153.

Macón, C. (2013). Sentimus ergo sumus. El surgimiento del "giro afectivo" y su impacto sobre la filosofía política. *Revista Latinoamericana de Filosofía Política, II*(6), 1-32.

Moore, H. L. (2009). *Antropología y feminismo.* Madrid/Valencia: Cátedra/Universidad de Valencia.

OMT (2018). "Sin equidad no hay desarrollo": Empoderamiento de la mujer en el turismo, Tema central de la Reunión Ministerial de las Américas. *World Tourism Organization (UNWTO)* [página web]. https://www.unwto.org/es/press-release/2018-04-16/sin-equidad-no-hay-desarrollo-empoderamiento-de-la-mujer-en-el-turismo-tema

Oslak, O. y O'Donell, G. (2007). Estado y políticas estatales en América Latina: hacia una estrategia de investigación. En Jefatura de Gabinete de Ministros de la Nación (ed.), *Lecturas sobre el Estado y las políticas públicas: retomando el debate de ayer para fortalecer el actual.* http://politicayplanificacionsocial.sociales.uba.ar/wp-content/uploads/sites/190/2012/04/Oszlak-O-y-ODonnell-G-1984-Estado-y-Polticas-estatales-en-Amrica-Latina-Hacia-una-estrategia-de-investigacin1.pdf

Papalini, V. y Natalucci, A. (2006). Poder y empoderamiento. De las luchas políticas a la vía individual. *Tramas*, (24), 205-225.

RAE (2021). Empoderamiento. *Diccionario de la lengua española.* https://dle.rae.es/empoderamiento?m=form

Schild, V. (2016). Los feminismos en América Latina. *New Left Review*, (96), 66-79.

Scott, J. W. (1986). Gender: a useful category of historical analysis. *The American Historical Review, 91*(5), 1053-1075.

Senatur (2012). *Plan Maestro de Desarrollo Sostenible del Sector Turístico del Paraguay*. https://www.senatur.gov.py/application/files/9314/7920/7840/Plan_Maestro_de_Turismo_-_Paraguay_2012-min.pdf

Senatur (2013). *Plan Nacional de Turismo Rural Comunitario Paraguay. OKARA ATY M ' BAE*. https://www.senatur.gov.py/application/files/8014/8916/2177/PLAN_NACIONAL_DE_TURISMO_RURAL_COMUNITARIO3-min.pdf

Senatur (2015). Primer Foro Nacional de Emprendedoras en Turismo [Video]. YouTube. https://www.youtube.com/watch?v=xf294jrqJvM

Senatur (2017). Apertura del II Foro Nacional de Emprendedores en Turismo [Video]. Facebook. https://www.facebook.com/watch/live/?v=10155126388965789&ref=watch_permalink

Senatur (2018). *Manual de Buenas Prácticas de las Posadas Turísticas*. Asunción: Secretaría Nacional de Turismo.

Serafini, V. y Fois, M. (2021). *Mujeres, deuda y desigualdades de género*. Lima.

De credos y plegarias

Emociones e identidad política en los discursos de Rodríguez Saá y Duhalde (Argentina, diciembre 2001-enero 2002)

Mariana Cané Pastorutti

Introducción

Aunque las reflexiones sobre la imbricación entre lo político y las emociones, los afectos, las pasiones no son novedosas –como lo revelaría una lectura somera de los escritos de Thomas Hobbes o de Baruch Spinoza–, cabe recalcar que el debate ha tomado nuevos bríos en las últimas décadas. Por un lado, desde un enfoque anclado en el pensamiento postestructuralista, investigaciones como las de Ernesto Laclau y Chantal Mouffe (2010) han llamado la atención sobre el rol de la dimensión afectiva en los procesos de configuración de las identidades colectivas, Mouffe (1999, 2011, 2019) y, en el caso de Laclau (1996, 2000, 2009), más específicamente sobre los mecanismos de investidura libidinal de los significantes vacíos (cuyo análisis, en la última etapa de su obra, se volcó hacia una perspectiva arraigada en el psicoanálisis lacaniano). Por otro lado, desde ciertas corrientes del feminismo (especialmente las de la tercera ola, pero también las de las teorías *queer*) el rol de los afectos y su vínculo con lo político ha sido abordado radicalizando y profundizando los postulados de aquella perspectiva posestructuralista, esto es, con foco en el cuestionamiento de los binarismos y en la condición contingente y discursiva de lo social, en general, y de las identidades, en particular (Butler, 1997, 2010, 2018). Finalmente, sobre y contra algunas de las premisas del posestructuralismo, en las últimas décadas el denominado "giro afectivo" ha reivindicado el papel de las emociones y los afectos en la vida pública, al tiempo que se ha propuesto redirigir algunas de las premisas de aquella corriente hacia el terreno de lo corporal y de lo material que se consideraba relegado (Macón, 2013). Teniendo en cuenta este recorrido que ha alimentado el debate respecto al estatuto público-político de lo afectivo, aquí nos interesa estudiar los discursos –en su condición de prácticas significantes, materiales y concretas– como lugares de disputa por el sentido de las emociones.

Por otro lado, y en relación con el tiempo/espacio de nuestro objeto de estudio, entendemos que las crisis políticas, sociales y económicas constituyen dislocaciones de los sentidos vigentes y, por ende, de las identificaciones y las emociones asociadas a ellos; de este modo, las crisis aparecen como coyunturas privilegiadas para el estudio del vínculo entre lo político, lo afectivo y lo identitario. En este sentido, la crisis de 2001 constituyó un proceso de desarticulación de los sentidos circulantes en torno a lo común de la comunidad y a sus lazos sociales constitutivos. Como señala Germán Pérez (2008, 2013), esta crisis implicó la desarticulación de vínculos sociales básicos como el dinero (con el surgimiento de pseudomonedas como los "patacones" y "lecops" y la proliferación de redes de trueque), la propiedad (en relación tanto a la confiscación de depósitos bancarios conocida como "corralito", como a los saqueos a comercios) y la autoridad política (con el cuestionamiento a la implementación del estado de sitio y la incertidumbre que tiñó los procesos de conformación de los gobiernos posteriores a la renuncia de De la Rúa). En definitiva, entre los años 2001 y 2002 lo que estaba en mutación eran ciertos elementos definitorios de los límites comunitarios, es decir, aquellos consensos (siempre precarios, limitados) sobre lo que se podía considerar legítimo en las definiciones públicas de lo común la comunidad (por caso, las políticas públicas y las instituciones a las que ellas daban forma –*e.g.* la convertibilidad– y el rol que "la política" y "los políticos" tenían en su definición).

Por un lado, creemos que la pregunta por las emociones debe ser colocada en el centro de las indagaciones en torno al periodo: tanto el enojo producto de los intereses afectados y el fervor de la acción de colectiva ("piquete y cacerola, la lucha es una sola"), como el miedo a la incertidumbre y la posterior demanda de orden fueron algunas de las caras más visibles de este complejo proceso de mutación. Por el otro, la del 2001 fue una crisis de la palabra política: la consagración del hiato entre representados y representantes tomó la forma de una crisis de representatividad en la que aquellos dejaron de creer en estos porque cesaron de tener "la impresión, la sensación o la seguridad de que esos representantes [...] [tenían] *algo que ver* con [ellos]" (Rinesi y Vommaro, 2007, p. 425) [itálicas en el original]. De modo que, a fines de 2001 y luego de la renuncia del presidente aliancista Fernando De la Rúa, los propios actores políticos –que también habían cuestionado la mediación político-institucional y habían contribuido así a horadar la legitimidad de la política misma, en tanto conjunto de actores, discursos, prácticas e instituciones en el que se disputa por constituir lo común de la comunidad– se encontraban ahora frente al desafío de reedificar la legitimidad jaqueada. Desde esta óptica, tramitar la crisis implicaba –en gran medida– (re)construir y (re)articular nuevos sentidos en torno a lo común de la comunidad, para dar forma a un horizonte de expectativas que alcanzara cierto grado representatividad en la ciudadanía (entendiendo a la representación no como una relación especular o de reflejo entre representantes y representados/as, sino como el vínculo de co-constitución entre ambos).

Nos interesa indagar en el rol que jugaron las emociones en ese proceso de desarticulación/rearticulación de sentidos y, por ello, nos preguntamos: ¿cómo fueron movilizadas, inscriptas, significadas las emociones en y por los discursos políticos en la coyuntura de la crisis de 2001 en Argentina? Este interrogante remite a una indagación de más amplio espectro, que excede los límites de este trabajo y que pone en el centro de la escena el vínculo entre emociones, discursos políticos y crisis: ¿es posible dar cuenta del papel que juegan las emociones en los procesos de tramitación de las crisis en los discursos políticos? Intentaremos proveer algunos elementos para responder estas preguntas, a partir del análisis de los discursos de los presidentes provisionales en la coyuntura crítica de fines de 2001 en nuestro país. Para ello partimos de una hipótesis de investigación, según la cual la proyección de ciertas emociones y su articulación con determinados modos de inscripción en la tradición identitaria peronista –a través de la evocación de memorias discursivas (Courtine, 1981)– en los discursos de Adolfo Rodríguez Saá y Eduardo Duhalde constituyeron dos componentes clave de la primera etapa del proceso de reconstrucción de un horizonte de expectativas común en la Argentina de fines de 2001 y principios de 2002.

Este trabajo se enmarca en una investigación que abarca un periodo más extenso de tiempo (1999-2003), en la que se han considerado otras dimensiones de los discursos políticos que disputaron por construir ciertos sentidos en torno de la crisis del 2001. Allí, al tiempo que se analizó un *corpus* asociado a un abanico más amplio de enunciadores políticos, se indagaron los aspectos *ethicos* (las imágenes de sí proyectadas en los discursos) y tópico-argumentativos en los que se gestó el proceso de desarticulación del consenso fiscalista y de articulación de uno mercadointernista (Cané Pastorutti, 2020). Este mismo abordaje bidimensional fue puesto en juego en el análisis de los discursos de los presidentes que se sucedieron al frente del poder ejecutivo luego de la renuncia de De la Rúa –el 20 de diciembre de 2001– para dar cuenta, entre otros aspectos, de la brevedad de la gestión de Adolfo Rodríguez Saá frente a la relativa legitimidad de ejercicio que logró construir Eduardo Duhalde para su gobierno (Cané Pastorutti, 2021). En cierto modo y simplificando la propuesta, si en aquella ocasión buscamos dar cuenta de las dimensiones del *ethos* y del *logos* –en su sentido clásico–, aquí abordaremos la tercera prueba retórica, esto es, el *pathos.* Nos interesa rastrear y comparar las formas de inscripción de las emociones y los modos de evocación de la memoria peronista en los discursos de investidura de Rodríguez Saá y Duhalde, para dar cuenta del rol que estas dimensiones jugaron en sus disímiles vías de tramitación de la crisis.

Los sentidos de lo sentido

En primer lugar y en íntima relación con las afirmaciones precedentes, es pertinente realizar algunas precisiones respecto a la tríada compuesta por *ethos, logos* y *pathos.* Recurrir a esta distinción de la retórica aristotélica no debe hacernos perder de vista que su carácter es analítico; aquellas tres pruebas retóricas suelen estar mutuamente imbricadas, de modo que su estudio conjunto resulta más enriquecedor para la comprensión de las características de un *corpus* discursivo. Pero, sobre todo, porque su consideración en forma segmentada –separación que, por otra parte, el mismo Aristóteles rechazaba (Amossy, 2000)– puede conducirnos a conclusiones imprecisas. Por caso, distinguir analíticamente el componente lógico –aquel dedicado a "informar (contar, narrar) y argumentar" (Plantin, 2014, p. 33)– del *pathémico* no tiene por qué hacernos concluir que, al "toma[r] la vía intelectual hacia la persuasión" (2014, p. 33) un discurso se erige como estricta y puramente racional, "objetivo", ajeno de lo afectivo; en este sentido, puede resultar más conveniente analizarlas como dimensiones en convivencia, por lo que una forma de abordaje posible implicaría dar cuenta de cómo conviven y qué vínculos establecen entre sí. Asimismo, un abordaje que se inscriba en la Teoría de la Argumentación en el Discurso (Amossy, 2000; 2018) y se nutra de las premisas que soportan las nociones de dialogismo (Bajtín, 1979) y de interdiscurso (Amossy, 2000) no puede sino partir de la heterogeneidad constitutiva de los discursos. Estos están habitados por discursos-otros, previos y contemporáneos, propios y ajenos, que conforman el interdiscurso en el que la palabra "propia" se vuelve posible, de modo que la heterogeneidad, la presencia de la alteridad en el hilo del discurso, es constitutiva del mismo (Authier-Revuz, 1984) y, por ello, no "controlable" racional o conscientemente. En resumen, *ethos*, *pathos* y *logos* son dimensiones analíticas, mutuamente imbricadas y atravesadas y constituidas por la heterogeneidad de la palabra ajena y lo inconsciente.

Teniendo esta afirmación de la heterogeneidad constitutiva del discurso como premisa, resulta evidente que cuando referimos a "los modos de inscripción de las emociones en el discurso" no aludimos ni a un proceso de manipulación ni a una incorporación necesariamente consciente de tales o cuales emociones en el hilo del discurso. Desde esta perspectiva de análisis –en la cual la palabra propia, como dijimos, está siempre-ya habitada por lo otro–, no resulta posible analizar lo afectivo como una dimensión absolutamente manipulable con el objeto de orientar al auditorio en uno u otro sentido, porque la palabra tampoco es ella fruto de la mera volición del enunciador. Así, la Teoría de la Argumentación en el Discurso "pretende dar cuenta *al mismo tiempo* de las determinaciones y las elecciones discursivas que el sujeto realiza en su enunciación" (Montero, 2018, p. 20).

De este modo, lo emotivo se inscribe en el discurso de diferentes modos, y no únicamente en asociación a lo *pathemico*. En la retórica clásica tradicionalmente se ha atribuido la función de la persuasión a las pruebas del *ethos* (que hace confiable al locutor) y al *pathos* (que suscita emociones en el auditorio), quedando el convencimiento –por medio de argumentos y series de razonamientos– vinculado al *logos*. Sin embargo y como sostiene Arnoux (2019),[1] convencer y persuadir forman parte de un mismo proceso y son inescindibles. Razones y

[1] Al respecto, Arnoux afirma que "la presentación de sí o el cuadro de una situación pueden estar asociados habitualmente a la generación de determinado tipo de emociones en un espacio sociocultural" (Arnoux, 2019, p. 85). Este segundo ejemplo es, como veremos más adelante, especialmente relevante para nuestro caso de estudio. Como se observará en el fragmento N°3, la presentación de los hechos del 19 y 20 de diciembre de 2001 como jornadas históricas de lucha popular, y de los asesinados en el marco de la represión por parte de las fuerzas de seguridad como mártires, fueron

afectos se entrelazan porque "las emociones son inseparables de una interpretación que se apoya en los valores, o más precisamente en un juicio de orden moral" (Arnoux y di Stefano, 2018, p. 14). Esta observación es válida para todos los discursos y, por ello, también para los de tipo político, en los que se hace manifiesto que una política que se considere democrática "necesita tener una influencia real en los deseos y fantasías de la gente[...] que, en lugar de oponer los intereses a los sentimientos y la razón a la pasión, deberían ofrecer formas de identificación que conduzcan a prácticas democráticas" (Mouffe, 2011, p. 35). Construir un esquema metodológico que conciba a las razones y los afectos como dos facetas inescindibles del mismo proceso de producción de sentidos permite comprender mejor los modos de construcción de lo común de la comunidad en los discursos políticos, lo que permite dejar de lado prejuicios racionalistas respecto de ciertas formaciones discursivas calificadas negativamente como "emocionales" y, con ello, "irracionales".

Finalmente, aquella referencia a los trabajos de Chantal Mouffe –quien desde la óptica del pensamiento político posfundacional ha contribuido enormemente a la reconsideración del papel de lo emotivo en la política– nos reenvía a una última cuestión relevante: el estatuto del vínculo entre pasiones, emociones y afectos. Esta distinción (que desde ciertas perspectivas es, más precisamente, una indistinción) entre conceptos se encuentra aún hoy en debate entre las pensadoras y los pensadores que abrevan en el "giro afectivo". Por ejemplo y como señala Macón (2011), mientras Debora Gould y Brian Massumi –desde un marco teórico de raigrambre deleuziana– establecen una brecha conceptual entre emociones y afectos, Sara Ahmed rechaza dicha diferenciación, sosteniendo que reintroduce una escisión entre naturaleza y cultura que "ignora el carácter sobredeterminado de los procesos corporales" (López González de Orduña,

---

hitos en el discurso de asunción de Rodríguez Saá que trazaban un "cuadro de situación" del pasado inmediato, que promovía tanto la indignación y como el dolor.

2014, p. 12).[2] No obstante estas divergencias, las y los representantes del "giro afectivo" comparten un cierto rechazo al concepto de pasiones, al cual consideran insuficiente por las reminiscencias de pasividad que trae aparejadas.

En cuanto al análisis del discurso, mientras Arnoux equipara (o al menos no establece límites tajantes entre) "sentimientos, afectos, emociones, pasiones" (Arnoux, 2019, p. 84), Plantin (1998) y Plantin y Gutiérrez (2010) prefieren estudiar el fenómeno a partir de la noción de emociones. Y esto, sobre la base de lo que consideran una razón de orden práctico: el término "emoción" "permite tener acceso a una familia de derivados fácilmente explotables [como] emotivo, emocional, conmovido, emocionar, emocionante" (2010, p. 43). Sin intenciones de saldar un debate que tiene múltiples aristas, y retomando parcialmente los argumentos de Ahmed, Plantin y Gutiérrez, en este trabajo tomaremos "afectos" y "emociones" como conceptos intercambiables.

Abocaremos, entonces, las próximas líneas a rastrear, en un *corpus* conformado por dos discursos de investidura, aquellos rasgos discursivos –ciertos elementos lexicales, formatos y géneros discursivos, componentes de la memoria discursiva evocados y aspectos de la situación enunciativa (que exceden a lo estrictamente lingüístico y son constitutivos del orden del discurso)– de los cuales, como sostiene Arnoux (2019), pueden inferirse emociones. Articularemos esta indagación, por un lado, con las conclusiones vinculadas a las dimensiones *ethica* y argumentativa a las que se arribó en trabajos previos (Cané Pastorutti, 2021) y, por el otro, con los procesos de reformulación de la identidad política peronista en cuyo linaje los discursos analizados se inscribieron. Para ello, entenderemos por identidad política aquel "conjunto de prácticas sedimentadas, configuradoras de sentido, que establecen, a través de un mismo proceso

[2] En este prólogo a la edición en castellano del libro de Ahmed, Helena López González de Orduña retoma el análisis de Clare Hemmings, quien rechaza (contra los postulados de Brian Massumi) "la fascinación contemporánea con el afecto en tanto exterior al sentido social" (Hemmings, 2005, p. 565).

de diferenciación externa y homogeneización interna, solidaridades estables, capaces de definir, a través de unidades nominación, orientaciones gregarias para la acción en relación a la definición de asuntos públicos" (Aboy Carlés, 2001, p. 54). Este concepto, desde su formulación inicial, implica la movilidad de los contornos identitarios, es decir, incluye en su propia definición la posibilidad de mutación y transformación, y no el trazado de límites fijados de una vez y en forma definitiva. Así entendida, la noción de identidad no remite a una condición estática y permite dar cuenta de la tensión, de la disputa a la que están sujetos sus propios límites. Esto resulta particularmente relevante para un periodo como el que aquí revisamos, en el que la mutación de los sentidos impactó también en la configuración de las identidades de la escena política argentina, aunque aquí nos centraremos específicamente en la forma que adoptó en la identidad peronista. Sin embargo, y dado que la estabilización de sentidos –aunque precaria y constitutivamente inestable– respecto de la interioridad, la exterioridad y la tradición es un proceso de mediano/largo alcance, en este texto solo podremos intentar capturar un fragmento del proceso de mutación; la prospectiva de trabajo en esta línea de indagación exige, por tanto, el abordaje de un periodo y un *corpus* más extenso. Finalmente, aquella dimensión asociada al linaje de la propia identidad será abordada a partir de la noción de memoria discursiva, entendida como aquel "efecto de memoria en la actualidad de un acontecimiento" (Courtine, 1981, p. 52) que se produce en y por la (re)articulación y la puesta en movimiento en una nueva red de aquellas formulaciones previas, ya enunciadas, que constituyen, así, el interdiscurso de un discurso dado. Prestaremos especial atención a su forma representada, es decir, a aquella que "remite al plano del relato, de lo narrado, de lo enunciado, y al modo en que el pasado reciente es tematizado, puesto en discurso y representado" (Montero, 2012, p. 63).

Crisis y exaltación, crisis y moderación. Discursos políticos en tiempos turbulentos

En este apartado se analizan comparativamente las dimensiones emotiva e identitaria de los discursos de investidura con los que Adolfo Rodríguez Saá y Eduardo Duhalde asumieron la presidencia en forma provisional –el 23 de diciembre de 2001 y 1ro de enero de 2002, respectivamente– de acuerdo a lo estipulado por la Ley de Acefalía y luego de la renuncia del Fernando De la Rúa, en el marco de la explosión de la protesta social de las jornadas del 19 y 20 de diciembre de 2001. Estos dirigentes del Partido Justicialista (el primero era gobernador de la provincia de San Luis y el segundo había sido electo senador por Buenos Aires tres meses antes) asumieron la presidencia del país en condiciones de gran inestabilidad –porque amplios sectores de la ciudadanía atravesaban un proceso de movilización inédito en el país que cuestionaba, entre otras cosas, su propia representatividad– y, a la vez, con una acotada legitimidad de origen –porque no habían sido ungidos por el voto popular, sino por sus pares reunidos en Asamblea Legislativa. Estas condiciones supusieron para ellos el desafío de intentar construir algún grado de legitimidad de ejercicio que les permitiera, en poco tiempo y con recursos económicos limitados (dado el pobrísimo desempeño de los indicadores socioeconómicos), erigirse como líderes políticos con el poder suficiente para conjurar una de las peores crisis de la historia argentina. Los resultados de cada uno fueron disímiles y mientras el primero retuvo el cargo por apenas una semana, el segundo lo hizo, aunque adelantando las elecciones generales inicialmente previstas para fines de 2003, por aproximadamente un año y medio.

En primer lugar y en relación al *corpus* de análisis, es preciso tener en cuenta que los discursos de investidura son piezas oratorias con gran capacidad performativa, en tanto tienen la particularidad de constituir ritos de pasaje por los que un/a ciudadano/a deviene jefe/a de Estado (Álvarez y Chumaceiro, 2009). El carácter performativo de este tipo de discursos deriva su legitimidad, en democracia, del voto popular. De modo que el/la ciudadano/a que protagoniza la escena configurada por ese rito lo hace porque ya la ciudadanía había tenido previamente la oportunidad de estar en contacto con sus propuestas en la campaña electoral, conocía su plataforma de gobierno y, de algún modo, sabía qué esperar de su gobierno. Y si bien ese contacto no garantiza en modo alguno que las promesas se cumplan, sí opera como un horizonte de expectativas. En el caso que estudiamos, una proyección de este tipo estaba ausente porque Rodríguez Saá y Duhalde asumieron como presidentes sin haber sido previamente candidatos al cargo. Más allá de sus extensas trayectorias políticas, la ciudadanía no conocía sus planes para gobernar el país desde la cúspide del poder ejecutivo nacional, por lo que sus discursos de investidura fueron más que "una ocasión idónea para la búsqueda de la armonía, de la concertación y de los planes conjuntos [porque] pasada la contienda electoral, la oportunidad parece llamar a la unidad" (2009, p.17). Sus investiduras presidenciales fueron su carta de presentación, la exposición de sus planes de gobierno, la formulación pública de sus diagnósticos sobre la crisis y la proyección de un cierto horizonte de expectativas al que sus gestiones tenderían, en el marco de una inscripción en y una disputa por un cierto linaje político.

Un primer acercamiento permite afirmar que la dimensión emotiva y el componente identitario se encuentran íntimamente imbricados en el *corpus* analizado. Si, por un lado, el componente identitario (las liturgias retomadas, las figuras destacadas, las referencias históricas evocadas) remitía al tiempo pasado, las emociones evocadas encontraron un anclaje más claro en el presente de la situación de la enunciación y el futuro proyectado. Nos interesa, entonces, identificar qué emociones movilizaron y rastrear qué zonas de memoria de la tradición peronista activaron, en cada caso, los discursos políticos de los dos dirigentes políticos ya referidos.

Un primer elemento que da cuenta de la presencia del componente emotivo es el interdiscurso religioso que tanto la investidura de

Rodríguez Saá como la de Duhalde compartieron. La evocación de una matriz discursiva religiosa ponía en primer plano la preocupación por la unidad comunitaria, aunque en cada caso sobre la base distintas emociones subyacentes.

> (1) Creo en la grandeza de nuestros próceres, creo en nuestra bandera histórica, creo en los mártires de la Argentina, creo en el 17 de octubre del pueblo que dio a Perón la oportunidad de dignificar a los argentinos, creo en la Resistencia peronista, creo en la lucha de las Madres de Plaza de Mayo, creo que nuestros trabajadores y nuestros productores devolverán con su esfuerzo la grandeza a la Argentina, creo en la libertad y en la justicia, creo en el principio de racionalidad, creo firmemente en la legalidad, creo que es posible una Argentina sin pobres, sin desocupados, sin hambre y sin miseria, creo en la justicia social. (Rodríguez Saá, 2013 [asunción 23 de diciembre de 2001])

> (2) Por mi parte, le pido ayuda a Dios para asumir ante mi pueblo un solemne compromiso que desearía fuera tomado como una auténtica palabra de honor. Quiero energía para acometer esta tarea; coraje para no temer a lo nuevo, para no tener que enfrentar gravísimas contingencias; severidad para juzgarme a mí mismo; perseverancia para no abandonar la lucha y firmeza para jamás traicionar los principios. (Duhalde, 2002 [asunción 1ro de enero de 2002])

Del mismo modo en que "la emotividad puede despertarse recurriendo a segmentos literarios o canciones populares que ya están asociadas a un tipo de emoción" (Arnoux, 2019, p.85), la presencia de dos formatos discursivos como el del Credo y el de la plegaria puede asociarse, en cada caso, a diferentes emociones. En el primero, el Credo (frag.1)[3] es exhibido como una declaración de fe y una exposición de valentía que, por asociación con figuras heroicas ("la grandeza de nuestros próceres", "nuestra bandera", "los mártires de la Argentina"), exponía las más profundas convicciones (como efecto de la repetición de la fórmula inicial "creo en...") reivindicadas como

[3] Esta referencia ya había sido señalada por Arnoux (2004).

guía para la acción del locutor. Fe, valentía y convicciones eran afirmadas y ensalzadas bajo el formato del género epidíctico elogioso y, así, el locutor dejaba entrever que esas eran las características que, según él, el momento crítico del país ameritaba (lo cual se plasmaría también, durante su breve gestión, en la construcción de una imagen de presidente "hiperactivo" y refundacional). En el caso del discurso de Duhalde, por el contrario, el formato de la plegaria (frag.2) nos remite a la oración conocida como "Plegaria de la serenidad";[4] lejos del estilo elogioso y reivindicativo, allí se evocan afectos asociados a la humildad, la templanza y la comprensión.

En el caso de Rodríguez Saá, la exaltación de las propias convicciones aparecía reforzada en el nivel lexical por la presencia de diversos enunciados, términos y metáforas de emoción.

> (3) Pero también *quiero dejar en claro* que estoy de acuerdo con quienes supieron mostrar el rostro de lo mejor de la Argentina, la expresión popular que luchó por sus derechos. *Dejo en claro* que repudio los saqueos y desmanes, como también las violaciones de los derechos individuales. En esa jornada vimos algo que no pudimos nunca imaginar los hombres y mujeres que integramos esta democracia que tanto dolor y sangre nos costó a los argentinos antes de 1983. Nada más ni nada menos que el símbolo de la lucha por su recuperación. Me refiero a las Madres de Plaza de Mayo, reprimidas inexplicablemente por las fuerzas de la democracia. No puedo dejar de rendirles homenaje a los muertos en esas jornadas. Sangre innecesariamente derramada. Señores legisladores: ¿qué necesidad había de estas muertes, del *dolor* de estas familias que perdieron a sus seres queridos por nuestra *desidia*, nuestra *ceguera* y tal vez hasta por nuestra *irresponsabilidad*? (Rodríguez Saá, 2013)

El coraje y la valentía que el locutor transmite (y es por esto el *ethos* y el *pathos* confluyen en el estudio del discurso emocionado)

[4] "Señor, concédeme serenidad para aceptar todo aquello que no puedo cambiar, valor para cambiar lo que soy capaz de cambiar y sabiduría para entender las diferencias". Aunque existen las más variadas hipótesis al respecto, el origen preciso de esta oración se desconoce.

se plasman en expresiones reafirmativas: "*quiero dejar en claro* que estoy de acuerdo", "*dejo en claro* que repudio saqueos y desmanes", "lo que *me animo a calificar* como uno de los grandes movimientos populares de nuestra historia". Estos pasajes, además, contribuyen a dar forma al panegírico de los fallecidos en las jornadas del 19 y 20 diciembre como resultado de la represión de las fuerzas de seguridad en el punto más álgido de la protesta social. En el fragmento citado, este tipo de discurso –que forma parte del género epidíctico– se enlaza con la interpelación directa a una parte del auditorio ("Señores legisladores:") a quienes se busca conmover y hacer reflexionar, invocando términos de emoción (Plantin y Gutiérrez, 2010) como "dolor" y "desidia" y amplificándolos por la repetición ("*nuestra* desidia, *nuestra* ceguera y tal vez hasta por *nuestra* irresponsabilidad") que dan cuenta de la indignación que generan en el locutor aquellas muertes. Finalmente, y contribuyendo a este cuadro de emociones exaltadas y amplificadas, sobresalen metáforas de emoción (Kövecses, 2000) que asocian la valentía en torno a los dos temas centrales del discurso: el ya referido recuerdo de los muertos en del 19 y 20 ("No puedo dejar de rendirles homenaje a los muertos en esas jornadas. *Sangre innecesariamente derramada*") y la deuda externa ("Vamos a tomar el toro por las astas"). Sobre este punto, cabe recordar que en este discurso Rodríguez Saá anunció el *default* de la deuda externa argentina, una de las medidas por las cuales su brevísima gestión sería largamente recordada. Para enfatizar el peso que adquiría esta cuestión (y siguiendo el hilo de emociones exaltadas que hemos indicado), el locutor introdujo el tema por medio de un verbo realizativo: "En primer lugar, *anuncio* que el Estado argentino suspenderá el pago de la deuda externa".

La evocación de las jornadas de movilización popular, pero también de violencia estatal, del 19 y 20 contribuyó a configurar este panorama de emociones exaltadas y de exaltación de las emociones. Y en ese mismo sentido opera la segunda referencia a un suceso histórico: "el 17 de octubre del pueblo que dio a Perón la oportunidad de dignificar a los argentinos" (frag.1). Este pasaje, junto al cierre del párrafo ("creo en la justicia social") y a un aspecto extralingüístico, como fue la entonación de la marcha peronista por parte de los presentes en la Asamblea Legislativa en aquella jornada, son los tres elementos centrales para indagar en el componente identitario aquí presente. La peronista es, sin lugar a duda, la identidad política constitutiva de este discurso. Pero llama la atención (en contraste con el discurso de Duhalde) que una de las principales evocaciones del pasado sea la de la memoria del 17 de octubre: una escena que, como el del 19 y 20, tuvo como protagonista a amplios sectores de la sociedad movilizados en las calles de la ciudad y de la provincia de Buenos Aires. En ambas instancias, aquellos confluyeron en la Plaza de Mayo para exponer sus demandas públicamente y, aunque los resultados fueron disímiles, evocan una memoria de emociones fuertes: entusiasmo, fervor, vehemencia por la acción colectiva.

Lejos de la exaltación de las emociones, el discurso de Duhalde –en línea con lo que señalamos respecto al interdiscurso de la plegaria de la serenidad– tiende a movilizar a su auditorio en línea con el apaciguamiento, la calma y la templanza. Siguiendo el hilo de lo señalado anteriormente, en el discurso del dirigente bonaerense, este modo de presentar las emociones parece delinear una cierta lectura del tipo de liderazgo que el locutor consideraba que exigían las horas que atravesaba el país.

> (4) Participar de ese abierto proceso de diálogo, es afirmar que queremos mirar de frente a cada argentina y cada argentino y decirles que *conocemos sus angustias y desesperanzas* y que estamos *dispuestos a salvar solidariamente* la Nación recuperando la dignidad de cada miembro de la comunidad. (Duhalde, 2002)

> (5) No es momento, creo, de echar culpas. Es momento de decir la verdad. La Argentina está quebrada. La Argentina está fundida. Este modelo en su agonía arrasó con todo. (Duhalde, 2002)

> (6) Honorable Asamblea: *venimos con toda la fe, con toda la confianza, con todo el amor de que somos capaces a poner de pie y en paz a la Argentina.* Los pueblos toleran cualquier circunstancia adversa. ¡Y

> vaya si lo toleran! Lo que ningún pueblo tolera es el caos, la anarquía. Y quiero decirles que el caos y la anarquía que vivimos, no se resuelve con balas ni con bayonetas, se resuelve ocupándonos *seria y responsablemente* de los problemas que afligen a millones y millones de excluidos en la República Argentina. [...] Y decir que *venimos con todo el amor*, como antes manifestaba, a poner de pie a nuestro país. (Duhalde, 2002)
>
> (7) A mis compatriotas, les pido que cada uno desde su lugar, participe y se entregue con pasión y fe en la recuperación de *esta Argentina que todos amamos*. (Duhalde, 2002)

El amor es una emoción que habita todo el discurso analizado y puede encontrarse en diversos enunciados de emoción que el locutor comparte, alternativamente, con un *nosotros* que remite a él y a los miembros de su gobierno ("venimos [...] con todo el amor", frag.6) y también con la ciudadanía toda ("esta Argentina que todos amamos", frag.7). Pero aparece como un amor calmo, que se vive "seria y responsablemente", por contraposición al "caos" y la "anarquía", que aparecen ya asociados a las jornadas pasadas del 19 y 20, ya a una amenaza presente (derivada de esos procesos de movilización popular que aún continuaban latentes). La comprensión, que ya estaba presente en el interdiscurso de la plegaria citada, también nutre a este discurso amoroso que, además de "venir con amor", *entiende* a sus compatriotas: "queremos mirar de frente a cada argentina y cada argentino y decirles que *conocemos sus angustias y desesperanzas*".

La moderación, la templanza y la serenidad, como las emociones predominantes en el discurso de investidura de Duhalde, se articulan con una evocación de memoria peronista que no remite a eventos históricos convulsos y enfervorizados, sino a las tres banderas del peronismo (justicia social, independencia económica, soberanía política) y a las figuras de Juan Domingo y Eva Perón. Estos tres elementos, que evocan al carácter movimientista y transversal del peronismo, cuentan con la capacidad de proyectarse más allá de los límites identitarios, y es por eso mismo que aparecen articulados a "las fuerzas políticas de origen popular" que los han ido asumiendo a lo largo de la historia.

> (8) Honorable Asamblea; queridos compatriotas: pertenezco a un movimiento político que a través del presidente Juan Domingo Perón y de Eva Perón fundaron la justicia social en la Argentina y levantaron las banderas de independencia económica y soberanía política. Banderas que, con el tiempo, fueron asumidas por todas las fuerzas políticas de origen popular. Esas banderas han sido arriadas y tenemos hoy que preguntarnos y preguntarles a los argentinos, si verdaderamente queremos vivir en un país soberano e independiente. (Duhalde, 2002)

Un último aspecto de la situación de enunciación del discurso de investidura de Duhalde completaba este escenario: una vez finalizado el acto de asunción y la Asamblea Legislativa, los presentes entonaron el Himno Nacional argentino.[5] En lugar de la marcha peronista –cántico político-partisano argentino por excelencia y, por tanto, representativo solo para una parte de la sociedad argentina–, la ceremonia de investidura del ahora presidente Duhalde concluyó con la entonación de una canción que evocaba a la patria y a la unidad nacional, por encima de las diferencias y particularidades. La pertenencia político-partidaria no era ocluida, pero sí colocada en un segundo plano de un modo, creemos, mucho más contundente que en el discurso de Rodríguez Saá.

Observaciones finales

Al comienzo de estas líneas nos propusimos indagar en las formas de inscripción de las emociones y en los modos de reformulación de la identidad peronista en los discursos de investidura de Rodríguez

[5] En este punto, la distancia que Duhalde trazaba respecto de su antecesor fue explícita: "No es momento de cánticos ni de marchas partidarias. Es la hora del Himno Nacional" (Duhalde, 2002).

Saá y Duhalde como presidentes provisionales. Nos interesaba, con ello, hacernos de elementos analíticos para extraer algunas observaciones respecto al rol que estas dos dimensiones íntimamente imbricadas jugaron en las vías de tramitación de la crisis que cada uno de aquellos dirigentes trazó.

Por un lado, en la investidura de Rodríguez Saá encontramos léxicos, moldes genéricos, formas discursivas y figuras e hitos de la identidad peronista que modelaron un discurso de emociones exaltadas. Los enunciados, términos y metáforas de emoción que identificamos en el discurso de asunción del dirigente puntano evocaban afectos fuertes como el coraje, la valentía, la bravura, los cuales, a su vez, eran modalizados por preguntas retóricas, repeticiones e interpelaciones directas que exaltaban y amplificaban su alcance. De este modo, registramos en su discurso una dinámica de exaltación de las emociones, reforzada por una evocación de componentes de la memoria peronista que, como las jornadas del 17 de octubre, remitían a instancias de fervor y entusiasmo colectivo. En este sentido, y con un locutor identificado en su rol de dirigente partidario, el foco estuvo puesto en el peronismo como sector político representativo de una porción, más que en la comunidad toda. La clausura del acto signada por la entonación de la marcha peronista selló, así, el punto máximo de este escenario de emociones exaltadas.

Por su parte, y aun habiendo él también llegado a la presidencia provisional en su condición de dirigente del PJ (siendo que el resto de las fuerzas no estaban en condiciones de articular las voluntades necesarias para con su voto elegir a un/a presidente/a de entre senadores/as, diputados/as y gobernadores/as habilitados/as), Duhalde tendió a dejar su condición político-partidaria en un segundo plano. Aun evocando las figuras de Perón y de Evita, el protagonismo otorgado en el proceso por venir al colectivo más amplio conformado por "las fuerzas políticas de origen popular" daba cuenta de un espíritu de transversalidad y amplitud que, aunque caro a la tradición movimientista del peronismo, parecía ausente en el discurso de su predecesor. A diferencia de la de este, la investidura del dirigente bonaerense se estructuró en torno a léxicos y aspectos genéricos que modalizaban las emociones evocadas (amor, comprensión, seriedad, responsabilidad) en términos de moderación[6] y apaciguamiento.

Las emociones y su modo de inscripción en los discursos analizados confluyeron, alimentaron y co-constituyeron las imágenes de sí proyectadas por los dos dirigentes en sus respectivas investiduras presidenciales. Mientras Rodríguez Saá, en concordancia con su *ethos* refundacional e hiperactivo (Cané Pastorutti, 2021), inauguró su gestión con una escena de exaltación de las emociones, Duhalde proyectó una figura de pastor-docente, que tendía lazos entre él y un rebaño-comunidad (y hacia el interior de ésta) ordenado a través de emociones sosegadas, templadas. Mientras el primero, más que aplacar el clima de movilización que vivía el país, parecía atizarlo, el segundo trazaba un horizonte comunitario de comunión y calma. El *ethos* refundacional y los discursos de exaltación de las emociones de Rodríguez Saá impactaron especialmente en sus pares políticos, quienes con su voto en la Asamblea lo habían consagrado provisionalmente y, ahora, veían en él a un presidente que se proyectaba más allá del lapso definido de noventa días y que amenazaba el pacto que lo había llevado al cargo. Estas condiciones jugaron un papel determinante en la pérdida de apoyo político que afectó a Rodríguez Saá a una semana de asumir, en una coyuntura de descontento ciudadano alimentado por el nombramiento de figuras controvertidas asociadas a causas de corrupción (como Carlos Grosso y José María Vernet) y por el aval otorgado por la Corte Suprema de Justicia al "corralito". Contrariamente, el *ethos* pastoral-docente (Cané Pastorutti, 2021) junto a la modalización de emociones moderadas, sosegadas, hicieron de Duhalde un presidente provisional consensualista y preocupado por la comunión de una sociedad que diagnosticaba "al borde

[6] Esto revela que un análisis interesado en indagar en la dimensión emotiva o afectiva de un *corpus* discursivo debe dar cuenta no sólo de las emociones evocadas (*e.g.* amor), sino también del modo de aparición de esas emociones, de su inscripción en el discurso y, por tanto, de los otros elementos con los que se articulan (*e.g.* amor efervescente/amor sosegado).

de la desintegración, al borde del caos" (Duhalde, 2002). A este contraste contribuyeron, por un lado, el énfasis del dirigente puntano en su rol de representante partidario peronista y, por el otro, el foco duhaldista en la transversalidad del movimiento y el llamado a fuerzas políticas ajenas al PJ. La construcción por parte de Duhalde de un liderazgo moderado, amplio y preocupado por la unión de su "rebaño" favorecieron su sostenimiento al frente del ejecutivo por un periodo bastante más extenso de tiempo que el que logró Rodríguez Saá, y le imprimieron el sello característico a su modo de tramitar la crisis vigente.

La pregunta que surge llegado este punto de la indagación y excediendo las fronteras de este trabajo tiene dos aristas: por un lado, resulta perentorio analizar exhaustivamente los modos de reformulación de la identidad peronista a lo largo de presidencia provisional de Duhalde (y teniendo en cuenta los estudios que identificaron, en la etapa posterior, el surgimiento de la nueva identidad kirchnerista); por el otro, y en vínculo ello, cabe interrogarse por la condición ordenancista que se le ha adjudicado al gobierno duhaldista. Se ha tendido a definir a su gobierno como uno que se configuró en torno a una cierta demanda de orden ("paz y administración", Rinesi y Vommaro, 2007, p. 258) que tomó forma y cobró peso en la ciudadanía durante el 2002. Pero partiendo de un enfoque que entienda al lazo representativo como una relación de co-constitución (no de mero reflejo del representado en el representante, pero tampoco de pura estructuración "de arriba hacia abajo"), nos preguntamos si a partir de este análisis no pueden extraerse elementos que permitan afirmar que esa demanda lejos estuvo de crecer "espontáneamente" en la ciudadanía, sino que los discursos políticos del gobierno de Duhalde tuvieron un rol activo en su estructuración. Esto implicaría dejar de interpretar el perfil ordenancista de Duhalde como un simple efecto reactivo ante una cierta demanda ciudadana, para entender el rol que jugó su gobierno en la construcción de un horizonte en que esas demandas se volvieron posibles (y, en este sentido, es que entendemos que su discurso de asunción-carta de presentación ante la ciudadanía contribuyó al movilizar emociones moderadas, en articulación con la proyección de un *ethos* pastoral).

Bibliografía

Aboy Carlés, G. (2001). *Las dos fronteras de la democracia argentina: La reformulación de las identidades políticas de Alfonsín a Menem.* Rosario: Homo Sapiens.

Álvarez, A. y Chumaceiro, I. (2009). El discurso de investidura en la re-reelección de Uribe y de Chávez. *Forma y Función, 22*(2), 13-42.

Amossy, R. (2000). *L´argumentation dans le discours.* París: Nathan.

Amossy, R. (2018). *La presentación de sí. Ethos e identidad verbal.* Buenos Aires: Prometeo.

Arnoux, E. N. de (2004). El discurso peronista frente a la crisis institucional de 2001. En *Lenguas, Literaturas y Sociedad en la Argentina. Diálogos sobre la investigación en Argentina, Uruguay y países germanófonos* (pp. 249-264). Viena: Praesens.

Arnoux, E. N. de (2019). *Crisis política en la Argentina. Memoria discursiva y componente emocional en el debate sobre la Reforma Previsional.* México: Centro Maria Sibylla Merian de Estudios Latinoamericanos Avanzados en Humanidades y Ciencias Sociales. http://calas.lat/sites/default/files/arnoux.crisis_politica.pdf

Arnoux, E. N. de y Di Stefano, M. (2018). Introducción. La dimensión emocional en los discursos. En E. N. de Arnoux y M. di

Stefano (eds.), *Identidades discursivas. Enfoques retórico-argumentativos* (pp. 11-38). Buenos Aires: Cabiria.

Authier-Revuz, J. (1984). Hétérogénéité(s) énonciative(s). *Langages, 19*(73), 98-111.

Bajtin, M. (1979). *Estética de la creación verbal.* Madrid: Siglo XXI.

Butler, J. (1997). *Mecanismos psíquicos del poder.* Madrid: Ediciones Cátedra.

Butler, J. (2010). *Cuerpos que importan.* Buenos Aires: Paidós.

Butler, J. (2018). *El género en disputa.* Buenos Aires: Paidós.

Cané Pastorutti, M. (2020). *La construcción de "la crisis 2001" como objeto de los discursos políticos (Argentina, 1999-2003).* [Tesis de doctorado en Ciencias Sociales]. Universidad de Buenos Aires.

Cané Pastorutti, M. (2021). Cinco presidentes: ¿una sola crisis? Articulaciones tópicas y ethos en los discursos presidenciales de fines de 2001 en Argentina. *Temas y Debates,* (41), 59-85.

Courtine, J. (1981). Quelques problèmes théoriques et méthodologiques en analyse du discours, a propos du discours communiste adressé aux chrétiens. *Langages,* (62), 9-128. https://doi.org/10.3406/lgge.1981.1873

Duhalde, E. (2002). *Palabras del presidente de la Nación, Doctor Eduardo Duhalde, ante la Asamblea Legislativa, 1° de enero de 2002.* www.presidenciaduhalde.com.ar (actualmente inactiva; consultado: 30 de julio 2017).

Hemmings, C. (2005). Invoking Affect. *Cultural Studies, 19*(5), 548-567. https://doi.org/10.1080/09502380500365473

Laclau, E. y Mouffe, C. (2010). *Hegemonía y estrategia socialista. Hacia una radicalización de la democracia*. Buenos Aires: Fondo de Cultura Económica.

López González de Orduña, H. (2014). Prólogo. En S. Ahmed, *La política cultural de las emociones* (pp. 9-18). México D. F.: Universidad Nacional Autónoma de México.

Macón, C. (2013). *Sentimus ergo sumus*. El surgimiento del "giro afectivo" y su impacto sobre la filosofía política. *Revista Latinoamericana de Filosofía Política*, *2*(6), 1-32.

Montero, A. S. (2012). *¡Y al final un día volvimos! Los usos de la memoria en el discurso kirchnerista (2003-2007)*. Buenos Aires: Prometeo.

Montero, A. S. (2018). Prologo. El *ethos*, del discurso a la política. En R. Amossy, *La presentación de sí. Ethos e identidad verbal* (pp. 9-23). Buenos Aires: Prometeo.

Pérez, G. (2008). Lazo social, 2001 y después. *Cuadernos de Investigación de A.D.U.M.* (Vol. 5).

Pérez, G. (2013). 19 y 20 D (2001). Quilombo y política. *Revista Observatorio Latinoamericano (IEALC)*. Dossier "30 años de democracia", (12), 50-64.

Plantin, C. (1998). Les raisons des émotions. En M. Bondi, *Forms of argumentative discourse / Per un'analisi linguistica dell'argomentare* (pp. 3-50). Bologna: CLUEB.

Plantin, C. (2014). *Las buenas razones de las emociones*. Moreno: Universidad Nacional de Moreno.

Plantin, C. y Gutiérrez, S. (2010). Argumentar por medio de las emociones: La "campaña del miedo" del 2006. *Versión. Estudios de Comunicación y Política*, *24*, 41-69.

Rinesi, E. y Vommaro, G. (2007). Notas sobre la democracia, la representación y algunos problemas conexos. En E. Rinesi, G. Nardacchione y G. Vommaro (eds.), *Los lentes de Víctor Hugo. Transformaciones políticas y desafíos teóricos en la Argentina reciente* (pp. 419-472). Buenos Aires: Prometeo-UNGS.

Rodríguez Saá, A. (2013). Juramento del presidente provisorio de la Nación, Adolfo Rodríguez Saá (23 de diciembre de 2001). En G. di Meglio y G. Álvarez, *Voces de la democracia. Los discursos que hicieron historia, 1983-2013*. Buenos Aires: Grijalbo.

Triunfalismo, derrota y crisis en Colombia
Corolarios del "Plebiscito por la Paz" de 2016

Laura Bonilla Neira y Cristian Acosta Olaya

Introducción

En el contexto actual de América Latina, la crisis política colombiana es ciertamente particular. El presidente Iván Duque, fácilmente reconocible a la derecha del espectro político regional, ha sido tanto testigo como artífice de un lento y progresivo desgaste de su gobierno y del partido oficialista –el Centro Democrático, fundado por el expresidente Álvaro Uribe–. El precoz agotamiento del mandato colombiano actual tiene su raíz en la negativa institucional de procesar democráticamente las demandas de participación política y social, que se visibilizaron en el país con las protestas iniciadas en noviembre de 2019 y que tuvieron algún grado de continuidad –pese a un paréntesis pandémico– durante el primer cuatrimestre de 2021. Dichas demandas, efectivamente, se han potenciado durante la Pandemia del COVID-19. Frente a ellas, el gobierno uribista y sus representantes se han mantenido aferrados a un discurso que criminaliza la protesta y los movimientos sociales, y tilda con insistencia a sus contradictores de ser aliados de los grupos alzados en armas, acusación que, en repetidas ocasiones y gracias a la cooptación del presidente de los diferentes órganos de control institucional, se traduce en montajes judiciales y persecuciones extrajudiciales, acercando al régimen colombiano, en muchos aspectos, a uno de tipo autoritario.

Si bien el mencionado agotamiento actual de la presidencia de Duque remite a una ausencia clara –para usar la figura de Michael Oakeshott, retomada por Margaret Canovan– tanto de una dimensión *redentora* como *pragmática* de la política democrática (Canovan, 1999),[1] lo cierto es que su llegada al poder en 2018 tuvo como centralidad desprestigiar el proceso de paz entre la ahora desmovilizada guerrilla de las Fuerzas Armadas Revolucionarias de Colombia (FARC) y el gobierno de Juan Manuel Santos. Al respecto, una de las justificaciones que más utiliza el campo político uribista para desdeñar del Acuerdo con las FARC fue el resultado del "plebiscito por la paz" que tuvo lugar en octubre de 2016, y que buscaba avalar por medio de una consulta popular el tratado de paz entre Santos y aquella guerrilla colombiana, fundada en 1966. Ciertamente, el resultado del plebiscito se ha construido como un acontecimiento que evidenció las profundas divisiones que subsisten en la sociedad colombiana: la coyuntura de este estuvo exacerbada por las emociones que transitaron entre las campañas por el "Sí" y por el "No", desde distintos flancos políticos. En el caso de la opción "Sí", se agruparon partidarios de la derecha moderada y un amplio espectro de la izquierda colombiana. La opción "No", por su parte, articuló a conservadores y sectores tradicionales de la derecha y ultraderecha del país.

En este trabajo queremos reflexionar sobre el reñido triunfo plebiscitario de los partidarios del "No" y cómo este se constituyó en un hito que reforzó –y sigue reforzando, así sea precariamente– la cohesión identitaria uribista. Así pues, el objetivo de nuestra presentación es analizar algunos interrogantes en torno al "plebiscito por

[1] Para Canovan, en efecto, no existe política democrática que, a la vez que se disponga a solucionar pragmáticamente los problemas de vivir en comunidad, no esté cohesionada también por una promesa u horizonte de redención.

la paz", analizándolo desde dos aristas diferentes. En una primera parte, buscaremos auscultar *la pregunta* con la cual fue convocado el plebiscito ("¿Apoya usted el acuerdo final para la terminación del conflicto y la construcción de una paz estable y duradera?") desde las herramientas metodológicas propias del análisis del discurso, particularmente desde una perspectiva argumentativa retórica (Amossy, 2010; Plantin, 2014). En segundo lugar, se buscará dar muestra de las distintas implicaciones políticas del procedimiento plebiscitario como tal (Rosanvallon, 2020), para así reflexionar sobre el caso colombiano. De esta manera, daremos muestra de que el "plebiscito por la paz" carecía de una guía de acción en caso de derrota (la victoria del "No"): en varias intervenciones de los miembros del equipo negociador del gobierno, y por parte del propio expresidente Santos, se evidencia que el camino del "No" era una ruta que no estuvo contemplada. Lo anterior pone en duda, desde su inicio, el carácter democrático con el cual se presentaba este mecanismo de participación ciudadana adelantado por el Ejecutivo colombiano. Lo anterior tendría, pues, como corolario la exacerbación de la oposición, otorgándole al uribismo las herramientas suficientes para reforzar su posición belicista y anti insurgente.

Con todos estos elementos, se hace hincapié en una actitud triunfalista –para no decir, soberbia– por parte de los partidarios del "Sí", en particular de su impulsor: el gobierno nacional. Dando por hecho un resultado favorable, este último descuidó la ofensiva del uribismo y su eventual fortalecimiento frente a los resultados adversos del plebiscito, para concentrarse en explicar de forma defensiva las trescientas páginas del tratado con las FARC. Dicho triunfalismo, para nosotros, estuvo alimentado por una convicción de estar encarnando un momento fundacional y único en la historia colombiana: se trataba de una hazaña sin precedentes que apuntaba al "posconflicto", cuando en realidad ni siquiera se había superado el momento mismo del Acuerdo. De todo lo anterior concluimos someramente que el problema principal del plebiscito de 2016 es que no fue pensando por el gobierno –en tanto mecanismo refrendatario– como una instancia de disputa por legitimidad del Acuerdo de paz entre la población del país sino como un trámite simple de respaldo acrítico, y casi propagandístico, de la población a una victoria anunciada.

Los antecedes del plebiscito y su pregunta

El plebiscito sobre el Acuerdo de paz en Colombia en el 2016 se presenta como el último kilómetro de una carrera que llevó cinco años de complejas negociaciones entre los equipos del gobierno de Santos y la guerrilla de las FARC. La situación social para ese momento mostraba altos índices de descontento entre la población, que se evidenciaban en la cada vez más baja favorabilidad del presidente Santos. A pesar de haber sido él quien decidió y emprendió el camino para hacer la paz con las FARC, las políticas de Santos habían sido a todas luces regresivas en términos de equidad social (Red Colombiana por la Justicia Tributaria, 2016). Para decirlo en otros términos, muchos impuestos y poco diálogo con los sectores sociales –campesinos e indígenas, principalmente– son las características principales de su ejercicio del poder entre 2010 y 2018 (Cruz, 2017). En 2016, de hecho, las encuestas (Cifras y Conceptos, 2016) mostraban que la imagen negativa del presidente llegaba incluso al 70%. Asimismo, los diálogos de paz que se realizaban con la guerrilla de las FARC habían tenido récords en imagen negativa.[2]

Como dijimos anteriormente, este último kilómetro de la carrera por la paz estuvo lleno de obstáculos y presentó además un factor que pudo haber sido ignorado *a priori*: el desgaste del proceso de negociación como tal. Cinco años de diálogos, de información fragmentada y, sobre todo, de ataques hostiles por parte de la oposición ya habían hecho mella en el conjunto de la opinión pública sobre una salida

[2] Es innegable que esta desestima de la población civil por las negociaciones con las FARC tiene como antecedente más inmediato el fracaso de los diálogos de paz entre el gobierno del conservador Andrés Pastrana y la insurgencia fariana a fines de la década de 1990.

pacífica del conflicto armado. Así pues, el plebiscito no surge en un panorama político favorable: la paz, que se podría catalogar como un valor positivo *per se*, se encontraba en un espacio social adverso de agotamiento, que sirvió como escenario para disputas políticas cada vez más cruentas. El 30 de agosto de 2016 en este turbulento contexto se presenta la pregunta con la que se invitaba a la ciudadanía a participar[3] en el plebiscito: *¿Apoya usted el acuerdo final para la terminación del conflicto y la construcción de una paz estable y duradera?*

En primer lugar, podemos destacar que se trata de un enunciado elemental de carácter interrogativo presentado en un marco institucional, en este caso, en un Decreto que el Gobierno presentó ante la ciudadanía. Al detenerse en el enunciado planteado, se reconoce el uso del "usted", forma del pronombre de la segunda persona singular que, si bien es propio de una escena formal, constituye a la vez un apelativo. Es decir, en la situación de enunciación planteada, donde un "yo" implícito le pregunta a un "tú" –en su variación "usted"– (Kerbrat-Orecchioni, 1996), se está involucrando de modo directo al alocutario y se espera una reacción de este. Se podría haber prescindido del pronombre y el sentido sería el mismo, pero se optó por usarlo porque se espera influir en el receptor convocándolo explícitamente. Si bien una interrogación ya convoca la reacción del receptor, la apelación reafirma la petición de acción.

Siguiendo con la estructura, el uso del verbo "apoyar", al encontrarse al inicio, se pone en primer plano la acción que deben realizar los ciudadanos y enseguida el producto sobre el cual deben votar. Sin embargo, el uso de este verbo se pudo prestar para relacionar el respaldo hacia el Acuerdo con el "apoyo" al Gobierno. Es decir, no se preguntó si se estaba de acuerdo o no, sino que se pidió el apoyo. Así, el plebiscito se tornaba en una petición de confirmación a un

[3] La "participación ciudadana" en las negociaciones de paz es, como tal, un tema de discusión que excede las pretensiones de este trabajo. En todo caso, es importante mencionar que, por ejemplo, a pesar de que las negociaciones iniciaron en 2012, solo hasta finales de 2013 se hizo efectiva la demanda de la participación de mujeres en la mesa de negociación; antes todos sus miembros eran hombres (Bonilla et al., 2016).

contrato ya establecido; de hecho, el Acuerdo ya había sido firmado[4] al momento de la votación del plebiscito. De igual manera, el verbo "apoyar" orienta hacia la función expresiva, lo cual invita de nuevo al alocutario a la manifestación. El pedido de apoyo, además, trae consigo una presencia axiológica. Se trata de un verbo que plantea una valoración positiva de afirmación a través del voto. Aunque es posible la votación negativa, no se plantean las dos opciones en la pregunta, lo que podría haber hecho de aquella una forma más neutra ("apoya o no apoya el acuerdo final...").[5]

En segundo lugar, dirigimos la mirada al complemento de la pregunta: "el acuerdo final para la terminación del conflicto y a construcción de una paz estable y duradera". Se trata, por una parte, del nombre completo del Acuerdo de paz. Aunque el presidente señaló que se trata de una "pregunta clara y sencilla que no da lugar a ninguna confusión" (Presidencia de la República, 2016), se observa que el complemento es extenso y abstracto. En una mirada inicial, se plantean dos propósitos en una sola pregunta: terminación del conflicto y construcción de paz, lo cual puede generar confusión. En el detalle, tanto "terminación" como "construcción" son, desde un punto de vista lingüístico-discursivo (Sériot, 1986), sustantivos derivados de verbos que nombran un evento o denotan un objeto o producto resultante de un acontecimiento. Estas derivaciones tienen un valor persuasivo incuestionable, producto del efecto de evidencia que producen. En este caso, la "terminación del conflicto" y "la construcción de paz" se presentan como hechos establecidos, con lo cual se enfatiza en las acciones y así se atenúa la presencia de los agentes que las realizan.

El uso de dichas nominalizaciones borra a los actores que acordaron la paz, es decir, el gobierno y las FARC. Este borramiento de la agencia puede leerse como una estrategia para no centrar la atención

[4] El Acuerdo final fue firmado en Cartagena en 26 de septiembre de 2016. Una semana después, el 2 de octubre de 2016 se desarrolló la jornada de votación del plebiscito.

[5] Esto no fue posible debido también a que la Corte Constitucional colombiana estableció que la pregunta solo podía tener dos opciones de respuesta: sí y no.

en la guerrilla ni en el gobierno por su representación pública negativa y, al mismo, tiempo otorgar total responsabilidad al pueblo. Las nominalizaciones presentan las acciones como autónomas, carentes de actores que las realizan y esto, si bien contribuye a centrar la atención en las acciones, también deslinda de responsabilidades a quienes hicieron el Acuerdo. En este caso, la obliteración de los actores del Acuerdo no solo *no* menciona a sus artífices, sino también desconoce que *no* todos los actores del conflicto acordaron la paz: por ejemplo, faltaban otras guerrillas, los grupos paramilitares, bandas criminales y narcotraficantes, etc. Esta ausencia de explicitación, sin duda, le resta claridad a la pregunta plebiscitada, otorgándole un grado de ambigüedad tal que es aprovechado por sus adversarios políticos para exacerbar los ánimos del país.

Por otra parte, al entrar en detalle del segundo sintagma "una paz estable y duradera", en el plano formal, esta puede entenderse como una fórmula (Krieg-Planque, 2009) que corresponde a una unidad léxica compleja: un artículo, un nombre y dos adjetivos. En el plano de las funciones del discurso, la fórmula "una paz estable y duradera" tiene el poder de denominar un texto clave –el Acuerdo de paz– y, al mismo tiempo, sirve como índice de historicidad –porque marca un acontecimiento– y de polémica, al tomar una posición en el campo político. Esta formulación se manifiesta como un testimonio de un momento político: el de alcanzar la paz después de más de cincuenta años de conflicto con la guerrilla de las FARC. La expresión es utilizada asimismo por quienes la enuncian para atribuirse un posicionamiento político que se corresponde con el de resolver el conflicto armado por la vía de la negociación. De hecho, es una frase que pone en escena el ideal de paz de Colombia porque los anteriores procesos de paz no habían conseguido que esta fuera ni "estable" ni "duradera".

Así, dicho ideal planteado en el sintagma "una paz estable y duradera" se presenta al mismo tiempo en oposición a otras voces que se erigían desde perspectivas críticas al Acuerdo. Por ejemplo, fórmulas como "la paz de Santos" o "la paz de La Habana" entraban en diálogo polémico con "una paz estable y duradera", en la medida en que disputaban la noción "paz" y con ello provocaban emociones negativas, particularmente de irritación por parte de la población. Por ejemplo, la frase "la paz de la Habana" surge como una refutación contra el campo discursivo que se podría llamar pro-paz, pues refiere al lugar donde se daban las negociaciones, pero adquiere una connotación negativa porque se le relaciona con Fidel Castro, aliado del gobierno de Venezuela, señalados ambos de socialistas; así se configura el neologismo "castrochavismo" que en ese momento se instaló con gran fuerza en la *doxa* colombiana.[6] Esto, sin duda, construye una orientación disfórica (Plantin, 2014) hacia el Acuerdo de paz que conduce a una emocionalidad negativa contra este.

A propósito del sintagma indagado, y desde una perspectiva internacional, resulta posible relacionar la expresión "una paz estable y duradera" con la formulación "una paz justa y duradera", incluida en los principios de la carta de Naciones Unidas (ONU, 1967) y que ha sido utilizada en diversos procesos de paz en el mundo, como el de Sudán o Israel-Palestina. Con ello se observa una reformulación que opta por resaltar la característica de permanencia de la paz (estable) y no su carácter de justicia (justa), como lo plantea esta fórmula previa. Esto llama la atención, porque uno de los calificativos que más utilizaban los opositores al Acuerdo era su supuesta impunidad[7], así al utilizar el adjetivo "estable" en vez de "justa" le retira el foco a la justicia y se centra en cambio en el carácter de "definitivo" que tendría el Acuerdo, lo cual coincide con enunciados usados por los

6 "Castrochavismo" es un neologismo que el expresidente Uribe recupera de los sectores de oposición venezolana. Se trata de una supuesta alianza entre Cuba y Venezuela para instalar "el socialismo del siglo XXI" en Colombia. Luego, su circulación se extendió y fue un dispositivo argumental utilizado en las campañas de 2014 y 2018 para señalar a otros candidatos con planteamientos cercanos al centro o a la izquierda.

7 El lema que empleó la oposición en gran parte de la campaña contra el Acuerdo de paz fue "paz sin impunidad" y cuestionaba el sistema de la Jurisdicción Especial para Paz (JEP), que otorga penas alternativas y no cárcel efectiva para los excombatientes si estos comparecían y aportaban verdad sobre los casos todavía abiertos del conflicto armado. (Valencia y Francés-Gómez, 2018).

negociadores como "el cese definitivo de hostilidades". Es decir, el uso de los términos "estable", "duradera" y "definitivo" dan cuenta de un uso retórico de la sinonimia que causa un efecto de amplificación, que refuerza así el carácter de permanencia que pretende tener el Acuerdo de paz.

En síntesis, desde un plano argumentativo, la pregunta se sostiene en la apreciación de un hecho –el Acuerdo de paz– a partir de sus consecuencias favorables. Estamos entonces ante un argumento de tipo pragmático: la utilización de este argumento se basa en exponer el éxito como criterio de objetividad (Perelman y Olbrechts-Tyteca, 1989). En tal sentido, el efecto de apoyar el Acuerdo de paz es terminar el conflicto y construir una paz estable y duradera. Así, el cese de la confrontación bélica y el alcanzar una paz que permanezca en el tiempo se presentan no solo como consecuencias del Acuerdo sino, sobre todo, como corolarios del acto de los ciudadanos de apoyar las negociaciones entre Santos y las FARC. De tal forma, el argumento opera mostrando que favorecer el Acuerdo es una condición necesaria y suficiente para obtener dichas consecuencias positivas.

La presencia de este argumento pragmático en la pregunta promueve de cierta forma el arrebato emocional positivo (Plantin, 2014) al incitar a la acción que sería apoyar el Acuerdo votando favorablemente el plebiscito, porque supone una evaluación que hace intervenir los valores y las emociones del auditorio. Las consecuencias positivas de apoyar el Acuerdo presentadas explícitamente en la pregunta construyen el horizonte del deseo. Siguiendo a Plantin, cuando un bien o un mal es incierto suscita, según el nivel de incertidumbre, miedo o esperanza. En ese sentido, las consecuencias planteadas en el enunciado interrogativo se pueden pensar como una contribución para elevar el grado de certidumbre que desencadena mayores niveles de esperanza. Así, utilizar las consecuencias como forma de trasladar los valores positivos del acto del Acuerdo evocan la emoción de la esperanza. porque promueven el anhelo de un país sin conflicto armado y activan de esa forma la mirada hacia el futuro.

Hasta aquí, el análisis de la pregunta nos permite ver cómo en el uso de la apelación directa, las nominalizaciones que mitigaron la presencia de los actores implicados en el proceso, así como el uso del nombre completo del Acuerdo conducen a "poner en manos" de los electores la decisión política de la paz. A tal efecto, tanto el nombre del tratado como su inclusión en la pregunta se plantearon en términos ideales, sobre todo la construcción de la paz, lo que termina por delegar la responsabilidad política del Gobierno en el "constituyente primario" a través de la votación del plebiscito. En lo que sigue se presentarán algunos elementos de análisis teórico sobre este mecanismo de participación ciudadana y su relación con el caso colombiano.

Implicaciones políticas del plebiscito

En su más reciente libro sobre la nueva derecha mundial, Pablo Stefanoni (2021) da muestra del dilema actual de la izquierda contemporánea: dado que una percepción optimista del futuro se ha vuelto cada vez más borrosa, los sectores progresistas hoy parecen estar enfrascados en una defensa férrea de las instituciones vigentes o pretéritas; ya sean los escombros de un Estado de bienestar cada vez más pulverizado, ya sea el riesgo de victoria de líderes con claros discursos de odio y dicotomización racial o moral de las sociedades, lo único que le queda a la izquierda –al parecer– es defender lo poco que queda. Al respecto, no sorprende que el jefe de redacción de la revista *Nueva Sociedad* mencione en su texto, para referirse a la encrucijada defensiva de las democracias actuales, al plebiscito colombiano por la paz de 2016: "si cuando un pueblo vota gana el Brexit, o triunfa el 'No' al Acuerdo de paz en Colombia, ¿no será mejor que no haya referendos? [...] precisamente en esta razonabilidad reside también el riesgo de caer en el conservadurismo y renunciar a disputar el sentido del mundo que viene" (Stefanoni 2021, p. 22).

Si bien no se podría estar más de acuerdo con Stefanoni sobre los problemas contemporáneos de las "derechas rebeldes", es claro que –y por supuesto, no es el centro de su trabajo tampoco– no hay una problematización seria de los referendos como práctica política. Dicha problematización la encontramos, paradójicamente, en un autor que difícilmente podríamos considerar afín a la izquierda, pero cuyas reflexiones sobre la democracia son prácticamente ineludibles para cualquier analista político en nuestros días. Ciertamente, el también más reciente libro de Pierre Rosanvallon, *El siglo del populismo* (2020), discute lo que es –a su parecer– una de las dimensiones de la democracia directa tan en boga en los populismos de derecha europeos: el referéndum.

Sin darle totalmente la razón a Rosanvallon en su idea de democracia directa e inmediata, y sin pretender adentrarnos en su concepción del populismo,[8] nos resultan sin duda valiosas sus reflexiones acerca de la dinámica propia de los referéndums en la modernidad. A modo de síntesis, para el autor francés, el referendo es un mecanismo de gran poder performativo, pues supone ser la expresión no distorsionada de la voluntad general (Rosanvallon 2020, p. 44); o dicho en términos jurídicos, es comprendido como la voz del constituyente primario. En las democracias actuales, dicha expresión parece, a todas luces, razonable y hasta deseable: desde el siglo XIX hasta nuestros días, los referéndums son presentados como la solución más evidente al naufragio recurrente de la representación política.

Ahora bien, es esperable que un mecanismo con tanta potencialidad política suscite críticas de todo tipo, muchas de ellas de corte aristocrático. El referéndum, es cierto, ha sido entendido como un instrumento problemático cuando es la expresión "no canalizada de pasiones" de las masas o, mejor dicho, suele convertirse en un "arma

[8] De hecho, dudamos de que un tipo de democracia directa o intermedia sea posible; para realizar tales afirmaciones, en todo caso, sería necesario exaltar casi de manera hiperbólica –y un poco ingenua, como lo hace Rosanvallon– lo que vendrían a ser hoy los "cuerpos intermedios": partidos políticos, medios, poder judicial, etc. En efecto, la idea de populismo del historiador francés tiene mucho de intervención política y de disgustos personales, en nuestra opinión, en el plano teórico (contra Chantal Mouffe y Ernesto Laclau) y en el político (contra el líder del partido *La Francia insumisa*, Jean-Luc Mélenchon).

de frustración masiva" (Rosanvallon 2020, p. 182). Esta crítica, sin embargo, es la contracara de la bien conocida concepción minimalista de la democracia –piénsese en Joseph Schumpeter, por ejemplo– o, en el mejor de los casos, desconoce no solo que la demagogia es una variable posible dentro de la democracia, sino que además soslaya que el referéndum puede servir también para que los electores decidan por sí mismos determinados asuntos excepcionales, en especial, aquellos que remiten a la reconfiguración o refundación de un orden político determinado (p. 184).

Entonces, el referéndum como instrumento político, para Rosanvallon, conlleva una serie de problemas que nos gustaría destacar para pensar el plebiscito colombiano.[9] En primer lugar, para el autor francés, con el mecanismo refrendatario la noción de responsabilidad política se diluye. Si en una relación de representados y representantes, a estos últimos les está encomendada la tarea de asumir los costos o los réditos de una decisión determinada, en el caso de un plebiscito los electores no pueden endilgarle ningún tipo de responsabilidad a sus representantes, pues son ellos mismos los que han tomado una decisión particular. Según Rosanvallon, "el constituyente primario", el *pueblo*, se convierte en un "soberano impotente", pues en un referéndum la "dimensión reflexiva" –propia de la representación política– está ausente. En segundo lugar, cuando es banalizado, el referéndum tiende a recortar los tiempos necesarios para la toma de decisiones y, en cambio, exalta la impaciencia y la traducción inmediata de una voluntad electoral. Así pues, las

[9] En Colombia según la Registraduría Nacional del Estado Civil, el artículo 3° de la Ley Estatutaria 134 de 1994 establece que el referendo "es la convocatoria que se hace al pueblo para que apruebe o rechace un proyecto de norma jurídica o derogue o no una norma ya vigente". En el artículo 7° de la misma ley se dispone: "El plebiscito es el pronunciamiento del pueblo convocado por el presidente de la República, mediante el cual apoya o rechaza una determinada decisión del Ejecutivo". Ambos son mecanismos de participación democrática de la ciudadanía concebidos en el ordenamiento jurídico colombiano, pero tienen finalidades diferentes. Así, mientras los referendos pueden tener iniciativa de autoridad pública o ciudadana, el plebiscito sólo puede ser convocado por el presidente de la República. En términos jurídicos, ambos tienen efectos determinantes para transformar o sostener la normativa general del país.

consultas populares devienen en medios para borrar la distinción entre "decidir" y "querer" –desconociendo la dimensión reflexiva de la representación antes referida (Rosanvallon, 2020). En tercer lugar, y vinculado con lo anterior, algo tan propio del referéndum como la "opción binaria" tiende a poner en enfrentamiento "dos campos irreductibles"; esto limita la discusión pública a solo dos polos u opciones, lo que termina por entorpecer la "deliberación" comunitaria (Rosanvallon, 2020, pp.192 y 193).[10] En definitiva, es claro que la decisión tomada en un referéndum tiene los atributos de una decisión irreversible: es la "última palabra" del pueblo. En este caso, la mayoría ("la mitad más uno" por lo general, y no las "mayorías calificadas") se traduce políticamente en la voluntad general, como si fuera definitivamente un acto incuestionable. Esto, por supuesto, se contrasta con el voto que pretende elegir un representante; agrega Rosanvallon al respecto: "[l]a elección de una persona puede decidirse legítimamente por un voto de diferencia, ¡pero no la voluntad general!" (2020, p.199).

Esto lleva a que, cuando no está explicitada la forma de traducir a la realidad la decisión refrendada, su problemático cumplimiento –o simplemente su no implementación– sea interpretado como una usurpación a la voluntad general. Esto último quedó bastante claro con el otro caso reciente que trajo a colación Stefanoni: el *brexit* ganó pero la dirigencia política que lo alentó no supo cómo llevarlo a buen puerto inmediatamente.

En vista de lo anterior, es importante aclarar lo siguiente: las reflexiones de Rosanvallon apuntan a comprender el referéndum como un *Ersatz*, una medida insuficiente, para restablecer el actual desencanto en la democracia representativa liberal. Sin embargo, en nuestro caso particular, el plebiscito colombiano no apuntaba puntalmente a restablecer un vínculo entre representantes y representados. Antes bien, la consulta popular pretendía darle legitimidad a la

[10] Aquí el autor francés considera al parlamento como el lugar por excelencia del debate y de búsqueda concertada del "bien público".

negociación política entre el gobierno y la guerrilla más longeva del país, lo cual no significa que el plebiscito de 2016 en Colombia no presentara –a su manera– gran parte de las problemáticas remarcadas por Rosanvallon en sus propias indagaciones.

Presentamos, entonces, cuatro conclusiones sobre el caso colombiano teniendo en cuenta las indagaciones del autor francés antes referido:

a) en primer lugar, ciertamente, nadie se hizo cargo de los resultados del plebiscito. Por una mínima diferencia electoral ganó el "No". ¿Qué podía hacer la dirigencia política oficialista en ese momento? Como se sabe, el uribismo se apoderó del fracaso y el presidente Santos afirmó respetar el resultado al tiempo que, en nombre del orden público, aseguraba que no echaría para atrás el Acuerdo. ¿El triunfo del No "a la paz" no era, pues, culpa del pueblo mismo? Además, aparte del país que había votado por el Sí, ¿qué podía hacer al respecto?, ¿pedir la imposición autoritaria del Acuerdo?;

b) la realización del plebiscito, en segundo lugar, estuvo rodeada de un aura de triunfalismo que dejó por fuera las reflexiones de las implicaciones a mediano y largo plazo de sus posibles resultados negativos. Esto está relacionado finalmente con algo evidente dado nuestro análisis inicial: los términos mismos de la pregunta del referéndum eran poco claros. Suponiendo que un "buen referéndum" admitiría que las dos opciones presentadas tuviesen un mismo estatus de positividad, en el caso colombiano la opción del "No" no tenía prevista ninguna forma de ser implementada. Simplemente, ¿cómo traducir en la realidad que los colombianos no querrían "una paz estable y duradera"?: ¿haciendo de nuevo la guerra?;

c) en tercer lugar, al otorgarle estatuto de voluntad general a la "mayoría" (no calificada, sino a "la mitad más uno"), se hizo irreversible el desprestigio del proceso de paz: el pueblo había dado su "última palabra" y solo quedaba hacerla cumplir. Frente a la desorientación del gobierno de Santos, el arma electoral-discursiva primordial del uribismo y de gran parte de la derecha colombiana entre fines de 2016 hasta mediados de 2018 fue la de hacer cumplir la voluntad general. Así, gracias a una propuesta de consulta banalizada por el gobierno, se planteó desde la oposición al resultado negativo del plebiscito como la voz de todo el pueblo colombiano;

d) por último, y en relación con lo anterior, efectivamente la no implementación del plebiscito conllevó a un momento de la política colombiana que no podríamos caracterizar de otra forma que de lamentable: el fast track, la confección de nuevos acuerdos no aceptados por la oposición uribista, el descrédito de los electores colombianos frente a la comunidad internacional; la incapacidad de los representantes y militantes del Acuerdo por encontrar una salida política a la crisis ocasionada por el plebiscito; todo esto conllevó a que el uribismo, bajo la figura de Iván Duque, regresara al poder después de ocho años de oposición.

A modo de conclusión

El análisis anterior nos permite considerar, como primera conclusión general, que el Gobierno Santos utilizó el plebiscito más como un mecanismo de propaganda que como una consulta popular. Y dado que se terminó votando no solo por el "Sí" o por el "No", sino por Uribe o Santos, el plebiscito devino en un pulso de poder político, de resultados catastróficos para el proceso de paz con miras a las elecciones de 2018. De hecho, como dimos muestra, la forma y el contenido de la pregunta planteada en el plebiscito fueron formulados desde una posición triunfalista del gobierno que desatendió el espacio político-electoral al cual se enfrentaba, pidiendo apoyo a una pugna coyuntural y no un genuino compromiso con la consecución de la paz. Asimismo, y tomando como base algunas consideraciones de Pierre Rosanvallon sobre el referéndum, consideramos crucial que el "plebiscito por la paz" careciera de una guía de acción en caso de derrota (la victoria del "No"). En varias intervenciones de los miembros del equipo negociador del gobierno, y por parte del propio ex presidente Santos, se evidencia que el camino del "No" era una ruta que nunca estuvo contemplada.

Todo lo anterior pone en duda el carácter democrático con el cual se presentaba el mecanismo de participación ciudadana para respaldar el Acuerdo de paz entre el gobierno Santos y las FARC. El respaldo casi tautológico que buscaron los partidarios del "Sí" en el plebiscito, y su consiguiente fracaso electoral, tendrían como corolario la exacerbación de la oposición, otorgándole al uribismo las herramientas suficientes para reforzar su posición belicista y anti insurgente, que es en definitiva el recurso discursivo primordial que tiene hoy el debilitado gobierno de Duque para sostenerse. Pese a los intentos de transformar la sociedad colombiana, y en vista de las recurrentes movilizaciones sociales que experimentó durante 2020 y 2021, estará por verse si sigue teniendo peso electoral la victoria del plebiscito para la continuidad –o no– del uribismo como eje cardinal de la política del país.

Bibliografía

Amossy, R. (2012). *L'argumentation dans le discours.* Armand Colin.

Bonilla, L.; Ramírez, K.; Galvis, E. y Redondo, J. (2016). Women representation during the peace process in the colombian media.

The International Journal of Interdisciplinary Studies in Communication, 12(4), 13-25. 10.18848/2324-7320/CGP/v11i04/13-25.

Cifras y Conceptos (2016) *Encuesta polimérica. Instituciones, política, economía y sociedad.* https://cifrasyconceptos.com/productos-polimetrica/

Cruz, E. (2017). La rebelión de las ruanas: el paro nacional agrario en Colombia. *Análisis, 49*(90), 88-109.

Kerbrat-Orecchioni, C. (1997). *La enunciación. De la subjetividad en el lenguaje.* Buenos Aires: Edicial.

Krieg-Planque, A. (2009). *La notion de "formule" en analyse du discours. Cadre théorique et métodologique.* Besançon: Presses universitaires de Franche-Comté.

ONU (1967). Resolución 242 del Consejo de Seguridad de las Naciones Unidas. https://undocs.org/es/S/RES/242%20(1967)

Perelman, C. y Olbrechts-Tyteca, L. (1989). *Tratado de la argumentacion. La nueva retórica.* Madrid: Gredos.

Plantin, C. (2014). *Las buenas razones de las emociones.* Moreno: Editorial Universidad Nacional de Moreno.

Presidencia de la República (2016). Firma del decreto que convoca al plebiscito [Comunicado de prensa]. http://es.presidencia.gov.co/noticia/160830

Red Colombiana por la Justicia Tributaria, 2016). Estructura tributaria será más regresiva si se aprueba la reforma. *Revista Activos, 14*(27), 19-32.

Rosanvallon, Pierre (2020). *El siglo del populismo.* Buenos Aires: Manantial.

Seriót, P. (1986). Langue russe et discours politique soviétique: analyse des nominalisations. *Langages*, *21*(81), 11-41.

Stefanoni, Pablo (2021). *¿La rebeldía se volvió de derecha? Cómo el antiprogresismo y la anticorrección política están construyendo un nuevo sentido común (y por qué la izquierda debería tomarlos en serio)*. Buenos Aires: Siglo XXI.

Valencia, P. y Frances-Gómez, P. (2018) Legitimidad de la Jurisdicción Especial para la Paz. *Revista de Paz y Conflictos*, *11*(1), 105-133.

Duelo, gobierno y pandemia
Políticas del fantasma en México

Donovan Adrián Hernández Castellanos

En memoria de Javier Bautista,
una vida que hay que honrar.

En suma, en esta nueva época nos enfrentamos no ya solamente con una naturaleza que "hay que proteger" contra los destrozos causados por los humanos, sino también con una naturaleza seriamente capaz de perturbar nuestros saberes y nuestras vidas.

Isabelle Stengers,
En tiempos de catástrofes.

In media res en realidad puede servir como una descripción del lugar de nuestra ética mínima.

Joanna Zylinska,
Minimal Ethics for the Antropocene.

Pero el mundo, por el contrario, puede ir ausentándose poco a poco.

Déborah Danowski
y Eduardo Viveiros de Castro,
¿Hay mundo por venir?

La arena fuera del reloj: un escenario para pensar

Memorial a las víctimas de COVID-19, de Rafael Lozano-Hemmer, es una exposición virtual que dio inicio el 7 de noviembre de 2020 en el sitio web del Museo Universitario de Arte Contemporáneo (MUAC) de la Ciudad de México. Consistente con su trabajo en el *ars electrónica*, Lozano-Hemmer diseñó, junto a un equipo interdisciplinario, un algoritmo que permite trazar el retrato de los familiares fallecidos a causa del coronavirus sobre la arena. Los deudos realizan así, en la virtualidad de un espacio público ubicuo, la vieja tradición romana de las *imago mortis* (Didi-Huberman, 2014); solo que estas ya no aspiran a lo perenne, a la persistencia en el tiempo del recuerdo familiar, sino a la secuencia y sus lógicas de diseminación virtuales. La virtualidad que convoca la pieza colectiva y participativa, a modo de suplemento del duelo y sus procesos rituales o presenciales, se hace eco de la *virtualidad* que es la condición de todo gobierno.[1]

Hoy –tal vez por primera vez en el siglo XXI– somos testigos de un duelo de dimensiones globales; duelo sin fronteras que muestra la vulnerabilidad de todas las naciones, pero que, simultáneamente, esgrime ante nosotros la persistencia de patrones de dominación de larga duración que refuerzan la geopolítica extractivista del régimen dominante de sanidad mundial. Se trata de un régimen sostenido por el patrón de *colonialidad* (Quijano, 2014), que establece un

[1] La noción de virtualidad se dice de muchas formas: una primera acepción, sumamente concurrida, consiste en la descripción de los entornos digitales de la tecnología informática (Lévy, 1999; Subirats, 2001); otro uso establece la disyunción entre lo actual (lo que efectivamente ha tenido lugar) y lo virtual (el conjunto de probabilidades que inclinan la balanza de lo real en uno u otro sentido). Decimos que la *virtualidad* es condición del gobierno en la medida en que, siguiendo los argumentos de Michel Foucault (2006a) expuestos en su curso *Seguridad, territorio, población*, este se decanta por la segunda opción: puesto que el gobierno no se ejerce sobre las conductas actuales sino sobre las *virtuales*, consiste en un tipo de poder que podemos definir como metaconducción. Noción que desarrollo en el artículo "Foucault, la gubernamentalidad, la crítica" de próxima aparición. Este argumento se detalla más abajo en el presente artículo. Nuestra condición posmoderna habría vinculado, tal vez definitivamente, ambas acepciones de lo *virtual* en torno a nuestra gubernamentalidad persistente.

abismo entre los países monopolizadores de vacunas, farmacéuticas y registro de patentes y los gobiernos dependientes que exponen a sus poblaciones a una *precaridad* administrada (Butler, 2010).[2] Ello constituye la cara más siniestra de la biopolítica de nuestros días.

En este texto planteo un itinerario crítico que parte de la propuesta de filósofas feministas aglutinadas en torno a la Teoría Crítica que han promovido la necesidad de conformar una "sociedad civil global". Sostengo que esta vieja idea cosmopolita puede enriquecerse si, en lugar de abordarla desde la figura desencarnada del universalismo *a priori* presente en la teoría de la razón comunicativa (Benhabib, 2005; Habermas, 2003), la ubicamos en la experiencia del cuerpo y el duelo global que la COVID-19 ha provocado. Propongo pensar, por lo tanto, esta política desde la *cosmopolítica* abordada por pensadoras y pensadores críticos del Antropoceno (Haraway, 2019; Stengers, 2017). Analizo estos problemas a través de una crítica de las *fantasías* implícitas en las políticas de control que la pandemia ha desatado y sostengo, a través del caso de la biopolítica del Estado mexicano, que las actuales técnicas de gobierno no buscan propiamente controlar el fenómeno del contagio viral para ponerle un fin sino, antes bien, *gobernar a través de la curva y la aleatoriedad* abierta por el coronavirus. De la mano de Luciana Parisi (2013), argumento que este *gobierno de las mutaciones* define el principal rasgo de nuestras sociedades

[2] Ha sido Judith Butler quien, de manera enfática, introduce la distinción entre la *precariedad*, como condición ontológica del cuerpo expuesto, y la *precaridad*, como administración social, política y económica de los sujetos a la vulnerabilidad. Si bien todos somos, en mayor o menor medida, vulnerables y, por ello, sujetos a la dependencia estructural con los otros, también lo somos de manera *diferenciada:* en toda sociedad hay vidas que son más protegidas que otras, hay vidas que "habrán sido vividas" desde su comienzo y, en consecuencia, valoradas como *más dignas de ser vividas que otras.* A juicio de la pensadora norteamericana, este diferencial es introducido por el *duelo*: este permite reconocer y asignar inteligibilidad a las *vidas vivibles*, mientras que otras vidas permanecen debajo del margen de lo *vivible*; conformando así una suerte de carácter espectral que ha sido definido por Ogilvie (2013) como *sujetos desechables.* Para un análisis de la biopolítica ligada a los *cuerpos desechables* remito al lector al ensayo "La verticalidad, la mirada. Sobre necropolítica y 'vidas desechables'" (Hernández, 2021).

post-cibernéticas y concluyo con una serie de observaciones generales en torno a una posible ética del duelo global.

Lo planetario

En 2003 la filósofa Susan Buck-Morss sugería en su libro *Thinking Past Terror* que el 11-S había cambiado las condiciones en que los intelectuales podían pensar y practicar la Teoría Crítica.[3] Sostenía, con gran interés, el argumento de la progresiva conformación de una esfera pública global capaz de generar las condiciones de interlocución de una sociedad civil, a su vez, global. Si la experiencia de la crítica de la *guerra contra el terrorismo* ha podido sentar algún tipo de precedente en esta dirección, Seyla Benhabib –otra notable heredera de la Escuela de Frankfurt– sostuvo el impulso kantiano de una visión cosmopolita de la sociedad civil basada en la razón comunicativa, esta vez pasada por el tamiz de una crítica feminista de los supuestos habermasianos (Benhabib, 2005). Siguiendo el hilo de esta herencia, considero que la pandemia global del Covid-19 –o *infecto corona,* como la he denominado en otros lugares (Hernández, 2020) – ha modificado irreversiblemente las condiciones en las que podemos practicar una Teoría Crítica de la modernidad/colonialidad, y nos obliga a situarnos en la experiencia del duelo y la vulnerabilidad en su dimensión mundial. Solo que en esta ocasión no se trata únicamente

[3] De manera general, denominamos Teoría Crítica al esfuerzo interdisciplinario por conformar una crítica de la sociedad tal como existe. Este trabajo se ha articulado, como es bien sabido, en torno a los esfuerzos intelectuales de la primera generación de la Escuela de Frankfurt. A *grosso modo* la idea principal es *pensar dialécticamente desde lo negativo* para mostrar que el esfuerzo de reconciliar la razón con la historia, o el sujeto con el objeto, es imposible sin eliminar la posibilidad de la *alteridad* en el mundo que se dirige hacia la *administración entera*. Para una historia de la Escuela de Frankfurt conviene ver Rolf Wiggershaus (2010), el inglés, y en un rastreo de los pensadores que contribuyeron a este esfuerzo *Arqueologías urbanas, topografías críticas: la dialéctica de la ciudad en Siegfried Kracauer y Walter Benjamin* (Hernández, 2020).

de un registro antropocéntrico, sino de la amenaza del Antropoceno. Nos enfrentamos, pues, con un problema de *cosmopolítica*.

Vivimos en un tiempo que ha transformado la experiencia de lo *planetario* en el punto arquimédico del pensamiento crítico. Esta cuestión ya cuenta con su propio recorrido: Gayatri Chakravorty Spivak (2009) propuso hablar de lo *planetario* para romper la lógica financiera de la *mundialización del capitalismo*; a su vez Cristina Rivera Garza (2019) ha recogido el guante para pensar la poética de la desapropiación en su *necroescritura* frente a la *guerra contra las drogas* en México; por último Dipesh Chakrabarty (2009) y Achille Mbembe (2020) abordan el tópico de lo *plantear io* para interrogar los efectos poscoloniales del neoliberalismo, que implican la relación de la tecnociencia con el *brutalismo* y la catástrofe climática. Sin embargo, el impulso fundamental ha venido de los estudios posthumanos: la ética mínima para el Antropoceno de Zylinska (2014), la ética de la extinción de Claire Colebrook (2019) y la *cosmopolítica* de Isabelle Stengers (2017) son claves para interrogar la catástrofe del Antropoceno de la que la pandemia de coronavirus es consecuencia.

A ellas hay que sumar el enfoque interseccional de la crítica de la *colonialidad* del sistema mundo moderno, que suele ser un factor del que la teoría contemporánea no suele ocuparse pero que es completamente definitivo para aspirar a transformar la geopolítica de la actual civilización de los combustibles fósiles. Se trata, en suma, de producir narrativas del mundo que hagan posibles otros mundos (Haraway, 2019). Estas narrativas podrían incluir las siguientes preguntas: ¿de qué manera podemos pensar los problemas fundamentales de la bioética y el biopoder si partimos de la experiencia de los cuerpos-en-enfermedad en lugar de la imagen depurada del sujeto de la razón posilustrada? ¿Cómo podríamos pensar a una sociedad civil global que partiera de la experiencia común del duelo y la pérdida? ¿De qué modos *realizar* el duelo por las vidas perdidas en condiciones de *precaridad*, no siempre ajenas a la ineficiencia de los gobiernos? En fin, ¿cómo podemos situarnos ante el *derecho a respirar* (Mbembe, 2020) que define el nuevo imperativo planetario?

Políticas del fantasma

Es probable que estas preguntas nos obliguen a abandonar las retóricas de la guerra que tanto gobiernos como medios de comunicación han empleado para producir la imagen de un *combate sin enemigo* (Arriaga-Asenjo, 2020): primero, porque los efectos de la covid-19 se han propagado por el deterioro ocasionado por el extractivismo y sus efectos sobre las ecologías globales; y segundo, porque, como sostiene Isabelle Stengers en sus reflexiones sobre nuestra condición catastrófica durante el Antropoceno, ya no nos enfrentamos con una naturaleza pasiva que sirve de telón de fondo para la *Gestell* de la técnica (Heidegger), sino con una naturaleza capaz de irrumpir, de formas inusitadas, perturbando nuestros precarios órdenes sociales. No se trata de un *enemigo* con intencionalidad maligna, o de un Otro que nos combate desde un horizonte normativamente irreductible: se trata de una historia de encuentros entre especies, ecosistemas devastados y la evolución de los virus que asedian a los mamíferos. Este *mal* sin figura de intencionalidad posible nos asedia como algo *colosal*.

En el sentimiento de lo *colosal* encontramos una verdad de nuestra condición pandémica (Barrios, 2010).[4] Esta se caracteriza, entre

[4] Siguiendo el argumento kantiano, luego deconstruido por Jacques Derrida, el filósofo y curador mexicano José Luis Barrios define lo *colosal* de la siguiente manera: "Lo colosal se mide en relación con la desmedida, se trata de una ilusión ante lo inconmensurable, el deseo de él. Es algo que tiene su producción, en tanto racional, en el ámbito de las creaciones humanas. Más allá de lo bello y lo sublime, lo colosal aparece no sólo como el núcleo obsceno de lo epistemológico y lo estético, sino realizable, al menos como proyección de deseo, en la cultura." (Barrios, 2010, p. 37) ¿No es el sentimiento que nos embarga ante el *infecto corona* precisamente el de ubicarnos ante algo *colosal*? Desmesurado y producto de la razón, el *coronavirus* ha sido ya fantaseado por la cultura de masas bajo múltiples *semblantes*: en el cine vemos guiones de posibles extinciones humanas bajo riesgo epidemiológico e incluso pandémico, desde cintas como *Contagio* de Steven Soderbergh –que antecede con notable similitud al guión post-Wuhan de la pandemia global– hasta *Little Joe* de Jessica Hausner; pasando por la literatura, como en la notable novela de Fernanda Trías, *Mugre rosa* y *Liquidación* de Ling Ma. Como ha mostrado el psicoanálisis, un acontecimiento solo es perturbador y traumático si *previamente se lo ha fantaseado y deseado*.

otras cosas, por trazar una *política del fantasma*. Siempre que entendamos por *fantasma* la *pantalla del deseo constitutiva de la fantasía* (Žižek, 1999), tanto social como individual, podemos descubrir los efectos ideológicos de la pandemia. Ciertamente estos se caracterizan por reforzar mecanismos autoritarios en el control de las poblaciones, pero amén de las lógicas policíacas –que de todas formas estaban presentes en los dispositivos securitarios de occidente (Gros, 2012) –, la pandemia ha logrado irrumpir como algo *real* en la coraza *fantasmática* de nuestras sociedades. De ahí el efecto *traumático* de su emergencia.

Como nos ha enseñado el psicoanálisis, para que algo resulte traumático ya debe haber sido esperado, fantaseado y deseado con anterioridad; esto es, debe formar parte de la *pantalla fantasmática del deseo*. Philipp Sarasin, agudo observador de los *fantasmas* asociados al bioterrorismo y la guerra bacteriológica post 11-S, mostró en *Anthrax. Bioterror as fact and fantasy* (Sarasin, 2006) que los saberes biológicos implicados en el estudio de los sistemas inmunitarios no siempre estuvieron alejados de las fantasías eurocéntricas del control de fronteras y los flujos migratorios. A menudo la enfermedad fue metaforizada con imágenes bélicas y la política fue descrita con metáforas médicas y biológicas. Una matriz narrativa, colonial y xenófoba recurrente en los estudios clínicos del ántrax era, precisamente, la base para la descripción de pandemias incontrolables que provenían de Asia y las regiones "salvajes" del mundo árabe y chino. No resulta extraño, en esta genealogía actualizada del racismo, que la sinofobia se haya inscrito rápidamente como un significante asequible a la ideología del control soberano sobre cuerpos, territorios y mercancías –lo cual, como sabemos, constituye el envés siempre factual del libre mercado.

Quisiera pensar estas *políticas del fantasma*, que hoy podemos interrogar ya no desde el horizonte del bioterrorismo (esto es, desde la *política intencional de agresión, conjurada o real, de las poblaciones con armas biológicas*) sino desde la experiencia abierta por la pandemia de un *proceso global sin sujeto* (puesto que un virus carece de cualquier intención de infectar a su huésped). Si la amenaza, constitutiva de *lo político* (como distinción entre amigo y enemigo junto a sus dispositivos de la anomia y la excepción), no puede inscribirse en el otro, sino que es propiamente lo Otro más allá de la esencia y lo humano –es decir, una verdadera alteridad posthumana–; ¿dónde se inscribe entonces el fantasma, su deseo de expulsión y redención? Sospecho que el funcionamiento contemporáneo de la gubernamentalidad pasa por este registro, por esta nueva economía pandémico-global sin sujeto. Argumentaré, junto a Luciana Parisi, que la respuesta de la biopolítica contemporánea al acontecimiento del coronavirus responde menos a los criterios pensados por Deleuze (2006) acerca de una sociedad de control, que a una sociedad pos-cibernética cuya gubernamentalidad está atravesada por la adaptación a las mutaciones en tiempo real.

Gobierno

Como ha sostenido Philipp Sarasin (2020), de Foucault hemos aprendido que la gestión de las enfermedades es constitutiva de la formación de dispositivos de poder en la historia occidental. Así, son famosos tres modelos que componen la *analítica del poder* legada por el pensador francés: *i)* la gestión de la lepra, con sus espacios de segregación o exclusión, es prototípica del *poder soberano*, el cual se ejerce verticalmente sobre el territorio y sus propiedades; *ii)* la cuadrícula y el perímetro de sanidad para el control de la peste es definitoria de la *disciplina y su capilaridad microfísica*, que establece una analítica del espacio donde cada cuerpo y cada lugar son organizados según una función productora de sujetos dóciles; *iii)* por último, pero no menos importante, la administración de la viruela resulta esclarecedora para comprender los mecanismos de la *gubernamentalidad*.

A diferencia de la lepra y la peste, donde se excluye o se incluye para sofocar el foco de infección, la viruela obliga a los gobiernos a trabajar menos sobre el espacio que sobre el arco de lo *virtual*; esto es, sobre lo que aún no ha ocurrido pero que cuenta con severas probabilidades de suceder. Ejemplo: la infección de viruela no puede aplacarse, pero sí puede reducirse; por ende, los esfuerzos de higiene y vacunación masiva de las poblaciones, por parte de los gobiernos, tiende *virtualmente* a reducir los posibles riesgos de infección al controlar la curva de contagios. Lo virtual, así, no es solo el efecto de pantalla de las sociedades tecnológicas contemporáneas, sino ese dominio de lo probable sobre lo real, de la estadística sobre lo factual.

De ahí que el gobierno no se ejerza como un poder de mando sobre las conductas, sino como el establecimiento de las reglas del juego donde las conductas son posibles; vale decir, como *metaconducción*. En este tenor, el gobierno habrá de contar con la libertad de los gobernados, con sus iniciativas e incluso con su impugnación. El francés identificó este rasgo con el *agonismo* propio de los certámenes y las contiendas griegas, donde no se trata tanto de practicar una *política de la enemistad* (Mbembe, 2016) como de jugar una justa deportiva con rivales en igualdad de condiciones. Entre otras cosas, esto hace posible la práctica de la *inservidumbre voluntaria*, una crítica emparentada con la virtud. Todavía más importante, la racionalidad específica del gobierno –que Foucault denomina gubernamentalidad– incluye el riesgo, la estadística y lo virtual como parte del dispositivo biopolítico de gestión de las poblaciones. Si tuviéramos que atender a la diferencia entre *biopolítica* y *biopoder* en el planteamiento foucaultiano, tendríamos que considerar la precisión establecida por Judith Revel (2010): hablamos de *biopolítica* cuando identificamos mecanismos de gobierno y gestión de las poblaciones; hablamos de *biopoder*, en cambio, cuando damos cuenta de las prácticas de resistencia o *inservidumbre voluntaria* que las poblaciones, devenidas por esta operación en pueblos, ponen en marcha contra la gubernamentalidad estatal.

Pandemia

Resulta indudable, de cara a lo anterior, que la gestión biopolítica de la pandemia de SARS-COV-2 o *infecto corona* forma parte de la racionalidad de gobierno posneoliberal en México, el cual define sus rasgos generales en un escenario de crisis aguda de los sistemas de salud públicos y privados, donde se ha destacado por una elevada tasa de mortandad que lo coloca, junto a Estados Unidos y Brasil, como uno de los tres países más afectados por la pandemia global.

Hablamos de condición posneoliberal de la gubernamentalidad en México por una razón específica: se trata de un enunciado del propio presidente Andrés Manuel López Obrador (AMLO) que, entre otras cosas, asienta la narrativa de su gestión; la cual está basada en un recuento de la historia nacional en cuatro grandes etapas de transformación política, que abarcan: las guerras de independencia, las guerras de Reforma, la Revolución mexicana y el triunfo democrático de Morena, el partido de izquierdas, en la reciente elección. De ahí que la gestión actual se presente a sí misma como la cuarta Transformación de México (4T). El rasgo distintivo de esta práctica populista consiste, precisamente, en desmarcarse de las anteriores administraciones por su retórica antineoliberal. Algunas de las primeras medidas del gobierno de la 4T fueron encaminadas justamente a deshacer los pactos económicos con los socios financieros de los anteriores partidos, ahora en la oposición. Además de sostener su discurso sobre los pilares de la lucha contra la corrupción, la austeridad republicana y la justicia social, la 4T se planteó como un gobierno post-neoliberal; lo cual ha generado un intenso debate local. Mientras que la izquierda autonómica, principalmente indígena, observa la prevalencia de las mismas prácticas extractivistas, militaristas y los megaproyectos voraces que tienen continuidad en el actual gobierno, el movimiento feminista mexicano ha identificado a la 4T con la defensa del pacto patriarcal de impunidad que hace posible la gobernanza al interior de los estados de la Federación; únicamente los partidos tradicionales ven lesionados sus intereses por la política populista del actual gobierno. Para la oposición de izquierda es claro que se trata de una continuidad con lo anterior, en cambio los grupos conservadores perciben al gobierno como una ruptura con los acuerdos de las élites gobernantes.

En lo relativo a la gestión del riesgo pandémico, si bien las medidas de la 4T fueron encaminadas a cancelar las actividades presenciales al presentarse los primeros cien casos en la República mexicana, rápidamente se constató que una serie de problemáticas estructurales e inherentes a la sociedad mexicana mostraban la imposibilidad de practicar una cuarentena exitosa. No sólo era un obstáculo la pobreza extrema en la que el 40% de la población se encuentra, además la creciente presencia del trabajo informal aunada a la precariedad de los sistemas de salud pública incrementaban los retos de la administración entrante. El acceso a sistemas privados de salud para los mexicanos solamente resulta costeable para las élites del país. A esto se suma la generalización de comorbilidades, particularmente de enfermedades metabólicas, que agravan en muchos casos los síntomas de Covid-19. Si bien la 4T tomó medidas para asegurar el acceso universal a la salud, levantando restricciones para que hospitales públicos y privados aceptaran a pacientes de coronavirus, los sistemas muy pronto fueron rebasados por las tres intensas olas de picos en la alza de contagios.

¿Estados suicidarios?

La estrategia tomada, al igual que en otros países, ha sido el control de la curva de contagio. En este punto, las visiones eurocéntricas de la excepción y la anomia, presentes en los análisis de Giorgio Agamben (2020) –que el propio Jean-Luc Nancy ya ha criticado–, comienzan a ser insuficientes. A diferencia de las medidas policiacas de restricción de la movilidad, el Estado mexicano apostó por medidas individuales y voluntarias de contención de focos virales; el famoso *modelo centinela*, de vigilancia focalizada, sustituyó las fantasías de control de masas que todavía pesaban sobre el imaginario conservador, el cual clamaba por mano dura contra los pobres que tienen que resolver la subsistencia día a día. La demanda, más *fantasmática* que viable, de "pruebas rápidas" para el conteo y contención de casos resultaba impracticable. En cualquier caso, las medidas sostenidas por la 4T en México responden a la definición clásica de la biopolítica (Foucault, 2005b): se trata de un poder de *hacer vivir y dejar morir a las poblaciones*. A diferencia de las tesis que sostienen que hay una necropolítica en la gestión gubernamental de México, sostengo que hay más bien la producción de *vidas desechables* (Ogilvie, 2013): mientras que la *necropolítica* implica obligadamente la instrumentación de la muerte por medio de una política intencional y concienzuda, que moviliza recursos específicamente para el exterminio de una parte de la población, el efecto negativo y estadístico de las *vidas desechables* es la consecuencia de toda biopolítica que define criterios, parámetros, protocolos y normativas encaminadas a *hacer vivir* a una parte de la población. Como su sombra, se podría decir. El psicoanalista Bertrand Ogilvie lo define así:

> Puede decirse que la lógica contemporánea del mercado (otro nombre del capitalismo) es una lógica de exterminio indirecto y delegada (ejecución de los niños en las grandes metrópolis brasileñas, exacerbación de las guerras tribales africanas, instalación de regímenes de explotación agrícola neocolonialistas que desembocan en hambrunas endémicas) acompañada de algunas medidas de comercialización y de utilización simbólica (tráfico de órganos, de sangre, adopciones de niños, etc.). (Ogilvie, 2013, p. 74)

La diferencia entre ambas nociones consiste en el concepto de *genocidio*: en un caso, el Estado (o la población) dispone recursos para el exterminio (Bruneteau, 2009), en el otro la muerte es un dato estadístico de la gestión de los vivos. Desde la perspectiva del filósofo Vladimir Safatle (2020), el estado brasileño, con Bolsonaro a la cabeza, ha seguido en la estela de la lógica suicidaria que se remonta al período colonial, lo cual constituye un *Estado sucidario avant la léttre*;[5] otro tanto sostiene la filósofa originaria de India Divya Dwivedi (2020), quien al estudiar las narrativas globales en esta materia sostiene que la gestión de la pandemia en la India es una catástrofe humanitaria. A pesar de estas posturas duras respecto de los *estados suicidarios*, las trayectorias de la colonialidad del poder en México responden a una variable: son *suicidarias*, sí, en el sentido de que la precariedad y el desmantelamiento de los servicios públicos de salud han formado parte de las lógicas neoliberales del Estado contemporáneo, pero el efecto de las *vidas desechables* es una consecuencia precisamente de la sesión a la lógica del libre mercado ante las políticas de bienestar.

El gobierno de las mutaciones

En este punto se ha establecido una nueva economía entre los problemas del control de las sociedades cibernéticas, que se extienden a los *dividuos* y sus huellas de datos de los que hablaba Gilles Deleuze (2006), y el surgimiento de nuevos paradigmas de gobierno, esta vez post-cibernéticos (Parisi, 2013).

Mientras Deleuze pensaba en los inicios de los modelos de gubernamentalidad cibernéticos, que efectivamente abandonaban

[5] La discusión sobre los *estados suicidas* ha seguido una larga trayectoria. Ha sido Michel Foucault quien, en su curso *Defender la sociedad*, planteó una tesis relevante al respecto: los racismos de Estado, y en general los totalitarismos, se pueden definir como *estados suicidas* toda vez que, como muestra el ejemplo del nacionalsocialismo y la célebre anécdota del suicidio de Hitler en su búnker al perder la guerra, los totalitarismos llevan tan al extremo su *racismo* que consideran que la derrota militar es un signo del deterioro de la *raza* y, por ende, su población merece morir. Safatle introduce el neologismo *suicidario*, que incluso es un neologismo en su portugués originario, para indicar la variable específica de la *colonialidad* operativa en la gestión de la pandemia de los regímenes ultraconservadores, con sus discursos de odio, como los de Bolsonaro. Respecto del análisis de los discursos de odio, desde una inflexión deleuziano-guattariana cercana al *giro emocional* conviene ver el fabuloso trabajo conjunto de Gabriel Giorgi y Ana Kiffer (2020), *Las vueltas del odio. Gestos, escrituras, políticas*.

rápidamente los espacios segmentados de las disciplinas (hospitales, escuelas, prisiones, cuarteles militares, etc.) para transitar al régimen más fluido y rizomático de los axiomas, comandos y mandos a distancia (telemática) (Deleuze & Guattari, 2004), nosotros nos encontramos en las postrimerías de la ciencia del mando pensada por Norbert Wiener. La era de las máquinas dio paso a la de los aparatos: mientras las máquinas producen otras máquinas, los aparatos producen información (Flusser, 2011; Déotte, 2013). En este contexto, todavía de finales de los años setenta, Deleuze identificó la transición de un régimen de subjetividades e individuos, todavía disciplinares, a uno de *dividuos,* donde importa la unidad del dato, su conexión con otros datos y el arco que su recorrido genera en los sistemas informáticos de las sociedades tecnológicas. Así, el poder del *control* no se organiza en la retícula jerárquica del espacio tanto como en la axiomática del capitalismo financiero y su diagrama fluido de relaciones de valor. La máquina abstracta del capitalismo mundial integrado tiene un rostro cibernético en los análisis esquizos del filósofo francés.

Sin embargo, como señala Luciana Parisi (2013), una conversión en las técnicas de gobierno ha tenido lugar en las décadas recientes. Mientras las sociedades de control buscan, como su nombre indica, controlar las variables de cambio, la fluctuación de los mercados y axiomatizar las operaciones financieras, hoy en día –y la pandemia de Covid-19 parece confirmarlo– ya no se trata de controlar las variables sino de gobernar en la curva de incertidumbre. Parisi sugiere, de manera significativa, que el lenguaje de la biología molecular, con su énfasis en las mutaciones como factor evolutivo de los organismos, ha permeado también a las ingenierías de sistemas, obligando a la axiomática a dejar de producir códigos lineales y a introducir variables, rupturas y mutaciones en la propia programación de la sociedad de los algoritmos. La introducción de la *mutación dentro de la gestión biopolítica del riesgo* se ha convertido en la regla de la nueva gubernamentalidad, que se encuentra lejos de las descripciones realizadas por Deleuze a finales de los setenta. Si el gobierno ya no es el control de las variables, sino la adaptación a la curva de cambio que introduce el riesgo y la improbabilidad, es decir, la *mutación* dentro de su racionalidad específica, entonces nos encontramos en una situación muy distinta a las disyuntivas entre autoritarismo y democracia, estado de derecho y estado de excepción, que han definido a la biopolítica del siglo XX. El gobierno ha aprendido a convivir con la incertidumbre matemática y la incluido dentro de su gestión poblacional: estamos ante la *biopolítica de las mutaciones*.

Ética del duelo

Nuestras sociedades post-cibernéticas, en este sentido, nos obligan a plantearnos una serie de preguntas éticas y políticas que ya no parten de la disyuntiva normal/anormal, sino de la gestión pandémica y las *vidas desechables*. Lo que hemos llamado una "ética del duelo global", en medio del Antropoceno, no puede pensarse como una tesis panhumanista que afirme ninguna igualdad abstracta de la especia humana, sino que más bien se piensa de cara al gobierno de la curva del riesgo, de la aleatoriedad convertida en sistema, y de la *colonialidad de la sanidad* que establece una cesura entre vidas inmunizadas y vidas no inmunizadas.

El hecho de que vivimos un duelo global ocasionado por la pandemia, nos obliga a pensar la posibilidad de transformar nuestras ideas acerca de la gobernanza, la democracia y la prevalencia del mercado como rejilla de interpretación de nuestras vidas. No se trata solo del reconocimiento de la precariedad y la vulnerabilidad que nos son consustanciales, se trata de pensar desde el registro fenomenológico de los "cuerpos-en-enfermedad" y las vidas desechables que son producidas por la gestión biopolítica de la pandemia en América Latina. Como ha sugerido Bertrand Ogilvie, la producción de *vidas desechables* es el correlato de la biopolítica y, en ese sentido, las prácticas de *nulificación* también son constitutivas del *exterminismo* en las sociedades del libre mercado. En México, por ejemplo, la discriminación y los estereotipos sociales se han encaminado a fijar la figura del diabético, las madres solteras y los jóvenes de las zonas marginales como *vidas desechables*, obligándonos a producir análisis interseccionales de raza, género y clase para combatir las representaciones que, en la coyuntura actual, establecen las relaciones entre poder y cultura.

Por estas razones, además de los términos mencionados, añado al análisis interseccional la crítica del *capacitismo* que discrimina a los "cuerpos-en-enfermedad". Si reconocemos que el duelo es, a la vez, global y atravesado por la *colonialidad del régimen de sanidad* no solo podremos avanzar en la conformación de una Teoría Crítica de nuestra condición pandémica, sino que principalmente nos dirigiremos a la propuesta de soluciones a escala planetaria que esta ha planteado alrededor de la "sociedad civil global". Tal vez en ello se encuentre no solo la oportunidad de un diálogo crítico Norte-Sur, sino la conformación de una *cosmopolítica* capaz de hacer frente al Antropoceno, del que la pandemia del *infecto corona* es una consecuencia entre otras por venir. La *cosmopolítica* es un emplazamiento práctico, teórico y especulativo que surge de las nutritivas reflexiones de Isabelle Stengers, Donna Haraway y un grupo de antropólogas y filósofas que buscan continuar con el problema más allá de los límites restrictivos del giro lingüístico y el constructivismo social. Se trata de una comprensión donde el Otro (animal, nativo, mujer, etc.) puede tener lugar como parte de una *política del cosmos*. Déborah Danowski y Eduardo Viveiros de Castro lo definen así en su clásico reciente *¿Hay mundo por venir?*: "Así se da entonces que toda interacción entre especies en los mundos amerindios es una intriga internacional, una negociación diplomática o una operación de guerra que debe ser conducida con la máxima circunspección. Cosmopolítica". (Danowski y Viveiros de Castro, 2019, p. 134) De tal modo que, a pesar de no tratarse solamente de una cooperación con intencionalidad –como sucede con los hongos y los paisajes pos-cataclísmicos que Ana L. Tsing (2015) estudia–, la cosmopolítica es una oportunidad de reflexionar sobre el sentido de la Tierra en medio de nuestra condición pandémica.

Epílogo. Una respuesta de lo real

La Tierra es China.

Ray Bradbury, *Crónicas marcianas.*

A finales de junio de 2021, en la presentación de carteles que realizan al final de cada ciclo los estudiantes de la *Escuela de la Letra Psicoanalítica* de México, diversas ponencias versaban sobre la experiencia del duelo y la melancolía a causa de la pandemia de covid-19. Una en particular llamó mi atención: Germán Antonio sostenía que el coronavirus se había constituido en el gran Otro, el orden simbólico de la sociedad, lo que traía como consecuencia una serie de alteraciones en la psicopatología de los sujetos. El argumento me pareció interesante, pero justamente por las posibilidades que permitía pensar su *contradicción*: ¿qué pasaría si el coronavirus *no* fuera el ordenamiento simbólico de la sociedad contemporánea, sino *una respuesta de lo real que perfora y escinde, que hace tambalear precisamente el orden simbólico de la sociedad*? ¿Qué pasaría si el coronavirus no pudiera subsumirse al orden del significante, excediéndolo y atravesándolo como algo *que proviene de lo real*? En suma, cabría considerar la posibilidad de que la pandemia no estuviera estructurada como un lenguaje.[6]

Desde luego, la formula –casi me atrevo a decir el matema– del coronavirus como *una respuesta de lo real* la retomo de las reflexiones del hegeliano-lacaniano Slavoj Žižek (2013), quien plantea un símil entre la estructura paranoica del sujeto y los filmes de terror

[6] Érika Saldaña Pérez (2020) publicó un interesante texto titulado *La pandemia tiene una estructura de ficción*, con lo cual sintetiza y parafrasea dos ideas de Jacques Lacan: *i)* el inconsciente se estructura como un lenguaje, y *ii)* la verdad tiene una estructura de ficción. Aunque ambas nociones son sugerentes en este contexto, me parece más interesante la radical intuición lacaniana que se acerca al borde del goce y de lo real como aquello que, al mismo tiempo, escapa y es un resto no simbolizable de lo simbólico.

psicológico de Alfred Hitchcock: una *respuesta de lo real* es precisamente aquello que, para un psicótico, no permanece en el orden del significante, algo que *en lo real* confirma una sospecha o una intuición, una pregunta no formulada tal vez. Como en la fantasía narcisista de la omnipotencia, magistralmente ejecutada por Milla Jovovich en la versión de *Juana de Arco* (1999) de Luc Besson: cuando una joven Juana de Arco incursiona en el bosque, comienza a tener una visión de combate; en respuesta a sus súplicas piadosas, Dios deja una espada a su lado, para que pueda defender su fe y su reino de los herejes. El *brote psicótico* de Juana *le confirma su expectativa en lo real*: Dios en persona la ha elegido para ser su guerrera, la espada es la prueba de ello. Volviendo al *brote pandémico* del coronavirus: ¿no sería esta una simpática confirmación de las imaginerías paranoides que constituyen el fondo de las teorías de la conspiración? Solo que, para curarnos de esa posibilidad, debemos recordar que no hay un Otro del Otro.

Para ejemplificar mi réplica usé dos ejemplos que, de manera significativa, ocurrieron en China: el primero es, naturalmente, el hecho de que la provincia de Wuhan –precisamente en un país autodenominado socialista– fuera la zona cero de la infección global (lo que echa abajo el argumento de que el coronavirus sería un efecto del modo de producción capitalista); el segundo, mucho menos intuitivo, es el hecho de que en los primeros días de marzo de 2021 el gobierno chino confirmó que su radiotelescopio de quinientos metros, llamado FAST, había registrado tres señales de radio provenientes del espacio exterior.[7] El origen de estas misteriosas señales es desconocido a la fecha, aunque no necesariamente implica que haya vida inteligente detrás de ellas. Al igual que las señales recibidas en Australia, se sospecha que de Proxima Centauri, el episodio forma parte de la historia de la astronomía moderna. La cuestión es esta: aceptemos, por mor del argumento, que *esto sucedió* –lo cual, desde

[7] https://www.clarin.com/internacional/-vida-extraterrestre-china-confirma-detecto-misteriosas-senales-radio-universo-distante_0_eUN-8_6FV.html

luego, no es motivo para comenzar a ponernos gorritos de papel aluminio sobre las cabezas–, supongamos que efectivamente hubo una *respuesta de lo real.*

La pandemia es, en cierta forma, una *respuesta de la naturaleza* o, si se prefiere, la *irrupción de Gaia* que muestra nuestra infinita vulnerabilidad frente a los entes más arcaicos del mundo: los virus. Estos microorganismos, con su impredecible capacidad de mutación, han puesto a prueba los ordenamientos simbólicos (económicos, morales, sociales, médicos, filosóficos, etc.). Aceptemos también que estos dos sucesos que ocurrieron en China inscribieron rápidamente al país asiático dentro de las narrativas xenofóbicas que han sido elaboradas con la expansión colonial europea. Nos enfrentamos, por lo tanto, con la necesidad de pensar la *dimensión geopolítica* del contagio epidemiológico de la que ha sido la pandemia del siglo; pues, para muchos, China sigue siendo una enorme *caja negra* que no hemos logrado descifrar con éxito (¿la modernidad ha dejado de ser *americana* y anglosajona para pasar a ser *asiática*? ¿Nos las veremos con una modernidad *maoísta*? Etc.). En todo caso, y me gustaría cerrar este excurso con la siguiente reflexión, la verdadera cuestión sería esta: si la pandemia es *una respuesta de lo real*, ¿cuál es la pregunta que no hemos formulado? En todo caso, como escribió Ray Bradbury: la Tierra es *realmente* China.

Bibliografía

Asenjo-Barria, N. (2020). *Construcción de una nueva normalidad. Notas de un Chile pandémico*. Santiago de Chile: Psimática.

Barrios, J. (2010). *Atrocitas fascinans. Imagen, horror y deseo*. México: Universidad Iberoamericana.

Benhabib, S. (2005). *Los derechos de los otros. Extranjeros, residentes y ciudadanos.* Barcelona: Gedisa.

Bruneteau, B. (2009). *El siglo de los genocidios.* Madrid: Alianza Editorial.

Buck-Morss, S. (2003). *Thinking past terror. Islamism and Critical Theory on the Left.* Londres: Verso.

Butler, J. (2010). *Marcos de guerra. Las vidas lloradas.* Barcelona: Paidós.

Colebrook, C. (2019). Ética de la extinción. *Revista de Filosofía* (Universidad Iberoamericana), *51*(146), 94-111.

Chakrabarty, D. (2009). The climate of history. *Critical Inquiry,* (35).

Chakravorty Spivak, G. (2009). *Muerte de una disciplina.* Santiago de Chile: Palinodia.

Danowski, D. y Viveiros de Castro, E. (2019). *¿Hay mundo por venir? Ensayo sobre los miedos y los fines.* Buenos Aires: Caja Negra.

Deleuze, G. (2006). *Conversaciones.* Valencia: Pre-textos.

Deleuze, G. y Guattari, F. (2004). *Mil mesetas. Capitalismo y esquizofrenia.* Valencia: Pre-textos.

Déotte, J-L. (2013). *La época de los aparatos.* Buenos Aires: Adriana Hidalgo.

Didi-Huberman, G. (2014). *Pueblos expuestos, pueblos figurantes.* Buenos Aires: Manantial.

Flusser, V. (2011). *Hacia el universo de las imágenes técnicas.* México: ENAP.

Foucault, M. (2005). *Historia de la sexualidad. 1. La voluntad de saber*. México: Siglo XXI.

Foucault, M. (2006a). *Seguridad, territorio y población*. Buenos Aires: Fondo de Cultura Económica.

Foucault, M. (2006b). *Defender la sociedad*. México: Fondo de Cultura Económica.

Giorgi, G. y Kiffer, A. (2020). *Las vueltas del odio. Gestos, escrituras, políticas*. Buenos Aires: Eterna Cadencia.

Gros, F. (2012). *Le Principe Securité*. París: Gallimard.

Habermas, J. (2003). *Teoría de la acción comunicativa I*. Madrid: Taurus.

Haraway, D. (2019). *Seguir con el problema. Generar parentesco en el Chthuluceno*. Bilbao: Consonni.

Hernández, D. (2020a). Infecto corona: tramas virales, historias y políticas. En Alberto Constante y Ramón Chaverry Soto (comps.), *Filosofía de lo imprevisible, reflexiones para la pandemia*. México: FFyL, UNAM/Viceversa/Reflexiones Marginales.

Hernández, D. (2020b). *Arqueologías urbanas, topografías críticas. La dialéctica de la ciudad en Siegfried Kracauer y Walter Benjamin*. México: Parmenia.

Hernández, D. (2021). La verticalidad, la mirada. Sobre necropolítica y "vidas desechables". *Revista DignidaDH. Revista de la Comisión de Derechos Humanos del Estado de Quintana Roo*, (14), pp. 12-18.

Lévy, P. (1999). *¿Qué es lo virtual?* Madrid: Paidós.

Mbembe, A. (2016). *Politiques de l'inémitié*. París: La Découverte.

Mbembe, A. (2020). *Brutalisme*. París: La Découverte.

Ogilvie, B. (2013). *El hombre desechable. Ensayo sobre las formas del exterminismo y la violencia extrema*. Buenos Aires: Nueva Visión.

Parisi, L. (2013). *Contagious Architecture. Computation, Aesthetics, and Space*. Cambridge: The MIT Press.

Quijano, A. (2014). Colonialidad del poder, eurocentrismo y América Latina. En Edgardo Lander (comp.), *La colonialidad del saber: eurocentrismo y ciencias sociales. Perspectivas latinoamericanas*. Buenos Aires: CLACSO.

Revel, J. (2010). *Foucault: un pensamiento de lo discontinuo*. Buenos Aires: Amorrortu.

Rivera Garza, C. (2019). *Los muertos indóciles. Necroescrituras y desapropiación*. México: Penguin Random House.

Sarasin, P. (2006). *Anthrax. Bioterror as Fact and Fantasy*. Cambridge: Harvard University Press.

Stengers, I. (2017). *En tiempos de catástrofes. Cómo resistir a la barbarie que viene*. Barcelona: Ned Ediciones.

Subirats, Eduardo, (2001). *Culturas virtuales*. México: Ediciones Coyoacán.

Tsing, A. (2015). *The Mushroom at the End of the World. On the Possibilitiy of Life in Capitalist Ruins*. Princeton: Princeton University Press.

Wiggershaus, R. (2010). *La Escuela de Frankfurt*. México: Fondo de Cultura Económica.

Žižek, S. (1999). *El acoso de las fantasías*. México: Siglo XXI.

Žižek, S. (2013). *Mirando al sesgo. Una introducción a Jacques Lacan a través de la cultura popular.* Buenos Aires: Paidós.

Zylinska, J. (2014). *Minimal Ethics for the Anthropocene.* Ann Arbor: Open Humanities Press.

Recursos electrónicos

Dwivedi, D. (2020). *A través del gran aislamiento colonial.* https://www.dailymotion.com/video/x7u8pxw [Última consulta el 9 de agosto de 2021].

Mbembe, A. (2020). https://terremoto.mx/revista/the-universal-right-to-breathe/ [Última consulta el 9 de agosto de 2021].

Safatle, V. (2020). *Conferencia magistral.* https://www.youtube.com/watch?v=TSEgoC5loL8 [Última consulta el 9 de agosto de 2021].

Saldaña, É. (2020). *La pandemia tiene una estructura de ficción.* https://revista.reflexionesmarginales.com/la-pandemia-tiene-una-estructura-de-ficcion/ [Última consulta el 9 de agosto de 2021].

Sarasin, P. (2020). *Mit Foucault die Pandemie verstehen?* https://geschichtedergegenwart.ch/mit-foucault-die-pandemie-verstehen/?fbclid=IwAR2mOg10Zx9-eIi90yx4LmoByCMXiCRhORkvqoqupTL_l1QxKOjuSLsUnVI [Última consulta el 29 de abril de 2020]

Dinámicas de inclusión gerenciada en escuelas periféricas de Buenos Aires y Córdoba

Identidades producidas y afectadas en el cotidiano escolar[1]

Cintia Schwamberger, María Cecilia Bocchio y Julieta Armella

Introducción

La inclusión aparece en los textos políticos que regulan la escolaridad obligatoria como un futuro más o menos próximo, un *deber ser* de cada espacio institucional. De este modo pareciera enunciar eso que aún no ocurrió y que se propone como centro en la agenda de las políticas públicas desde la sanción de la vigente Ley de Educación Nacional en el año 2006.

En ese punto, Echeíta (2016) afirma que la noción de inclusión se volvió un concepto polisémico y de difícil aplicación, dado que

[1] Una versión más extensa de este texto fue publicada como "Inclusión gerenciada y escolarizaciones *low cost*. Una analítica de episodios en escuelas estatales del Sur Global" en la *Revista Latinoamérica de Inclusión Educativa*, 14(2), 177-190, 2020, http://dx.doi.org/10.4067/S0718-73782020000200177

paradójicamente cobra centralidad en un escenario que, desde finales del siglo XX, arroja de forma creciente a vastos sectores de la población a vivir en los bordes de la exclusión, especialmente en el sur global (Grinberg, 2019). En este contexto, la escuela ha sido y es parte clave de esa trama en tanto se espera que allí ocurran los procesos de inclusión, justamente, de una población que no deja de luchar contra ese borde. Por tanto, la noción de inclusión se ha vuelto la contracara de una sociedad que, como señala Foucault (2013), ha renunciado al pleno empleo y que, en su seno, produce a diario una población *liminar o flotante.*

A partir de los estudios del campo de la gubernamentalidad, abordamos los procesos cotidianos de inclusión en el devenir de la vida escolar en instituciones signadas por múltiples marcas de exclusión. Al respecto, proponemos la noción *inclusión gerenciada* como un modo de acercarnos a la descripción y comprensión de políticas de escolarización que, mientras reclaman el derecho a la inclusión, trasladan la responsabilidad de tales procesos a individuos e instituciones.

Como estrategia metodológica recuperamos, desde un enfoque etnográfico, la noción de episodio, a los efectos de construir una analítica de la vida escolar cotidiana. A partir de la noción de episodio (Darnton, 1987; Youdell, 2010; Armella y Grinberg, 2012) describimos dinámicas de inclusión que se desarrollan en la lógica de la (auto) gerencia y bajo el modo *low cost* (Bocchio, 2020). Realizaremos una caracterización de las tres escuelas para luego detenernos en los resultados de campo que, a modo de episodios, habilitan una analítica en torno a las formas que la inclusión escolar en estos espacios urbanos precisamente, ocurre.

A modo de hipótesis, proponemos que la inclusión educativa en escuelas atravesadas por múltiples desigualdades deviene inclusión gerenciada, esto es, descansa en la capacidad de individuos e instituciones que se vuelven sujetos y objetos de aquello que, se supone, deben resolver los organismos de Estado. Se trata de un clivaje de la inclusión desde el cual es imperativo analizar tanto las lógicas que operan en detrimento del derecho a la educación como sus efectos en la precarización de quienes hacen escuela cotidianamente.

Marco teórico de referencia

La inclusión, en el campo educativo, aparece en un primer momento vinculada a la educación especial y a los movimientos integracionistas del siglo pasado. A medida que la escuela recibía cada vez a sectores que antes no tenían lugar en las instituciones educativas, sus usos se fueron generalizando hacia una noción de mayor amplitud que refiere a una serie de prácticas que buscan revertir la exclusión de las poblaciones más desfavorecidas. Atendiendo a esta trayectoria, entendemos a la inclusión como el proceso por el cual los sistemas educativos deben realizar transformaciones sistémicas a fin de eliminar las distintas formas de discriminación y exclusión existentes.

En Argentina se pone en marcha a partir de la Ley de Educación Nacional N° 26.206 (LEN) del año 2006, cuyo principio rector se vuelve, así, garantizar la educación como derecho bajo la premisa de la eliminación de todo tipo de discriminación, promoviendo políticas de reconocimiento y redistribución de recursos a fin de garantizar una trayectoria escolar obligatoria a partir del nivel inicial, es decir desde los cuatro años de edad y hasta la finalización del nivel secundario. En este contexto, la escuela ha sido y es parte clave de esa trama en tanto se espera que allí ocurran los procesos de inclusión, justamente, de una población que no deja de luchar contra los procesos excluyentes que a diario ocurren en todos los ámbitos de la vida en general. Nos ocupamos en particular de aquello que atañe a los procesos y dinámicas de escolarización de urbes empobrecidas de Argentina.

Nos importa analizar cómo ocurre la inclusión a partir de los estudios sobre la gubernamentalidad (Grinberg, 2020; Veiga-Neto y Lopes, 2012) que en su intersección con la educación nos brindan elementos clave para entender el modo en que las lógicas gerenciales o de empresa (Foucault, 2013) atraviesan la vida social y proponen determinados mecanismos y tecnologías que irrumpen, se solapan, contraponen y/o yuxtaponen en la escuela. En estas condiciones, referimos a que las instituciones educativas quedan inmersas en las lógicas de la "Nueva Gestión Pública" (NGP), donde la regulación de las conductas se apropia de la vida escolar y deja a docentes y directivos sobrecargados de responsabilidades, pero sin los recursos para hacerles frente, en un particular estado que combina agobio y empuje permanente (Bocchio y Grinberg, 2019). En el día a día escolar, directivos y docentes comprueban que si no lo hacen ellos nadie lo hará. En suma, esto se traduce en una conquista por la inclusión que produce efectos y afectos particulares en la subjetividad docente y deja una huella en la historia de la vida escolar y de los sujetos que asisten a ella.

Las políticas de escolarización en escuelas signadas por múltiples desigualdades y por los mandatos de la nueva gestión pública representan el contexto que afecta y produce las subjetividades que componen la trama escolar donde la inclusión adquiere múltiples sentidos. Entendemos junto a Deleuze (1980) que el afecto es un devenir que altera las potencias de nuestros cuerpos y de los otros, de formas impredecibles, por tanto importa aquí la pregunta sobre aquello que ocurre cuando, en tiempos de austeridad y precariedad, la inclusión depende de la capacidad de gerencia que los organismos gubernamentales delegan en las instituciones y los actores educativos para hacer de la inclusión un derecho posible. A partir de ello, a través del concepto de inclusión gerenciada, proponemos comprender la trama más frágil y sensible de la hechura de la inclusión en espacios marcados por una materialidad particular de la cual, se sale afectado.

Como ya introdujimos, la noción *inclusión gerenciada* es un modo de acercarnos a la descripción y comprensión de políticas de escolarización que, mientras reclaman inclusión, trasladan la responsabilidad de la gestión a quienes la ponen en marcha. Es en la lógica de una inclusión que se gerencia donde advertimos que cobra relevancia la analogía con lo *low cost*, es decir el bajo coste empresarial –que se corresponde con un modelo de negocios basado en la eficiencia de los recursos invertidos para reducir el costo del servicio y masificar los niveles de consumo (Vals, 2013) – y las lógicas de gerenciamiento de las escuelas emplazadas en contextos de pobreza urbana (Grinberg, 2020), donde las prácticas de inclusión devienen en escolarizaciones *low cost* (Bocchio, 2019). Es decir, se convierten en escolarizaciones que dependen de la maximización de los siempre insuficientes recursos disponibles en las escuelas, particularmente los materiales y humanos, bajo lógicas de rendimiento y agencia de los sujetos que participan, donde inclusión se presenta como imperativo que atraviesa, de diferentes formas, la subjetividad de quienes están en la escuela.

En suma, la noción de *inclusión gerenciada* representa un modo de describir un clivaje de la inclusión que nos interpela tanto en el análisis de los contextos escolares singulares/locales, signados por la precaridad (Butler, 2010), como en la descripción de los efectos de subjetivación y precarización de quienes hacen escuela cotidianamente. Entendemos que tales efectos constituyen también una realidad global que signa nuestro tiempo. Retomando a Esposito (2005), la complejidad inherente a estas dinámicas se produce en un interjuego donde la protección de la vida y su desamparo se combaten no tanto en la negación sino en el rodeo. Así, señala:

> La figura dialéctica que de este modo se bosqueja es la de inclusión excluyente o de la exclusión mediante la inclusión. El veneno es vencido por el organismo no cuando es expulsado fuera de él, sino cuando de algún modo llega a formar parte de este. Ya se decía: más que a una afirmación, la lógica inmunitaria remite a una no-negación, a la negación de una negación. Lo negativo no sólo sobrevive a su cura, sino que constituye la condición de eficacia de ésta... un negativo menor destinado a bloquear el mayor peso, pero en el interior del mismo lenguaje (p. 18).

De forma que la tensión inclusión-exclusión en las dinámicas cotidianas de la escolaridad coloca a las escuelas ante la imperiosa necesidad de gestionar aquello que sistémicamente solo puede ser resuelto por fuera de ellas –llámese condiciones materiales o elementos didácticos– y con recursos que la institución debe autogestionar/generar. Proponemos que también allí se produce un plus que es objeto de atención: la escuela en los barrios más empobrecidos del sur global es y se hace en estas tensiones y en ellas se producen un sinnúmero de luchas y fugas sobre las que es clave detener la mirada. No se trata solo de un padecer, sino de sujetos que pujan y luchan en tanto la inclusión-exclusión no deja de ser parte de la gubernamentalidad contemporánea.

Metodología

Esta ponencia retoma el trabajo en terreno de tres investigaciones cualitativas anudadas en un proyecto marco que recupera aportes de la etnografía educativa (Rockwel y Anderson-Levitt, 2015), con foco en una analítica de las tensiones de la inclusión, en la cotidianeidad de escuelas emplazadas en contextos de pobreza urbana. Aquí, entonces, trabajamos a partir de la noción de episodio (Darnton, 1987; Youdell, 2010; Armella y Grinberg, 2012) que se despliega en la vida cotidiana de las escuelas donde la inclusión se (auto)gerencia bajo el modo *low cost* (Bocchio, 2020).

El análisis de episodios ha sido y es utilizado como herramienta metodológica en las investigaciones de aquella corriente que se denominó *microhistoria* en la segunda mitad del siglo XX, que comienza a centrar su atención en los sujetos y en el modo en que estos piensan el mundo, atendiendo no a grandes acontecimientos sino a pequeños e incluso extraños episodios de la vida cotidiana.

En el campo de la educación, el análisis de episodios ha sido trabajado por estudios etnográficos postestructuralistas aunque aún es un recurso escasamente explorado (Youdell, 2010; Armella y Grinberg, 2012). Es esa posibilidad de ubicar fragmentos o pequeños sucesos de la vida cotidiana de las escuelas en la historia aquello que los convierte en un elemento sugerente que permite, asimismo, reconocer procesos de conformación, reconfiguración y pliegues en la subjetividad de quienes transitan territorios escolares abyectos como los que son aquí objeto de debate. Desde esta perspectiva, a continuación caracterizamos tres escuelas para luego detenernos en los resultados que, a modo de episodios, habilitan una analítica en torno a las formas de la inclusión escolar en estos espacios urbanos.

Escuela 1. Se trata de una escuela secundaria ubicada en una de las denominadas *villas miseria o slums* de la región metropolitana de Buenos Aires. Un territorio próximo al Río Reconquista, uno de los más contaminados del país, y de las áreas de relleno sanitario del CEAMSE, empresa que recoge y procesa los residuos de la Ciudad de Buenos Aires y del área metropolitana de la provincia de Buenos Aires.

Escuela 2. Se trata de una escuela de gestión estatal de educación especial para estudiantes con discapacidad intelectual emplazada en el primer cordón de la región metropolitana de Buenos Aires. La escuela es de jornada completa y cuenta con los servicios alimentarios para los casi quinientos estudiantes que asisten a diario. Si bien esta escuela no se encuentra cercana a ninguna de las villas del Partido, recibe en un 60% a estudiantes que provienen de los barrios más empobrecidos de la ciudad, emplazados a la ribera del río mencionado con anterioridad.

Escuela 3. La escuela secundaria se ubica en una ciudad-barrio, al noreste de la Ciudad de Córdoba, los vecinos la bautizaron *Barrio 29 de Mayo: Ciudad de Mis Cuartetos*. La escuela se encuentra ubicada en la parte más baja del complejo habitacional, por tanto, las cloacas en estado permanente de colapso atraviesan el ingreso a la escuela, el "paisaje" escolar también incluye un basural en la parte trasera de la escuela, quc linda con el patio de recreo y el espacio al aire libre para educación física.

Episodios

Ser director y electricista

Estamos en viaje a la escuela cuando Carlos, su director, nos llama para avisarnos que tienen que cerrarla. Están comunicándose con las familias para que pasen a retirar a cada estudiante.

Una vez más, se está inundando. Llueve hace días, pero ahora también "llueve desde abajo", dice con voz de cansada resignación. Expresa:

> Es un peligro, por las infecciones que puede dar esto. Pero el problema es que no saben cómo resolverlo porque no se encuentra la cámara séptica. Y los chicos van a quedar de nuevo sin clases por varios días... o semanas. Y ya vienen con muchas interrupciones, hubo jornadas en las que la falta de tubos de luz en las aulas hizo que no pudieran tener clase por horas, las aulas estaban prácticamente a oscuras... y ¿podés creer que los tubos que nos mandaron desde el consejo escolar no los pudimos colocar porque tenían otra toma? A veces lamento ser tan torpe con mis manos. Porque si no me podría poner a arreglar y tal vez ganaríamos tiempo... Y los chicos podrían tener clases antes. (Escuela 1. Registro de campo, agosto de 2019)

Carlos, en ese hacer encarnado en quien dirige una escuela en un asentamiento precario, como es su caso, ya no se queja de las condiciones de la infraestructura escolar, las conoce, las vive a diario y sabe que si quiere que la institución siga funcionando la única forma de torcerlas es actuando local y milimétricamente: ganar tiempo es la clave, siempre.

A continuación, en este segundo episodio, las cañerías dan que hablar, atraviesan el día a día de la escuela y van más allá de sus paredes.

Lo que natura da

Es momento de recreo y salimos con el grupo y la docente al patio de atrás. La escuela se encuentra inundada de intensos olores, entre ellos, los que provienen del desecho cloacal. Nos encontramos con la directora que, a la vez, es la encargada de uno de los grupos más pequeños debido a que la docente ese día se encuentra ausente por problemas de salud. En esos diez minutos que compartimos ese recreo sucede la siguiente conversación:

> (D1): –De nuevo hay olor en la escuela, no se puede ni comer.
>
> (Directora): –Sí, no te preocupes que ya me encargué de gestionar para que venga el intendente a arreglar las cloacas. Y como estamos en plena campaña electoral seguro nos cumplen el pedido.
>
> (D1): –¿Cómo hiciste?
>
> (Directora): –Callate que el sábado fui a la verdulería, me encontré a la mujer del intendente. Viste que viven por acá cerca. Me di cuenta que era ella y empecé a hablarle. Me dijo que llame al despacho y que hable para concertar una entrevista con el intendente y le cuente sobre el tema. Así que la semana que viene tenemos una reunión con el intendente [lo expresa entusiasmada y contenta].
>
> (D1): –Qué bueno.
>
> (Directora): –Sí, seguro vas vos y de paso le contas lo del trabajo que están haciendo sobre el cuidado del ambiente.
>
> (D1): –Bueno dale ningún problema, todo sea para que nos pongan las cloacas.
>
> (Directora): –Sí, no solo eso, hagamos una lista de todo lo que necesitamos, las cloacas, las veredas, la caldera, todo, así conseguimos la mayor cantidad de cosas y no nos olvidamos de nada.
>
> (Escuela 2. Registro de campo, septiembre de 2019).

Aprovechar las compras en la verdulería como ocasión de reclamo podría ser parte de una comedia de enredos, sin embargo, no lo es.

Tampoco es la primera forma del reclamo, sino el modo en que la oportunidad hace al sujeto. Tampoco lo es la siguiente escena en donde la escuela debe acordar con la comisaría cómo hacer para que entren ambulancias a asistir a los estudiantes o limpiar un calabozo para que funcione de depósito de computadoras en el receso de verano. El siguiente episodio remite a ello.

Sobre la alianza con la comunidad "policíaca"

Dice la directora: "Yo tengo un contrato con el comisario, eso me viene salvando". Ante la imposibilidad de pagar un seguro médico en caso de accidentes en el espacio escolar (costo que –la directora aclara– las empresas privadas de asistencia a domicilio aumentan para no ingresar al barrio) el acuerdo es, en palabras de la propia directora: "Yo lo llamo al comisario, él llama el 107 y sacamos al pibe a la calle que es lugar donde el 107 tiene licencia para intervenir".

Al hablar de los escasos recursos con los que cuenta una escuela cuya especialidad son las artes visuales, la directora comenta que hacia final de 2019 recibieron, por única vez, un carrito con netbooks provenientes del programa Aprender Conectados. Nuevamente el comisario aparece en escena y entre risas lo evoca: "Directora, ya le limpié el calabozo para que venga a guardar las computadoras por el verano" (Escuela 3. Registro de campo, marzo de 2020).

¿Qué elementos hilvanan esta serie de episodios? ¿Cuáles son las regularidades que hacen de ellos escenas singulares y a la vez capaces de narrar el presente en la cotidianeidad de las escuelas? ¿Qué *dicen* acerca de las formas que asume la inclusión educativa en el siglo XXI? Como señalamos, todos son episodios que en su narración resultan entre fantásticos o increíbles, e, incluso, podrían pensarse como situaciones de excepción. Sin embargo, se trata de escenas que atraviesan la cotidianeidad de las escuelas y por tanto permiten comprender mucho de la hechura de la escolaridad en estos espacios de la urbe. Una materialidad que explica mucho acerca de las condiciones en que se despliegan distintos procesos de inclusión escolar.

Conclusiones

Los fragmentos de escenas aquí recuperadas muestran de modo extremo esa inclusión-excluyente de la que habla Esposito (2005), una inclusión que no deja de negar la exclusión en tanto la materialidad de la vida escolar no hace más que estallar y desbordar(se). Son retazos de una escena cotidiana en las escuelas donde realizamos nuestros trabajos de investigación. No se constituyen como una totalidad homogeneizante de todas las escuelas sino que se conforman como parte de una trama que involucra múltiples afecciones y efectos cotidianos tanto en la materialidad de la institución como en la materialidad de los cuerpos que hacen escuela. Son flashes que devuelven parte de una fotografía que caracteriza a la cotidianeidad de muchas de las escuelas que se emplazan en estos territorios. Lejos de expresar una mirada que devuelva desprecio o no reconocimiento, tanto docentes, directivos y supervisores son la clave de ese plus que permite ver la fotografía completa de lo que a diario ocurre en las escuelas. Ese plus, que se materializa a través del compromiso y la responsabilidad que encarnan los actores intervinientes en las escenas, es lo que hace posible que la escuela abra sus puertas y que algo del orden de la escolaridad allí ocurra. Así, las cañerías explotadas son mucho más que una metáfora, se vuelven episodio.

Episodios en los que no sólo se confirma ese desborde, sino que se observa otro plus que también es recurrente. Los tres directivos están cansados de esperar los tiempos del Estado y toman la iniciativa para "enmendar" la situación, hacen lo que pueden con los recursos que encuentran para resolver los problemas que surgen y urgen. Entonces ¿qué significa (auto)gerenciar la inclusión? Podemos decir que son las maneras contemporáneas a través de las cuales se gestionan por cuenta propia las condiciones para ser y hacer escuela. Hablamos de condiciones de extrema desigualdad que obligan a directivos y docentes a autogestionarlo todo para que la escolarización de sus estudiantes sea posible.

En estos episodios cotidianos estamos ante una serie de elementos que se repiten y articulan: la *soledad* de quienes cargan el peso de gestionarlo todo sin tener (casi) nada; el encuentro con *interlocutores estratégicos* (la mujer del intendente o el comisario) en los *extramuros de la escuela* (en la verdulería, en la comisaría) que permite que algo del intramuros escolar funcione.

Estos eventos tienen, desde nuestra lectura, un hilo conductor que los aglutina: una materialidad atravesada por la ausencia o deficiencia de urbanización en la que están emplazadas las escuelas. En otras palabras, cuando referimos a inclusión gerenciada hablamos de la búsqueda permanente de superar, en la lógica de la autoayuda, la carencia de condiciones para ser escuela que el Estado si garantiza a los sectores "en riesgo de exclusión social y educativa".

Queremos ser incisivas, el Estado en sus acciones produce efectos y afectos tanto en las propias instituciones como en los sujetos que allí concurren, en los episodios descritos se evidencia que, si las cloacas colapsan y no puede haber clases, esas son las condiciones reales de la materialidad estatal, aquellas que el Estado está administrando para garantizar la inclusión educativa. Esta es la cara más visible de la inclusión-excluyente, aquella "práctica homeopática de protección que excluye incluyendo y afirma negando" (Esposito, 2005, p. 18). Asimismo, entendemos que en las marcas que deja, algo del orden de lo no esperado también ocurre. Son las formas de las resistencias cotidianas que los episodios también expresan.

Hablamos de una inclusión gerenciada cuya precariedad cotidiana confirma, que, aun dotando a las escuelas de escasos recursos estatales, el objetivo de escolarizar a quienes históricamente estuvieron fuera del sistema educativo se mantiene vigente. Como en las empresas *low cost*, ellas, en sus huecos, habilitan la circulación de una población abyecta cuya sola presencia no hace más que provocar. Y, en ella, en esa provocación descansa parte de las luchas contemporáneas que tienen a las escuelas como protagonistas clave. Cabe la posibilidad de abrir un interrogante: ¿si estos directivos no hiciesen este trabajo qué escolarizaciones tendríamos?

Bibliografía

Armella, J. y Grinberg, S. (2012). ¿Hay un hipertexto en esta clase? Dispositivos pedagógicos, tecnología y subjetividad. *Signo y Pensamiento, 31*(61), 108-124. https://doi.org/10.11144/Javeriana.syp31-61.hhec

Bocchio, M. C. y Grinberg, S. (2019). Management times as moral regulation in Argentina. A study at the everyday work of a secondary school principal. *International Journal of Leadership in Education, 22*(1), 91-101. https://doi.org/10.1080/13603124.2018.1543539

Bocchio, M. C. (2019). ¿Y si no estuviesen las escuelas secundarias en las ciudades-barrios? Tensiones entre la mejora de las condiciones de escolarización y el desfinanciamiento de algunas políticas de inclusión socioeducativa en la provincia de Córdoba. *Archivos Analíticos de Políticas Educativas, 27*(2), 1-23. https://doi.org/10.14507/epaa.27.3178

Bocchio, M. C. (2020). Virajes en las políticas de inclusión social y educativa para garantizar la Educación Secundaria Obligatoria. Un estudio en ciudades-barrios de Córdoba, Argentina. *Cuadernos de Humanidades, 31*, 77-92.

Bocchio, M. C. y Villagrán, C. A. (2020). Regulación del espacio urbano, espacio escolar y dinámicas de solidaridad en la vida cotidiana. Estudios de caso en dos provincias argentinas. *Espacios en Blanco. Revista de Educación, 30*(2), 365-380. https://doi.org/10.37177/UNICEN/EB30-283

Butler, J. (2010). *Cuerpos que importan.* Buenos Aires: Paidós.

Darnton, R. (1987). *La gran matanza de gatos y otros episodios en la historia de la cultura francesa.* Buenos Aires: Fondo de Cultura Económica.

Deleuze, G. (1980). *Diálogos.* Madrid: Pre-Textos.

Echeita. G. (2016). *Educación para la inclusión o educación sin exclusiones.* Madrid: Narcea.

Esposito, R. (2005). *Inmunitas: protección y negación de la vida.* España: Amorrortu.

Foucault, M. (2013). *Nacimiento de la biopolítica.* Buenos Aires: Fondo de Cultura Económica.

Grinberg, S. (2019). Self-made school and the everyday making in Buenos Aires slums. *British Journal of Sociology of Education, 40*(4), 560-577. https://doi.org/10.1080/01425692.2019.1565991

Grinberg, S. (2020). Etnografía, biopolítica y colonialidad. Genealogías de la precariedad urbana en la Región Metropolitana de Buenos Aires. *Tabula Rasa, 34*, 19-39. https://doi.org/10.25058/20112742.n34.02

Rockwell, E. y Anderson-Levitt, K. (2015). Importantes correntes de pesquisa etnográfica sobre educação: Maiorias, minorias emigrações através das Américas. *Educação e Pesquisa, 41*(2), 1129-1135. https://doi.org/10.1590/S1517-9702201508148880

Valls, J. F. (2013). Más allá del "*low cost*", productos, precios y marcas en el nuevo escenario de la sensibilidad al precio. *Asociación para el Progreso de la Dirección, 283*, 14-16.

Youdell, D. (2010). Queer outings: Uncomfortable stories about the subjects of poststructural school ethnography. *International Journal of Qualitative Studies in Education, 23*(1), 87-100. https://doi.org/10.1080/09518390903447168

La pandemia y los sindicatos: ¿un motor para repensar a largo plazo?

Desafíos y oportunidades para fortalecer la representación del trabajo

Tanja Petra Schindewolf

Ayuda de emergencia sindical y refuerzo de desafíos conocidos

"Sindicatos - una especie en peligro de extinción". Este es el titular de un artículo de Benedikt Peters, aparecido en el periódico alemán *Süddeutsche Zeitung* el 10 de febrero de 2021. El artículo explicaba cómo los sindicatos alemanes reunidos bajo la Confederación Sindical Alemana (DGB) habían perdido muchas y muchos miembros en el curso de la pandemia. Una lectura de diarios de diversos países permite observar que este problema va más allá de Alemania pues también a escala mundial la afiliación sindical ha ido disminuyendo con el tiempo al igual que la capacidad de los sindicatos para organizarse y servir a las y los trabajadores. La crisis de la COVID-19 ha dejado al descubierto y agravado desafíos sindicales ya existentes.

La globalización y los cambios demográficos, ambientales y tecnológicos están cambiando los mercados laborales de hoy y determinarán los del mañana. Por un lado, los puestos de trabajo se están reduciendo en algunas industrias debido a la pandemia, al mismo tiempo que la digitalización del mundo del trabajo avanza rápidamente; y por otro lado, la crisis climática y la necesidad de una transición amigable hacia el cuidado del ambiente, si bien es una causa por la que vale la pena luchar, provocará al mismo tiempo la pérdida de muchos puestos de trabajo en la industria tradicional.

Estos acontecimientos plantean a los sindicatos el gran desafío de seguir representando los intereses de las y los trabajadores en la actualidad. Atrás quedaron los días en que los sindicatos en muchos países representaban principalmente a las y los trabajadores de fábricas, parados directamente frente a una puerta de ingreso fabril.

La pandemia ha puesto al descubierto muchos aspectos deficitarios del llamado "trabajo decente". Esto se aplica sobretodo a los países del llamado sur global. Pese a las restricciones existentes durante la pandemia, las y los trabajadores y sus familias recibieron la asistencia de los sindicatos de formas muy diversas, por ejemplo a través de prestación de asesoramiento jurídico, creación de fondos de emergencia, organización de campañas de sensibilización, adaptación de programas de formación, promoción del reconocimiento de la COVID-19 como enfermedad profesional y utilización de las redes sociales para comunicarse.

Alrededor del 80% de los países del mundo recurrieron al diálogo social, como parte de la respuesta a la crisis de la COVID-19. Los temas de negociación más frecuentes fueron la protección social y las medidas en materia de empleo, relaciones laborales, seguridad y salud en el trabajo y medidas fiscales (OIT, 2021a).

Los sistemas de seguridad social juegan un papel fundamental en la participación de las y los desfavorecidos. Esta crisis sanitaria ha puesto de manifiesto las deficiencias de estos sistemas. Así lo muestran hospitales sobrecargados, respiradores faltantes, cuellos de botella en la entrega de máscaras protectoras y la cantidad reducida de kits de testeo. Durante la pandemia, los sistemas de salud colapsaron en muchos países; sistemas que en muchos de ellos ya estaban al borde del colapso, especialmente en aquellos países con un alto grado de privatización de los servicios de salud.

La pandemia ha golpeado con más fuerza a los más débiles en el mundo del trabajo: las y los trabajadores informales o con relaciones laborales y de ingresos inseguras, las y los cuentapropistas y las y los migrantes continúan luego de un año y medio de pandemia sufriendo gravemente sus consecuencias.

También es importante destacar la ampliación de los desequilibrios de género. Al ser despedidos estos trabajadores por la pandemia o recluidos en sus hogares por las restricciones de circulación, se hizo evidente una gran cantidad de actividades de cuidado no remuneradas realizadas de manera desproporcionada por las mujeres.

Asimismo, muchas mujeres que encontraron empleo en el sector informal se vieron en una situación muy particular. Este es un sector caracterizado por condiciones laborales extremadamente precarias que implican trabajo sin seguridad social ni contratos laborales, falta de regulaciones contractuales sin protección contra el despido, sin derecho a vacaciones o al pago continuo de salarios en caso de enfermedad o cuarentena. La mayoría de las veces, las personas con empleo informal se encuentran bajo presión financiera y, por lo tanto, generalmente no pueden acumular reservas y están endeudadas.

Desafíos sindicales: ejemplos en el contexto de la pandemia

Existen múltiples desafíos a los que el accionar sindical debe hacer frente. Entre ellos se pueden mencionar: las discriminaciones por género, la existencia de bajos salarios y débiles convenios colectivos de trabajo, la deficiente comunicación y organización sindical y la represión gubernamental ante la disidencia. A través de la consideración de ellos a partir de informes de organizaciones internacionales elaborados en 2020 y 2021 y algunos ejemplos detectados en determinados países, se quiere mostrar la ardua tarea que existe para la postpandemia.

Muchas y muchos trabajadores, y especialmente las mujeres, sufren discriminación en diversas áreas debido a la desigualdad salarial o falta de oportunidades de promoción. La pandemia de COVID-19 ha empeorado la situación de las mujeres. A menudo existe una falta de información y mecanismos vinculantes sobre cómo las trabajadoras pueden obtener sus derechos laborales o, por ejemplo, hacerse valer contra la violencia sexual en el lugar de trabajo.

En los últimos años, los sindicatos han luchado por un acuerdo que prohíba y castigue la violencia de género en el lugar de trabajo. Este acuerdo fue finalmente adoptado en 2019. Actualmente, corresponde a cada país ratificar este instrumento legal. El año pasado, Uruguay se convirtió en el primer país del mundo en firmar la convención. Le siguieron otros países como Fiji y Namibia (OIT, 2021b).

No obstante, en todo el mundo se registró con gran preocupación un aumento de la violencia doméstica, especialmente contra mujeres, como resultado de las medidas relacionadas con la pandemia, por ejemplo, durante los toques de queda.

Una de las principales razones de salarios bajos y convenios colectivos débiles o inexistentes que ya existían antes de la pandemia es el escaso poder de negociación de los sindicatos en muchos países. La falta de influencia se relaciona tanto con factores externos como internos. Los derechos sindicales básicos, como la libertad sindical, a menudo no se respetan plenamente. Sin embargo, el débil poder de negociación también indica desafíos dentro del movimiento obrero. Las organizaciones sindicales carecen de unidad, mientras que las y los trabajadores a menudo están organizados en una sola organización y políticamente muy bien interconectados. Los movimientos fragmentados con tasas de sindicalización extremadamente bajas obstaculizan una lucha común por mejores condiciones laborales y salarios dignos. Algunas investigaciones muestran que los sindicatos fuertes y unidos son fundamentales para negociar mejoras en las condiciones laborales y los salarios decentes, es por ello que en empresas con las y los trabajadores unidos, se consiguen salarios más altos. Por lo tanto, los sindicatos deben profesionalizar aún más su trabajo, actuar en unidad con las y los trabajadores, negociar mejores condiciones laborales y atraer a más miembros para fortalecer su poder de negociación en los comités de salario mínimo, a nivel empresarial y sectorial (Jaumotte y Osorio Buitron, 2015).

Además, las y los trabajadores a menudo están mal informados sobre las actuaciones de los sindicatos y carecen de las habilidades necesarias para organizarse. Asimismo, la intimidación y represión ejercida a través de presiones como amenazas de despidos o de violencia por parte de las y los empleadores a menudo amedrentan las acciones de organización activa. Estas acciones no solo son impedidas a nivel de la empresa por los propios empleadores sino también por la legislación restrictiva en algunos países en los cuales se prohíbe la organización en todos los niveles o se toman medidas brutales contra ellos en la organización de acciones. No es raro que las y los trabajadores sean arrestados y maltratados o, incluso, asesinados por la policía durante huelgas o manifestaciones. Estas situaciones se han podido observar especialmente en países tales como Bangladesh, Brasil, Colombia, Camboya, India, Filipinas, Honduras, Egipto, Turquía y Zimbawe (CSI, 2020).

Por ejemplo, en Asia, en respuesta a una posible crisis de salud pública planteada por la pandemia, el gobierno de Camboya aprobó una ley de emergencia en abril de 2020. La ley permite la declaración del estado de emergencia y, por lo tanto, la restricción de las libertades fundamentales en caso de emergencias de salud pública debido a pandemias y en caso de amenaza a la seguridad nacional y al orden público. Dado que las infecciones en Camboya se encontraban entre las más bajas de la región en ese momento, se puede suponer que el gobierno de Hun Sen utilizó la pandemia para asegurar y expandir aun más su poder absoluto por medios aparentemente legales. Es así como el líder sindical Rong Chun fue arrestado en virtud de la ley de emergencia en julio de 2020 por presunta incitación o difusión de información falsa. Su arresto se produjo después de hacer campaña por los derechos territoriales de los aldeanos en la frontera cambo-yana-vietnamita y por expresar críticas a la política del gobierno durante la pandemia (Amnesty International, 2021).

Otro ejemplo es lo acontecido en Filipinas en 2020, donde se registró uno de los números más altos de infecciones y muertes por COVID-19 en la región. El gobierno del controvertido presidente Duterte utilizó la pandemia para aprobar una ley antiterrorista. La redacción de la ley establece que incitar a otros a través de "discursos, escritos, proclamas, emblemas, pancartas y otras exhibiciones tendientes al mismo propósito" podría resultar en una sentencia de doce años de prisión. Esto afectó la libertad de expresión y prensa, así como la libertad de asociación en el país. Para muchas y muchos sindicalistas, este hecho es otro revés para los derechos humanos del país (Business & Human Rights Resource Centre, 2021b).

En Bangladesh, el movimiento sindical jugó un papel activo en la negociación con las organizaciones de empleadores y el gobierno para garantizar el pago de salarios y salvaguardar el trabajo y las medidas de higiene para los trabajadores durante la pandemia. Debido a la anulación del pedido o la morosidad por parte del cliente, la exportación de textiles, valorada en más de $ 3 mil millones se perdió en 2020, lo que provocó el cierre de fábricas y finalmente recortes de salarios y / o despido de trabajadores. La inspección del trabajo local estima que alrededor de noventa mil trabajadores de las fábricas textiles han perdido sus puestos de trabajo debido a la cancelación de pedidos o pagos atrasados. Sin embargo, otras estimaciones suponen que alrededor de un millón de trabajadores han perdido sus puestos de trabajo en el sector textil (Business & Human Rights Resource Centre, 2021a).

En particular, las condiciones de trabajo inhumanas en las fábricas textiles que producen para marcas globales como H&M, Hugo Boss o GAP, especialmente en Bangladesh y también en Pakistán e Indonesia, y varios accidentes fatales en el trabajo, llevaron a Alemania y Europa a responsabilizar a las empresas beneficiadas por este tipo de explotación. En este sentido, ya se pueden registrar unos primeros éxitos: se introducirá una ley vinculante en Alemania y también a nivel europeo para obligar a las empresas a cumplir con las normas laborales a lo largo de toda la cadena de valor global (Initiative Lieferkettengesetz, 2021).

Los distintos Estados de América Latina también difieren en sus estrategias políticas para combatir la pandemia y amortiguar la crisis social resultante. La crisis ha afectado gravemente al mundo del trabajo en América Latina. Algunos datos de la Organización International de Trabajo (OIT) señalan ya en 2020 que la tasa de desempleo esperada para ese año sería del 10,6% mientra que, si bien para el 2021 sería posible una leve recuperación de las economías de la región, el contexto de incertidumbre no permitía avisorar mejoras reales. Incluso se plantea en 2020 que si la pandemia se controla durante el 2021, nuevas medidas restrictivas de salud podrían volver a tener un alto impacto en los indicadores del mercado laboral, como la tasa de participación en la fuerza laboral, la relación empleo-población y tasa de desempleo, así como en la sustentabilidad de las empresas.

Otra variable considerada en este análisis de la OIT es el regreso de un gran contingente de fuerza laboral que salió del mercado a causa de la pandemia. Un regreso que probablemente aumente la tasa de desempleo regional a un 11,2 por ciento para 2021 (OIT, 2020a). A este análisis del mercado laboral formal se debe sumar que el sector informal en América Latina y el Caribe representa alrededor de la mitad del empleo total (Romero, 2021) lo cual agrava la situación general de la sociedad .

Si se observan algunos países, se encuentran situaciones diferenciadas para enfrentar la crisis sanitaria. El gobierno de centro izquierda de Argentina ha dado los primeros pasos hacia una lucha constante contra las pandemias. Las medidas de restricciones, conocidas como ASPO, ya se implementaron a principios de marzo de 2020 y se combinaron con medidas sociales y de ayuda de emergencia para los más pobres así como aportes especiales para el pago de salarios a trabajadores formales monotributistas. Otras medidas importantes también incluyeron el reconocimiento del COVID-19 como enfermedad profesional y una amplia protección contra el despido. Si bien se pueden considerar una gota en el océano, Argentina al menos ha tratado de detener la pandemia y morigerar sus consecuencias sociales.

En contraste con esto, el gobierno de derecha de Brasil negó la existencia del virus o lo minimizó y aceptó con aprobación la inmensa cantidad de muertes (Leite Goncalves, 2021). Asimismo, la descordinación de políticas entre el gobierno federal y los gobiernos estaduales evidenció un caos político que emperó la situación general.

Finalmente, es importante recordar que la defensa de los intereses de las y los trabajadores es una parte esencial de la democracia. Una sociedad justa y orientada a la participación solo es posible si se fortalecen los derechos de las y los trabajadores. Los sindicatos como representantes en la defensa y promoción de esos derechos son actores de primer orden que deben repensarse ante los desafíos actuales y futuros.

El sentimiento de solidaridad, desacuerdos políticos y diferentes puntos de partida

La solidaridad no es necesariamente la cohesión de todos aquellos que tienen experiencias similares de discriminación o los mismos problemas. La solidaridad no tiene que referirse en absoluto a la experiencia compartida, enfatizaba la científica cultural afroamericana Bell Hooks en su libro *Black Looks* allá por 1992.

La experiencia solidaria se combina con el reconocimiento de la importancia que tiene la actividad individual para la supervivencia de las personas y la sociedad. Esto también tiene un potencial de democratización para las y los trabajadores que se encuentran en la base de una cooperación operativa estructurada jerárquicamente. Actuar de manera responsable en situaciones de riesgo, ya sea en la caja registradora de supermercados, al entregar paquetes, en hospitales o en instalaciones de producción es un deber para toda trabajadora o trabajador que saben que las consecuencias de la pandemia solo pueden superarse con su ayuda. Solo si se aceptan los enormes desafíos físicos y psicológicos acarreados por toda la crisis sanitaria, se podrán salvar vidas humanas y mantener la reproducción social en ciertas condiciones de dignidad. Esta (auto)conciencia general se rompe con sistemas autoritarios.

El lugar de trabajo como lugar de interacción social sigue siendo un importante punto de referencia para el intercambio colegiado y, por lo tanto, una etapa preliminar de solidaridad, a pesar de todas las tendencias de larga data hacia su "disolución". En la transformación digital en curso, esta cuestión será territorio en disputa. Por supuesto, la colegialidad y la solidaridad en la crisis de la pandemia también operan en el contexto de situaciones excepcionales y de emergencia. No se sabe qué quedará de estas experiencias en los tiempos posteriores a la pandemia y qué desaparecerá rápidamente en la presión diaria por rendir y en situaciones de competitividad (Detje y Sauer, 2021).

Como se señaló, la defensa de los intereses de las y los trabajadores son parte esencial de la democracia, en ese marco el logro de una sociedad justa y orientada a la participación solo es posible si se fortalecen derechos e instancias de representación, como por ejemplo la sindical.

Esto es particularmente importante en el contexto actual, ya que cada vez son más los grupos de derecha y partidos políticos que se aprovechan de la inseguridad de las personas y las utilizan para objetivos, a veces, inhumanos. Desafortunadamente, estos desarrollos tampoco se detienen en los sindicatos. En las pasadas elecciones políticas por ejemplo en Alemania, un número considerable de miembros del sindicato votó por la "Alternativa para Alemania (AfD)", un partido político de extrema derecha legalmente constituido.

Un estudio actual de la Fundación Hans Böckler muestra que cuando se trata de la aprobación de teorías conspirativas (de derecha) en relación con la pandemia, las y los trabajadores de empresas con comité de trabajadores están menos de acuerdo con los conspirativistas que las y los trabajadores de empresas sin comité de trabajadores (Hövermann, 2020). En este contexto, también se podría suponer que los comités de trabajadores tienen una tarea importante en la pandemia actual con respecto a informar a las y los trabajadores contra las teorías conspiracionistas sobre la pandemia.

No solo la pandemia, sino todo el desarrollo en el mundo del trabajo también ha demostrado que la afiliación a los sindicatos con sus intereses particulares se ha diversificado. Las estructuras sindicales de orientación tradicional en el pasado se han centrado en particular en los intereses de los trabajadores (industriales) masculinos y en las situaciones de vida y experiencias de explotación de, por ejemplo, las y los migrantes y las mujeres. En los círculos de izquierda política se ha criticado a menudo esta estrategia, argumentando que se desviaría la atención de otras cuestiones importantes como la desigualdad social, lo que conduciría en particular a un fortalecimiento de la derecha política.

Esta línea de argumentación puede verse como muy débil, ya que se trata del reconocimiento social de los grupos de interés individuales, así como de la revuelta de la sociedad en su conjunto contra la pobreza y la desigualdad social. En este contexto, las sociólogas Dowling, van Dyk y Graefe (2017) se preguntan "¿Por qué las luchas de las mujeres, los '*people of color*', las y los homosexuales en realidad se consideran luchas por políticas de identidad, mientras que la vida y las luchas relacionadas con trabajadores blancos y masculinos se ven como realidad social y económica?"

Demirovic (2017) además aclara: "Todos estos momentos del contexto de vida de los diferentes grupos de asalariados no deben aislarse unos de otros". El punto no es imaginar a la clase trabajadora como una unidad, sino más bien trabajar en puntos de contacto para puntos en común. En este contexto, es importante reconocer diferentes visiones del mundo y conceptos de la vida. El objetivo no es crear igualdad para la sociedad en su conjunto, sino reconocer que las personas actúan en su posición en el espacio social a partir de diferentes posiciones sociales. La brecha salarial de género y origen deja en claro cómo el género y el origen se determinan de manera interseccional y tienen un efecto perjudicial sobre la desigualdad salarial para las personas con ciertas características.

El acceso sindical y el cambio de lugar de trabajo

Para que los sindicatos logren una representación creíble entre sus miembros, es necesario analizar el principal punto de referencia de los sindicatos y sus propias estructuras: el objetivo es representar conjuntamente los diversos intereses de sus miembros. Es importante permitir la solidaridad entre diferentes posiciones y respetar las diferentes opiniones. Por supuesto, las opiniones misantrópicas que excluyen a personas de otros orígenes deberían excluirse de esto. La científica cultural afroamericana Bell Hooks (1992) ya enfatiza con razón la importancia de generar una conciencia crítica que permita a las y los poderosos y privilegiados deshacerse de las estructuras de dominación.

En la situación actual de la pandemia, es difícil ser punto de contacto para sus propios miembros, negociar con las y los trabajadores y reclutar nuevas y nuevos miembros, especialmente cuando la empresa está vacía y muchas y muchos trabajadores (incluso después de la pandemia) todavía estarán fuera o trabajan desde casa.

Frente a la pandemia, los sindicatos se enfrentan al desafío de llegar y organizar a los más afectados. Esto les presenta grandes desafíos en términos de protección contra la enfermedad en caso de no mediar una vacuna, pero también debido a las dificultades estructurales para llegar a las y los trabajadores informales en particular.

La pandemia ha permitido el avance de la digitalización en el mundo del trabajo. El nuevo mundo del trabajo digital está reestructurando las relaciones de poder entre capital y trabajo. La digitalización y la globalización van de la mano con grandes trastornos en el mundo del trabajo: los campos de actividad profesional, la cultura en el lugar de trabajo y las estructuras organizativas internas están cambiando. Para las y los trabajadores, este desarrollo a menudo se convierte en una amenaza, ya que los puestos de trabajo se pierden o se trasladan al extranjero.

En sectores establecidos y empresas en las que los sindicatos tradicionalmente organizan a las y los trabajadores, se puede observar que esta fuerza colectiva se utilizó para negociar la introducción de nuevas tecnologías y sus efectos, que en su mayoría se dieron en los espacios de diálogo y negociación existentes. Desde marzo de 2020, la pandemia de COVID-19 ha provocado un aumento de los acuerdos de trabajo remoto, lo que ha reforzado aún más el crecimiento y el impacto de la economía digital.

La economía digital está transformando el mundo del trabajo. Durante la última década, la expansión de la conectividad de banda ancha y la computación en la nube, junto con las innovaciones en las tecnologías de la información y las comunicaciones, han permitido transacciones económicas y el intercambio de grandes cantidades de datos e información entre individuos, empresas y dispositivos. Los datos son cada vez más un activo clave que impulsa la economía digital. Relacionado con estas transformaciones podemos incluir la proliferación de plataformas digitales en varios sectores de la economía.

El desarrollo de plataformas laborales digitales tiene el potencial de brindar a las y los trabajadores, incluidas las mujeres, las personas con discapacidad, los jóvenes y los trabajadores migrantes, oportunidades de generación de ingresos. En los países en desarrollo en particular, estas plataformas se consideran una fuente prometedora de oportunidades laborales, lo que lleva a muchos gobiernos a invertir en infraestructura y habilidades digitales.

Las oportunidades que brindan las plataformas van acompañadas de algunos desafíos. Para las y los trabajadores, estos se relacionan en particular con la regularidad del trabajo y los ingresos, las condiciones de trabajo, la protección social, la utilización de habilidades, la libertad de asociación y el derecho a la negociación colectiva. Muchos de estos desafíos son bastante pronunciados para las y los trabajadores en acuerdos laborales informales y atípicos y están afectando cada vez más a quienes participan en plataformas laborales digitales, que son una proporción de la fuerza laboral que crece relativamente rápido. Las consecuencias de la pandemia están exponiendo los riesgos y las desigualdades para las y los trabajadores (OIT, 2021c).

No solamente para estas y estos trabajadores, los sindicatos deben desarrollar nuevas estrategias (digitales). En sus rondas de negociación colectivas ya unos sindicatos se han apoyado en campañas *online* para obtener salarios más altos para las y los trabajadores del sector público. Los representantes de las y los empleadores a nivel de empresa ahora también pueden reunirse *online* hasta cierto punto y tomar decisiones. Los sindicatos están pidiendo en algunos países que se desarrollen disposiciones legales vinculantes al respecto. Lo que todavía se descuida es la convivencia común, el sentimiento de solidaridad, que es difícil de transmitir debido a las regulaciones de distancia física acarreadas por la pandemia.

Para que el movimiento sindical sea sustentable, es necesario desarrollar estrategias de organización y contratación nuevas y adecuadas, reformar las políticas internas y fomentar el ingreso a los sindicatos de jóvenes, mujeres, migrantes y otros grupos de interés. Todos ellos deben tener la oportunidad de participar activamente en los procesos de toma de decisiones, para que puedan plantear sus intereses específicos dentro de los sindicatos y trabajar por mejores condiciones de trabajo a través de la representación colectiva de los sindicatos.

Además de su alto grado de fragmentación, el movimiento sindical tiene sobre todo una alta proporción de miembros masculinos, la cual es cada vez mayor en todo el mundo, lo que también se refleja en la dirección sindical. En el curso de ese cambio, los sindicatos también deben transformarse, ser más inclusivos e incorporar a más trabajadoras y trabajadores del sector de relaciones laborales informales.

A modo de aproximación final: importancia de las alianzas ante desafíos conjuntos

La pandemia y el desarrollo de la sociedad en su conjunto, especialmente a raíz de la digitalización, la globalización y el cambio climático, están obligando a los actores sindicales a repensarse.

Los sindicatos se han mostrado solidarios con movimientos de acción climática y se han manifestado junto con ellos. Esta apertura conceptual es muy bienvenida, ya que los desarrollos políticos, económicos, culturales y ecológicos son cada vez más complejos en el entorno global. Con respecto a los temas actuales y futuros en el contexto sindical, por ejemplo, la Confederación Sindical Alemana ha iniciado el "Zukunftsdialog" (diálogo futuro), en el contexto del cual, sobretodo, las y los sindicalistas voluntarios están llamados a compartir sus opiniones. La dirección "de abajo hacia arriba" en lugar de "de arriba hacia abajo" es también una dirección importante con respecto a la organización. Este enfoque participativo es de gran importancia, especialmente si los sindicatos necesitan el compromiso de sus miembros para seguir siendo un cuerpo fuerte que no solo lucha por mejores salarios, sino también para ser visto como un actor en la comunidad democrática en su conjunto.

El término "sindicalismo de movimiento social", que se origina desde los Estados Unidos conecta a los sindicatos con movimientos sociales y crea una conciencia de justicia social y cuestiones de clase con movimientos sociales y políticos generales.

Especialmente en lo que respecta al fortalecimiento de las fuerzas reaccionarias y de derecha, es aun más importante permanecer unidos en solidaridad en lugar de luchar entre sí. También es importante entablar diversas alianzas con otros movimientos. La "Plataforma de Desarrollo de las Américas" (PLADA) por ejemplo, que fue lanzada en 2014 y renovada en 2019 en América Latina, es un ejemplo interesante de este tipo de alianza. Es un proyecto de los sindicatos y varios movimientos sociales en América Latina para desarrollar alternativas al modelo capitalista neoliberal. El trabajo de la plataforma se centra en las dimensiones del trabajo, el rol del Estado, la política económica, la ecología y el género. La plataforma está fuertemente sindicalizada y fue inicialmente desarrollada por sindicatos organizados en la organización regional "Confederación Sindical de Trabajadores de las Américas", que luego entró en contacto con ambientalistas, asociaciones de agricultores, feministas, pueblos indígenas y comunidades de la región. La plataforma persigue una agenda holística que incluye participación política, transformación ecológica y participación social.

La pandemia ha ampliado la brecha de la desigualdad social en todo el mundo. Solo juntas y juntos, en solidaridad unos con otros, reconociendo las asimetrías de poder, los diferentes privilegios y el acceso a los recursos, es posible contrarrestar el desarrollo totalmente desigual y contradictorio del capitalismo actual.

Bibliografía

Amnesty International (2021). Cambodia: Authorities must avert COVID-19 humanitarian crisis. https://www.amnesty.org/en/latest/news/2021/04/cambodia-humanitarian-crisis-covid/

Business & Human Rights Center (2021a). Bangladesh: garment workers bear the brunt as retailers cancel & delay orders without payment. https://www.business-humanrights.org/en/latest-news/bangladesh-garment-workers-bear-the-brunt-as-retailers-cancel-delay-orders-without-payment/

Business & Human Rights Resource Centre (2021b). Philippines: Workers were left fighting for rights amid rollbacks from govt.

& employers during the pandemic in 2020. https://www.business-humanrights.org/en/latest-news/philippines-workers-were-left-fighting-for-rights-amid-rollbacks-from-govt-employers-during-the-pandemic-in-2020/

Confederación Sindical International (CSI) (2021). Índice global de los derechos 2020. Los peores países del mundo para los trabajadores y las trabajadoras. https://www.ituc-csi.org/IMG/pdf/ituc_globalrightsindex_2020_es.pdf (7 agosto 2021).

Demirovic, Alex (2017). Die Zumutung der Klasse. Vielfältige Identiäten und sozialistische Klassenpolitik. https://www.zeitschrift-luxemburg.de/die-zumutungen-der-klasse-vielfaeltige-identitaeten-und-sozialistische-klassenpolitik/

Detje, Richard y Sauer, Dieter (2021). Solidarität in der Transformation. *Fundación Rosa Luxemburg* [página web]. https://www.rosalux.de/publikation/id/44628/solidaritaet-in-der-transformation?cHash=dc3b8cbd58ae0d98d18dcc4c72a6ee9b

Dowling, Emma; Van Dyk, Silke y Graefe, Stefanie (2017). Rückkehr des Hauptwiderspruchs? Anmerkungen zur aktuellen Debatte um den Erfolg der neuen Rechten und das Versagen der Identitätspolitik. *PROKLA. Zeitschrift für kritische Sozialwissenschaft*, 47(188), 411-420. https://prokla.de/index.php/PROKLA/article/view/69/56

Hooks, Bell (1992). *Black looks. Race and representation*. Boston: South End Press.

Hövermann, Andreas (2020). Corona-Zweifel, Unzufriedenheit und Verschwörungsmythen. Policy Brief Nr. 48 WSI 10/2020. https://www.boeckler.de/de/faust-detail.htm?sync_id=HBS-007886

Initiative Lieferkettengesetz (2021). Lieferkettengesetz – Aktuelles. https://lieferkettengesetz.de/aktuelles/

Jaumotte, Florence y Osorio Buitron, Carolina (2015). Power from the people. *Finance & Development*, March, 29-31. https://www.imf.org/external/pubs/ft/fandd/2015/03/pdf/jaumotte.pdf

Leite Goncalves, Guilherme (2021). Setzt Bolsonaro ab! *Tageszeitung* [página web]. https://taz.de/Coronapolitik-in-Brasilien/!5771655/

Organización International de Trabajo (OIT) (2020a). 2020 Labour Overview – Latinamerica and the Caribbean. https://www.ilo.org/wcmsp5/groups/public/---americas/---ro-lima/documents/publication/wcms_764633.pdf

Organización International de Trabajo (OIT) (2020b). COVID-19 crisis and the informal economy. https://www.ilo.org/wcmsp5/groups/public/---ed_protect/---protrav/---travail/documents/briefingnote/wcms_743623.pdf

Organización International de Trabajo (OIT) (2021a). La transición de los sindicatos: ¿qué papel tendrán en el futuro del trabajo? https://www.ilo.org/infostories/es-ES/Stories/Labour-Relations/trade-unions#where

Organización International de Trabajo (OIT) (2021b). Ratificación del C190 - Convenio sobre la violencia y el acoso, 2019 (núm. 190). https://www.ilo.org/dyn/normlex/es/f?p=NORMLEXPUB:11300:0::NO::P11300_INSTRUMENT_ID:3999810

Organización International de Trabajo (OIT) (2021c). Perspectivas sociales y del empleo en el mundo 2021. El papel de las plataformas digitales en la transformación de mundo de trabajo. https://www.ilo.org/wcmsp5/groups/public/---dgreports/---dcomm/documents/publication/wcms_771675.pdf

Peters, Benedikt (2021). Gewerkschaften, eine bedrohte Art. *Süddeutsche Zeitung*. https://www.sueddeutsche.de/meinung/gewerkschaften-corona-mitgliederentwicklung-1.5202115?fbclid=IwAR0uXyxJuHBxosXBXqN5cLRyXNeomAz6zL_mwgN-gKKRVzG0z_SaLcqLcKrE

Romero, Teresa (2021). Latin America & Caribbean: informal employment share by country 2020. *Statista* [página web] https://www.statista.com/statistics/1037216/informal-employment-share-latin-america-caribbean-country/

Bienestar emocional

La simplificación de la vida afectiva en el paradigma hegemónico de la salud mental en tiempos pandémicos

Oliva López Sánchez

Introducción

A unos meses de la pandemia por el virus del SARS-CoV 2 COVID-19, en 2020, especialistas en la salud mental comenzaron a hablar de las repercusiones a nivel mental y emocional generadas por el distanciamiento físico para guardar las medidas sanitarias –impuestas y voluntarias, según cada país– (Rubin, 2020). Rápidamente, en Europa se publicaron estudios psicosociales que reportaron la presencia de factores estresantes asociados con información inadecuada, falta de suministros, pérdidas financieras que se manifestaban en frustración, aburrimiento, miedo al contagio, síntomas de estrés postraumático, confusión, enojo y en casos extremos se reportaron intentos de suicidio por los llamados estresores de la pandemia (Brooks et al., 2020; Naciones Unidas, 2020).

Al transcurrir de los meses, se concuerda en que estamos frente a una *sindemia* (Horton, 2020)[1] por la sinergia de las problemáticas concatenadas en la vida pública y privada, individual y colectiva a nivel mundial, que van revelando la existencia de otras pandemias como las de la violencia y la de los trastornos mentales y emocionales (Piña, 2020). Entre junio y agosto de 2020, la Organización Mundial de la Salud (OMS, 05 de octubre de 2020) reportó en su estudio en 130 países de las seis regiones que en 93% de estos, los servicios de salud mental se vieron impedidos para atender las alteraciones mentales preexistentes y los nuevos casos por causa de la pandemia por COVID-19:

> La pandemia está provocando un incremento de la demanda de servicios de salud mental. El duelo, el aislamiento, la pérdida de ingresos y el miedo están generando o agravando trastornos de salud mental. Muchas personas han aumentado su consumo de alcohol o drogas y sufren crecientes problemas de insomnio y ansiedad. Por otro lado, la misma COVID-19 puede traer consigo complicaciones neurológicas y mentales, como estados delirantes, agitación o accidentes cerebrovasculares. Las personas que padecen trastornos mentales, neurológicos o derivados del consumo de drogas también son más vulnerables a la infección del SARS-CoV-2 y podrían estar expuestos a un mayor riesgo de enfermedad grave e incluso de muerte. (OMS, 05 de octubre 2020)

Por la envergadura de la crisis de la salud mental, el 10 de octubre del 2020 –Día Mundial de la Salud Mental, instaurada en 1995–, la OMS organizó, por primera vez, el evento "Gran Cita de la Salud Mental" para que se tome conciencia y visibilice su prioridad epidemiológica, promover su importancia y estimular la inversión sanitaria en las distintas regiones en este rubro, además de instar iniciativas

[1] Término acuñado por el antropólogo médico norteamericano Merril Singer en la década de 1990 para caracterizar el complejo nexo entre aspectos socioculturales, psicosociales, políticos, económicos y ambientales que dieron lugar a la crisis por la epidemia del VIH-SIDA (Munayco Escate, 2020).

institucionales y políticas públicas en la atención a la salud mental y emocional (OMS, 10 de octubre de 2020). Las medidas observadas apuntan en varios niveles:

> El *plano personal*, adoptando medidas para apoyar la salud mental de uno mismo y la de los amigos, familiares y la sociedad en general; en el *plano nacional*, estableciendo servicios de salud mental o ampliando los existentes; y en el *plano mundial*, invirtiendo en programas mundiales para promover la salud mental. (OMS, 01 de octubre de 2020. Énfasis añadido)

Al respecto, los temas señalados por la OMS son la autoayuda, la gestión del estrés, la salud mental en adolescentes y trabajadores de la salud, la prevención del suicidio y la mejora de la calidad de vida de las personas con demencia y sus cuidadores (OMS, 01 de octubre de 2020). En el centro de estas iniciativas está la figura de un individuo autorregulado con capacidad de gestionar su vida mental y emocional, con independencia de las condiciones económicas, políticas, sociales y culturales en que se produce. Lamentablemente, la salud mental y emocional sigue reducida a las explicaciones de mecanismos fisiológicos y neurológicos en los que los aspectos sociales y culturales solo aparecen como contextos ante una jerárquica determinación de lo biológico a lo cultural (Martínez-Hernáez, 2007).

Las reflexiones que circulan en medios académicos y no académicos pueden clasificarse en tres ámbitos: 1) telemedicina, teleterapia y programas de apoyo psicológico/autoayuda durante la pandemia, 2) colapso en los servicios de salud mental en ese escenario y 3) insuficiente presupuesto (OMS, 05 de octubre de 2020). Sin embargo, las acciones emprendidas nada reflexionan sobre los paradigmas del bienestar emocional que sostienen las acciones preventivas y de atención, en especial a nivel masivo, que de manera generalizada promueven el desarrollo de destrezas positivas y habilidades resilientes, lo que simplifica la experiencia humana y la vida emocional. De ninguna manera se pone en duda esa respuesta. Lo que alerta, es la respuesta con la que se pretende atender una dimensión de la vida que se ha forjado al amparo de los proyectos liberales y neoliberales.[2]

La circulación masiva en telediarios, programas de radio, televisión y redes sociales sobre salud mental y el bienestar emocional es una simplificación de la experiencia emocional y la vida mental como estrategias con pretensiones *curativas* y *preventivas*, sustentadas en la lógica del desarrollo de competencias mentales (Juárez, 2011), la *comodificación* de las emociones (Shachak, 2019)[3] y *ratios positivos* (Fredikson & Losada, 2005; Fredikson, 2013)[4] para reducir las tasas de ansiedad, depresión , angustia, miedo y suicidios en tiempos pandémicos.[5]

La información sobre salud mental difundida por las instituciones federales y locales en México, a través de medios virtuales, tiende a reproducir las perspectivas de la psicología positiva y una mirada individualista, al promover que esta yace en la *sensación de bienestar y percepción de autoeficacia*. Se han difundido cursos, charlas, talleres

[2] En otros trabajos he desarrollado amplios análisis sobre el entrecruzamiento de la ingeniería social y emocional, dos proyectos –políticos y económicos– en México y en Latinoamérica que de manera recursiva nutrieron los proyectos académicos profesionales de la psiquiatría y la psicología en el siglo XX (López, 2019).

[3] Refiere la transformación de las emociones desde las prácticas terapéuticas para generar un bienestar personal y promover la salud mental. De acuerdo con Mattan Shachak (2019), el acompañamiento psicológico se apoya de diversas técnicas –verbales, corporales, imaginativas– sostenidas en el conocimiento experto –psicológico, farmacéutico y neurocientífico– para inducir cambios emocionales. Esas técnicas son una suerte de *commodities emocionales*; o sea, objetos emocionales que se producen por demanda y que sirven para aliviar la depresión, reducir el estrés, controlar la ansiedad.

[4] La psicóloga Barbara Fredrikson, de la universidad de Carolina del Norte, siguiendo a Martin Seligman, propuso el modelo de *ratios positivos* (aumento de emociones positivas) para contrarrestar las emociones negativas responsables de obturar los procesos cognitivos que posibilitan más y mejores respuestas adaptativas dando lugar a estados depresivos y ansiosos. Desde esa perspectiva, la recuperación de salud mental en las áreas de los trastornos del ánimo (depresión, distimia, bipolaridad), se ha asociado a mayores *ratios* de positividad emocional.

[5] Durante el último año, organismos internacionales reportan el aumento de alteraciones mentales y emocionales en el mundo: altos niveles de estrés, ansiedad, angustia, desconfianza, miedo al contagio, desesperanza e incertidumbre que se reflejan en el incremento de consumo de ansiolíticos y antidepresivos (Piña, 2020).

en línea, con el propósito de apoyar en el desarrollo de las llamadas *habilidades para la vida* en el COVID-19. El cometido es enseñar a las personas a mantener un *equilibrio* en el manejo entre el estrés intermedio y moderado para evitar una condición de riesgo a la salud mental.[6] El personal profesional a cargo señala que el bienestar y la autoeficacia en los momentos de la pandemia son necesarios para el desarrollo de actividades productivas en la comunidad.

La tiranía de la actitud positiva y el optimismo cruel se superpone a las miradas reflexivas que puedan dar lugar a la interpretación del sufrimiento emocional como una muestra de solidaridad y sensibilidad y no solo como una cuestión patológica que habría que erradicar. Las explicaciones simplistas y taxativas que organizan el cuidado de la salud mental tienen que ser interpeladas. La solución a los problemas derivados no radica exclusivamente en el aumento del presupuesto y la promoción de la salud mental y emocional como un atributo de las personas que tienen que reforzarse. Se requieren trabajos genealógicos para destramar las concepciones actuales en cuanto a la vida mental y emocional y, a partir de ahí, construir estrategias comunitarias de atención desde perspectivas relacionales.

La intención de este trabajo es muy modesta: me interesa reflexionar sobre la vida emocional desde una mirada sociocultural para cuestionar las miradas taxativas de la psicología de la persona y algunos discursos *psi* (Rose, 1996) para describir y analizar de manera crítica el lugar de las emociones y los afectos en la explicación de la salud mental en el contexto de la pandemia. En primer lugar, analizo algunos de los postulados de la psicología positiva sustentada en el paradigma de bienestar personal que promueve la modificación y control de la vida emocional bajo una lógica moral-secular e individual (Shachak, 2019). En un segundo momento, presento un panorama histórico general de los paradigmas *psi* desde el siglo XIX, con especial foco en la llamada psicología positiva de finales del siglo XX

[6] Entrenamiento continuo sobre manejo clínico para profesionales de la salud (https://www.coviduti.salud.gob.mx/ecsmc/index.html)

que resulta expansiva con impactos académicos, profesionales y sociales importantes en la atención de la salud mental y emocional en el siglo XXI (Prieto-Ursúa, 2006).[7] Para cerrar, desarrollo unas ideas orientadoras emanadas de lo que denomino procesos socioemocionales durante la pandemia y que retoman la concepción compleja de la experiencia emocional desde una postura sociocultural.

El paradigma del bienestar y la felicidad en la salud mental

Los fundamentos de los paradigmas psiquiátricos y psicológicos actuales difundidos de forma masiva se inscriben en una perspectiva ecléctica (Lantéri-Laura, 2000), la cual, además, se sustenta en el fantasma de la singularidad representada en la figura del deudor, el emprendedor de sí mismo, el sujeto resiliente que opera como un mecanismo de captura de los sujetos en la construcción del autogobierno, la autodeterminación y todas las características positivas de la cultura posmoderna "que hacen que la vida valga la pena: esperanza, sabiduría, creatividad, mentalidad futura, coraje, espiritualidad, responsabilidad, y perseverancia" (Seligman y Csikszentmihalyi, 2014, p. 113).

El énfasis en la autoestima y la resiliencia adaptativa como capacidades mentales autonómicas para gestionar la vida emocional son la base de la salud mental propuesta por la OMS, al definirla como un "estado de bienestar en el que la persona es capaz de hacer frente a los numerosos factores de estrés de la vida, desplegar todo su potencial, funcionar de forma productiva y fructífera y contribuir a su comunidad. En este *sentido positivo*, la salud mental es el fundamento

[7] La psicología positiva ha recibido críticas desde la misma psicología positivista de la que esta propuesta es tributaria. Calificada de ideología por simplificar el bienestar humano a la búsqueda de emociones positivas, sigue nutriendo un cuerpo de investigación, publicación de libros, revistas monográficas, congresos, premios, y una amplia comunicación en medios de comunicación masiva (Lazarus, 2003; Prieto-Ursúa, 2006).

del bienestar individual y del funcionamiento eficaz de la comunidad" (OMS, 30 de marzo de 2018, p. 1. Énfasis añadido).

Las acciones preventivas y de atención psicológica y psiquiátrica durante la pandemia, que tienen sus orígenes en los inicios del siglo XX, se han desarrollado al amparo de lo que Barbara Held (2002) llama la *tiranía de la actitud positiva*, para referirse a la cultura de las virtudes optimistas que promueve el mantenimiento de una actitud positiva permanente (Prieto-Ursúa, 2006). En años más recientes, Lauren Berlant (2020) la denomina *el optimismo cruel*. De acuerdo con esta autora, el optimismo cruel es una escena de sostenimiento negociado que vuelve soportable la vida; al mismo tiempo, es ambivalente, desigual e incoherente al tratarse de una relación social precarizada y mantenida en la lógica de apegos materiales y afectivos que promueven las fantasías de felicidad, singularidad y buena vida.

Los organismos internacionales –como la OMS– y regionales –como la Organización Panamericana de Salud (OPS)– han recuperado el modelo de salud positiva, intentando alejarse del concepto de *salud negativa* que por décadas la definió como ausencia de enfermedad (Juárez, 2011). Tratando de superar esa mirada reduccionista que, a juicio de sus críticos, no garantizaba la salud ni reflejaba la complejidad del fenómeno, se fue fortaleciendo el enfoque de la sociología estructural-funcionalista parsoniana de los años sesenta, desde el cual la salud se concibió "como un estado óptimo de capacidades" (Parsons citado en Juárez, 2011, p.73).

Como una postura alternativa al modelo negativo de salud, combinaron las aproximaciones del déficit (ausencia de enfermedad) y de competencias que incluye dimensiones diversas para entender los componentes (intelectuales, físicos, espirituales y emocionales) que participan de la salud, definida por la OMS como "un estado de completo bienestar físico, mental y social, y no solamente la ausencia de afecciones o enfermedades" (OMS, 2014, p.1). Esta definición incorporó elementos de bienestar y calidad de vida. El primero refiere aspectos objetivos (orgánicos y materiales), el segundo alude a la percepción de las personas sobre sus vidas y el conjunto de elementos que conforman su salud (Fernández-López et al., 2010).

La atención en el bienestar no es nueva. Ha sido una preocupación filosófica occidental que data de los planteamientos aristotélicos (*eudamonía*) y otros filósofos que hablaban de la vida buena y las virtudes del alma para alcanzar la perfectibilidad humana (Romero, 2015). Durante el siglo XX, el bienestar dejó el terreno filosófico para formar parte de los lineamientos de la vida social y la salud. De acuerdo con Vázquez:

> el estado de bienestar fue una creación centroeuropea y escandinava de la década de los 60 del pasado siglo, que solo pudo emerger cuando las principales enfermedades epidémicas ya no eran las primeras causas de mortalidad, y cuando la prosperidad económica era más alta (2006, p. 3).

El estudio científico sociológico y económico del estado de bienestar y la felicidad tuvo sus inicios en la década de los años setenta (Vázquez, 2006; Bericat, 2018). En la década de los ochenta, los estudios de la calidad de vida en la medicina y la psicología comenzaron a desarrollarse ampliamente. En adelante, la atención en el bienestar subjetivo ha sido profundizada desde la base de "la exploración de las fortalezas humanas y de los factores que contribuyen a la felicidad de los seres humanos" (Vázquez, 2006, p.3) para referir a una salud física y mental fuera de lo que se supone una perspectiva patologizante.

De acuerdo con Juárez (2011) esa concepción combina distintos paradigmas de la salud (modelos de salud pública, psiquiátrico y psicológico) y niveles de salud (intraindividual, individual y supra individual) en los que se consideran aspectos biológicos y psicológicos que se conjugan o se superponen dependiendo de los enfoques teóricos. El modelo de salud positiva impulsado por la psicología positiva en la última década del siglo XX incorpora los conceptos de bienestar físico y social y calidad de vida, que a su vez hacen referencia a las dimensiones orgánicas y psicológicas implicadas en los procesos salud enfermedad (Juárez, 2011; Seligman y Csikszentmihalyi, 2014).

Del paradigma mental patológico al de salud mental y emocional positiva

El proceso de secularización del pensamiento en el siglo XIX finisecular permitió la construcción de nuevas categorías sobre la vida interna de las personas con bases científicas, como la de emoción. Las emociones, concebidas como respuestas psicofisiológicas, se incluyeron en la semiología de las enfermedades mentales hacia finales del siglo XIX. El gran reformista francés Philippe Pinel (1804) propuso el tratamiento moral en los alienados. Como señala Rafael Huertas, se trata de un primer "intento de intervenir sobre la mente del paciente y no sobre su cuerpo" (2012, p.52). En el siglo XX, el surgimiento del modelo de la enfermedad mental, sustentado en el modelo anatomo-clínico de Claude Bernard (1865), dio lugar a la taxonomía de nuevas entidades psicológicas y se incorporó una nueva clasificación: la de los trastornos afectivos (Luque y Berrios, 2011).

En el siglo XIX, la psiquiatría moderna estableció el vínculo entre enfermedad mental y emociones, las cuales se definieron como respuestas psicofisiológicas que ejercían una influencia en los procesos mentales. El estudio de las emociones a lo largo del siglo XIX en el campo de la etología, el evolucionismo y la psicología comparada (Duchenne de Boulogne, 1862; Darwin, 2009 [1872]; James, 1884) ofreció nuevos conocimientos sobre su naturaleza adaptativa y sus vínculos con la vida mental de las personas. La teoría evolucionista de las emociones de Charles Darwin las concibió como reacciones viscerales y sustratos fundamentales de la vida instintiva, acompañadas de expresiones faciales que, en conjunto, cumplían una función adaptativa de la especie animal y humana. Darwin afirmó que los individuos con trastornos emocionales se encontraban en desventaja, toda vez que "los enfermos mentales estaban fuertemente afectados por pasiones intensas que se expresaban de manera incontrolada, por lo que las emociones no podían operar como respuestas adaptativas" (2009 [1872], p.36). De acuerdo con Mosterín (2009), la teoría darwiniana estableció una doble función de las emociones: como orientadoras de la conducta, asegurando la eficacia biológica (imperativo evolutivo), a la vez que fortalecían el cumplimiento correcto de los vínculos con otros (imperativo social-moral).

Para el psicólogo estadounidense William James (1884), las emociones eran respuestas orgánicas capaces de producir ciertos estados mentales. Su tesis de las emociones como quebranto orgánico se equiparó con la concepción del modelo de la enfermedad mental en el que las emociones ocuparon un lugar central en las formulaciones etiopatogénicas y terapéuticas de la psiquiatría moderna, cuando –como asegura Novella (2011)– la ciencia médica aspiraba a formular un conocimiento fisiológico del *hombre* moral.

Desde entonces, la gestión emocional tiene una función normativa y adaptativa en la vida mental que continúa en las teorías psicológicas actuales como las de Paul Ekman (1982, 2006) y Martin Seligman (2002). Para el primero, las emociones son mecanismos psicológicos y fisiológicos básicos universales de adaptación, mientras que Seligman ha postulado una lógica disfuncional de las emociones, bajo la lógica taxativa que las divide en positivas y negativas (López, 2019). Es decir, la perspectiva psicológica actual las concibe como estados psicológicos fijos, naturales y perfectamente delimitables, por los que su clasificación en positivas y negativas resulta funcional para el campo de la salud mental en la que la supremacía de una mirada en el individualismo se impone de manera seductora a lo social.

La función diagnóstica y normativa de la emoción como categoría psicológica en la evaluación clínica de las enfermedades mentales ha tenido un largo recorrido (López, 2019, 2020; López y Velasco, 2016), en el que las emociones han transitado de tener un lugar sustancial en la semiología y tratamiento de las enfermedades mentales hasta las iniciativas preventivas y terapéuticas de la psicología, porque la vida sensible, compuesta por los afectos y las experiencias emocionales, es concomitante con la construcción del sujeto moderno y de su subjetividad, como lo han planteado distintos teóricos sociales (Heller, 1999; Gergen, 2006; Taylor, 2006; Pedraza, 2000).

Al cierre del siglo XX, la psicología positiva se desmarcó de los paradigmas de las *enfermedades mentales* y para dar cabida a una psicología concentrada en la construcción de las cualidades positivas, en donde las emociones recuperaron una centralidad diluida desde los estudios de James en el siglo XIX. Sin embargo, ahora esa concepción psicofisiológica de la vida emocional y su función adaptativa están al servicio de una autenticidad individual y no en la relación sensible con la comunidad. Desde esta propuesta de salud mental, la vida emocional es trivializada en tanto se fragmenta en una lógica taxativa positiva y negativa, bajo el argumento de la evidencia científica de la relación existente entre estados emocionales positivos optimistas (alegría, felicidad, amor, perdón) con la ausencia de depresión, ansiedad, estrés y angustia (Fredrikson y Losada, 2005).

Este modelo de salud mental y emocional también incorpora el concepto *Flow*, para referir la relación entre las demandas del medio y las habilidades personales, la experiencia óptima del proceso creativo y gratificante ajeno a las condiciones externas. Es decir, se refiere a la motivación intrínseca, en tanto respuesta adaptativa de cada individuo (Juárez, 2011; Nakamura y Csikszentmihalyi, 2014), dejando de lado que el yo está siempre en relación con los otros.

Las estrategias de salud mental que circulan masivamente en los tiempos de pandemia por COVID-19 ponen ante sí la promoción en el desarrollo de *habilidades para la vida*, bajo el supuesto de un fortalecimiento de las virtudes humanas para enfrentar la incertidumbre. La lógica aséptica de un bienestar, optimismo y la búsqueda desesperada de la felicidad es contradictoria con las desigualdades sociales que sin tapujos exhibe la pandemia. El bienestar debe estar anclado en las condiciones económicas, políticas, sociales y culturales de las personas (Bericat, 2018) y no en la figura abstracta del individuo que desdibuja el contexto social e histórico, que lleva a promover, como asegura Rojas (2018), que el bienestar y la felicidad son un asunto de cada quien.

La psicología positiva con pretensiones de una nueva concepción de salud mental y emocional habla de individuos que toman decisiones con capacidad de enfrentar la indefensión y responder de manera positiva en circunstancias adversas, como las que ahora enfrentamos por la COVID-19, pero deja fuera la compleja riqueza de esa vida emocional que –frente a ese optimismo cruel y la tiránica actitud positiva– desdibuja la importancia del lazo comunitario y obtura la conciencia de la responsabilidad social para entender que lo que estamos viviendo no es cosa de la mutación biológica sino de una ciencia y sociedad extractivista, como lo aduce el científico ecuatoriano Jaime Breilh Paz y Miño en su crítica a la explicación lineal de la salud en la pandemia (Rossi, 2021).

El foco de los principios del paradigma de la salud y la psicología positiva está puesto en la figura de individuos fuertes, productivos, capaces de desarrollar un alto potencial humano que se concreta en *ratios positivos* de felicidad, porque el bienestar y las emociones positivas son los objetivos fundamentales de la salud mental para este enfoque (Duckworth y Seligman, 2005). La visión clínica-individualista, la taxación o dicotomización emocional (emociones positivas/emociones negativas), el *adecuado* manejo emocional (inteligencia emocional), su funcionamiento normal y adaptativo en situaciones adversas para enfrentar la incertidumbre, en términos antropológicos, supone una individualidad, autonomía e independencia para el autogobierno de sus deseos y estados psicológicos, concepciones exacerbadas por los postulados fundamentales del neoliberalismo (Cabanas e Illouz, 2019). Bajo estos postulados taxativos, las emociones positivas desempeñan una funcionalidad adaptativa y resiliente por sus efectos de ampliación y construcción cognitiva capaces de generar recursos personales efectivos y duraderos (Cabanas e Illouz, 2019).

El discurso individualista reduce un problema social, político y económico a uno psicológico, con lo cual se invisibiliza la intrínseca relación que existe entre la salud mental, los factores sociales, culturales y económicos (Illouz, 2019, López, 2019). Además, despolitiza la construcción sensible de las personas como actores sociales, eliminando otras formas éticas de la vida emocional al proponer una modificación de las emociones por demanda. En suma, la dicotomización de las emociones supone una simplificación de la experiencia humana.

Ideas finales: Hacia una mirada sociocultural de las emociones

La vida emocional en el paradigma de la salud mental promovido desde finales del siglo XX queda reducida a un bienestar enfatizado como una suerte de control de daños en tiempos de pandemia (Abramowski, 2021). La socialización de técnicas de manejo emocional –sin contexto– se convierten en *commodities emocionales* producidos por demanda –social e individual– y que se presupone sirven para aliviar la depresión, reducir el estrés y controlar la ansiedad.

La perspectiva sociocultural rebasa la mirada dualista y universalista de las emociones, cuestiona su función reguladora, cuando se emplean discursos hiper individualizados y normalizadores para juzgar la salud mental como un rasgo psicológico universal, genético y conductual resiliente que responsabiliza a los individuos por la falta de capacidad de adaptación emocional (Lutz, 1986; López, 2011, 2019; Cabanas, 2019; Cabanas & Illouz, 2019; Illouz, 2019). Desde ese enfoque, las emociones son asumidas como experiencias complejas con ontologías múltiples que refieren relaciones diversas y difíciles de delimitar: en el nivel orgánico-corpóreo (sensaciones), en el nivel subjetivo (evaluación moral y la toma de decisiones) y en el nivel comportamental que incluye expresiones reguladas por las expectativas sociales, cuyos significados son históricos y culturales. Además, es fundamental reconocer que las emociones están ancladas en las estructuras de poder por cuanto son normadas y reguladas por los guiones sociales. Sus significados culturales y sociales incluyen dimensiones raciales, etarias, de género y clase (Illouz, 2007, 2010, 2019; Hochschild, 1979; Lutz, 1986). Vistas como procesos sociales, las emociones requieren la incorporación de estrategias interpretativas, que reclaman el reconocimiento del impacto de los factores sociales en su expresión y experiencia (Illouz, 2019). Las emociones son el umbral donde converge y se fusiona el cuerpo, lo cognitivo y lo cultural. Con esta perspectiva, la emoción también puede entenderse como una práctica cultural y no solo como respuesta psicofisiológica adaptativa.

Desde este marco teórico, las alteraciones del ánimo, antes que patologizarse o *eliminarse*, requieren interpretarse como procesos socioemocionales en función de la posición social, relacionada con las identidades de género, sexuales, generacionales, de estratificación social, educativas y las situaciones vitales determinadas por la construcción de una subjetividad normativa entronizada en lo emocional (Morales y López, 2020). Los procesos socioemocionales varían en función de la posición social que se ocupa y de las condiciones existenciales que estos factores inducen en la situación vital de las personas y las poblaciones de pertenencia.

En el siglo XIX finisecular, la sensibilidad del individuo se asoció con su capacidad moral y humana de experimentar sentimientos hacia otros que formaban parte de su sociedad y que requería compartir para guiar los comportamientos adecuados. Después de todo, la racionalidad, la emoción, la voluntad y otros procesos psíquicos eran la esencia real y significativa de las personas. En el siglo XXI, las emociones son atributos positivos de un individuo que ha roto sus lazos sociales y con la vida en el sentido amplio de la palabra, un individuo atribulado en conseguir el bienestar a través del esfuerzo personal para vivir en un estado permanente de felicidad (Prieto-Ursúa, 2006).

Bibliografía

Abramowski, A. (13 de septiembre de 2021). Maneras de querer. La dimensión afectiva de la tarea docente en perspectiva histórica [Audio podcast]. Post Scriptum, Radio UNAL. http://radio.unal.edu.co

Bericat, E. (2018). *Excluidos de la felicidad. La estratificación social del bienestar emocional en España*. Madrid: Centro de Investigaciones Sociológicas.

Berlant, L. (2020). *El optimismo cruel*. Buenos Aires: Caja Negra.

Bernard, C. (1994 [1865]). *Introducción al estudio de la medicina experimental*. México: Universidad Nacional Autónoma de México.

Brooks, S.; Webster, R.; Smith, L.; Woodland, L.; Wessely, S.; Geenberg, N. y James, G. (2020). The psychological impact of quarantine and how to reduce it: rapid review of the evidence. *Lancet, 395*, 912-920.

Cabanas, E. (2019). Psiudadanos, o la construcción de individuos felices en las sociedades neoliberales. En E. Illouz (comp.), *Capitalismo, consumo y autenticidad. Las emociones como mercancía* (pp. 233-263). Buenos Aires: Katz.

Cabanas, E. e Illouz, E. (2019). *Happycracia. Cómo la ciencia y la industria de la felicidad controlan nuestras vidas*. Barcelona: Paidós.

Darwin, Ch. (2009 [1872]). *La expresión de las emociones en el hombre y los animales*. Pamplona: Laetoli.

Duchenne de Boulogne, G. (1862). *The mechanism of human facial expression of an electrophysiological analysis of the expression of the emotions*. New York: Cambridge University Press.

Duckworth, A. y Seligman, M. (2005). Positive Psychology in Clinical Practice. *Annual Review of Clinical Psychology, 1*, 629-651. 10.1146/annurev.clinpsy.1.102803.144154

Ekman, P. (2006). *Darwin and facial expression: a century of research in review.* Los Altos: Malor Books.

Ekman, P. (ed.). (1982). *Emotion in the human face.* New York: Cambridge University Press.

Fernández-López, J. A.; Fernández-Fidalgo, M. y Cieza, A. (2010). Los conceptos de calidad de vida, salud y bienestar analizados desde la perspectiva de la clasificación internacional del funcionamiento (CIF). *Rev Esp Salud Pública, 84*, 169-184.

Fredrickson, B. L. (15 de julio de 2013). Updated thinking on positivity ratios. *American Psychologist, 68*(9), 814-822. 10.1037/a0033584

Fredrickson, B. L. y Losada, M. F. (2005). Positive affect and the complex dynamics of human flourishing. *American Psychologist, 60*(7), 678-686. 10.1037/0003-066x.60.7.678

Gergen, K. (2006). *El yo saturado. Dilemas de identidad en el mundo contemporáneo.* Barcelona: Paidós.

Held, B. S. (2002). The thyranny of the positive attitude in America: Observation and Speculation. *Journal of Clinical Psychology, 58*(9), 965-992.

Heller, A. (1999). *Teoría de los sentimientos.* México: Ediciones Coyoacán.

Hochschild, A. (1979). Emotion work, feeling rules, and social structure. *American Journal of Sociology, 85*(3), 551-575.

Horton, R. (2020). Offline: COVID-19 is not a pandemic. *The Lancet, 396*(10255), 874. https://doi.org/10.1016/S0140-6736(20)32000-6

Huertas, R. (2012). *Historia cultural de la psiquiatría*. Madrid: Catarata.

Illouz, E. (2007). *Intimidades congeladas*. Buenos Aires/Madrid: Katz.

Illouz, E. (2009). *El consumo de la utopía romántica. El amor y las contradicciones culturales del capitalismo*. Buenos Aires: Katz.

Illouz, E. (2010). *La salvación del alma moderna. Terapia, emociones y la cultura de la autoayuda*. Buenos Aires: Katz.

Illouz, E. (comp.). (2019). *Capitalismo, consumo y autenticidad. Las emociones como mercancía*. Buenos Aires: Katz.

James, W. (1884). What is an emotion? *Mind*, *9*(34), 188-205.

Juárez, F. (2011). El concepto de salud: Una explicación sobre su unicidad, multiplicidad y los modelos de salud. *International Journal of Psychological Research*, *4*(1), 70-79.

Lantéri-Laura, G. (2000). *Ensayo sobre los paradigmas de la psiquiatría moderna*. Madrid: Triacastela.

Lazarus, R. S. (2003). Does the Positive Psychology movement have legs? *Psychological Inquiry*, *14*(2), 93-109.

López, O. (2019). *Extravíos del alma mexicana. Patologización de las emociones en los diagnósticos psiquiátricos (1900-1940)*. México: Facultad de Estudios Superiores Iztacala, Universidad Nacional Autónoma de México.

López, O. (2020). El alma mexicana o de cómo las disciplinas psi construyeron la identidad psíquica del mexicano en los siglos XIX y XX. En M. Épele (comp.), *Políticas terapéuticas y economías de sufrimiento: perspectivas y debates contemporáneos sobre las tecnologías Psi* (pp. 49-77). Buenos Aires: Instituto de Investigaciones

"Gino Germani", Universidad de Buenos Aires/Consejo Latinoamericano de Ciencias Sociales.

López, O. (coord.). (2011). *La pérdida del paraíso. El lugar de las emociones en la sociedad mexicana entre los siglos XIX y XX*. México: Facultad de Estudios Superiores Iztacala-Universidad Nacional Autónoma de México.

López, O. y Velasco, F. (2016). De las pasiones a las emociones: causas de las enfermedades mentales. Siglos XIX y XX. En O. López y R. Enríquez (coords.), *Cartografías emocionales. Las tramas de la teoría y la praxis* (pp. 7-25). México: Facultad de Estudios Superiores Iztacala-Universidad Nacional Autónoma de México/ITESO-Universidad Jesuita de Guadalajara.

Luque, R. y Berrios, G. (2011). Historia de los trastornos afectivos. *Revista Colombiana de Psiqui Lantéri Atría, 40*(5), 130S-146S. http://www.redalyc.org/articulo.oa?id=80622316009.

Lutz, C. (1986). Emotion, thought, and estrangement: emotion as a cultural category. *Cultural Anthropology, 1*(3), 287-309.

Martínez-Hernáez, Á. (2007). Cultura, enfermedad y determinismo médico. La antropología médica frente al determinismo biológico. En M. L. Esteban (ed.), *Introducción a la antropología de la salud. Aplicaciones teóricas y prácticas* (pp. 11-43). Bilbao: OSALDE Asociación por el Derecho a la Salud.

Morales, R. y López, O. (2020). La experiencia del desplazamiento interno forzado: una mirada desde los procesos socioemocionales. *Cultura y Representaciones Sociales, 15*(29), 425-451.

Mosterín, J. (2009). Prólogo. En C. Darwin, *La expresión de las emociones* (pp. 7-12). Pamplona: Laetoli.

Munayco, C. (2020). Desigualdades sociales en tiempos de la pandemia COVID-19. *Organismo Andino de Salud-Convenio Hipólito*

UNANUE. http://orasconhu.org/portal/sites/default/files/Webinar%20Desigualdades%20sociales_C%C3%A9sar%20Munayco_Per%C3%BA.pdf

Naciones Unidas. (2020). *Informe de políticas: La COVID-19 y la necesidad de actuar en relación con la salud mental. 13 de mayo de 2020*. Nueva York: Naciones Unidas.

Nakamura, J. y Csikszentmihalyi, M. (2014). The Concept of Flow. En M. Csikszentmihalyi (ed.), *Flow and the Foundations of Positive Psychology* (pp. 239-260). New York/London: Springer.

Novella, E. (2011). La medicina de las pasiones en la España del siglo XIX. *Dynamis, 31*(2), 453-473.

Organización Mundial de la Salud (2014). *Documentos básicos* (48ª Edición). Italia: Organización Mundial de la Salud. https://apps.who.int/gb/bd/PDF/bd48/basic-documents-48th-edition-sp.pdf

Organización Mundial de la Salud (30 de marzo de 2018). *Salud mental: fortalecer nuestra respuesta*. Organización Mundial de la Salud. https://www.who.int/es/news-room/fact-sheets/detail/mental-health-strengthening-our-response

Organización Mundial de la Salud (1 de octubre de 2020). *Dirigentes mundiales y personalidades que participarán en la Gran Cita de la OMS a favor de la Salud Mental el 10 de octubre* [Comunicado de prensa]. Organización Mundial de la Salud. https://www.who.int/es/news/item/01-10-2020-world-leaders-celebrities-to-join-who-s-big-event-for-mental-health-on-10-october

Organización Mundial de la Salud (5 de octubre de 2020). *Los servicios de salud mental se están viendo perturbados por la COVID-19 en la mayoría de los países, según un estudio de la OMS* [Comunicado de prensa]. Organización Mundial de la Salud. https://www.who.int/es/news/

item/05-10-2020-covid-19-disrupting-mental-health-services-in-most-countries-who-survey

Organización Mundial de la Salud (10 de octubre de 2020). *La Gran Cita de la Salud Mundial.* Organización Mundial de la Salud. https://www.who.int/es/news-room/events/detail/2020/10/10/default-calendar/the-big-event-for-mental-health

Pedraza, Z. (2000). La educación sentimental y el descubrimiento de sí mismo. En S. Castro Gómez (ed.), *La reestructuración de las ciencias sociales en América Latina* (pp. 311-325). Bogotá: CEJA.

Pinel, P. (1804). *Tratado médico-filosófico de la enajenación del alma o manía* (Traducido por D. L. Guarnerrio y Allavena). Madrid: Imprenta Real.

Piña, L. (2020). El COVID 19: Impacto psicológico en los seres humanos. *Revista Arbitrada Interdisciplinaria de Ciencias de la Salud. Salud y Vida, 4*(7), 188-199. http://dx.doi.org/10.35381/s.v.v4i7.670.

Prieto-Ursúa, M. (2006). Psicología positiva: una moda polémica. *Clínica y Salud, 17*(3), 319-338.

Rojas, M. (2018). Prólogo: La inclusión de la persona en el estudio de la felicidad. En E. Bericat, *Excluidos de la felicidad. La estratificación social del bienestar emocional en España* (pp. 15-17). Madrid: Centro de Investigaciones Sociológicas.

Romero, A. (2015). La concepción aristotélica de la eudaimonía en Ética a Nicómaco. Relación entre vida activa y vida teorética. *Revista de Investigación, 39*(85), 13-30.

Rose, N. (1996). *Governing the soul. The shaping of the private self.* London: Free Association Books.

Rossi, L. (26 de agosto de 2021). El corazón de la pandemia está en el sistema agroalimentario. *TierraViva, Agencia de Noticias.*

https://agenciatierraviva.com.ar/en-el-corazon-de-la-pandemia-esta-el-si

Rubin, J. y Wessely. S. (2020). The psychological effects of quarantining a city. *Views and Reviews, 368*, 1-2.

Seligman, M. (2002). *La auténtica felicidad*. Barcelona: Vergara.

Seligman, M. y Csikszentmihalyi, M. (2014). Positive Psychology: an introduction. En M. Csikszentmihalyi (ed.). *Flow and the foundations of Positive Psychology* (pp. 279-298). New York / London: Springer.

Shachak, M. (2019). (Inter)cambios de sentimientos: sobre la comodificación de las emociones en la psicoterapia. En E. Illouz (comp.), *Capitalismo, consumo y autenticidad. Las emociones como mercancía* (pp. 199-232). Buenos Aires: Katz.

Taylor, Ch. (2006). *Fuentes del yo. La construcción de la identidad moderna*. Barcelona: Paidós.

Vázquez, C. (2006). La psicología positiva en perspectiva. *Papeles del Psicólogo, 27*(1), 1-2.

Pensamientos sobre el miedo y el cuidado
El trabajo doméstico en la pandemia en Chile

Rosario Fernández Ossandón

Introducción... o sobre las pulsiones que motivan esta reflexión

Durante 2020, al alero del trabajo de la Esfera de Familia del Núcleo Milenio Autoridad y Asimetrías de Poder (Chile) realicé el estudio "Diferencia y figuras de autoridad femenina. Análisis a partir del trabajo doméstico pagado y el giro afectivo",[1] proyecto adscrito al Instituto de Estudios Avanzados (IDEA) de la Universidad de Santiago de Chile (USACH). En él, continúo en lo que vengo explorando hace un tiempo sobre las formas en que se definen, gestionan y negocian las asimetrías de poder entre mujeres, específicamente entre empleadoras y trabajadoras de casa particular, y cómo dicha gestión se enmarca en relaciones de autoridad que no necesariamente logran explicarse si asumimos una mirada binaria y dicotómica sobre el poder, es decir, bajo la clave de lectura dominación/subordinación

[1] Agradecimientos a la Vicerrectoría de Investigación, Desarrollo e Innovación de la Universidad de Santiago de Chile (POSTDOC_DICYT, Código 031894_AK_MIL) por su financiamiento.

(Fernández 2017; 2018; 2021). Lo que intento estudiar son las formas complejas, afectivas, ambiguas, múltiples y simultáneas en que el poder –y sus efectos en los cuerpos y subjetividades– se despliegan en el espacio íntimo, en las relaciones entre trabajadoras y empleadoras que se articulan en torno a arreglos y condiciones estructurales, históricas y situadas de las diferencias de género, raciales, étnicas y de clase en Chile, pero que no se reducen a ellas y que son capaces de producir y afectar las formas mismas de gestionar y pensar el poder.

En este contexto, escribo este ensayo –uno que aún se encuentra en el recorrido entre el pensamiento y la escritura– sobre el miedo como articulador de esta relación íntima y sus posibles interpretaciones políticas en el contexto de pandemia COVID-19. A partir de la experiencia de una trabajadora doméstica, analizo el miedo y su potencia afectiva para interrumpir ciertos supuestos del trabajo doméstico en hogares y del lazo social en la sociedad chilena neoliberal. Con ello, sitúo al cuidado como acontecimiento para imaginar otras formas de estar en el mundo. Divido el texto en tres puntos: 1) Relato; 2) Tengo miedo; y 3) Cuida a quien te cuida.

Relato

Aurora es trabajadora de casa particular, inmigrante de Perú, vive hace más de veinte años en Chile y ha trabajado cuidando a personas mayores, haciendo aseo en casas por días y en una empresa de limpieza en oficinas. Me cuenta que con la pandemia su situación laboral y económica se tornó más compleja, ir a las casas de sus empleadores fue cada vez más difícil. A su vez, perdió su trabajo en la empresa de aseo y no se pudo acoger al seguro de cesantía, derecho que no fue otorgado a las trabajadoras domésticas sino hasta octubre de 2020. Esto le implicó, en palabras de ella, andar como gitana, pasando por varios arriendos que cada vez se volvían más difíciles de mantener por la falta de ingresos. “Ganarse la vida” se volvió complejo, por los permisos, por el traslado y por la reducción de sus ingresos económicos.

> Yo en realidad, mire me da temor, necesito trabajar sí, necesito para poder sobrevivir, tener que trabajar. Ay si es como que, uno no puedes moverte y dos que te sientes atada porque no puedes hacer nada, no puedes hacer nada, quieres hacer algo para sobrevivir y no puedes. No puedes... Es como decir pucha no te... no puedes decir... pucha no tengo trabajo ¿Qué hago? Voy a salir a vender algo, no puedes. Esta pandemia ha atado a todos, nos ha cruzado de brazos, a mucha gente.

Andar como gitana (desplazamiento forzado) ocurrió simultáneamente con la dificultad de sobrevivir económicamente (reducción del cuerpo al encierro). No poder salir y "ganarse la vida" le generó la sensación de estar "atada de manos", sin muchas posibilidades de solventarse. Esta situación, junto con la posibilidad de contagio, la tienen con miedo, un miedo que la advierte de un peligro que, a la vez, la obliga a moverse buscando dónde encontrar refugio y a replegarse a su cuerpo, la deja atada a él, y la desvincula a otros cuerpos y lazos.

Tengo miedo

A partir del relato de Aurora, podemos pensar que el miedo es un afecto político que tiene relación con al menos dos aspectos. Primero, tener miedo implica que algo de sí está en peligro, hay una advertencia, una puesta en alerta. Nos indica que la vida, la sobrevivencia, pero también el lugar en el mundo, en lo común, donde nos encontramos todos en nuestras vulnerabilidades y nuestras mutuas dependencias, puede estar en peligro, en transformación o en crisis. Y esto puede implicar que incluso no haya un lugar físico, un techo, un hogar donde vivir. Es decir, nos advierte de la experiencia de la desposesión (Butler y Athanasiou, 2017).

Segundo, tener miedo implica un enfriamiento, una paralización y un aislamiento:

> O sea, ahorita como te decía, uno no es libre prácticamente de nada, no eres libre, no eres... andas como presa dentro de tu... de tu cuerpo. No sé andas presa, como que no quieres que nadie te toque, que nadie se acerque, no es porque uno sea... si no que, por evitar, por las mismas reglas, las mismas cosas. Pero... ¿quién cuidará de mí?

El miedo puede ser pensado, en este sentido, como un afecto producido en un contexto amenazante respecto al lazo social donde somos reducidos al cuerpo, no a la corporalidad y su vinculación con el mundo y con los otros, sino a una materia que solo se puede cuidar en tanto materia. Así, el llamado que hace el Gobierno a cuidarse y su pregunta *¿quién cuidará de mí?* implican un retorno a un cuerpo biológico que debe enfrentar las amenazas del virus desconectado del resto de la sociedad, del Estado y de los/as empleadores/as para quienes trabajaba. Siente que a quienes ella cuidaba (quienes prometieron protección, quienes firmaron un contrato social con ella) no la cuidan, subrayándose el condicional de la conocida frase "ella es como de la familia".

Como analiza Valentina Bulo (2019), el miedo es una disrupción del estar en el mundo desde el placer, es decir, interrumpe ese estar en tanto advierte de una amenaza o un peligro que nos provoca enfriamiento o paralización (Ahmed, 2015) así como el desplazamiento, aislación y exclusión de lo común. Ahora, el miedo no es un afecto nuevo o ajeno en las sociedades contemporáneas. En la teoría política, especialmente en los escritos de Maquiavelo y Hobbes, el miedo es un elemento crucial del poder y de la autoridad para producir el colectivo, uno más seguro que el amor por su vínculo con el castigo o por el fantasma de la anarquía, donde los sujetos soberanos renuncian a la libertad bajo la promesa de protección.

Hoy eso es cada vez más evidente. Los y las ciudadanos/as experimentan el estar en lo común a través de una política donde el miedo se ha normalizado. Inmigrantes; población afrodescendiente;

exiliados políticos; defensores del medio ambiente; feministas, mujeres y disidencias sexuales; grupos indígenas, entre otros, son hoy los otros de la nación (Segato, 2007), incorporados a través de una lógica del poder que se basa tanto en la administración de la posibilidad de vivir y la producción de ciertos estilo de vidas a través de una biopolítica (Foucault, 2009), como también gestionando la muerte de dichos grupos, es decir, una necropolítica (Mbembe, 2011) que genera formas de desposesión que hace algunas vidas menos vivibles (Butler y Athanasiou, 2017).

El miedo, entonces, es hoy una lógica dominante respecto a un modo de estar en la comunidad política y de producir el lazo social, uno que si bien muestra particularidades en el contexto neoliberal es parte de una genealogía de las formas en que las sociedades y las democracias se han fundado en occidente. En el caso chileno el miedo se ha profundizado y ya no es sólo fundante del Estado-nación, sino la lógica a partir de la cual nos vinculamos. La angustia, la crisis, el peligro, el miedo articulan nuestra cotidianeidad, afectándonos de diversas formas. El trauma de la dictadura de Pinochet (Marchant, 2000) y el discurso del consenso como forma de aplanar lo político (Richard 1998), son formas particulares que configuran el miedo como dispositivo, hoy actualizado en el contexto de la pandemia y que para mujer, inmigrante y de sector popular implica la reducción de su libertad de movimiento y contacto, una reducción a su propio cuerpo.

Pero así como Ahmed (2015) nos señala que los afectos no se poseen sino que circulan y que el miedo aparece ante el peligro de la pérdida de otros objetos, entre ellos, el objeto del amor, el miedo en el relato de Aurora no ubica su objeto solamente en el virus o en la falta de ingresos, sino que también en la falta de cuidado. Ella se pregunta respecto a quién la cuidará si enferma, quién se preocupará por ella, quién cuidará de sus seres queridos, quién cuidará a su padre que vive en Perú y que ella, junto a su hermano, mantienen económicamente.

El miedo, entonces, le lleva a la pregunta por el cuidado: *¿quién cuidará de mí si enfermo?* Y pareciera ser que no habría autoridad –ni Estado ni empleadores/as– que vean a las trabajadoras como parte de una economía del cuidado, quedando en evidencia la distribución desigual de los cuidados que para algunos es una práctica colectiva y para otros no. Hay quienes reciben más cuidados que otros, hay quienes entregan más cuidado que otros, y hay quienes no reciben el cuidado que sienten necesitan y más bien portan el *des-cuido* como una marca. Acarrear el *des-cuido* podría pensarse como producto de una huella histórica, como dice Ahmed (2015), una memoria que "funciona para asegurar la relación entre (los) cuerpos; los reúne y los separa" (p. 106) y "[...] reestablece la distancia entre los cuerpos" (p. 107), y podríamos agregar, la separación entre quienes cuidan y quienes son cuidados. Distancia que responde a los procesos de inferiorización por la diferencia racial y de género latinoamericana donde mujeres, pobres, rurales, indígenas, negras quedan al cuidado y al servicio de otros. Así, el miedo circula y se sujeta a quienes han sido definidas como a cargo de los cuidados y de servir.

Lo paradójico, o una de las paradojas, es que quienes cuidan de nosotros, de nuestras casas, nuestros hijos, nuestra higiene, nuestra vida cotidiana, quienes cuidan la reproducción de nuestras vidas y, sugiero, son el sostén de la vida económica, cultural y política de las sociedades, no se sienten cuidadas. Las trabajadoras son dejadas a morir en la pandemia, son despedidas de sus trabajos, no reciben el bono del Estado, no tienen seguro de cesantía... son dejadas a la suerte del vaivén de la crisis. Pero simultáneamente, en este contexto el miedo en el caso de Aurora no funciona como un simple reproductor de su exclusión del lazo social, también lo interpela y moviliza hacia otras formas de construirlo.

Cuida a quien te cuida

Como es sabido, producto de la pandemia casi la mitad de las trabajadoras domésticas en Chile se encuentran sin trabajo, la mayoría en la informalidad, y sin acceso a los beneficios sociales entregados por el Estado. Los sindicatos y asociaciones de trabajadoras de casa particular rápidamente se organizaron, como lo hacen hace muchísimos años para cuidarse, por un lado, difundiendo información y ayuda en sus redes y, por otro lado, interpelando a colectivizar el cuidado, demandando al Estado y a los/as empleadores/as a hacerse cargo con la campaña #cuidaaquientecuida, lanzada al inicio de esta pandemia.

Además de colectivizar el cuidado a través de la interpelación pública, las trabajadoras –a partir de sus experiencias en pandemia– cuestionan su lugar dentro de los hogares donde trabajan y la desigual distribución de los cuidados en su interior. Frases como: "Yo trabajé 10 años con ellos y así no más me botaron", "pensaba que les importaba, y ni siquiera pagaron mis imposiciones", "un día simplemente me mandaron en taxi a mi casa con mi finiquito", "algo se quebró, somos muy empáticas con las necesidades de nuestras empleadoras, pero ahora es evidente que ellas no"; dan cuenta de una fisura y producen un reclamo por el derecho a ser cuidadas. El miedo devino en estas reflexiones, frases que muestran asombro pero también una crítica al lugar de "nanas", un nombre recubierto de familiaridad, lealtad, incondicionalidad, pero que ellas cuestionan cuando aparece el *des-cuido*.

Interpreto que "cuida a quien te cuida" moviliza el signo *cuidar*, cuestiona sus criterios de inclusión, hace un desmontaje al condicionante "como" de "como de la familia" y visibiliza la historia de exclusión de "el servicio" al derecho de cuidado. Moviliza el miedo hacia la demanda por el cuidado, dando cuenta del carácter político tanto de este como de los afectos. En este sentido, interpreto que se produce un giro, se sale de lo individual para situar la interdependencia como base del lazo social. El miedo, entonces, provoca un cuestionamiento al estatuto *nana* para aferrarse al lazo social desde otro lugar, desde otra ética.

Esto que ocurre con la familia para la cual se trabaja, es decir la movilización del miedo hacia la acción de reconocer el valor y derecho al cuidado, también interpela el lugar del miedo como base del contrato social, de la forma de vincular Estado y pueblo, y las formas de gestión del poder a través de la administración de la vida y de la muerte. Es decir, el miedo como afecto convierte al cuidado en un proyecto político. Siguiendo la línea de interpretación de Sianne Ngai (2007), la experiencia del miedo interrumpe la lógica del *des-cuido*, se pasa del enfriamiento a la acción para movilizar nuestras percepciones y acciones, posicionando el cuidado como fuerza afectiva para re-ubicarnos de otro modo respecto al lazo social. Con ello, las trabajadoras ponen en cuestión el sujeto individualista y autosuficiente de las democracias liberales para posicionar las interdependencias en su centro (The Care Collective, 2020). Esta movilización del miedo permite esclarecer que no es solo la pandemia el problema sino la exclusión de ciertos sujetos a la comunidad y a la posibilidad de existir, develando los procesos de desposesión que la propia sociedad genera (Butler y Athanasiou, 2017).

En resumen, el caso que les presento da cuenta de que el miedo puede sentirse, pero no reside en los sujetos. Como señala Ahmed (2015), los afectos son producidos en la circulación, en este caso, en la distribución desigual de los cuidados que produce en algunas trabajadoras miedo. "Tengo miedo" es huella de esa producción que se aloja en las trabajadoras como signo de una memoria de exclusión al cuidado. Y "cuida a quien te cuida" es un acto político de interrupción a dicha exclusión.

Bibliografía

Ahmed, Sara (2015). *La política cultural de las emociones.* México: Programa Universitario de Estudios de Género, Universidad Nacional Autónoma de México.

Bulo, Valentina (2019). *Sobre el placer.* Madrid: Editorial Síntesis.

Butler, Judith y Athanasiou, Athena (2017). *Desposesión: lo performativo en lo político.* Buenos Aires: Eterna Cadencia.

Fernández, Rosario (2017). Trabajo doméstico pagado: la "solución perfecta" para la "familia feliz" en Chile. En Jorge Pavez (ed.), *(Des)orden de género. Políticas y mercados del cuerpo en Chile.* Santiago de Chile: CRANN Editores.

Fernández, Rosario (2018). Commodification of domestic labour, the culture of servitude and the making of the Chilean nation. *Österreichische Zeitschrift für Soziologie* (Viena, Sociedad Austríaca de Sociología), *43*(1), 49-60.

Fernández, Rosario (2021). Asimetrías de poder y el ejercicio de la autoridad en el trabajo doméstico pagado. *Convergencia. Revista de Ciencias Sociales* (Universidad Autónoma del Estado de México), *28.*

Foucault, Michel (2009). *Nacimiento de la biopolítica: Curso en el Collège de France (1978-1979).* Madrid: Akal.

Marchant, Patricio (2000). *Escritura y temblor.* Santiago de Chile: Cuarto Propio.

Mbembe, Achille (2011). *Necropolítica,* Madrid: Melusina.

Ngai, Sianne (2007). *Ugly feelings.* Cambridge: Harvard University Press.

Richard, Nelly (1998). *Residuos y metáforas. Ensayos de crítica cultural sobre el Chile de la transición.* Chile: Cuarto Propio.

Segato, Rita (2007). *La nación y sus otros.* Buenos Aires: Prometeo.

The Care Collective (2020). *The Care Manifesto. The Politics of Interdependence.* Nueva York: Verso.

III.
Experiencias afectivizadas entre espacios íntimos y públicos

Trauma marica
El lugar de los afectos en el archivo sexo-disidente

Eduardo Mattio

En el marco de las exploraciones teóricas del giro afectivo en torno a las gramáticas afectivas sexo-disidentes, mi trabajo reciente se propone contribuir a la reconstrucción de una cultura pública marica que permita exhibir aquellas formas de vida disidente que suelen quedar invisibilizadas bajo la reivindicación asimilacionista que trae consigo la ampliación de derechos o la inclusión de minorías (Mattio, 2019; 2020a; 2020b). Pasada más de una década de la sanción del matrimonio igualitario en Argentina, queda por revisar qué ocurre con aquellos otros vínculos y afecciones que no encuentran lugar bajo la cobertura legal de la institución conyugal. Atendiendo al modo diferencial en que tales regulaciones asignan –efectiva o idealmente– el reconocimiento a quienes no se asimilan a la matriz heteronormativa, reparando en las formas de homofobia que se reiteran frente a ciertas representaciones que devienen negativas por alejarse del contrato matrimonial (Love, 2007; 2015), este trabajo se propone contribuir a la conformación y análisis de un "archivo de sentimientos" (Cvetkovich, 2018) marica –las identificaciones y los vínculos que expresa y aún habilita– con el objeto de examinar mejor las gramáticas afectivas que hoy se nos imponen y que a muchas maricas convierten en "parias emocionales" (Ahmed, 2019). Para ello, me propongo analizar una *nouvelle* de Peter Pank, *Tarzan Boy* (2017), desde la perspectiva de dos autoras del giro afectivo, Ann Cvetkovich (2018) y Heather Love (2007), con el objeto de explorar la potencia ética y política de aquellas gramáticas afectivas que, por desfasadas o anacrónicas, quedan por fuera del presunto "progreso en materia de derechos" que propalan y dan por sentado ciertos sectores integrados/bles del colectivo LGTB. De este modo, entiendo, se hace viable advertir el lugar clave que tienen los afectos (particularmente los socialmente censurados y desacreditados) en la construcción de un archivo sexo-disidente y en la edificación de comunidades emocionales alternativas que, a la luz de una teoría radical del sexo, hagan posible una justicia erótica más extendida (Rubin, 2018).

I

En *Un archivo de sentimientos*, Ann Cvetkovich (2018) se propone dar cuenta de un conjunto de experiencias afectivas sexo-disidentes mayormente traumáticas que, por fuera del reconocimiento institucional o estatal, han sido capaces de constituir una experiencia cultural colectiva y han servido de base para la creación de culturas públicas vigorosas y resistentes. En ese marco, Cvetkovich sustrae la noción de "trauma" de la caracterización de aquellas experiencias o catástrofes que son reconocidas como fundacionales de la vida pública "americana", *v.g.*, el Holocausto o la guerra de Vietnam, para ingresar más bien a un vasto archivo de sentimientos que expresa la vitalidad de las culturas *queer* y que queda por fuera de los clásicos "archivos del trauma". Con la categoría de "trauma", sin embargo, la autora no pretende reponer una perspectiva patologizante que devuelva la autoridad al discurso biomédico; abre más bien "un espacio para exponer el dolor como algo psíquico, no solo físico. Como nombre para las experiencias de una violencia política socialmente situada, el trauma forja las conexiones manifiestas entre la política y la emoción"

(p. 17).[1] En efecto, su consideración del vínculo entre política y emoción permite examinar las especificidades y diversidades de aquellas culturas públicas sexo-disidentes que se ven atravesadas por las huellas del trauma: "No estoy interesada –subraya Cvetkovich– solo en quienes sobreviven al trauma, sino en aquellas personas cuyas experiencias circulan cerca del trauma y están marcadas por él" (p. 17). Más aún, su trabajo nos invita a reparar en aquellas experiencias colectivas que arrebatan tales episodios del control de los expertos médicos y crean a partir del trauma respuestas creativas que superan a las habituales soluciones terapéuticas y políticas. En otras palabras, centrarse en "las respuestas culturales al trauma" permite reconocer "la emergencia de distintas formas de pensar sobre el trauma y, en particular, sobre un sentido del trauma como conexión con la realidad de la experiencia cotidiana" (p. 18). Es decir, se supone aquí que ciertos episodios (personales/colectivos) dolorosos –la violencia sexual, la enfermedad, el duelo, la discriminación, etc. – no suponen una invariable inhibición de la acción, menos aún, una única forma de responder al trauma, sino que dan lugar a diversas maneras, transformadoras y placenteras, de lidiar con aquello que nos daña. En esa línea, es posible revisitar toda una serie de producciones culturales alternativas que por fuera de la cultura *mainstream* y heterocentrada, funcionan como "archivos de sentimientos", *i.e.*, "como depositarios de sentimientos y emociones, que están codificados no solo en el contenido de los textos, sino en las prácticas que rodean a su producción y su recepción" (p. 22).

En ese gesto, entonces, la apelación a la noción de trauma desafía aquello que se entiende por "archivo": en el caso de las culturas gays y lesbianas está compuesto por materiales efímeros (recuerdos personales, cartas, diarios), sujetos a formas de privacidad e invisibilidad,

[1] Un gesto semejante se propone Cvetkovich cuando se pregunta: "¿Qué sucedería si pudiéramos localizar los orígenes de la depresión, por lo menos en América, en historias de colonialismo, genocidio, esclavitud, exclusión legal y en la segregación y el aislamiento cotidiano que acechan todas nuestras vidas, en lugar de buscarlos en desequilibrios bioquímicos?" (2015, p. 205).

elegidas o forzadas, de las que es preciso recuperarlos si se quiere poner de manifiesto la capacidad que tienen ciertas expresiones culturales para crear formas de vida o contrapúblicos. Con lo cual, el trauma no solo plantea preguntas acerca de lo que se considera "archivo", sino también acerca de lo que se concibe clásicamente como "cultura pública". Con esta noción se alude a "formas de vida que no se han solidificado como instituciones, organizaciones o identidades" (p. 25). Para Cvetkovich, atender específicamente al trauma permite abrir una puerta de entrada a un conjunto de emociones –amor, rabia, placer, pena, vergüenza– que afectan la configuración de "lo público". Con lo cual, la expresión cultural de tales experiencias emocionales exige reconsiderar las distinciones convencionales entre privado y público, entre vida emocional y vida política o entre cultura política y cultura terapéutica. En otras palabras, su trabajo "no sólo se centra en los textos como representaciones o narrativas del trauma, sino que también se interesa en cómo la producción cultural que surge alrededor del trauma activa nuevas prácticas y públicos" (p. 27). Con lo cual, es claro que su consideración teórica del trauma no reduce la vida afectiva o emocional a una instancia priva(tiza)da, sino que la concibe como una base para la formación de culturas públicas. En particular, el archivo del trauma lésbico que Cvetkovich construye y analiza le permite advertir el modo como se disocian ciertos afectos de nuestra concepción de ciudadanía; ciertas expresiones afectivas quedan por fuera de las prácticas institucionales que brindan reconocimiento político.

> Mi investigación –señala Cvetkovich– de la vida afectiva de las culturas lesbianas está motivada en particular por mi insatisfacción con las respuestas a la homofobia que toman la forma de reivindicación de la igualdad de derechos, el matrimonio homosexual, las parejas de hecho... e incluso la legislación social sobre delitos de odio; tales propuestas políticas suponen una ciudadanía LGTB cuya realización afectiva reside en la asimilación, la inclusión y la normalidad (Cvetkovich, 2018, p. 28).

El archivo del trauma que interesa a Cvetkovich elude entonces los relatos típicos de satisfacción doméstica para recalar en aquellas estructuras de sentimientos que configuran culturas sexo-afectivas alternativas.

II

Recogidas algunas afirmaciones de Cvetkovich en torno al trauma, en esta sección me detendré en las consideraciones de Heather Love (2007; 2015) en relación a ciertas representaciones y afectos sexo-disidentes que hoy resultan desfasados e inconvenientes en el marco de un proceso de normalización al que adhieren amplios sectores del colectivo LGTB. En *Feeling Backward* (2007), la autora sale al cruce de las gramáticas emocionales del asimilacionismo gay y lésbico, exhibiendo la legitimidad de otras representaciones sexo-afectivas –pasadas y presentes– que, descartadas por inadecuadas e incómodas, involucran la interpretación de guiones emocionales inasimilables dentro de la matriz hetero y homonormativa. En palabras de Love, "al hacer presente pasados descartados o rechazados, [las figuras anacrónicas o inasimilables] actúan como un arrastre en el presente, desafiando no sólo normas sociales dominantes sino también las aspiraciones normativas de las políticas progresistas de izquierda" (Love, 2015, p. 193). Volver sobre ese repertorio de imágenes anacrónicas, representaciones que hoy son minimizadas o desautorizadas por el "giro afirmativo" que supone la creciente inclusión y protección legal de gays y lesbianas, le permite a Love reparar en historias específicas de exclusión y violencia homofóbica que expresan estructuras de desigualdad que todavía operan en el presente. Con ese propósito, Love advierte en diversos materiales de la cultura la persistencia sorprendente de sentimientos anteriores a Stonewall que sobreviven a la "liberación gay",[2]

[2] En *Feeling Backward*, por ejemplo, Love analiza *El pozo de la soledad*, de Radclyffe Hall, un relato melodramático que ha sido criticado por ofrecer una representación

y que en este nuevo contexto suelen ser motivo de una vergüenza mayor. Destaca así la continuidad en la experiencia individual de ciertos sujetos *queer* de ciertas formas de vida y estructuras de sentimiento presuntamente anacrónicas que sugieren una conexión más compleja y profunda entre un pasado *queer* ominoso y el presente de inclusión en el que vivimos. La insistente vinculación entre experiencia *queer* y sentimientos negativos –la vergüenza, el autodesprecio o la discreción– no tiene un carácter natural o esencial. Habla más bien de la reiteración de ciertos patrones culturales antes y después de ciertos hitos de liberación; es decir, la persistencia de ese tono emocional no es signo de algún fracaso personal, sino que son indicadores de las continuidades materiales y estructurales que comunican ambos momentos. En palabras de la autora,

> [l]os sentimientos negativos sirven como índice del estado ruinoso del mundo social; indican las continuidades entre el pasado gay malo y el presente; y muestran la insuficiencia de las narrativas queer del progreso. Lo más importante es que nos enseñan que no sabemos lo que es bueno para la política (Love, 2007, p. 27).

Según advierte Love, tal estado de cosas es producto de nuestra manera de vincularnos con los dolores del pasado; es nuestra política del pasado la que redunda en una agencia política acrítica y normalizadora. Tal como puede verse en la apropiación que se ha hecho del

---

de los vínculos lésbicos que resulta deprimente, anticuado y homofóbico. Sin embargo, "estos relatos trágicos y llenos de lágrimas sobre el deseo entre personas del mismo sexo cautivan a los lectores de una manera que no lo hacen las historias más brillantes de liberación. Aunque resulte difícil explicar la persistencia de estos textos en el presente, tenemos pruebas de ello en los poderosos sentimientos –tanto positivos como negativos– que inspiran" (Love, 2007, p. 3). En "Fracaso camp", en cambio, la autora se detiene en la figura de la lesbiana solterona de *Escándalo* (dir. Richard Eyre, 2006): "La película ofrece un retrato bastante oscuro del deseo femenino entre personas del mismo sexo y de una mujer que vive sola; estas representaciones coinciden con imágenes familiares o incluso estereotipadas de lesbianas y solteronas... Sin embargo, yo sostengo que el filme es valioso por su insistencia en que *no mejorará*. Al focalizar en lo negativo y la fuerza repetitiva de la exclusión social, la película se ocupa de la necesidad de dar cuenta de la persistencia de la homofobia en un momento que se concibe a sí mismo como 'post-gay'" (Love, 2015, p. 189).

término *queer*, sugiere la autora, solo volvemos a ese pasado injurioso que nos constituye para instrumentalizar tales experiencias:

> me preocupa que los estudios queer, en su prisa por refuncionalizar dichas experiencias, no estén teniendo en cuenta adecuadamente sus poderosos legados. Apartarse de la degradación del pasado para pasar a una afirmación presente o futura significa ignorar el pasado como pasado; también hace más difícil ver la persistencia del pasado en el presente (Love, 2007, p. 19).

Para evitar el destino de la mujer Lot –convertida en estatua de sal por volver su mirada a Sodoma–, las generaciones sexo-diversas post-Stonewall no vuelven la vista atrás para no verse aplastadas por un pasado ominoso en el que la homosexualidad fue rechazada y hostigada de diversas formas. Como Ulises frente a las sirenas, pretenden desoír la seducción de su canto para no ser destruidas por él. Para alcanzar un progreso de inclusión cada vez más extendido, una asimilación definitiva parece requerir que nos blindemos respecto del daño recibido en el pasado. No obstante, aunque es entendible que el colectivo LGTB no quiera volver a ese pasado de exclusión y de violencia homofóbica, Love entiende que ese pasado no puede ser dejado atrás sin que tal operación involucre mayores perjuicios. Aunque el avance hacia un futuro igualitario pretenda dejar atrás el pasado, la imaginación de un futuro más justo no puede hacerse a expensas del pasado: la función imaginativa de la teoría no puede separarse de su función crítica; en la medida en que se abandona al optimismo de las reformas legales logradas, pierde la capacidad de asumir el pasado que nos constituye (p. 29). Es decir, en la medida en que no logra percibir las continuidades entre el pasado y el presente, la política del optimismo minimiza el sufrimiento de aquellos sujetos que hoy siguen sujetos a diversas experiencias de discriminación; "avances" como el matrimonio gay o la aceptabilidad mediática amenazan con invisibilizar la continua discriminación y rechazo que aún padecen vastos sectores del colectivo LGTB. Es decir, el logro de un futuro asimilado es demasiado costoso: supone la ruptura con quienes quedan por fuera de la normalización gay: "lxs no blancos y lxs no monógamos, lxs pobres y lxs desviados de género, lxs gordxs, lxs discapacitadxs, lxs desempleadxs, lxs infectadxs y una multitud de otrxs innombrables" (p. 10). Con lo cual, en lugar de renegar de tal historia de marginación y abyección, nos apremia la necesidad de explicitar y analizar las formas en que sigue estructurando la experiencia *queer* en el presente.

III

Teniendo en cuenta las consideraciones de Cvetkovich y de Love, en lo que sigue me detendré a analizar la *nouvelle Tarzán boy* (2017), del escritor y performer argentino Peter Pank. Según entiendo, dicho artefacto narrativo no solo puede incorporarse, en los términos sugeridos por Cvetkovich (2018), al archivo del trauma marica mayormente invisible para nuestra cultura pública nacional; también recupera, como alienta Love (2007), representaciones inconvenientes de lo marica que hoy parecieran desfasadas o extemporáneas, aun cuando siguen siendo objeto de discriminación y violencia homofóbica. En concreto, entiendo que la novela de Pank hace posible reconstruir algunos rasgos de la cultura pública marica que se configuró en la transición democrática de los años 1980-1990 que han quedado invisibilizados en las usuales narrativas LGTB signadas por la ampliación de derechos y la inclusión de minorías. Acontecimientos traumáticos aparentemente inconexos como la guerra de Malvinas o la emergencia del HIV-sida, en el marco homofóbico más amplio heredado de la última dictadura cívico-militar argentina, han modelado ciertas formas de subjetivación marica –el "puto tapado", la "marica embichada", etc.– que hoy suelen resultar irreconocibles o denostadas desde el paradigma post-homosexual abierto por la notable aceleración de la agenda LGTB de los últimos años (Meccia, 2016).[3]

[3] En los términos de Ernesto Meccia (2016), el "período post-homosexual" o de la "gaycidad" se caracteriza a partir de dos rasgos: "Por un lado, tenemos una notable

En términos formales, la *nouvelle* de Pank es "un collage tan pop como político en el que colisionan la guerra de Malvinas, la crisis del sida y un homenaje homoerótico a la cultura pop con referencias camp que van desde Isabel Sarli hasta Manuel Puig" (Soto, 2020, p. 157). En efecto, en la tradición argentina que inauguran las novelas de Puig, *Tarzán Boy* se compone de una serie de capítulos breves en los que se alterna, por una parte, (a) la reconstrucción del guion de una película clase B, una coproducción ítalo-norteamericana de 1979, una parodia porno gay de la conocida historia de Tarzán, en la que se relatan las aventuras heroicas y (homo)sexuales del Rey de los monos,[4] y por otra, (b) la circulación de la película y su impacto en los personajes que reúne, a lo largo de la *nouvelle*, en lo que puede reconocerse como una "comunidad emocional" (Rosenwein, 2006; 2016).[5] En este trabajo no analizaré el contenido de la ficción

aceleración de la política LGTBI. Las organizaciones LGTBI trabajando en conjunción con actores del sistema de los partidos políticos y accionando desde algunos organismos del Estado..., llevaron a que, en menos de 10 años, se promulguen la Ley de Unión Civil de la ciudad de Buenos Aires..., la Ley de Matrimonio Igualitario... y la Ley de Identidad de Género... Complementariamente, la otra clave para comprender de manera sociológica la gaycidad es la 'des-diferenciación'. Entenderemos por ello un proceso de atenuación generalizada en la percepción social de las diferencias de alto impacto en el imaginario y las relaciones sociales. ... La pura extrañeza del pasado homosexual es bastante diferente a la familiaridad extraña o a la curiosa familiaridad con la que en la actualidad en la ciudad de Buenos Aires conviven gays y no-gays" (pp. 137-138)

[4] En entrevista con el autor, Facundo Soto (2020) describe *Tarzán Boy* como "una novelita pulp que rompe los límites que separan un género de otro. Un pastiche conformado por distintas voces, guiado por la canción de Baltimora, con aires de Frankenstein y Puig. [...] un homenaje a él, a los ochenta, a la cultura pop y clandestina del pasado... en el que no falta nada, desde los sobrevivientes de Malvinas hasta las pajas en los oscuros cines de Avellaneda y del centro, donde se proyecta a un Tarzán multisexual acompañado de James, un chico-chica, y también toca el porno" (p. 157).

[5] En el marco de una historiografía de las emociones, Barbara Rosenwein (2006) postula que las "comunidades emocionales" son "grupos en los que las personas se adhieren a las mismas normas de expresión emocional y valoran –o desvalorizan– las mismas emociones u otras relacionadas. Pueden existir simultáneamente más de una comunidad emocional –de hecho, normalmente existen– y estas comunidades pueden cambiar con el tiempo. Algunas pasan a primer plano para dominar nuestras fuentes, y luego pierden importancia. Otras se nos ocultan casi por completo, aunque podemos imaginar que existen e incluso ver algunos de sus efectos en grupos más

cinematográfica inexistente que Pank reversiona a partir de diversos materiales narrativos, fílmicos, críticos e historiográficos, ni las reseñas que la película habría recibido –en un blog de cine bizarro o en un semanario católico de la época– y que completan la descripción que Pank hace del contenido y del contexto de producción del filme. Me detendré más bien en los cuatros personajes que se ven interpelados por *Tarzán Boy* en distintos contextos y momentos personales. La película alcanza a los personajes en diversas situaciones: dos de ellos ven la película en un cine de Rafaela, a inicios de 1982: "La daban como complemento en continuado de *El último amor en Tierra del Fuego* de Isabel Sarli" (Pank, 2017, pp. 100-101), en el marco de una salida entre amigos en la que van a ver "películas prohibidas". Otro la ve en un cine condicionado para heterosexuales –en un continuado en Avenida de Mayo, "un cine de 'valijeros' donde siempre dan películas con minas en bolas" (p. 48) – en enero de 1986, en medio de una pausa laboral. El cuarto personaje alcanza a ver una versión recortada del filme en otro viejo cine condicionado para público gay, "El Colonial", en 1995, mientras transita una profunda crisis emocional. Finalmente, tras la recuperación y restauración que hacen del filme para la 38° edición del Festival de Sitges (2005), los últimos dos personajes se disponen a verla en el marco del 21° Festival de Cine de Mar del Plata en marzo de 2006.

Mientras acontece el estreno del filme en la ciudad balnearia, esos dos últimos personajes, Claudio y Daniel, se cruzan en una sala de chat gay. Claudio –Masculinoahora– se encuentra en Mar del Plata por el fin de semana. Daniel –Casadodetrampa– aprovecha que su mujer e hijos se encuentran en Buenos Aires para procurarse sexo con otros hombres. Ambos buscan un encuentro casual; en el escueto intercambio virtual, Claudio comenta que está en la ciudad para ver una película por la que está muy interesado: *Tarzán Boy*. A

visibles. [...] he seguido el rastro de una serie de comunidades emocionales y, en varios casos, he mostrado cómo unas desplazaron a otras, al menos desde el punto de vista de la producción de textos" (p. 2).

Daniel, el título de la película le resulta familiar. Ambos han visto la película previamente en versiones recortadas o censuradas. Daniel recuerda que era "re porno y bastante berreta" (p. 113). La primera vez que le hablaron de la película fue en Malvinas: durante el conflicto bélico, Juan Vargas, otro conscripto que murió durante la guerra le narra su trama argumental. Claudio cae en la cuenta de que el Juan Vargas que nombra Daniel es un novio de la adolescencia que tuvo su pareja, Denis, ya fallecido. Sorprendidos ambos por la coincidencia, deciden encontrarse esa misma noche para ver la película. Para Daniel resulta difícil dejar el anonimato de los encuentros sexuales *express* con otros tipos, pero se anima a conocer a Claudio en otro contexto: "tengo ganas de ir. Nunca hablé de esto con nadie. Macho. Me descoloca mal. No te prometo nada. No sé. Me siento un pendejo" (p. 115). Quedan en verse una hora después en el Auditorio para comprar las entradas.

Varios años antes, Denis y Juan vieron la película en un cine "de pueblo" en la provincia de Santa Fe: proyectaban *Tarzán Boy* como complemento de una clásica película de Isabel Sarli. Denis tenía catorce años; su primo y dos amigos lo llevan a ver una "película prohibida" con el objeto de hacerlo debutar: pese a que lo invitan para que vea "las tetas de la Coca [Sarli]", Denis queda prendado de "los pectorales de Tarzán" (p. 101). Allí conoce a Juan Vargas, que está próximo a cumplir con el servicio militar obligatorio. Se sientan uno junto a otro; todo el mundo se ríe de la película y se burla de su contenido gay. En una carta a Claudio, Denis recuerda que durante toda la proyección Juan rozaba su pierna contra la suya: "La situación me excitaba más que la película y creo que estuve al palo todo el tiempo. Yo no me atrevía ni a mirarlo. ... Nunca había estado en esa situación con nadie" (pp. 101-102). En el intervalo coinciden en el baño; allí se tocan y se besan por primera vez. Se siguen viendo poco tiempo más antes de que Juan parta para el servicio militar. Denis señala:

> Juan se fue. No lo vi más y al mes estalló la guerra de Malvinas. Me enteré que él estaba ahí y yo miraba las noticias de la tele donde

> decían que íbamos ganando, feliz y orgulloso de mi soldado que iba a volver a buscarme triunfante. Él era mi verdadero héroe, mi Tarzán Boy. (p. 104)

Pocos años después, un caluroso mediodía de enero de 1986, Daniel aprovecha la pausa del almuerzo para escaparse a un continuado de Avenida de Mayo. Se siente muy excitado por una compañera de trabajo, pero no tiene tiempo ni plata para encontrarse con una prostituta. Prefiere masturbarse en la oscuridad del cine y volver más relajado a trabajar. Para su sorpresa, en el cine Lara están dando "una película de trolos": "¡Uh! ¡Qué bajón, loco! ¡No, viejo, yo quiero ver culos y tetas, no a maricones tragándose la bala! *Tarzán Boy*... Un Tarzán Puto... ¡No podés! ¡Qué zarpado! ¡Y yo con lo caliente que estoy!" (p. 48).[6] El título de la película le recuerda una canción de moda; es un tema muy pegadizo que pasan todo el tiempo en radios y boliches.[7] Pero no es eso lo que viene a su memoria; el título le recuerda otra cosa. De esa película escuchó hablar en la guerra de Malvinas: en la trinchera, muertos de frío, un colimba santafesino le cuenta el argumento del filme que había visto en su pueblo: "Había que charlar de algo, si no querías volverte loco o morirte congelado" (p. 77). Como Molina en el *El beso de la mujer araña*, Juan Vargas comparte el argumento de la película para entretener a su compañero:

> Me contaba que en un momento Tarzán Boy peleaba con un cocodrilo re trucho, y al rato le rompía el orto a un pendejo inglés. Yo le decía que nosotros íbamos a romperles el orto a los ingleses y a ganar la

[6] Advierte el autor: "Traté de generar muchas voces. Cada voz tiene una mirada particular acerca del fenómeno de *Tarzán Boy*. Traté que los protagonistas sean polisexuales, que no sean solamente gays; que también esté la mirada hetero que se encuentra con esa película porno-gay; cómo la mira y qué le pasa al ver sexo entre tipos" (Soto, 2020, p. 159).

[7] La letra de la canción "Tarzán Boy" de Baltimora está presente a lo largo de toda la *nouvelle*: "La canción tiene el recuerdo de los boliches de los ochenta, Bunker, Área, Experiment, donde sonaba a rabiar. Escuché tanto, tanto, la canción que dije el libro dialoga con tantas cosas, también va a dialogar con la canción. Cada capítulo comienza con un párrafo de Baltimora, adelantando un poco lo que va a venir en ese capítulo" (Soto, 2020, p. 159).

> guerra y a volver a casa llenos de medallas, habiendo recuperado las Malvinas, que siempre fueron y serán argentinas. ¡Qué pelotudo fui! ¡Qué manera de hablar al pedo! (pp. 77-78)

Daniel intuye que Juan es gay; pese a eso, lo aprecia, reconoce que en buen pibe: "Me caía bien, aunque mirase películas de putos. Yo nunca vi una peli de esas. Tampoco había visto tanta nieve y tantos muertos. 'Siempre hay una primera vez', me decía y se reía y me hacía reír a mí" (p. 93). Daniel pensaba que Vargas había inventado la película para arrimarse y tocarlo. Finalmente, entiende que su compañero de trinchera no mentía:

> Me parece escuchar su risa ahora. Nunca fui a Santa Fe. Nunca había tenido un amigo gay, tampoco. Pobre Vargas. Él no volvió. Se quedó allá, para siempre, formando parte del suelo de la Isla con su cuerpo. Yo tuve más suerte y cuando llegué, zas, me olvidé de todo y ya fue. Seguí para adelante como pude, pero seguí... (pp. 94-95)

En 1995, finalmente, Claudio ve por casualidad una copia arruinada de *Tarzán Boy* en un cine porno de Avellaneda, en un momento de gran fragilidad emocional. Viene del cementerio de la Chacarita, devastado tras la cremación del cuerpo de Denis, quien fue su pareja los últimos tres años. En ese lapso, Denis contrajo HIV-sida y falleció en el Hospital Muñiz tras meses de doloroso padecimiento: "Parecía un fantasma con los brazos llenos de manchas. Del Denis que yo amé, solo quedaban sus enormes ojos marrones, lo demás había ido borrándose, pegándose a los huesos" (pp. 96-97). Pese a que su familia no aceptaba la relación con Claudio, la madre de Denis le entrega la carta que escribe en su lecho de muerte. Con el sobre en la mano, cruza hasta una pizzería, toma la primera de varias cervezas que beberá esa noche y sin abrir la carta empieza una deriva que lo exime de volver a su pensión: "Seguí aturdiéndome por la ciudad sin dejar de beber y llorar. Escapando de mi destino. Viajando de un lado a otro sin más equipaje que una carta" (p. 97). Deambulando de Chacarita a

Avellaneda entre lugares ruinosos y decadentes, se encuentra con el Cine "El Colonial":

> Ese edificio seguramente habría gozado de tiempos mejores, como el bar, el parque de diversiones, la tetera de la estación o yo mismo. Éramos solo fantasmas. El cartel de neón decía solamente la palabra "Continuado". En las puertas de vidrio se exhibían los pósters de las películas que estaban proyectando. La programación consistía en unos bodrios cuasi pornográficos estrenados muchísimos años atrás. (pp. 11-12)

En la oscuridad de la sala de cine, con varias copas de más, se entrega a una amarga melancolía en la que se suceden el recuerdo placentero de Denis, el roce de otros cuerpos y las imágenes confusas y entrecortadas de la película: "Estoy rodeado de seres salvajes que en la penumbra buscan el placer anónimo e inmediato, porque no existe el mañana. Porque cuando salgan de esta sala, la jungla se desvanecerá y seguirá el triste transcurrir de sus vidas" (p. 97). En medio de esa soledad, entre otros cuerpos solos, Claudio se siente abatido y se aferra a la carta que Denis le dejó. En esa misiva –un pequeño archivo de sentimientos dentro del archivo que compone la *nouvelle* de Pank– Denis reconstruye *in extremis* el vínculo inicial con Juan, lo significativo que fue ese primer amor; en su relato se entretejen la experiencia traumática de perder a Juan en Malvinas y la de morir tempranamente de sida. En las líneas finales de su despedida amorosa le pide a Claudio que viva, que se cuide, que siga adelante, por él, por todos los que cayeron antes. En ese amor vivido que la carta resume queda un legado implícito: hacer algo con el trauma, sobrevivir al dolor, insistir en vivir pese a la pérdida.

IV

En la *nouvelle* de Pank, sugiero, encontramos un archivo de sentimientos en el que se cruzan trayectorias afectivas maricas que no solo han contravenido la matriz heterosexual, sino que también trasgreden las convenciones homonormativas que resultan reconocibles para los guiones afectivos disponibles en el marco de un presente gay asimilado. *Tarzan Boy* recupera un pasado emocional que sigue presente de diversos modos en nuestra cultural sexual contemporánea. Por una parte, la *nouvelle* contribuye a la construcción de un archivo del trauma marica que repone aquellas trayectorias emocionales que permanecen invisibles para nuestra cultura pública nacional; pienso particularmente en los pesares y placeres de la "marica embichada", del "puto tapado", de la "loca promiscua", trayectos emocionales que no encuentran lugar en una economía afectiva homonormativa que puso como norte de los afectos no heterosexuales el acceso a la institución matrimonial. Bajo los regímenes de visibilidad que trae consigo la ampliación de derechos a las minorías sexo-genéricas, suelen resultar indeseables aquellas formas de vida marica que permanecen en el clóset o que insisten en vínculos sexo-afectivos promiscuos –indicio de "mala vida" o de "inmadurez emocional". Algo semejante ocurre con aquellas corporalidades que viven con VIH: pese a que hoy las condiciones sanitarias a las que se exponen los cuerpos seropositivos se han modificado sustantivamente, para muchos gays y maricas "vivir con el virus" sigue siendo motivo de discriminación y de condena social.

Por otra parte, y vinculado a lo anterior, la *nouvelle* recobra la vitalidad afectiva de representaciones inapropiadas/bles de lo marica que, aunque hoy parecen anacrónicas, expresan temporalidades *otras* que disputan la naturalidad que concedemos a la temporalidad sexo-afectiva hegemónica, representaciones que por resultar extemporáneas o desfasadas siguen siendo el blanco de la discriminación y la violencia homofóbicas. En el deseo malogrado, en la discriminación padecida, en los placeres negados no se evidencian los fracasos emocionales individuales que trae consigo el habitar los márgenes del contrato heterosexual, se hacen visibles más bien las condiciones violentas y restrictivas que reifican un orden sociosexual en el que la insistencia de ciertas trayectorias maricas termina marginalizada.

De allí la importancia de volver al trauma que acontece en ese pasado negado o invisibilizado; reconocer esas trayectorias emocionales –las que ocurrieron, las que persisten– en lo que tienen de doloroso y de gozoso no solo reconstruye nuestro vínculo con las violencias y placeres de ese pasado que nos constituye; también abre la puerta a la elaboración colectiva de un presente sociosexual en el que proliferen otros vínculos sexuales y afectivos. En este sentido, formas recientes de recuperación o reinterpretación de una multiforme afectividad marica frente a los guiones emocionales homonormativos es para ciertos sectores sexo-disidentes un agenciamiento creativo que no solo propone otra política sexual, sino que compone además novedosos arreglos éticos desde los cuales vivir consigo y con lxs demás.

Por último, la *nouvelle* muestra el modo en que ciertos artefactos culturales –por caso, la película ficcional "Tarzán Boy" – crea una comunidad emocional sexo-disidente al menos en dos sentidos distintos. En un sentido más explícito, entre sujetos homoeróticos en los que la experiencia de su diferencia resulta traumática por diversas razones. En un caso, la película prohibida que se propone como debut heterosexual inicia entre dos jóvenes en un ambiente reactivo a los vínculos homoeróticos trayectorias afectivas que desde el inicio contradicen el contrato heteronormativo. En otro caso, la película teje una frágil comunidad emocional en la trinchera de Malvinas; el relato clase B no solo resguarda a un par de colimbas del frío y de la muerte sino que abre para el que sobrevive una trayectoria emocional imprevisible. Años después, a mediados de los noventa, el filme proporciona el lazo afectivo que vincula estrechamente a otro de los personajes con el recuerdo de su pareja víctima del sida, como la efímera comunidad emocional entre los cuerpos que en la penumbra de un cine porno se entregan a la melancolía y a los placeres anónimos. Finalmente, en 2006, la película promete una comunidad afectiva por fuera de la heteronorma entre dos sujetos –una marica promiscua, un puto tapado– a los que la película llegó en distintas circunstancias del pasado, y que en el ahora de la narración los vincula a cada uno de ellos con la trama opaca de su deseo, con el recuerdo de sus muertos, y con un presente de placeres que no puede esperar. En un sentido por explorar, la *nouvelle* crea también una comunidad emocional entre esas maricas del pasado reciente y ese frágil e informe nosotrxs que somos las maricas del presente. Ese pasado que no pasa, que nos abraza y que abrazamos, como ha planteado Carolyn Dinshaw (2015), es el *locus* de una experiencia emocional más o menos compartida que nos permite "imaginar una comunidad a través del tiempo" (p. 372). Y es ese tipo de comunidad que "nos toca" desde el pasado la que aún puede inspirar otros vínculos sexuales y afectivos en los márgenes del contrato heterocentrado, relaciones que desafíen las regulaciones que pretenden asimilar o reducir los amores y placeres homoeróticos al molde marital. En esa comunidad imaginaria que nos alcanza a través del tiempo, en ese vínculo que acomuna en y pese al trauma, se ensaya una vida sexo-disidente que repara la violencia sufrida y hace lugar al sinfín de placeres que nos debemos.

Bibliografía

Ahmed, S. (2019). *La promesa de la felicidad. Una crítica cultural al imperativo de la felicidad.* Buenos Aires: Caja Negra.

Cvetkovich, A. (2015). De la desposesión a la autoposesión radical. Racismo y depresión. En C. Macón y M. Solana (eds.), *Pretérito indefinido. Emociones y afectos en las aproximaciones al pasado* (pp. 205-238). Buenos Aires: Título.

Cvetkovich, A. (2018). *Un archivo de sentimientos. Trauma, sexualidad y culturas públicas lesbianas.* Barcelona: Bellaterra.

Dinshaw, C. (2015). Tocando el pasado. En C. Macón y M. Solana (eds.), *Pretérito indefinido. Emociones y afectos en las aproximaciones al pasado* (pp. 353-374). Buenos Aires: Título.

Love, H. (2007). *Feeling backward: loss and the politics of queer history.* Cambridge: Harvard University Press.

Love, H. (2015). Fracaso camp. En C. Macón y M. Solana (eds.), *Pretérito indefinido. Emociones y afectos en las aproximaciones al pasado* (pp. 187-203). Buenos Aires: Título.

Mattio, E. (2019). Vejez e infelicidad. Otras gramáticas afectivas maricas en la narrativa de Alejandro Modarelli. *El lugar sin límites*, dossier "Ética salvaje", *1*(2), 45-59. http://revistas.untref.edu.ar/index.php/ellugar/article/view/368/347

Mattio, E. (2020a). Mapear el fracaso. Una narración disidente de los afectos homoeróticos en Carlos Correas. *Diferencia(s)*, dossier "Giro afectivo", *1*(10), 41-50. http://www.revista.diferencias.com.ar/index.php/diferencias/article/view/207

Mattio, E. (2020b). Sujeción narrativa y emociones familiares: a propósito de *El silencio es un cuerpo que cae* de Agustina Comedi. *Toma Uno*, *8*(8), 123-137. https://revistas.unc.edu.ar/index.php/toma1/article/view/30774.

Meccia, E. (2016). *El tiempo no para: los últimos homosexuales cuentan la historia.* Buenos Aires-Santa Fe: Eudeba-Ediciones UNL.

Pank, P. (2017). *Tarzán Boy*. Buenos Aires: Milena Cacerola.

Rosenwein, B. (2006). *Emotional Communities in the Early Middle Ages.* Ithaca/Londres: Cornell University Press.

Rosenwein, B. (2016). *Generations of Feeling: A History of Emotions, 600-1700.* Cambridge: Cambridge University Press.

Rubin, G. (2018). Reflexionando sobre el sexo: notas para una teoría radical de la sexualidad. En *En el crepúsculo del brillo. La teoría como justicia erótica* (pp. 69-146). Córdoba: Bocavulvaria.

Solana, M. (2016). Reflexiones sobre el giro afectivo en historia *queer*. *Mora*, (22), 135-150. doi:10.34096/mora.n22.3940

Soto, F. (2020). Bienvenidxs a la jungla. En *Notas maricas. Política, sexualidad, deporte, arte e identidad: disidencias* (pp. 157-162). Los Polvorines: UNGS.

De admiración, valentía, compañerismo y erotismo

Huellas afectivas en los cruces entre trayectorias amorosas y políticas de varones gays argentinos

Maximiliano Marentes

Introducción: de pasajes y combinaciones

Cuando Hernán relata su acercamiento a la política, la *admiración* que sintió por su primer *partenaire* adquiere centralidad para comprender su actual militancia. Algo similar ocurre cuando Pedro repasa de dónde tomó el *valor* para contarle a su padre que era gay: de Patrick, a quien conoció en el espacio en el que militaba. En torno al *compañerismo* que supieron tejer, Ezequiel y Gerardo decidieron retirarse de la conducción del sindicato cuando le pasó factura en el cuerpo del segundo. La trayectoria militante de Marcos implica más de un contacto con el *erotismo*, con diferentes repercusiones en su relación con Facu.

Estas breves postales operan como las señales que, en un mapa, sintetizan las estaciones en las que se corresponden al menos dos líneas de metro. Una combinación es un punto de encuentro entre dos líneas de transporte. Propongo pensar los cruces entre trayectorias políticas y amorosas de varones gays de Argentina de ese modo: como estaciones de pasaje en las que convergen dos líneas de metro. Las huellas afectivas de los pasajes, sintetizados en escenas concretas de las trayectorias biográficas, repercuten en los recorridos que emprendan.

A lo largo de las siguientes páginas describo esas instancias de pasaje que vinculan de modos específicos *lo amoroso* y *lo político.* Propongo comprender la pluralidad de esos cruces a partir de diferentes combinaciones. Cada una se define por las *huellas afectivas* que dejó en las trayectorias políticas y/o amorosas de estos varones. Pasar por las estaciones *admiración*, *valentía*, *compañerismo* y *erotismo* afecta los recorridos de diferentes maneras. Permanezcan en sus asientos que comienza el viaje.

Parada técnica: aclaraciones teóricas y metodológicas

Hernán, Pedro, Ezequiel y Marcos compartieron conmigo sus historias en el marco de mi trabajo de campo doctoral. Entre octubre de 2017 y noviembre de 2018 entrevisté a treinta varones gays[1] que viven en el Área Metropolitana de Buenos Aires para reconstruir sus historias amorosas. A partir de un enfoque biográfico, en los cuatro o cinco encuentros en que se estructuraron las entrevistas, con cada uno repasamos cuestiones como sus trayectorias amorosas y políticas.

Debido a mi interés en analizar las prácticas afectivas de lo que configura el *amor realmente existente*[2] –más que su idealización–, pude comprender que era necesario matizar la hipótesis de la autorreferencialidad que adquiere el amor en las sociedades

[1] Un adjetivo como amor gay ya que se inscribe en un escenario signado por el régimen de la gaycidad (Meccia, 2011).
[2] Para un mayor desarrollo de esta propuesta, véase Marentes (2019b, 2019a).

contemporáneas. Esta hipótesis puede encontrarse, desde diferentes perspectivas, en las reflexiones de Luhmann (2008) e Illouz (2012), y establece que la dimensión amorosa tiende a emanciparse cada vez más de otras relaciones. A medida que escuchaba las historias amorosas, me convencía cada vez más de que resultaba problemático pensar las tramas de pareja yendo por carriles diferentes de las trayectorias militantes.

El enfoque biográfico abrazado permite dialogar con las contribuciones sobre la politización de la diversidad sexual en la Argentina. En este campo abundan los análisis sobre organizaciones (Insausti, 2016; Moreno, 2008; Simonetto, 2017), derechos (Clérico, 2010; Hiller, 2008, 2017; Libson 2008), políticas públicas (Pecheny, 2001; Pecheny y de la Dehesa, 2010; Tabbush et al., 2016), movilizaciones (Figari et al., 2005; Iosa et al., 2012; Jones, Libson y Hiller, 2006; Settani 2014) y trayectorias de destacadas militancias (Insausti, 2018; Pecoraro y Ferraro, 2016; Rapisardi y Modarelli, 2001). Son menores, en cambio, las contribuciones sobre biografías activistas y cómo estas se cruzan con otras dimensiones de la vida.

Por esa vacancia, este texto recupera los trabajos, principalmente historiográficos, sobre la forma en que se mediaba lo personal y lo político en las relaciones de pareja en las militancias en organizaciones armadas argentinas de los años setenta. Esto permite comprender la mutua retroalimentación entre política e intimidad. En esa línea, la noción de *infidelidad* que describe Cosse (2017) en el seno de esas militancias resulta central para este trabajo. En tanto tal, esta figura permite definir una acción contraria a las reglas del juego de un activismo clandestino al mismo tiempo que resignifica los vínculos de parejas militantes.

La *infidelidad* en el estudio de Cosse (2017) puede pensarse en consonancia con la propuesta de Zelizer en torno a su definición de *vidas conectadas* (2009). Esta socióloga distingue dos formas de calificar las imbricaciones entre intimidad y mercado: la perspectiva de los *mundos hostiles* y la lógica del *tan solo*. Mientras que la primera entiende que ambas esferas deben mantenerse separadas para evitar contaminaciones, la segunda reduce *todo* a una sola lógica –económica, cultural, política. La de las *vidas conectadas*, diría Zelizer, es la forma de describir las imbricaciones entre una y otra esfera que ya se dan en la realidad y el trabajo relacional que supone su separación.

En torno a estas *vidas conectadas* propongo entender las instancias de pasaje que a continuación describo como parte de esa imbricación entre amor y política. La *infidelidad* que bien reconstruye Cosse va en esa línea: como una figura que no puede desentenderse ni de su contexto de una militancia en la clandestinidad, ni de las relaciones íntimas entre activistas. *Admiración, valentía, compañerismo* y *erotismo* son las cuatro instancias que vinculan tanto trayectorias políticas como amorosas. Como veremos, la admiración produce la asimetrización entre los *partenaires* de las historias. La valentía implica un proceso de engrandecimiento para hacer frente a una situación mayor y salir del closet. El compañerismo conlleva la puesta en suspenso de las inequidades entre *partenaires* para avanzar hacia la equiparación y juntos enfrentar adversidades. El levante recupera la intensidad propia del erotismo, cuyas fuerzas pueden conducir hacia la estabilización o desestabilización de las relaciones amorosas.

Me gusta pensar cada punto de contacto como esas estaciones en que convergen al menos dos líneas de metro, como una estación que conocí en Ciudad de México donde el recorrido hasta otra línea se volvía fascinante por las exposiciones de arte que había allí. Sin recordar el nombre de la estación ni de las líneas entre las que combinaba, perdura en mí la sensación del pasaje por ese paisaje. La experiencia de transitar por esa estación contrasta con aquella otra, en Ciudad de Buenos Aires, donde venden empanadas y cada vez que por allí pasaba, el hambre me acompañaba a mis siguientes destinos. Transitar por espacios con muestras de artes o con una rica oferta gastronómica permearon el viaje que continué en la siguiente línea de metro que tomé. De ese modo, mis viajes se impregnaron de *huellas que afectaron* mis recorridos, tal como les sucedió a estos varones cuyas trayectorias se combinaron en diferentes estaciones.

Como sucede cuando bajamos en una estación para combinar con otra línea de metro, podemos decir que este trabajo *viene del tren del amor*. En efecto, me acerqué a estos temas y a estas reflexiones por un abordaje específico para el estudio de lo amoroso. Pasajero de este tren, decidí preguntar a cada uno de los entrevistados si tenían algún tipo de militancia porque sospechaba que a mayor involucramiento político tendrían más recelo para autodefinirse como *gays*. Algo de eso sucedió, pero la sospecha me condujo más lejos y me acercó a otros procesos y momentos de las biografías amorosas y políticas. Con todo, deben entenderse las limitaciones de esta propuesta, en tanto que un estudio sobre cruces entre política e intimidades puede profundizar los argumentos que aquí sostengo. Sin embargo, el texto *marcha bien* por dos motivos. El primero es que, como pasajero del tren del amor, intento dilucidar y precisar cuestiones que suelen englobarse en un todo indiscriminado como las cuestiones de sociabilidad de lo político –para distinguir, por ejemplo, de la dimensión ideológica, programática, etc. Si lo extrapolítico es todo lo mismo, poco importa el cruce con las relaciones amorosas, las vinculaciones familiares, los lazos vecinales o la camaradería religiosa. El segundo motivo es que, como las instancias de pasaje, el texto invita a que quienes por allí transitan encuentren su camino. Espero que esta parada técnica no haya generado inconvenientes. Visitemos la primera estación.

De la admiración y sus principios de asimetrización

El primer cruce entre amor y política se traduce en la figura de la *admiración* que incluye en sí misma un principio de asimetrización. Es decir, coloca en posiciones diferentes a los *partenaires*.[3] Como huella

[3] En línea con la propuesta de lo *realmente existente*, considero que el amor, como la danza, existe cuando se pone en movimiento. Además de devolverle su carácter performativo, la noción de *partenaire* contribuye a resumir una pluralidad de

afectiva, rebasa los puntos de encuentro e impregna el resto de las trayectorias.

Con Hernán, de 25 años, nos reunimos siempre en el mismo bar del centro porteño cercano a su trabajo en un organismo del Estado -al que accedió por contactos políticos. Le pregunto si tuvo algún acercamiento con entrevistas como la que hacíamos y responde que acostumbraba a ser entrevistado en carácter de referente de Diversia o de La Cámpora[4] de la zona norte del conurbano bonaerense donde vive y milita.

Hernán comenzó a interesarse por la política a sus 18. Recuerda las lágrimas que caían de sus ojos mientras veía por televisión cuando se sancionó el matrimonio igualitario en esa larga noche invernal. Unos meses después, ese mismo 2010 también se conmovió por la muerte de Néstor Kirchner. Para entonces, ya venía chateando con Joaquín, un estudiante de sociología de 21 o 22 años.

Antes de Joaquín, Hernán miraba televisión, por lo general medios opositores al oficialismo, y compartía sus indignaciones: *¿cómo le van a cobrar más impuestos a la gente?*[5], reclamaba ante la iniciativa del gobierno de aumentar las retenciones. A Joaquín, que era tan lindo y tanto le gustaba, no le discutía. Así empezó a escuchar *otras campanas*, es decir, voces diferentes a las que resonaban en su hogar.

Tras chatear algunas semanas, Joaquín lo invitó a que fuera a su primera Marcha del Orgullo, adonde se verían en persona por primera vez. *Rodeado de putos*, Hernán no se animaba a que se besaran ahí. Fueron al kiosco de una plaza cercana y allí, bajo unos árboles, tuvieron uno de los momentos románticos que este joven recuerda: su primer beso.

---

vinculaciones -como *novios, maridos, amantes*, etc. - sin ignorar el trabajo relacional de etiquetamiento vincular que implica cada categoría.

[4] Organización política kirchnerista. Para un estudio sobre la militancia joven en esta organización, véase Vommaro y Vázquez (2012). En esta agrupación, Diversia se dedica a la diversidad sexual.

[5] En cursivas las frases textuales de los entrevistados.

Como lo ve hoy, desde el primer momento Joaquín lo llevó a cruzar otros límites, ir a su primera marcha del orgullo fue uno. Este estudiante de sociología lo introdujo en el *caminito* de la politización, a la que Hernán se sumaría como activo militante a los años. *Embobado* como lo tenía, su relación cayó por su propio peso cuando el más joven sintió que el interés de su *partenaire* se diluía. Estaban en momentos diferentes: Joaquín era un estudiante universitario abiertamente gay, Hernán estaba terminando el secundario y le faltaba para salir del closet.

En el epílogo de otra Marcha del Orgullo, de 2016, Jaime conoció a *el de la marcha*. Ese día, este casi cientista político de 25 años había ido a la marcha con sus compañeros del Colectivo de Varones Antipatriarcales, una de las organizaciones en las que milita. Pintados y montados en calzas multicolores, comenzaron a tomar alcohol a las seis de la tarde. A la noche, fueron a una fiesta y luego de que se cortara la luz, a otra. En esa fiesta celebratoria de la Marcha del Orgullo conoció a *el de la marcha*, tal como lo apodamos para diferenciarlo de sus otros *partenaires*. Tras besar *a media fiesta*, fueron a la casa de *el de la marcha*.

Una de las cosas que a Jaime más le gustaba era que su *partenaire* fuera nueve años más grande y tuviera el pelo canoso. Le seducía su mirada y también su perfil más artístico, espiritual y relajado, que contrasta con *la bola de nervios* como se autodefine Jaime. *El de la marcha* admiraba, por su parte, el costado militante, intelectual y rosquero del más joven. En esos tres o cuatro meses que estuvieron juntos iban seguido a la casa de la mejor amiga de *el de la marcha*, quien, resaltando sus atributos militantes, no dejaba de *vender* a su *partenaire* ante el resto.

Esa admiración o idealización hacia Jaime se tradujo en que *el de la marcha* se retorciera de dolor de panza temiendo cómo reaccionaría el más joven cuando le contara que había tenido sexo con otro hombre. Jaime le recordó que prefería no saberlo, pero que de todos modos no pasaba nada.

Como le sucedió con *el de la marcha* y con otros *partenaires*, estar en ese pedestal idealizado lo terminaba descorporizando. La altura en la que lo colocaban los llevaba a que perdieran la conexión sexual. *No se vive de admiración, se vive de garche*, reflexiona este joven que vive en la Ciudad de Buenos Aires.

Esta primera instancia de pasaje entre política y amor, signada por la *admiración*, produce *asimetrización* entre *partenaires*, es decir, en situaciones concretas los ubica en posiciones diferentes. El principio de desigualación no se desprende mecánicamente de cuestiones disposicionales –como edad o clase social. En el caso de Hernán, así fue: fue *admirador* de un muchacho apenas mayor pero que estaba en otra sintonía, que lo introdujo en el camino de la politización. Jaime, por el contrario, fue *admirado* por un *partenaire* más grande a quien le sedujo su costado militante y rosquero. Como huella afectiva, la admiración puede conducir a diferentes lugares: impulsar a hacer cosas que de otro modo no se hubiera hecho o reforzar la separación entre sexo y amor y terminar deserotizando el vínculo. Veamos ahora cómo la siguiente combinación, la *valentía*, parece tener un recorrido más lineal.

La valentía para salir del closet

La segunda combinación en la que se cruzan trayectorias amorosas y políticas se envuelve de coraje y valor para enfrentar algo *tan grande* como asumir una orientación sexual en el seno familiar. Para hacerlo, estos jóvenes se apoyaron en la *valentía* que enmarcó ese encuentro con sus *partenaires*.

Pedro, de 36 años, me pide que nos encontremos un viernes que se tomó de su trabajo en un organismo del Estado para terminar unos trabajos para el profesorado de artes plásticas que estudia. Accedió a este empleo por su pasada militancia en el área de jóvenes de una organización de diversidad sexual. Participar de ella le permitió ser protagonista de grandes transformaciones –como la ley de matrimonio igualitario–, hacerse de nuevos amigos y también conocer a su primer novio, Patrick.

A sus 21 o 22, este porteño *hablaba con todo el mundo* del grupo militante. Un día, un estudiante de intercambio francés que vivía en La Plata se acercó para conocer gente. Con este joven seis o siete años mayor, Patrick, salieron durante los siete meses que duró el intercambio. A la distancia, Pedro resalta que Patrick no fue el primero con quien tuvo sexo, pero sí fue distinto: además de eso, salían a andar en bicicleta y compartían largas charlas. Su relación con Patrick lo ayudó a hacer cosas que no se *animaba* a hacer y a partir de entonces le fue más fácil contar que era gay.

De ese modo, Pedro se animó a dar el paso para *unir dos mundos* y salir del closet frente a su padre. Aunque todavía no estuvieran unidos, este entonces veinteañero ya había ido acercando esos mundos. Cada vez que podía, introducía en la mesa familiar el escándalo que se había armado porque dos jóvenes del mismo sexo se habían besado. De a poco, filtraba el tema de ser gay.

Con la *valentía* que le infundía su relación con Patrick, Pedro encaró a su padre para decirle que cada vez que se iba los sábados era para participar de un grupo sobre diversidad sexual. Su padre asintió. Luego le dijo que lo hacía porque él era gay. En silencio, su padre volvió a asentir. Finalmente, Pedro le dijo que estaba saliendo con alguien y que le gustaría llevarlo a comer pizzas a la casa. El silencio del padre perduró unos días hasta que le dijo que estaba bien que invitara a Patrick.

Mientras relata la secuencia, Pedro se ríe por la novela que montó: como estaba de novio *debía* salir del closet para que su *partenaire* conociera a su familia. Enseguida matiza su parecer cuando reconoce que era *muy chiquitito* y en esa, su primera relación, no sabía cómo encarar todo.

A diferencia de Pedro, Mario le dijo a su madre que era gay ya habiendo tenido otras relaciones. Cuando este editor de revistas de 30 años crecido en La Rioja recuerda su salida del closet la resume como poco original: se dio en el marco de las marchas a favor de la ley de matrimonio igualitario, en el invierno de 2010, momento en que *todo el mundo salió del closet.* El contexto político potenciaba su trayectoria personal.

En junio de 2010, antes de que Argentina jugara un partido del mundial de fútbol, Mario fue a la casa de Lau, un productor de radio y televisión nueve años mayor, con quien había chateado un tiempo por alguna página de contactos. Tal fue su conexión que Lau hizo con Mario dos excepciones que no hacía con nadie: le prestó un CD –compartían gustos musicales, como The Cranberries– y le invitó a que pasara la noche en su casa. A Mario le resulta difícil saber cuándo se dio cuenta de que estaba enamorado de Lau, sucedió desde el inicio.

Lau, por su parte, estaba fuera del closet desde hacía años y Mario intuyó desde el primer momento que su *partenaire* no toleraría vivir una relación a escondidas. El mismo Mario, producto de su aprendizaje amoroso, tampoco estaba dispuesto a hacerlo. Con su primer novio, que era diez años mayor, compartían venir de familias patricias y estar *bien* en el closet. Luego Mario salió con Emanuel, de su misma edad, y disfrutó ser parte de su familia y grupo de amigos en tanto era abiertamente gay. Rodrigo, tal vez su *partenaire* más lindo físicamente, hacía poco empezaba a salir con chicos y no avizoraba asumirse en lo inmediato. Para entonces, abril de 2010, Mario sabía que no estaba dispuesto a tener una nueva relación sin salir del closet. Al mes apareció Lau.

Luego de unas primeras semanas de ver a Lau todo el tiempo, la escena pública marcaba el pulso del debate parlamentario de la ley de matrimonio igualitario. En su familia paterna, de doble apellido, criticaban la iniciativa porque el matrimonio solo debía ser entre un hombre y una mujer. Mario no toleraba ese discurso. En una de las visitas de su madre a Capital Federal le hizo saber su incomodidad con la posición de la familia paterna. La charla subió de tono y en medio de la discusión Mario lanzó *Bueno, soy gay, para mí no es así.* Su madre replicó *Sí, ya sé* y siguieron discutiendo hasta que en un silencio comenzaron a hablar de lo que había sucedido.

Fue en ese contexto, que lo vio movilizándose con su reciente *partenaire* a *todas* las marchas a favor del proyecto de ley, que Mario salió del closet. Ese contexto marcó a fuego su relación con su actual marido y por eso siente que desde el inicio estuvo enamorado: contarle a su familia que era gay en ese *momento* potenció todo *por mil*.

Mario no se reconoce como militante ni suele participar en movilizaciones políticas, pero *sí fue a todas las marchas* en apoyo al proyecto de ley que habilitaba que dos personas del mismo sexo se casaran. El cruce entre una disputa de políticas sexuales que dividió a la escena pública como pocas (Hiller, 2017) y una trayectoria signada por saber *qué* quería de su siguiente relación le dieron a Mario el valor para decirle a su madre algo que *ya sabía*, pero que todavía no era *oficial*.

En esta instancia de pasaje, trayectorias políticas y amorosas desembarcan en la *valentía* que *potencia* y *precipita* cosas, como asumir una identidad sexodiversa. La misma política que sirve para inscribir lo individual en algo mayor envalentonó a estos jóvenes para que se engrandecieran y desingularizaran su vivencia personal. En el caso de Pedro, al formar parte de un colectivo militante; en el de Mario, al posicionarse en torno a una coyuntura *caliente*. Sin embargo, las chispas que encendieron las llamas de valor tenían nombre: la de Pedro se llamaba Patrick, la de Mario, Lau. Veamos ahora cómo el engrandecimiento da paso a la simetrización del *compañerismo*.

Causas compartidas: compañerismo

Una tercera instancia de pasaje entre política y amor se da en la estación del *compañerismo*. Como tales, los *partenaires* se simetrizan para hacer frente a las adversidades en conjunto. La categoría *compañeros* abreva tanto una figura militante como el etiquetamiento vincular, es decir, cómo se definen los *partenaires*.

A sus 28 años, Ezequiel se encuentra en un momento bisagra: está por dejar la carrera en economía política que viene cursando en la misma universidad del conurbano en la que trabaja y además se está separando de Gerardo, su pareja desde hace seis años, que lo dobla en edad.

La política ha estado presente en la vida de Ezequiel desde adolescente. Recuerda su primera incursión cuando iba a la escuela secundaria y con sus compañeras y compañeros se movilizaron hasta el consejo escolar para pedir que realizaran las obras para las que la provincia ya había girado los fondos. Al terminar el secundario dio clases en un bachillerato popular y al tiempo empezó a militar en la sección del Movimiento Evita[6] de la zona noroeste del conurbano bonaerense, donde vivió la mayor parte de su vida. Por un contacto de su madre con la misma organización, consiguió trabajo en el Ministerio de Educación.

Con su agrupación tomaron una casa que creyeron abandonada y montaron un centro cultural que bautizaron Paco Urondo. Querían hacer una obra de teatro y escogieron una entre las pocas que había escrito el militante. Buscando alguien que los dirigiera, dieron con Gerardo, actor y director de gran trayectoria. La diferencia de casi treinta años no fue un impedimento para que Ezequiel y Gerardo empezaran a salir.

Además de actor y director, Gerardo daba clases de teatro en la universidad del conurbano en la que luego se emplearía Ezequiel en el área de extensión. Allí se sumaron al sindicato: Gerardo como secretario general, una amiga como adjunta y Ezequiel como secretario gremial. Cuando en 2015 asumió el gobierno de Macri[7], *hubo un bajón*. Mientras la situación *se iba a la mierda*, las presiones eran cada vez mayores. El límite se dio cuando esas fuerzas se metieron en las sábanas de esta pareja y afectaron su salud. Juntos decidieron correrse y llamar a elecciones.

[6] Agrupación política de base, afín al peronismo.

[7] Tras 12 años de gobiernos progresistas, en 2015 asumió como presidente Mauricio Macri, de corte neoliberal.

También en su adolescencia, en otro partido del conurbano bonaerense, Tato comenzó a participar políticamente. Fue presidente del Centro de Estudiantes y luego militó en la Federación de Estudiantes Secundarios antes de pasar a formar parte de agrupaciones políticas peronistas. Conoció a sus primeros *partenaires* en esos espacios: compartían sábanas, luchas y amistades. Cuando las rupturas sucedieron, se volvía difícil separar lo *personal* de lo *político*. A sus tempranos veinte, Tato sentenció que nunca más saldría con un militante.

Cumplió su palabra y conoció a Dante, ocho años más grande, oriundo de la zona sur del conurbano bonaerense. Tato le envió una solicitud de amistad por Facebook a Dante, amigo del chico con quien se veía. A Dante le llevó un tiempo reconocer que el Tato con el que chateaba por Facebook, que le parecía re inteligente, con un gran discurso y con quien tenían afinidad por hablar de Evita, era *El Kirchnerista* con quien su amigo alguna vez había estado.

El mismo día que conozco a Tato, cuando lo paso a buscar por la Plaza de Tribunales en una manifestación en reclamo del travesticidio de Diana Sacayán, me presenta a Dante, su *compañero*, a quien luego también tengo el gusto de entrevistar. Si bien hace cuatro años que se conocen, tienen una historia *sándwich*: salieron un tiempo, se separaron y volvieron a estar juntos. Una de las cosas que marcó esa segunda temporada fue que Dante empezara a militar en La Cámpora de su zona, adonde volvió a vivir tras la muerte de su padre. Tato tuvo miedo y se preguntaba cómo podrían hacer.

Gracias al apoyo de amigas y amigos, estos *partenaires* recodificaron su vínculo: se descubrieron bajo la definición de *compañeros*, categoría que resignifican en el peronismo a partir de las míticas parejas militantes de Perón y Evita y Néstor y Cristina.[8] Su *compañerismo* se estrechó cuando Tato, a medida que pasaba más tiempo en

[8] En alusión a los matrimonios de Juan Domingo Perón y Eva Duarte y de Néstor Kirchner y Cristina Fernández.

la casa de Dante, dejó de militar en La Matanza para hacerlo activamente en Adrogué.

Al acuñar esta fórmula, debieron enfrentar nuevos desafíos. Por ejemplo, discuten sobre qué referente de la diversidad sexual revindicar: si a Néstor Perlongher, por quien Tato tiene debilidad, o a Carlos Jáuregui, que apasiona a Dante. También compiten, como esa vez que Tato le reclamó a Dante que lo dejó afuera de una reunión con una referente zonal, cuando en realidad Tato fue avisado por su *compañero* y no tuvo ganas de ir. Pero además de las tensiones, estos *compañeros* resignifican el romance. Las movilizaciones a las que van juntos, como cuando el kirchnerismo perdió las elecciones presidenciales en 2015, la movilización por el travesticidio de Diana Sacayán o por la ley de interrupción voluntaria del embarazo, son momentos *románticos.* Aunque no tan románticos, se divierten con los audios de Cristina Fernández que se filtraron en los medios de comunicación a propósito de sus causas judiciales. Todo eso, y mucho más –como la feria americana que inauguraron para contrarrestar el desempleo–, lo sortean juntos, como *compañeros.*

El *compañerismo*, como instancia de pasaje, implica que la situación concreta suspenda las diferencias entre los *partenaires* para que se trace la simetrización que esta figura requiere. *Aparejados*, no son *compañeros* por una mera expresión de deseo, sino que son producto del trabajo relacional que los lleva a constituirse como tales. Con esfuerzo, hacen cosas para asentarse en esta combinación y, de ese modo, enfrentar juntos las adversidades que vayan apareciendo. Adversidades que pueden ser, como vemos en el siguiente pasaje, producto del mismo *levante político.*

La política como gramática erótica

Amor y política vuelven a cruzarse en el pasaje del flirteo amoroso que en otras latitudes se conoce como ligue y que en Argentina llamamos *levante.* Si bien esta figura estuvo más o menos presente en las otras combinaciones, cuando adquiere centralidad, la intensidad erótica tiene la capacidad de resignificar la relación que se vino tejiendo. O, como dice Marcos, *producir una movilización.*

Marcos, un sociólogo de 29, fue quien me presentó a Pedro, con quien compartió espacio de militancia en la misma organización sobre diversidad sexual. Al momento de nuestros encuentros, Marcos está pasando unos meses solo en Ciudad de Buenos Aires, mientras Facu, su novio desde hace once años, se encuentra en el viejo continente por una beca. Allí, Facu se reunió con Vicente, *el novio de los dos,* como lo definen.

Hacia 2009, en una marcha por la despenalización del aborto, Marcos se percató de que un afrodescendiente de rastas rondaba por allí. Sosteniendo una bandera del orgullo, se preguntaba si este chico lindo que sacaba fotos lo había mirado o no. Las miradas se cruzaban a la distancia, hasta que este chico se acercó a Marcos y le preguntó si podía darle un papelito. Marcos asintió y le pidió que lo dejara en su bolsillo, pues no podía *soltar* su compromiso. A más de ocho años, recuerda con exactitud el recado: *Hola. Soy Vicente. Soy francés y soy un poco loco. Me gustaría ir a tomar un vaso un día contigo.*

Marcos agregó a Vicente a Skype y empezaron a hablar. Tuvieron su primera cita un día que Facu –con quien ya mantenían un arreglo no monógamo–[9] estaba fuera de la ciudad vacacionando con su familia. Luego se juntaron los tres y comenzaron a trenzar una relación cada vez que pueden volver a verse: como esa vez que Facu y Marcos viajaron a Brasil y Vicente los acompañó. O el viaje de Facu y Marcos a Europa al que Vicente se sumó en algunos destinos; lo terrible fue cuando se les fue el *tercer novio* y se sintieron en duelo sin poder acompañar al otro que atravesaba el mismo desconsuelo.

Unas semanas antes de nuestros encuentros, Marcos publicó en Facebook una foto en la que *sus dos novios* celebraban la muestra de

[9] Opto por hablar de arreglos monógamos y no monógamos ya que, a diferencia de las nociones de parejas cerradas y abiertas, dan cuenta de su carácter procesual, dinámico y problemático. Para mayores precisiones, véase Marentes (2019b).

arte de Facu en España y Marcos seguía en la oficina de un organismo del Estado en el que trabaja. La leyenda decía: *Cuando tus dos novios están en Europa pasándola bien y vos estás en la oficina trabajando hasta cualquier hora te das cuenta de que algo hiciste mal.*

Vicente produjo una movilización en la relación de Facu y Marcos que los llevó a devenir, cada vez que pueden, en un noviazgo de a tres. La presencia de Javi también la movilizó, pero en otro sentido. 2010, cuando se sancionó la ley de matrimonio igualitario, encontró a Marcos muy enganchado con la militancia y toda la efervescencia política que caracteriza como *primavera kirchnerista* –antes de la muerte del expresidente. Con quien no estaba tan enganchando era con Facu, que se había alejado de la militancia. En septiembre se inauguró la plaza Carlos Jáuregui y allí Marcos se cruzó con Javi, a quien había visto en otras manifestaciones y en las alianzas que tejían las organizaciones en las que militaban. Después hablaron por Facebook y quedaron en que un día, antes de que Marcos fuera a su trabajo –al que ingresaba a medianoche–, pasaría a tomar algo por la casa de Javi. Tras el vaso de Fernet, fueron a la cama.

Con Javi tenían *mucha química en la cama* que se sumaba al perfil militante que tanto lo enganchaba. Marcos recuerda que en medio del acto sexual llegó a decirle *Te amo*, mientras sentía que se salía de su propio cuerpo. Para ejemplificarlo, recupera la escena en que los protagonistas de la novela de Manuel Puig, *El beso de la mujer araña*, tienen sexo y Molina quiere *tocarse* el lunar del cuerpo de Valentín. Fuera de sí, Marcos se estaba enganchando más y más con Javi.

Recuerda compartir la incertidumbre sobre qué hacer: si seguir con Facu o dejarlo para salir con Javi. Los consejos de sus amigos no siempre ayudaban. Julián, su mejor amigo, le dijo que pensara con quién tenía ganas de tomar mates en una plaza y Marcos se daba cuenta de que no quería hacerlo con su novio, sino con su amante.

La disyuntiva se resolvió cuando Facu vio un mensaje de Javi que llegó al celular de Marcos y decía lo bien que la habían pasado la noche anterior, cuando se suponía que había dormido en la casa de sus padres. Marcos terminó contándole que durante dos o tres meses había estado viéndose con Javi. A Facu le dolió el engaño. ¿Cómo podía ser que, teniendo un arreglo no monógamo, decidiera mentirle para encontrarse con un amante que mantenía en secreto? Marcos recuerda lo mal que se sintió por causarle tanto dolor a su novio.

Pasados casi siete años de esa secuencia, Marcos siente que eligió bien al quedarse con Facu, con quien, producto de tamaña crisis, al tiempo comenzaron a convivir –lo que trajo nuevos desafíos a su pareja. No cree que con Javi hubieran tenido futuro, ya que su encuentro se dio cuando se cruzaron sus caminos *militantes*, que más temprano uno, más tarde el otro, terminaron abandonando. Hoy en día, eventualmente, de reencontrarse, sus caminos no volverían a cruzarse.

De caminos que cruzan amor y militancia versó este apartado. Desde la estación del *levante* pudimos observar cómo la intensidad propia del erotismo, cuando permea estos cruces, puede conducir a diferentes sitios. Cuando Vicente apareció, la relación de Marcos y Facu se movilizó hacia otro punto, convirtiéndose en un noviazgo de a tres cada vez que comparten tiempo juntos. La llegada de Javi significó una crisis en la que se dio vuelta el tablero y hubo que barajar y dar de nuevo, aunque la partida ya no fuera la misma. Al intersectarse política y amor en la gramática del *levante*, la gran movilización produce réplicas de incertidumbre y es fácil que se pierda el rumbo. En el caso de Marcos, esto fue en su vida de pareja. Pero la misma intensidad del erotismo bien podría *movilizar* las carreras políticas.

Conclusiones: los pasajes entre lo amoroso y lo político

A lo largo de estas páginas me propuse reconstruir los pasajes entre trayectorias amorosas y políticas de jóvenes gays que viven en el Área Metropolitana de Buenos Aires. Concebí esos cruces como esas estaciones de metro en la que combinan dos o más líneas. Las huellas afectivas de esos cruces tienen el potencial de marcar, de diversos modos, el resto del recorrido.

La primera combinación se estructuró en torno a la *admiración*. Su intersección construye una asimetrización entre *partenaires*: el *admirador* y el *admirado*. Esta desigualación no necesariamente replica criterios disposicionales. Con todo, puede hacer que el *admirador* se inspire y emprenda otros *caminitos*. O puede que el *admirado* no saque provecho de la posición en la que se lo colocó cuando se lo termina deserotizando.

En torno a la *valentía* se estructura la siguiente instancia de pasaje. Lo político y lo personal se combinan de manera tal que termina apareciendo la llama del valor que conduce a los protagonistas a salir de su posición –el closet– y asumirse como *gays*. Para engrandecerse se apoyan tanto en trayectorias políticas que conforma un contexto como en las historias de relaciones que se venían tejiendo.

Sobre el *compañerismo* versa la tercera combinación. Para eso, los *partenaires* suspenden sus inequidades y se equiparan para enfrentar las adversidades. Devenir *compañeros* se logra a partir de sortear en conjunto pruebas que las mismas trayectorias políticas y amorosas deparan. Pero, además, *compañeros* puede ser la categoría para definir un vínculo e inscribirlo en una tradición como puede ser, por el caso que vimos, del peronismo.

Finalmente, el cruce entre política y amor se *moviliza* por la gramática del *levante*. El erotismo estuvo presente, más o menos subrepticiamente en las combinaciones anteriores. Cuando deviene protagonista, su intensidad conlleva a que las vinculaciones que se venían tejiendo deban ser revisadas. Sea uniendo o separando, supone un desafío a la continuidad de las trayectorias. Como vimos en el caso de Marcos, el *levante* puede conducir a que las parejas se estabilicen a partir de otros mecanismos. Como queda por ver, el *levante* podría movilizar el mismo compromiso político.

Quisiera terminar este recorrido en torno a los caminos que se abren. Este texto pretende ser leído como un mapa que señaliza los recorridos de metro y las estaciones donde se producen sus combinaciones. Como tal, sugiere que los cruces entre las trayectorias políticas y amorosas son plurales y heterogéneas, con devenires diferentes incluso en las mismas instancias de pasaje. Bajadas del tren de los estudios sociales del amor, estas reflexiones se centraron más en las huellas afectivas de lo político en lo personal. Ante la pregunta sobre cómo lo amoroso afecta las trayectorias políticas, por los rastros de algunas pisadas, puedo señalar con el dedo dónde podría continuar el recorrido. Viaje que, quién sabe, quizás emprenda.

Bibliografía

Clérico, Laura (2010). El matrimonio igualitario y los principios constitucionales estructurantes de igualdad y/o autonomía. En L. Clérico y M. Aldao (comp), *Matrimonio igualitario en la Argentina. Perspectivas sociales, políticas y jurídicas* (pp. 139-164). Buenos Aires: Eudeba.

Cosse, Isabella (2017). Infidelidades: moral, revolución y sexualidad en las organizaciones de la izquierda armada en la Argentina de los años 70. *Prácticas de Oficio, 1*(19), 1-21.

Figari, Carlos; Jones, Daniel; Libson, Micaela; Manzelli, Hernán; Rapisardi, Flavio y Sívori, Horacio (2005). *Sociabilidad, política, violencia y derechos: la Marcha del Orgullo GLTTB de Buenos Aires 2004: primera encuesta*. Buenos Aires: Antropofagia.

Hiller, Renata (2008). Lazos en torno a la unión civil. Notas sobre el discurso opositor. En M. Pecheny, C. Fígari, y D. Jones (comps.), *Todo sexo es político: estudios sobre sexualidades en Argentina* (pp. 149-167). Buenos Aires: Libros del Zorzal.

Hiller, Renata (2017). *Conyugalidad y ciudadanía. Disputas en torno a la regulación estatal de las parejas gay lésbicas en la Argentina contemporánea*. Buenos Aires: Teseo.

Illouz, Eva (2012). *¿Por qué duele el amor? Una explicación sociológica*. Buenos Aires: Katz.

Insausti, Santiago Joaquín (2016). *De maricas, travestis y gays: derivas identitarias en Buenos Aires (1966-1989)*. [Tesis de Doctorado]. Universidad de Buenos Aires, Buenos Aires, Argentina.

Insausti, Santiago Joaquín (2018). Un pasado a imagen y semejanza: recuperación y negación de los testimonios maricas en la constitución de la memoria gay. *Prácticas de Oficio, 1*(21):24–35.

Iosa, Tomás; Rabbia, Hugo; Sgró Ruata, María Candelaria; Morán Faúndes, José Manuel y Vaggione, Juan Marco (2012). *Política, sexualidades y derechos. Primera encuesta. Marcha del Orgullo y la Diversidad. Córdoba, Argentina, 2010*. Río de Janeiro: CEPESC.

Jones, Daniel; Micaela Libson y Renata Hiller (2006). *Sexualidades, política y violencia: la Marcha del Orgullo GLTTBI Buenos Aires 2005. Segunda Encuesta*. Buenos Aires: Antropofagia.

Libson, Micaela (2008). ¿Qué creen los y las que opinan sobre homoparentalidad? En M. Pecheny, C. Fígari y D. Jones (comps.) *Todo sexo es político: estudios sobre sexualidades en Argentina* (pp. 169-192). Buenos Aires: Libros del Zorzal.

Luhmann, Niklas (2008). *El amor como pasión. La codificación de la intimidad*. Barcelona: Península.

Marentes, Maximiliano (2019a). El consumo de la realidad amorosa gay: pensando al amor en situación. *O Público e o Privado*, (34), 189-214.

Marentes, Maximiliano (2019b). *¿El mismo amor? Un estudio sobre especificidades del amor gay a partir de historias de varones jóvenes del Área Metropolitana de Buenos Aires, 2017-2018*. Buenos Aires: Universidad de Buenos Aires.

Meccia, Ernesto (2011). *Los últimos homosexuales. Sociología de la homosexualidad y la gaycidad*. Buenos Aires: Gran Aldea.

Moreno, Aluminé (2008). La invisibilidad como injusticia. Estrategias del movimiento de la diversidad sexual. En M. Pecheny, C. Fígari y D. Jones (comps.), *Todo sexo es político: estudios sobre sexualidades en Argentina* (pp. 217-243). Buenos Aires: Libros del Zorzal.

Pecheny, Mario (2001). De la "no-discriminación" al "reconocimiento social". Un análisis de la evolución de las demandas políticas de las minorías sexuales en América Latina. *XXIII Congress of the Latin American Studies Association (LASA)*, Washington DC, Estados Unidos.

Pecheny, Mario y De la Dehesa, Rafael (2010). Sexualidades y políticas en América Latina: el matrimonio igualitario en contexto. En L. Clérico y M. Aldao (comps.), *Matrimonio igualitario en la Argentina. Perspectivas sociales, políticas y jurídicas* (pp. 7-58). Buenos Aires: Eudeba.

Pecoraro, Gustavo y Ferraro, Maximiliano (eds.) (2016). *Acá estamos: Carlos Jáuregui, sexualidad y política en la Argentina*. Buenos Aires: Legislatura de la Ciudad Autónoma de Buenos Aires.

Rapisardi, Flavio y Modarelli, Alejandro (2001). *Fiestas, baños y exilios: los gays porteños en la última dictadura*. Buenos Aires: Sudamericana.

Settani, Sebastián (2014). *La plaza está de fiesta: sociabilidad, política y medios de comunicación en ocasión de la Marcha del Orgullo*

LGBT 2008-2009. [Tesis de Maestría]. Universidad Nacional de San Martín, Buenos Aires, Argentina.

Simonetto, Patricio (2017). *Entre la injuria y la revolución. el Frente de Liberación Homosexual. Argentina, 1967-1976*. Bernal: Universidad Nacional de Quilmes.

Tabbush, Constanza; Díaz, María Constanza; Trebisacce, Catalina y Keller, Victoria (2016). Matrimonio igualitario, identidad de género y disputas por el derecho al aborto en Argentina. La política sexual durante el kirchnerismo (2003-2015). *Sexualidad, Salud y Sociedad* (Rio de Janeiro), (22), 22-55.

Vázquez, Melina y Vommaro, Pablo (2012). La fuerza de los jóvenes: aproximaciones a la militancia kirchnerista desde La Cámpora. En G. Pérez y A. Natalucci (eds.), *Vamos las bandas. Organizaciones y militancia kirchneristas* (pp. 149-174). Buenos Aires: Nueva Trilce.

Zelizer, Viviana (2009). *La negociación de la intimidad*. Buenos Aires: Fondo de Cultura Económica.

¡MigrEmos! Emociones y migraciones en un mundo imago-céntrico

Un estado del arte

Laura Gherlone

Una afectividad conectiva y colectivamente expuesta[1]

En las últimas dos décadas, las emociones se han convertido en un objeto de análisis marcadamente interdisciplinario, resultado del diálogo entre la historia y la sociología, los estudios culturales (en particular desde la perspectiva del poscolonialismo y la crítica literaria), la geografía humana y la antropología, los estudios de medios y la comunicación, la psicología social y la neurociencia.[2] El creciente

[1] Este párrafo ha sido parcialmente publicado en Gherlone (2021a).

[2] En estos últimos años se han producido trabajos que, desde distintas perspectivas, han investigado los efectos de las emociones en los discursos públicos y en clave histórica y estética, con particular atención a la relación entre subjetividad, memoria y trauma. A nivel latinoamericano, la relación circular entre emociones y dinámicas socioculturales ha sido objeto de muchos estudios, entre los que se destacan Arfuch (2005, 2016); Podalsky (2011); Reguillo (2011); Moraña y Sánchez-Prado (2012); Del Sarto (2012); Scribano (2012); Macón (2013); Macón y Solana (2015); Peluffo (2016); Sosa (2017); Macón y Losiggio (2017); Depetris Chauvin (2019a, 2019b); Depetris Chauvin y Taccetta (2019); Bjerg (2019a, 2019b, 2019c, 2021); Boria y Barei (2020); De Sena y Scribano (2020); Puppo (2021); Forero Angel, González Quintero y Wolf (2021).

interés hacia este campo de reflexión, según una visión abarcadora, reside no sólo en una atención sin precedentes prestada al cuerpo y a la sensibilidad (a la luz del problemático dualismo mente-cuerpo, donde el segundo término ha permanecido durante mucho tiempo inexplorado e infravalorado), sino también en un fenómeno emergente: es decir, el hecho de que los discursos que vehicula la cultura contemporánea recurren extensamente a los estados afectivos para ser creíbles, persuasivos y eficaces. En la actualidad esto ocurre de manera aún más marcada a través del ciberespacio generado por los medios de comunicación social: un lugar real-inmaterial de interacción que fomenta "sentimientos de pertenencia y solidaridad, por muy efímeros o permanentes que sean esos sentimientos" (Papacharissi, 2015, p. 9), así generando micro y macro públicos de carácter principalmente emocional –basta pensar en el fenómeno de la "afectivización" de las comunidades en línea (véase, en particular, Papacharissi, 2016; Döveling, Harju y Sommer, 2018), que puede incluso llegar a "cortocircuitos" como el *trolling* (Leone, 2019). Si, por un lado, esto facilita nuevas formas de participación comunitaria y expresión colectiva (piénsense en las protestas sociales en línea), por otro lado, fomenta emociones como el miedo, el odio o el sarcasmo, es decir, la base afectiva de los discursos orientados a disminuir el compromiso cívico, la inclusividad social y la empatía hacia el otro (Wagner, Marusek y Yu, 2020; Wahl-Jorgensen y Pantti, 2021[3]).

Como han señalado las historiadoras Piroska Nagy y Ute Frevert (2019, p. 202), "las sociedades [...] contemporáneas están

---

Trabajos colectivos recientes que ofrecen una discusión teórica exhaustiva sobre la teoría de los afectos culturales (es decir, la perspectiva que aquí se adopta), y sus implicaciones metodológicas se pueden encontrar en Flam y Kleres (2015); Slaby y von Scheve (2019); Kahl (2019); varias contribuciones en Pritzker, Fenigsen y Wilce (2020).

[3] Las dos estudiosas han coordinado el monográfico de la revista *Journalism* dedicado a "The emotional turn in journalism studies". En este número se pueden apreciar varios artículos dedicados a la relación entre discurso(s) público(s), medios de comunicación sociales y fenómenos de "afectivización" negativa. En particular, el escrito de Ihlebæk y Holter (2021) aborda la problemática migratoria (en el contexto específico de Noruega).

intensamente impregnadas de emociones". Esto se debe al hecho de que la reciente ola de globalización que ha sido acompañada y popularizada por los medios digitales ha estimulado la búsqueda de "universales humanos" y, por consiguiente, un creciente interés hacia un supuesto "conjunto de emociones comunes y reconocibles por toda la humanidad [...]. Aunque están sujetas a variaciones culturales, se asume que son universalmente comprensibles, formando así fuertes lazos de conectividad mutua" (2019, p.203). Por lo tanto, se hace urgente comprender en profundidad la función (y lo que parece ser una necesidad social) de las enunciaciones "apasionadas" que, en lugar de quedarse relegadas en el universo de la intimidad, se convierten en ego-documentos fragmentarios, expuestos y difundidos públicamente.

En la contribución que aquí se presenta el llamado "giro emocional", con un enfoque hacia los estudios de medios y la comunicación (véase Lünenborg y Maier, 2018), se asocia a los estudios sobre migraciones.

Migraciones y emociones: un fenómeno multidimensional

Las migraciones han sido tradicionalmente analizadas como procesos impulsados por necesidades "racionales" de naturaleza económico-política. Sin embargo, en años recientes el acento se ha desplazado hacia factores simbólicos (reivindicaciones y expectativas poscoloniales conscientes e inconscientes, memorias corporales y transgeneracionales, imaginarios sociales alimentados por tramas discursivas reales-ficcionales, etc.) que han puesto de manifiesto la multidimensionalidad de este campo de estudio, como Sara Ahmed ya había planteado hace veinte años en el artículo *Home and away: Narratives of migration and estrangement*: "[l]a cuestión del hogar y del sentirse en el propio hogar" –es decir, una cuestión medular de la experiencia migratoria– "solo puede abordarse considerando la cuestión del afecto: estar en casa es aquí un asunto de *cómo uno/a se siente o de cómo podría dejar de sentirse*"[4] (Ahmed, 1999, p. 341; véase también Ahmed, Castañeda y Fortie 2003). Como han señalado recientemente Vlad Glaveanu y Gail Womersley (autores que se refieren en parte a la teoría de Ahmed), las investigaciones en torno a la migración no pueden prescindir de reflexionar sobre el movimiento y la (in)estabilidad (del "sentirse como en casa") desde un punto de vista afectivo, ya que el desplazamiento tiene que ver inevitablemente con

> [l]os actos de reposicionamiento –físico, social y/o simbólico– [que] transforman nuestra relación con el mundo y la forma en que lo percibimos y entendemos. Se pueden descubrir nuevas posibilidades de acción, pero también encontrar nuevas limitaciones. Al fin y al cabo, el movimiento desarrolla, en todo momento, *horizontes de posibilidad (e imposibilidad)* ligeramente diferentes que se experimentan emocionalmente como gratificantes, excitantes, dolorosos o aterradores. (Glaveanu y Womersley, 2021, p. 632)

Por lo tanto, pensar en el migrante como un "oportunista" motivado exclusivamente por una "movilidad calculada" (la búsqueda de mejores condiciones de vida) es un marco interpretativo que ya hay que deconstruir. Paolo Boccagni y Loretta Baldassar (2015) escriben al respecto:

> a pesar de la plétora de análisis cualitativos sobre el tema [...] el lado emocional de la condición de migrante sigue siendo todavía relativamente poco estudiado. [...] Existe una especie de brecha en el conocimiento y reconocimiento mutuo entre los estudios sobre las migraciones y los estudios de las emociones. (Boccagni y Baldassar, 2015, pp. 73-74)

[4] En general podemos decir que los estudios acerca de la relación entre la experiencia migratoria y las emociones han pasado principalmente por la reflexión sobre la sensación de "(no) pertenencia de los inmigrantes, el sentido del hogar y la vida cotidiana" y, por lo general, "mediante enfoques de investigación cualitativa" (Alinejad y Olivieri, 2020, p. 64).

Sin embargo, no existe solo la dimensión emocional de la experiencia migratoria vivida de primera mano, sino también la dimensión emocional de la sociedad de acogida: una cuestión –esta última– que se ha puesto de forma prepotente en muestra con la emersión de los que hemos llamados los "públicos afectivos" desencadenados por las redes sociales. Se trata de un fenómeno que adquiere un carácter marcadamente comunicativo-discursivo ya que se desarrolla a través de mensajes multimodales e intertextuales y en un espacio mediado (el espacio de la interacción persona-máquina-persona).

Narrativas emocionales de la migración

Una mirada global y transcultural a los actuales flujos migratorios no puede ignorar la íntima relación que une el discurso (masivamente mediatizado) sobre el migrante y el crisol de sentimientos que trae consigo la llegada del "extranjero", y que pone en juego cuestiones como la identidad, el espacio "propio", el confín, la memoria cultural. Esto no es ciertamente nada nuevo, de lo contrario la antigüedad no habría acuñado el término despectivo "bárbaro" para distinguir los que vivían más allá del *limes*, la línea fronteriza.[5] Lo que sí es nuevo es la omnipresencia de las *narrativas emocionales*, que, sobre todo a través de los entornos digitales y la interacción persona-máquina, impregnan espacial y temporalmente la vida pública y privada de los ciudadanos, con importantes consecuencias para el gobierno local: basta pensar en los constantes ataques de género como los comentarios sexistas en línea hacia las mujeres migrantes. Además, se está creando un hiato irreductible (humano, social, cultural) entre la *experiencia real* de la migración –como se desprende, por ejemplo, de la historia de vida de una persona en situación de necesidad

[5] Como ha subrayado Bertrand Westphal (2007, p. 73), "el *limes* era en cierto modo la frontera entre dos estados de cosas, uno admitido y por tanto existente, el otro olvidado y por tanto (oficialmente) inexistente".

insuperable (el/la migrante)– y la *percepción mediada* que tienen los "públicos afectivos" anfitriones.

Se trata de un campo de investigación emergente, que necesita un planteamiento adecuado, al presentar un gran potencial en términos de reflexión sobre la cohesión social frente a la polarización, y que hasta ahora sólo se ha explorado parcialmente. No es casualidad que en los últimos tiempos han sido publicados varios trabajos sobre este argumento, entre los cuales se destacan el número monográfico de la revista *International Journal of Cultural Studies* dedicado a "Migration, Digital Media and Emotion" (Alinejad y Ponzanesi, 2020)[6] y varias contribuciones del libro *The SAGE Handbook of Media and Migration* (Smets, Leurs, Georgiou, Witteborn y Gajjala, 2020). Otros trabajos "limítrofes" podrían dividirse en tres áreas de investigación inextricablemente relacionadas entre sí:

a. los estudios sobre la migración y las emociones que tienen como objeto de investigación el "hogar" y la "pertenencia" (véase en particular Boccagni, 2017; Franz y Silva, 2020) así como los vínculos transnacionales laboral-familiares –incluso a través de los medios sociales (Andreassen, 2017; Leurs, 2019; Costa y Alinejad, 2020; Wilding et al., 2020)– con un fuerte enfoque en las cuestiones de género y la llamada feminización de la migración y del trabajo (véase Gutiérrez-Rodríguez, 2010; Bloch, 2011 y 2017; Triandafyllidou, 2013; Hirai, 2014; Wise y Velayutham, 2017; Glaveanu y Womersley 2021);

b. los estudios sobre la migración y las redes de comunicación, que se centran sobre todo en las posibilidades ofrecidas por las TIC para garantizar la integración e inclusión de las personas desplazadas en las sociedades de acogida; en particular,

[6] Véase también el libro *Diaspora and Media in Europe: Migration, Identity, and Integration* (Karim y Al-Rawi, 2018) que, entre otras, hace referencia a la migración ecuatoriana en Europa.

en estos estudios los medios sociales se considerarían herramientas potencialmente capaces de proporcionar a los migrantes un espacio para expresar sus necesidades (véase Komito, 2011; Croucher, 2011; Sawyer y Chen, 2012; Dekker y Engbersen, 2013; Baldassar, Nedelcu, Merla y Wilding, 2016; Alencar y Deuze, 2017; Alencar, 2018; Dekker, Engbersen, Klaver y Vonk, 2018; Alencar, Kondova y Ribbens, 2019);

c. los estudios sobre la historia de las emociones (Barclay, Crozier-De Rosa y Stearns, 2021), considerando la comunidad migratoria como un espacio socio-histórico de naturaleza afectiva (cf. las tesis de la medievalista Barbara Rosenwein, en particular 2006, 2012), sobre la emocionalización de la política y su paso a la politización de las emociones (Frevert, 2019) y en general sobre "las emociones como propulsores activos del cambio social y político" (Nagy y Frevert, 2019, p. 207; cf. varios trabajos citados en la nota 2 de la presente contribución).

Mundos afectivos reales e imaginados

En la actualidad, una línea de investigación particularmente prometedora es –como en parte ya se ha dicho– la que indaga conjuntamente la relación entre migraciones, emociones y la comunicación mediada por el ciberespacio.

Aquí quisiera destacar dos cuestiones fundamentales que han surgido en este ámbito de reflexión y que (personalmente considero) pueden ser muy fecundas. En primer lugar, se ha demostrado cómo internet y, en particular modo, las redes sociales tejen y extienden nuestras relaciones permitiéndonos una proximidad espacio-temporal antes inimaginable. No es casualidad que varios estudios vinculados con la temática aquí abordada estén haciendo hincapié en el papel de la tecnología digital para la formación de una nueva idea de la *distancia* percibida tanto por el sujeto migrante como por la sociedad anfitriona, con evidentes consecuencias teóricas a la hora de hablar de "diáspora" (Ponzanesi, 2020; Tsagarousianou, 2020). Por un lado, el sujeto migrante siente que sus vínculos (y por lo tanto su afectividad) fluyen a través de las redes, lo que hace que la percepción misma de la intimidad (es decir, una condición que a primera vista necesitaría la presencialidad) se resignifique, así fomentando nuevas formas de comunión, participación y comunidad. A este propósito, Wise y Velayutham (2017, p. 127) subrayan cómo las intensidades afectivas experimentadas en relaciones a distancia tecnológicamente mediadas "aumentan y hacen más palpable y convincente el sentimiento de identificación y pertenencia a un espacio social o simbólico transnacional. Las intensidades afectivas *implican a* los sujetos transnacionales". Por otro lado, la sociedad anfitriona percibe que los migrantes están "más cerca que nunca", en el corazón de un espacio que ya ha perdido sus confines nacionales (un sentimiento que el semiólogo Iuri Lotman (1998 [1989]) llamaría la "psicología de la 'fortaleza asediada'"). Esto puede dar lugar, sobre todo en momentos de crisis, a una intensificación afectiva que estalla en emociones colectivas destructivas, tales cuales el medio y el odio, y por consiguiente en olas racistas y discriminatorias –lo que a su vez intensifica el sentido de pertenencia (o inclusión) del sujeto migrante a *otra* comunidad. Siempre como señalan Wise y Velayutham (2017, p. 125),

> [l]os sentimientos y las experiencias intensas de exclusión (como el ser víctimas del racismo) de las relaciones sociales próximas (por ejemplo, en la sociedad de acogida) pueden tener el efecto inverso de redirigir un apego afectivo más intenso a los espacios sociales transnacionales.

Una segunda cuestión que ha surgido al estudiar la relación entre las migraciones y las emociones a la luz de la comunicación mediada es la del *imaginario*. Una de las características de Internet es su capacidad de hacer circular las narraciones. Con narración entiendo aquí un complejo de discursos (verbales y no verbales), prácticas y objetos que, en sus conjuntos, dan cuenta de forma inteligible de una dada experiencia de la realidad en su proceso de evaluación (en el sentido de *appraisal*) del mundo. En otras palabras, la narración incorpora normas y posibilidades históricamente desplegadas y materialmente encarnadas a través de hábitos, aptitudes, conductas, expresiones, artefactos imbuidos en un sentido tanto axiológico cuanto emocional. A través de mensajes multimodales e intertextuales, Internet permite a estos constructos comunicativos fluir en el ciberespacio, haciendo al mismo tiempo circular la carga afectiva que engloban. Si pensamos en las migraciones y a la luz de lo dicho anteriormente acerca de las relaciones mediadas, podemos entender que existe una inmensa cultura material que fluye virtualmente a través de las narraciones digitales y que alimenta los imaginarios (las identidades, los mundos posibles, los valores y las emociones) tanto de los migrantes como de las sociedades anfitrionas.

En particular las imágenes que se propagan a gran escala podrían convertirse en un medio para estudiar la relación entre migraciones y emociones en la época contemporánea por al menos tres razones: (i) por un conjunto de cualidades de la imagen digital, a saber, su tendencia a la circulación, a presentarse de forma interconectada (por analogía, una imagen llama a la otra) y a "incrustarse" en múltiples públicos; (ii) por el papel que desempeñan las imágenes como vehículos afectivos, mnemotécnicos e imaginativos y como agentes de la memoria cultural, la vinculación social y la circulación de las emociones; (iii) por la posibilidad de que un ambiente afectiva e icónicamente imbuido (el digital) pueda "reactivar" imágenes culturales sedimentadas y consolidadas, mostrándolas de una forma nueva y, al mismo tiempo, popular-arquetípica (piénsese en los memes).

Reflexión metodológica

Como se ha señalado anteriormente, en los últimos años, con la creciente influencia de la esfera digital (especialmente de las plataformas de medios sociales) en todos los ámbitos de la vida humana, se ha ampliado el papel de las emociones en las relaciones interpersonales y en la dinámica de las formaciones sociales (véase en particular Stage, 2013; Guadagno, Rempala, Murphy y Okdie, 2013; Kramer, Guillory y Hancock, 2014; Hyvärinen y Beck, 2018; Bodrunova et al., 2020). En este contexto, las imágenes digitales están jugando un papel fundamental ya que –lo repetimos–, debido a sus características (agentividad, inmaterialidad, intertextualidad y reticularidad o "*networkedness*", movilidad, replicabilidad, remixabilidad y una comprensibilidad relativamente universal[7]), están demostrando tener un importante efecto de "modelización cultural" con un fuerte componente afectivo y estético (Danesi, 2016; Manovich, 2020a, 2020b), hasta el punto de que los estudiosos han empezado a hablar de *sociedades imago-céntricas* (para una profundización véase Gherlone 2021b). De hecho, al tratarse de constructos semióticos que se despliegan a gran escala gracias al entorno virtual y a sus algoritmos poderosos (y coercitivos), las imágenes digitales tienen una "aptitud" performativa, capaz de hacer circular las emociones colectivas, "despertar" los repertorios (icónicos) socioculturales, fortalecer ciertas imaginerías e incluso alimentar y canalizar las cosmovisiones. Esto también significa que las imágenes digitales pueden fomentar y dilatar espacio y temporalmente las asimetrías de poder implicadas en dichos repertorios, exponiendo las personas a una vulnerabilidad aparentemente intangible.

La agenda de investigación sobre las migraciones se ha visto inevitablemente afectada ya que se ha demostrado cómo las imágenes digitales influencian profundamente tanto la vida del migrante en la construcción de su identidad como la sociedad en su conjunto (véase D'Orazio, 2015; Horsti, 2016, 2017; Bozdag y Smets, 2017; Chouliaraki y Stolic, 2017; Antony y Thomas, 2017; Sheehan, 2018; Faulkner, Vis y D'Orazio, 2018; Osin y Konstantinov, 2019; Memou,

[7] Debido a dichas características, las imágenes digitales son también un potente medio de conexión y comunicación intercultural.

2019; Adler-Nissen, Andersen y Hansen, 2020; Gencel Bek y Prieto Blanco, 2020; Geboers y Van De Wiele, 2020a).[8]

En esta perspectiva, la línea de investigación que planteo aquí consiste en analizar aquellas imágenes que, debido al proceso de transmisión masiva (o viralización) entre plataformas distintas, pueden llegar a generar "atmósferas afectivas hegemónicas" [9] capaces a su vez de propagar una dinámica colectiva de inclusión-exclusión de las personas vulnerables (los migrantes) a través de su exposición a un imaginario –en el doble sentido de *imagery* e *imaginary*– empapado de prejuicios y desigualdades históricamente reiteradas. El VCPA (Visual Cross-Platform Analysis) es uno de los mejores enfoques metodológicos para llevar a cabo dicha investigación, ya que uno de sus objetivos es llegar a las *imágenes dominantes* a partir de los mecanismos algorítmicos que se ponen en marcha en la web con motivo de determinados eventos o coyunturas y que inevitablemente implican emociones colectivas, combinando además la perspectiva cuantitativa, cualitativa y comparativa (Gibbs et al., 2015; Rogers, 2018, 2019, 2021; Pearce et al., 2020; Niederer y Colombo, 2019; D'Andréa y Mintz, 2019; Leaver et al., 2020; Geboers y Van De Wiele, 2020b).

Si uno de los objetivos de la Plataforma para el Diálogo "Política, afectos e identidades en América Latina" es el de *desmontar relaciones*

[8] Piénsense en aquellos casos en los que los públicos convergen hacia y se coagulan alrededor de manifestaciones colectivas de empatía y consternación, como en el famoso caso de la foto de Alan Kurdi. A pesar de revelarse una ola emocional efímera y, a menudo, no provocar un inmediato cambio sustancial en los discursos y las representaciones comunes, se ha demostrado cómo las imágenes quedan impresas y siguen circulando y penetrando en la opinión pública.

[9] En otras palabras, considero el entorno digital como un espacio vivido real e inmaterial (Molina y Gherlone, 2019) en el que la acción conjunta de las plataformas de medios sociales, en conexión con el mundo off line, permite la aparición de "atmósferas digitales" con todas sus configuraciones de cosas, personas, lugares y recuerdos, donde la imagen juega un *papel fundamental de mediación*. En esta perspectiva Internet, a pesar de la idea de extrema emancipación que proporciona, es un espacio que, con sus mecanismos algorítmicos (García Canclini, 2019), puede alimentar y reproducir ciertas perniciosas narraciones que influyen profundamente en la relación entre sujeto migrante y sociedad anfitriona, proporcionando poderosos y hegemónicos repertorios emocionales (véase Gherlone 2021a, 2021c).

de poder existentes y analizar cómo, en diferentes modos narrativos y medios, emergen diferentes cúmulos afectivos, considero que el vínculo entre migraciones y emociones (captado desde una perspectiva comunicativa) puede ser un terreno propicio para esta operación ya que interpela un complejo juego de facetas: la circulación de símbolos semióticamente expresados, la memoria colectiva, las relaciones de poder vinculadas al mundo material que fluye a través de internet, la formación de identidades "afectadas", nuevas formas de entender y configurarse el espacio y el tiempo. En esta perspectiva, la investigación a través de los grandes datos bajo la forma de imágenes puede representar un medio prometedor para arrojar luz sobre los cúmulos afectivos generadores de vulnerabilidad.

Bibliografía

Adler-Nissen, R.; Andersen, K. y Hansen, L. (2020). Select images, emotions, and international politics: the death of Alan Kurdi. *Review of International Studies, 46*(1), 75-95.

Ahmed, S. (1999). Home and away: narratives of migration and estrangement. *International Journal of Cultural Studies, 2*(3), 329-347.

Ahmed S.; Castañeda, C. y Fortie, A.-M. (eds.) (2003). *Uprootings regroundings: questions of home and migration*. Oxford, Nueva York: Berg Publishers.

Alencar, A. y Deuze, M. (2017). News for integration or assimilation? Examining the functions of news in shaping acculturation experiences of immigrants in the Netherlands and Spain. *European Journal of Communication. 32*(2), 151-166.

Alencar, A. (2018). Refugee integration and social media: a local and experiential perspective. *Information, Communication & Society, 21*(11), 1588-1603.

Alencar, A.; Kondova, K. y Ribbens, W. (2019). The smartphone as a lifeline: an exploration of refugees' use of mobile communication technologies during their flight. *Media, Culture & Society, 41*(6), 828-844.

Alinejad, D. y Ponzanesi, S. (Eds.) (2020). Migrancy and digital mediations of emotion. *International Journal of Cultural Studies* (Editorial del número monográfico: "Migration, digital media and emotion"), *23*(5), 621-638.

Alinejad, D. y Olivieri, D. (2020). Affect, emotions, and feelings. En K. Smets, K. Leurs, M. Georgiou, S. Witteborn y R. Gajjala (eds.), *The SAGE handbook of media and migration* (pp. 64-73). Londres: SAGE.

Andreassen, R. (2017). New kinships, new family formations and negotiations of intimacy via social media sites. *Journal of Gender Studies, 26*(3), 361-371.

Antony, M.G. y Thomas, R. (eds.) (2017). *Interdisciplinary perspectives on child migrants: seen but not heard*. Lanham: Lexington Books.

Arfuch, L. (ed.) (2005). *Pensar este tiempo. Espacios, afectos, pertenencias*. Buenos Aires: Paidós.

Arfuch, L. (2016). El "giro afectivo". Emociones, subjetividad y política. *DeSignis* (Número monográfico: "Emociones en la nueva esfera pública"), *24*, 245-254.

Barclay, K.; Crozier-De Rosa, S. y Stearns, P. (eds.) (2021). *Sources for the history of emotions*. Londres, New York: Routledge.

Bloch, A. (2011). Emotion work, shame, and post-Soviet women entrepreneurs: negotiating ideals of gender and labor in a global economy. *Identities: global studies in culture and power, 18*(4), 317-351.

Bloch, A. (2017). "Other mothers", migration, and a transnational nurturing nexus. *Signs: Journal of Women in Society and Culture, 43*(1), 53-75.

Baldassar, L.; Nedelcu, M.; Merla, L. y Wilding, R. (2016). ICT-based co-presence in transnational families and communities: Challenging the premise of face-to-face proximity in sustaining relationships. *Global Networks, 16*(2), 133-144.

Bjerg, M. (2019a). Una genealogía de la historia de las emociones. *Quinto Sol, 23*(1), 1-20.

Bjerg, M. (2019b). El cuaderno azul, el perro de peluche y la flor de trencadís. Una reflexión sobre la cultura material, las emociones y la migración. *Pasado Abierto*, (9), 140-157.

Bjerg, M. (2019c). *Lazos rotos. La inmigración, el matrimonio y las emociones en la Argentina entre los siglos XIX y XX*. Bernal: Universidad Nacional de Quilmes.

Bjerg, M. (2021). *Emotions and migration in Argentina at the turn of the 20th Century*. Londres [etc.]: Bloomsbury Academic.

Boccagni, P. (2017). *Migration and the search for home: mapping domestic space in migrants' everyday lives.* Nueva York: Palgrave Macmillan.

Boccagni, P. y Baldassar, L. (2015). Emotions on the move: Mapping the emergent field of emotion and migration. *Emotion, Space and Society* (Editorial del número monográfico: "Moving Feelings: Emotions and the Process of Migration"), *16*, 73-80.

Bodrunova, S.; Nigmatullina, K.; Blekanov, I.; Smoliarova, A.; Zhuravleva, N. y Danilova, Y. (2020). When emotions grow: Cross-cultural differences in the role of emotions in the dynamics of conflictual discussions on social media. En G. Meiselwitz (ed.), *Social Computing and Social Media: Design, Ethics, User Behavior, and Social Network Analysis*, vol. 1 (pp. 433-441). Cham: Springer.

Boria, A. y Barei, S. (2020). La cultura del miedo: el control de las emociones. *Estudios Digital* (Editorial del número monográfico: "Las culturas del miedo: temor, terror y poder"), (43), 9-14.

Bozdag, C. y Smets, K. (2017). Understanding the images of Alan Kurdi with "small data": A qualitative, comparative analysis of tweets about refugees in Turkey and Flanders (Belgium). *International Journal of Communication, 11*, 4046-4069.

Chouliaraki, L. y Stolic, T. (2017). Rethinking media responsibility in the refugee "crisis": A visual typology of European news. *Media, Culture & Society*, *39*(8), 1162-1177.

Costa, E. y Alinejad, D. (2020). Experiencing homeland: Social media and transnational communication among Kurdish migrants in Northern Italy. *Global Perspectives*, *1*(1), 1-12.

Croucher, S. M. (2011). Social networking and cultural adaptation: A theoretical model. *Journal of International and Intercultural Communication*, *4*(4), 259-264.

Danesi, M. (2016). *The semiotics of emoji. The rise of visual language in the age of the Internet*. Londres, Nueva York: Bloomsbury Academic.

Dekker, R. y Engbersen, G. (2013). How social media transform migrant networks and facilitate migration. *Global Networks*, *14*(4), 401-418.

Dekker, R.; Engbersen, G.; Klaver, J. y Vonk, H. (2018). Smart refugees: how Syrian asylum migrants use social media information in migration decision-making. *Social Media + Society* (Special Issue: "Forced Migrants and Digital Connectivity"), *4*(1), 1-11.

Depetris Chauvin, I. (2019a). *Geografías afectivas: Desplazamientos, prácticas espaciales y formas de estar juntos en el cine de Argentina, Chile y Brasil (2002-2017)*. Pittsburgh: Latin America Research Commons.

Depetris Chauvin, I. (2019b). Ecologías líquidas. Geografías acuáticas en las artes audiovisuales de Brasil, Argentina y Chile. *452° F. Revista de Teoría de la literatura y Literatura Comparada* (Número monográfico: "Humanidades ambientales: ecocrítica y descolonización cultural"), *21*, 125-150.

Depetris Chauvin, I. y Taccetta, N. (Eds.) (2019). *Afectos, historia y cultura visual*. Buenos Aires: Prometeo.

De Sena, A. y Scribano, A. (2020). *Social policies and emotions: a look from the Global South*. Cham: Palgrave Macmillan.

D'Andréa, C. y Mintz, A. (2019). Studying the live cross-platform circulation of images with computer vision API: An experiment based on a sports media event. *International Journal of Communication*, *13*, 1825-1845.

D'Orazio, F. (2015). Journey of an image: From a beach in Bodrum to twenty million screens across the world. En F. Vis y O. Goriunova (wds.), *The iconic image on social media: A rapid research response to the death of Aylan Kurdi* (pp. 11-26). Visual Social Media Lab. https://research.gold.ac.uk/14624/1/KURDI%20REPORT.pdf

Del Sarto, A. (2012). Los afectos en los estudios culturales latinoamericanos. Cuerpos y subjetividades en Ciudad Juárez. *Cuadernos de Literatura*, *16*(32), 41-68.

Döveling, K.; Harju, A. A. y Sommer, D. (2018). From mediatized emotion to digital affect cultures: New technologies and global flows of emotion. *Social Media + Society* (Special Issue: "Mediatization of Emotion on Social Media"), *4*(1), 1-11.

Faulkner, S.; Vis, F. y D'Orazio, F. (2018). Analysing social media images. En J. Burgess, A. Marwick y T. Poell (eds.), *The SAGE Handbook of Social Media* (pp. 160-178). Londres: SAGE.

Flam, H. y Kleres, J. (Eds) (2015). *Methods of exploring emotions.* Abingdon, Oxon, Nueva York: Routledge.

Forero Angel, A. M.; González Quintero, C. y Wolf, A. (2021). *Incarnating feelings, constructing communities: experiencing emotions via education, violence, and public policy in the Americas.* Cham: Palgrave MacMillan.

Franz, M. y Silva, K. (eds.) (2020). *Migration, identity, and belonging defining borders and boundaries of the homeland.* Nueva York, Londres: Routledge.

Frevert, U. (2019). *Emotional politics.* Conferencia impartida para el WRR (Netherlands Scientific Council for Government Policy), 24 de enero de 2019, La Haya. https://www.wrr.nl/binaries/wrr/documenten/publicaties/2019/01/25/lezing-ute-frevert-over-emotional-politics/ute-frevert-emotional-politics-wrr-lecture-2019.pdf.

García Canclini, N. (2019). *Ciudadanos reemplazados por algoritmos.* Bielefeld: Verlag / CALAS.

Geboers, M.A. y Van De Wiele, C.T. (2020a). Regimes of visibility and the affective affordances of Twitter. *International Journal of Cultural Studies, 23*(5), 745-765.

Geboers, M.A. y Van De Wiele, C.T. (2020b). Machine vision and social media images: Why hashtags matter. *Social Media + Society, 6*(2).

Gencel Bek, M. y Prieto Blanco, P. (2020). (Be)Longing through visual narrative: Mediation of (dis)affect and formation of politics through photographs and narratives of migration at DiasporaTürk. *International Journal of Cultural Studies, 23*(5), 709-727.

Gherlone, L. (2021a). Atmósferas y emociones colectivas: descolonizar los espacios emocionales. En M. L. Puppo (ed.), *ESPACIOS Y EMOCIONES. Textos, territorios y fronteras en América Latina* (pp. 17-34). Buenos Aires: Miño y Dávila.

Gherlone, L. (2021b). Compasión colectiva, esfera digital e imágenes de pathos en tiempo de COVID-19. *Eikón Imago 10*(1), 79-91.

Gherlone, L. (2021c). Semiotics and cultural affect theory. En A. Biglari (ed.), *Open semiotics*. Paris: Éditions L'Harmattan (de próxima aparición).

Gibbs, M.; Meese, J.; Arnold, M.; Nansen, B. y Carter, M. (2015). #Funeral and Instagram: Death, social media, and platform vernacular. *Information, Communication & Society, 18*(3), 255-268.

Glaveanu, V. y Womersley, G. (2021). Affective mobilities: migration, emotion and (im)possibility. *Mobilities, 16*(4), 628-642.

Guadagno, R.; Rempala, D.; Murphy, S. y Okdie, B. (2013). What makes a video go viral? An analysis of emotional contagion and Internet memes. *Computers in Human Behavior, 29*(6), 2312-2319.

Gutiérrez Rodríguez, E. (2010). *Migration, domestic work and affect: a decolonial approach on value and the feminization of labor*. Nueva York, Londres: Routledge.

Hirai, S. (2014). La nostalgia: Emociones y significados en la migración trasnacional. *Nueva antropología, 27*(81), 77-94.

Horsti, K. (2016). Visibility without voice: Media witnessing irregular migrants in BBC online news journalism. *African Journalism Studies, 37*(1), 1-20.

Horsti, K. (2017). Communicative memory of irregular migration: The re-circulation of news images on You Tube. *Memory Studies, 10*(2), 112-129.

Hyvärinen, H. y Beck, R. (2018). Emotions trump facts: The role of emotions in on social media: A literature review. *Proceedings of the Annual Hawaii International Conference on System Sciences* (pp. 1797-1806). https://scholarspace.manoa.hawaii.edu/bitstream/10125/50113/paper0226.pdf

Ihlebæk, K. y Holter, C. (2021). Hostile emotions: an exploratory study of far-right online commenters and their emotional connection to traditional and alternative news media. *Journalism, 22*(5), 1207-1222. https://doi.org/10.1177/1464884920985726

Karim, K. H.y Al-Rawi, A. (eds.) (2018). *Diaspora and media in Europe migration, identity, and integration.* Cham: Palgrave Macmillan

Kahl, A. (Ed.) (2019). *Analyzing affective societies: methods and methodologies.* Londres-Nueva York: Routledge.

Komito, L. (2011). Social media and migration: Virtual community 2.0. *Journal of the American Society for Information Science and Technology, 62*(6), 1075-1086.

Kramer, A.; Guillory, J. y Hancock, J. (2014). Experimental evidence of massive-scale emotional contagion through social networks. *PNAS, 111*(24), 8788-8790.

Lotman, Ju. (1998 [1989]). Выход из лабиринта / *Vyjod iz labirinta.* http://www.philology.ru/literature3/lotman-98.htm

Leaver, T., Highfield, T. y Abidin, C. (2020). *Instagram: visual social media cultures.* Cambridge, Medford: Polity Press.

Leone, M. (2019). Trolling insignificance: Disrupting the digital public discourse. En M. Leone, *On Insignificance: The Loss of Meaning in the Post-Material Age* (pp. 22-32). Londres: Routledge.

Leurs, K. (2019). Transnational connectivity and the affective paradoxes of digital care labour: Exploring how young refugees technologically mediate co-presence. *European Journal of Communication, 34*(6), 641-649.

Lünenborg M. y Maier, T. (2018). The turn to affect and emotion in media studies. *Media and Communication, 6*(3), 1-4.

Macón, C. (2013). *Sentimus ergo sumus*: El surgimiento del "giro afectivo" y su impacto en la filosofía política. *Revista Latinoamericana de filosofía política, 2*(6), 1-32.

Macón, C. y Solana, M. (2015). *Pretérito indefinido: afectos y emociones en las aproximaciones al pasado.* Buenos Aires: Título.

Macón, C. y Losiggio, D. (eds.) (2017). *Afectos políticos. Ensayos sobre actualidad.* Buenos Aires: Miño y Dávila.

Manovich, L. (2020a). *Cultural Analytics.* Cambridge, Massachusetts: The MIT Press.

Manovich, Lev (2020b). The aesthetic society: or how I edit my Instagram. Emn P. Mörtenböck y H. Mooshammer (eds.), *Data Publics: Public Plurality in an Era of Data Determinacy* (pp. 192-212). Londres y Nueva York: Routledge.

Memou, A. (2019). Spectacular images of the "refugee crisis". *Photographies, 12*(1), 81-97.

Molina, P. y Gherlone, L. (2019). Ciberespacio y semiótica de la otredad. *DeSignis, 30*, 53-62.

Moraña, M. y Sánchez Prado, I. (eds.) (2012). *El lenguaje de las emociones. Afecto y cultura en América Latina*. Madrid: Iberoamericana/ Vervuert.

Nagy, P. y Frevert, U. (2019). History of emotions (comment & response). En M. Tamm y P. Burke (eds.), *Debating New Approaches to History* (pp. 189-215). Londres [etc.]: Bloomsbury Academic.

Niederer, S. y Colombo, G. (2019). Visual methodologies for networked images: Designing visualizations for collaborative research, cross-platform analysis, and public participation. *Diseña*, (14), 40-67.

Osin, R. y Konstantinov, V. (2019). Emotional attitude to media image of migrant. *Advances in Social Science, Education and Humanities Research, 321*, 144-147.

Papacharissi, Z. (2015). *Affective publics: sentiment, technology, and politics*. Oxford: Oxford University Press.

Papacharissi, Z. (2016). Affective publics and structures of storytelling. *Communication & Society, 19*(3), 307-324.

Pearce, W. et al. (2020). Visual cross-platform analysis: digital methods to research social media images. *Information, Communication & Society, 23*(2), 161-180.

Peluffo, A. (2016). *En clave emocional. Cultura y afecto en América Latina*. Buenos Aires: Prometeo.

Puppo, M. L. (ed.) (2021). *Espacios y emociones. Textos, territorios y fronteras en América Latina*. Buenos Aires: Miño y Dávila.

Podalsky, L. (2011). *The politics of affect and emotion in contemporary Latin American cinema: Argentina, Brazil, Cuba, and Mexico.* Nueva York: Palgrave.

Ponzanesi, S. (2020). Digital diasporas: Postcoloniality, media and affect. *Interventions: International Journal of Postcolonial Studies,* 22(8), 977-993.

Pritzker, S.; Fenigsen, J. y Wilce, J. (eds.) (2020). *The Routledge handbook of language and emotion.* Londres-Nueva York: Routledge.

Reguillo, R. (2011). Prólogo: Pensar desde los bordes: Lo político y su clave emocional. En L. Berlant, *El corazón de la nación. Ensayos sobre política y sentimentalismo* (pp. 9-15). México: FCE.

Rogers, R. (2018). Digital methods for cross-platform analysis. En J. Burgess, A. Marwick y T. Poell (Eds.), *The SAGE Handbook of Social Media* (pp. 91-110). Londres: SAGE.

Rogers, R. (2019). *Doing digital methods.* Londres: SAGE.

Rogers, R. (2021). Visual media analysis for Instagram and other online platforms. *Big Data & Society*, 8(1).

Rosenwein, B. (2006). *Emotional communities in the Early Middle Ages.* Ithaca y Nueva York: Cornell University Press.

Rosenwein, B. (2012). Emotional Space. En C. S. Jaeger y I. Kasten (eds.), *Codierungen von Emotionen im Mittelalter / Emotions and Sensibilities in the Middle Ages* (pp. 287-304). Berlín, Boston: De Gruyter.

Sawyer, R. y Chen, G. (2012). The impact of social media on intercultural adaptation. *Intercultural Communication Studies, 21*(2), 151-169.

Scribano, A. (2012). Sociología de los cuerpos/emociones. *Revista Latinoamericana de Estudios sobre Cuerpos, Emociones y Sociedad, 10*, 93-113.

Sheehan, T. (ed.) (2018). *Photography and Migration*. Londres: Routledge.

Slaby, J. y Von Scheve, C. (Eds.) (2019). *Affective Societies: Key Concepts*. Londres-Nueva York: Routledge.

Smets, K.; Leurs, K.; Georgiou, M.; Witteborn S. y Gajjala, R. (eds.). *The SAGE Handbook of Media and Migration*. Londres: SAGE.

Sosa, C. (2017). Campo minado/Minefield: War, affect and vulnerability: a spectacle of intimate power. *Theatre Research International, 42*(2), 179-189.

Stage, C. (2013). The online crowd: a contradiction in terms? On the potentials of Gustave Le Bon's crowd psychology in an analysis of affective blogging. *Distinktion: Journal of Social Theory, 14*(2), 211-226.

Tsagarousianou, R. (2020). Diaspora as a frame: How the notion has reshaped migration studies. En K. Smets, K. Leurs, M. Georgiou, S. Witteborn y R. Gajjala (eds.), *The SAGE Handbook of Media and Migration* (pp. 9-16). Londres: SAGE.

Triandafyllidou, A. (ed.) (2013). *Irregular Migrant Domestic Workers in Europe. Who Cares?* Farnham, Burlington, Ashgate.

Wagner, A.; Marusek, S. y Yu, W. (2020). Sarcasm, the smiling poop, and e-discourse aggressiveness: Getting far too emotional with emojis. *Social Semiotics, 30*(3), 305-311.

Wahl-Jorgensen, K. y Pantti, M. (2021). Introduction: The emotional turn in journalism. *Journalism* (Editorial del número monográfico: "The emotional turn in journalism studies"), *22*(5), 1147-1154.

Westphal, B. (2007). *La géocritique: réel, fiction, espace*. París: Minuit.

Wilding, R.; Baldassar, L.; Gamage, S.; Worrell, S. y Mohamud, S. (2020). Digital media and the affective economies of transnational families. *International Journal of Cultural Studies*, *23*(5), 639-655.

Wise, A. y Velayutham, S. (2017). Transnational affect and emotion in migration research. *International Journal of Sociology*, *47*(2), 116-130.

“Darlo todo”
La entrega incondicional como componente fundante del magisterio argentino y sus resonancias en el siglo XXI

Ana Abramowski

Introducción

Entre las cuestiones que la pandemia provocada por el virus COVID-19 ha iluminado se encuentra la especificidad de la tarea docente. En efecto, la suspensión de las clases presenciales ocurrida durante gran parte del año 2020 –con el concomitante retraimiento de la enseñanza a los hogares– puso de relieve que la educación sistemática de las nuevas generaciones requiere de preparación, planificación y del dominio de saberes y técnicas que “no cualquiera” posee. Es decir, para brindar educación de manera masiva a niños, niñas y jóvenes no alcanzan las intenciones nobles, las ganas y el esfuerzo.[1]

Que la docencia no es una actividad “cualquiera” ni puede quedar librada a “cualquiera” es una sentencia que ya estaba presente en

[1] Durante los primeros meses de la pandemia, varios/as especialistas plantearon que se estaba generando una revalorización de la docencia (cf. Terigi, 2020). Con el transcurrir del tiempo, esa percepción inicial fue matizándose.

la jerga pedagógica de fines del siglo XIX y comienzos del siglo XX. "No cualquiera" designaba a la formación pero también a la osadía de estar dispuesto a una entrega incondicional a la tarea educativa. "Darlo todo", no calcular el tiempo destinado al trabajo, no medir las recompensas monetarias obtenidas y barnizar todas las obligaciones con la pátina del amor, fueron aspectos solicitados a los maestros y las maestras desde que la docencia se institucionalizó como profesión a partir del proyecto normalista impulsado en 1870.

El imperativo a "darlo todo" también cobró espesor en tiempos de pandemia. El tener que reorientar las tareas y adaptarlas a entornos virtuales en pos de adscribir a la llamada "continuidad pedagógica"[2] implicó, para los maestros y las maestras, no solo poner en juego su *expertise* sino una entrega incondicional, sin límites de horario[3] y sin importar los recursos simbólicos y materiales invertidos.[4]

Si bien –como sostendremos a lo largo de estas páginas– desde los orígenes del magisterio la dimensión afectiva se convirtió en una parte constitutiva del oficio, es menester destacar que en el contexto generado por propagación del virus COVID-19 ha sido notorio el interés por las emociones docentes.[5]

[2] Se llamó "continuidad pedagógica" al conjunto de acciones promovidas desde el Ministerio de Educación de la Nación para garantizar la educación obligatoria en las condiciones de Aislamiento Social Preventivo y Obligatorio (ASPO) y luego de Distanciamiento Social Preventivo y Obligatorio (DISPO), impuestas por la pandemia.

[3] El Informe de NU. CEPAL UNESCO señala: "La necesidad de ajuste a las condiciones de la educación a distancia se ha traducido, asimismo, en un conjunto de responsabilidades y exigencias que aumentan significativamente el tiempo de trabajo que las y los docentes requieren para preparar las clases, asegurar conexiones adecuadas y hacer seguimiento a sus estudiantes en formatos diversos" (2020, p. 10)

[4] Una encuesta realizada por SADOP (Sindicato Argentino de Docentes Privados) en la ciudad de Rosario en septiembre de 2020 reveló que un 90 % de los/as docentes tuvo que invertir en elementos informáticos (auriculares, cámaras web, computadoras). Además, el 40 % debió cambiar su teléfono móvil por uno de mejor calidad para poder utilizarlo como herramienta de trabajo (Candioti, 2020).

[5] Desde el ámbito de la política educativa, el Ministerio de Educación del Gobierno de la Ciudad de Buenos Aires produjo el documento "Las emociones en contexto de pandemia" (2020), que cuenta con recomendaciones para el accionar docente. Por otra parte, el informe de NU. CEPAL UNESCO plantea que es importante que los y las docentes reciban: "Resguardo prioritario de la salud y apoyo socioemocional, junto

Teniendo en cuenta lo antedicho, en este escrito se propondrá una lectura en clave emocional de la labor y la identidad docentes que abarcará, de manera resumida, un amplio arco temporal. El objetivo de este recorrido será poner en relación la tradición afectiva fundante del magisterio con el papel que las emociones docentes pasaron a jugar en las últimas décadas –incluyendo y a la vez excediendo a la pandemia– a partir de la reconfiguración del trabajo de enseñar.

En un primer término, se describirá algunos rasgos del perfil afectivo del magisterio argentino conformado hacia fines del siglo XIX. Se trabajará en esta instancia con un puñado de fuentes históricas provenientes de manuales de pedagogía, revistas educativas e informes sobre el personal docente elaborados desde las escuelas normales. En segundo lugar, se sumará el concepto de trabajo emocional y el de reglas emocionales para proponer una lectura del oficio docente que abarque tanto el pasado como el presente. En este apartado se hará referencia a algunos documentos producidos en el contexto de la pandemia. Finalmente, se tendrá en cuenta los aportes de François Dubet, en particular, la hipótesis del declive de la institución y sus efectos en la enseñanza.

¿Qué peso tiene la tradición romántica fundante del magisterio argentino en las maneras de resolver el trabajo educativo en las actuales instituciones en declive? ¿Cómo se han transformado, con el paso del tiempo, las reglas emocionales de la docencia? ¿Qué ha ocurrido con la dimensión afectiva del oficio de enseñar en el contexto de la pandemia? A continuación, se dará curso a estas preguntas.

---

con el desarrollo de competencias para la enseñanza en materia de habilidades socioemocionales a las y los estudiantes y sus familias" (2020, p. 13).

No cualquiera puede ser docente. La docencia no es una actividad cualquiera

La idea de que la docencia no es una actividad "cualquiera" y que "no cualquiera" puede realizarla está presente en algunos manuales de pedagogía que tienen más de cien años. El reconocido pedagogo positivista Rodolfo Senet, en sus *Apuntes de Pedagogía* del año 1912, señalaba: "La misión de los educadores es de las más delicadas y no puede, por consiguiente, quedar librada á [sic] cualquiera. No todos los sujetos están habilitados para ser maestros, y en cambio, hay muchos que están inhabilitados para serlo" (1912, p. 55). Para Senet, la docencia era una tarea compleja que reclamaba "tiempo, dedicación y conocimientos" (p. 52). Luego agregaba:

> El sujeto que persiga como fin el acumular dinero debe huir del magisterio; allí perderá lastimosamente su tiempo; no se llega hoy, ni se ha llegado nunca y probablemente no se llegará jamás á [sic] la fortuna por ese camino [...] el magisterio es una carrera para la cual se exigen condiciones que están muy lejos de ser remuneradas aquí y en todas partes del mundo (p. 56).

¿Qué quería decir Senet con la frase "no cualquiera puede ser docente"? La afirmación conjugaba una reivindicación del cuerpo magisterial con una suerte de advertencia. Es decir, con esa expresión, el pedagogo les avisaba a los candidatos y las candidatas al magisterio que tenían por delante una tarea desafiante y compleja, que requería formación –pues solicitaba el dominio de un conjunto importante de conocimientos y el manejo de estrategias para transmitirlos–, pero también demandaba el cultivo de cualidades personales y una férrea dedicación, tiempo y esfuerzo. Además, aclaraba Rodolfo Senet, la disponibilidad requerida para incorporarse a la docencia no estaba a la altura de los magros salarios recibidos. Señalar, entonces, lo "no cualquiera" (de la tarea y de quienes la asumían) legitimaba al colectivo docente, pues reivindicaba su profesionalización, pero también lo exhortaba a darlo todo y a entregarse al oficio sin medir las recompensas obtenidas.

La incondicionalidad hacia el magisterio se reflejaba en la asistencia diaria al trabajo, la puntualidad y las horas invertidas en la preparación de las clases. Hacia fines del siglo XIX, el personal directivo de las escuelas normales celebraba expresamente contar con planteles docentes que dieran más tiempo del reglamentariamente exigido:

> Si dijera simplemente al Sr. Ministro "el personal de esta Escuela ha cumplido su deber durante el año 85", mi conciencia no quedaria sátisfecha, creeria no haber sido bastante justa. Ha hecho mucho mas que cumplir el deber, casi podria decir que ha llegado á la abnegacion para trabajar por el adelanto de las alumnas. Baste decir al Sr. Ministro que en las horas mas calorosas de las *siestas* santiagueñas la labor no se veia interrumpida, las horas estraordinarias de clase se sucedian en los diferentes cursos y el trabajo era incesante (Escuela Normal de Maestras de Santiago, 1886, p. 404).[6]

Se necesitaban docentes de conducta ejemplar, en franca oposición a las maestras "de ocasión", que no asistían al trabajo con la excusa de estar enfermas, o llegaban siempre tarde, dando a entender que "todo lo que les interesa está afuera de la Escuela" (Escuela Normal de Salta, 1885, p. 930). Por otra parte, en relación con las recompensas pecuniarias, se tiraba un manto de sospecha respecto de aquellos y aquellas que anteponían el cálculo material. Se decía que eran docentes "de afición" y que concurrían a dar clases solo por la paga obtenida. Así, "afición" y "ocasión" marcaban lo calculable y medible (en tiempo y en dinero) y se oponían a la docencia como entrega inconmensurable.

La prensa educativa también alentaba estos rasgos identitarios. En 1926, la revista *La Obra* publicaba un texto dirigido al "Maestro" en el que le solicitaba entregarse a la tarea educativa con "abnegación

[6] Se conservó la ortografía original de la cita.

ilimitada" [...], poniendo "más amor, más inteligencia, más tenacidad" en el cumplimiento del oficio:

> Si no tienes amor a tu tarea, a tus muchachos, es que no tienes amor por tu propia persona. Abandona, pues, tu misión, que sin cariño, sin dulzura, nada valdrá, y dedícate a otra cosa que pida menos emoción, menos don de lágrimas. Jamás debe estar en retardo, en tu oficio, el ritmo de tu corazón ("Maestro", 1926, p. 109-110).

En los momentos fundantes del magisterio, la docencia se presentaba como una profesión que demandaba altas dosis de inversión afectiva y una fuerte convicción asentada en la vocación. La identidad magisterial necesitaba dibujar sus contornos dejando afuera la indiferencia, el desapego y la falta de compromiso. Para ello, apelando a un tono (Ngai, 2007) de abnegación, se imponía una solicitud de "darlo todo" que se materializaba en la entrega desmedida de tiempo y en la renuncia a la ambición de dinero.

Entendemos aquí que lo afectivo tenía un notable carácter político, pues con el llamado a "darlo todo" se buscaba aglutinar a los/as candidatos/as a la docencia en una identidad común, generar adhesión a la causa educativa y brindar razones que legitimaran el oficio elegido. Seguimos en este punto a Slaby y Bens, quienes plantean que "la creación de sujetos políticos, sean estos individuales o colectivos, no es concebible sin procesos de apego afectivo, ya sea a un sistema de gobierno, a una causa política, a un grupo" (2019, p. 345). Además, afirman que desde la política no sólo se evocan o se sostienen emociones, sino que se crean sentimientos (p. 346). En nuestro caso, podemos vislumbrar que desde el sistema educativo se cultivaban afectos nodales como los que estamos describiendo. El proyecto educativo nacional necesitaba que una comunidad de maestros/as –con objetivos, conocimientos y métodos comunes– lo llevara adelante, y el "pegamento" para construirla era, en gran medida, emocional. Sara Ahmed (2017) sugiere que las emociones tienen ese atributo "pegajoso", porque además de circular generan adherencia a los objetos. En este sentido, es interesante advertir que la emoción no solo es –como a primera vista se la piensa– inestable, volátil y pasajera, sino que tiene una importante capacidad de coser, de atar y de hacer perdurar. En la constitución del magisterio normalista es posible advertir cómo lo emocional arraigaba y mantenía posiciones identitarias.

Por último, considerando los rasgos afectivos docentes mencionados, podríamos caracterizar a la tradición afectiva fundante del magisterio como romántico-amorosa. Afirmamos esto teniendo en cuenta que la entrega incondicional, el amor como sostén identitario, el dejar a un lado los cálculos materiales y la narrativa sentimental se constituyeron como elementos propios de la trama del amor romántico moderno (cf. Abramowski, en prensa).

La docencia como trabajo emocional. Las reglas emocionales de la docencia

Una lectura del trabajo docente en clave histórico-afectiva –como la realizada en el apartado anterior– permite vislumbrar de qué modo la identidad del magisterio se fue configurando a partir de movilizar ciertos sentimientos como el compromiso, la vocación y la entrega. A continuación, vamos a sumar otras categorías teóricas –la de trabajo emocional y la de reglas emocionales– en pos de analizar otras aristas de las implicancias afectivas de la tarea educativa. Para ello, tendremos que trasladarnos varias décadas en el tiempo y examinar, en primer término, algunas coordenadas del campo laboral en general.

Desde la década de 1970, pero sobre todo a partir de 1990, lo afectivo e inmaterial comenzaron a tomar, en el ámbito del trabajo, un carácter inédito (Hardt, 1999). "Capitalismo cognitivo", "capitalismo estético" o "capitalismo emocional" (cf. Illouz, 2019; cf. Altomonte, 2020) son denominaciones que buscan dar cuenta de estas mutaciones vinculadas con el lugar central de la esfera de servicios y el papel protagónico del conocimiento y de lo cognitivo –esto es, de las llamadas habilidades blandas– en la economía.

En esta línea, Illouz se refiere a una progresiva "emocionalización del lugar de trabajo", con consecuencias en los "criterios de evaluación del trabajo en términos de satisfacción emocional, manejo emocional y expresividad emocional" (2019, p. 20). Para la socióloga, las emociones se convirtieron en un elemento central del proceso de producción, y para dar cuenta de ello acuñó la expresión de *emodities* o *commodities* emocionales. En palabras de Presta, estamos asistiendo a "un proceso de objetivación de las cualidades subjetivas y afectivas que ahora aparecen como una fuerza productiva del capital" (2018, p.171). Interesa remarcar, además, que las emociones se valoran como la expresión auténtica del yo y, al mismo tiempo, se convierten en "habilidades separables para vender en los mercados laborales" (Altomonte, 2020, p. 11).

En este marco, se advierte, por un lado, la solicitud de nuevas cualificaciones para los/as trabajadores/as, vinculadas con la flexibilidad, la capacidad para resolver problemas, la creatividad, la autonomía, el trabajo en equipo, es decir, con un "saber ser" antes que un "saber hacer" (Presta, 2018, p. 181). Y, por otro lado, una insistencia en combinar trabajo con satisfacción y realización personal, de la mano de un compromiso íntimo con las tareas encomendadas. Como señala Tokumitsu, el trabajo se ha desplazado desde "una ética protestante que requiere la disminución del yo y la represión del deseo a una narrativa del 'haz lo que amas', la cual combina la 'búsqueda del placer y el capital'" (citado en Altomonte 2020, p. 3). La preponderancia de ese yo que debe echar mano a su iniciativa le permite a Presta formular la hipótesis del "progresivo desplazamiento del sujeto-trabajador hacia el sujeto-emprendedor" (2018, p. 162), pasaje que, agregamos, está en consonancia con otro que va de la primacía del "deber ser" hacia la de "ser capaz de" (Ehrenberg, 2000).

En el mundo empresarial en general y en el área de servicios en particular, estos rasgos del trabajo son notorios. Illouz (2014) expone que no pocas compañías reclutan empleados/as con perfiles emocionales deseables y/o los/as capacitan en la gestión de su conducta porque entienden que el manejo y la expresividad emocional de los/as trabajadores/as redundan en un aumento de su productividad.

Resulta oportuno sumar aquí la categoría de trabajo emocional, propuesta en la década de 1980 por Arlie Hochschild, una de las pioneras en el estudio de este tema. Con esta noción, la socióloga buscaba describir ciertos empleos del área de servicios que consisten en una interacción cara a cara y voz a voz en la que el/la trabajador/a debe provocar un estado emocional en otra persona y, para hacerlo satisfactoriamente, tiene que realizar un intenso trabajo de supresión de ciertas emociones, así como de incitación e inducción de ciertas otras. Y si bien este accionar sobre el yo lo realizamos todos los individuos que vivimos en sociedad, en este caso se trata de un requisito para el desempeño laboral. En este sentido, el buen trato, la simpatía, la regulación de la ira, entre otras cualificaciones, se compran y se venden en el mercado de trabajo y contribuyen a la generación de valor. En su conceptualización, la socióloga añade la noción de reglas de sentimiento y las explica de este modo:

> Es probable que las azafatas suaves y cálidas, la secretaria siempre alegre, el empleado de atención al cliente que nunca se irrita, el proctólogo que no se asquea, el maestro que quiere a todos los estudiantes por igual [...] necesiten embarcarse en una actuación profunda, una actuación que va mucho más allá de lo que meramente exteriorizan. En su fuero íntimo, los individuos emprenden continuamente la tarea de hacer que el sentimiento y el marco concuerden con la situación. Pero lo hacen en obediencia a reglas de las que no son por completo responsables. (Hochschild, 2011, p. 144)

Investigadores/as del campo educativo han incorporado el concepto de trabajo emocional para mostrar cómo los/as docentes hacen su tarea cotidiana en diálogo con reglas emocionales propias de la docencia (Zembylas, 2005). Esto implica considerar que hay ciertas reglas emocionales, históricamente determinadas y localmente redefinidas, que influyen en el modo en que maestros y maestras experimentan y dan a ver lo que sienten. Se trata de reglas que no se enseñan de manera sistemática pero que forman parte de la cultura escolar (Winograd, 2003), y que generan modelos del "buen desempeño" que están disponibles entre el personal docente, estudiantes y familias. Recuperando lo analizado en el apartado anterior, estamos en condiciones de afirmar que, desde sus orígenes históricos, la profesión docente puede incluirse entre aquellas que requieren la realización de trabajo emocional (Landahl, 2015). En esta línea, las cualidades afectivas descriptas (la entrega, el darlo todo, etc.) podrían ser consideradas como reglas emocionales del magisterio argentino constituidas históricamente.

¿Y qué decir del devenir de la docencia en términos emocionales? En primer lugar, llama la atención la sedimentación de algunas de estas exigencias afectivas. En un artículo que busca analizar las funciones de las emociones docentes, Ken Winograd identificó cinco reglas emocionales que los maestros y las maestras deberían incorporar para ser considerados/as "profesionales": 1) amar y mostrar entusiasmo por los/as estudiantes, 2) ser entusiasta y apasionado/a por la materia que se enseña, 3) evitar el despliegue de emociones extremas como ira, alegría y tristeza, 4) amar el propio trabajo, 5) tener sentido del humor y reír ante los propios errores y los pequeños pecados de los/as estudiantes (2003, p. 1652). En el mismo escrito, el investigador busca establecer relaciones entre las emociones individuales y las condiciones estructurales del ejercicio docente y, para ello, da cuenta de un arco temporal que entra en diálogo con nuestras inquietudes. Dice que, en términos históricos, la docencia del siglo XIX expresaba la imagen de la mujer ideal de su época: contenida, paciente, auto sacrificada, moralmente correcta y que no emitía quejas (2003, p. 1645). Luego avanza planteando que, dadas las difíciles condiciones laborales existentes, la expectativa de que los docentes sean "parangones de la virtud, el auto sacrificio y la modestia" otorga presiones extraordinarias en la realización del trabajo emocional y los deja exhaustos física y psicológicamente (2003, p. 1668).

Entonces, luego de aceptar la premisa de que la docencia, históricamente, exigió poner en juego tanto un conjunto variado de afectos como la realización de trabajo emocional, queda por indagar la transformación, permanencia y/o superposición de las reglas emocionales docentes, contemplando el paso del tiempo y las variaciones del contexto. En este sentido, es menester explorar de qué modo aquellos asuntos que señalamos unos párrafos más arriba como propios del trabajo en el capitalismo tardío –el lugar inédito de lo afectivo como requerimiento laboral, la exigencia de nuevas cualificaciones "blandas", la necesidad de combinar trabajo y placer, la importancia del "saber ser" tanto como del "saber hacer" – se plasman en el ámbito docente. En este punto, las presiones que intensifican el trabajo emocional y dejan a los maestros y las maestras exhaustos/as, señaladas por Winograd, podrían leerse en consonancia con los planteos de Byung-Chul Han referidos al cansancio en la sociedad del rendimiento (2018). En efecto, según el filósofo coreano, el régimen neoliberal empuja a los individuos a comportarse como emprendedores de sí mismos y a autoexplotarse y, para ello, construye a las emociones como "recursos para incrementar la productividad" (2017, p. 71).

En la introducción de este escrito hacíamos referencia a la sobrecarga laboral del magisterio y el profesorado en el actual contexto de pandemia. Agregamos ahora que, desde 2020, tomaron protagonismo una serie de requerimientos afectivos para la docencia que ya venían perfilándose desde hace unos años bajo el paraguas de la denominada educación emocional.[7] Por ejemplo, el documento de NU.CEPAL UNESCO, "La educación en tiempos de la pandemia de COVID-19", afirma que "el aprendizaje socioemocional es una herramienta valiosa para mitigar los efectos nocivos de la crisis sociosanitaria" (2020, p. 14). Luego agrega que "mantener el bienestar psicológico, social y emocional es un desafío para todos los miembros

7 La educación emocional –propuesta que surge a fines del siglo XX y toma impulso en el siglo XXI– se nutre de la psicología positiva, de la noción de inteligencia emocional de Daniel Goleman y de las neurociencias. Propone el desarrollo de habilidades tales como autoconocimiento y la regulación emocional, en pos de la adaptación al contexto, el bienestar individual y el establecimiento de relaciones positivas con los demás.

de las comunidades educativas: estudiantes, familias, docentes y asistentes de la educación" (p. 14). En una línea teórica similar, el informe "Recursos emocionales en la población en contexto COVID-19. Una exploración en la población docente" comienza señalando que las altas exigencias, responsabilidades y retos pedagógicos de los cambiantes sistemas educativos actuales generaron "nuevas cargas emocionales" para los docentes (Duro, Bonelli, Cortes, Cortelezzi y Llobenes, 2020, p. 7). La pandemia habría agregado incertidumbre, desgaste, ansiedad y preocupación, encontrándose afectado el bienestar emocional.[8]

Resulta de interés preguntarnos por qué, durante 2020 y 2021, diferentes organismos, preocupados por comprender y mitigar los efectos de la pandemia, produjeron estudios y guías de acción referidas a la dimensión emocional del trabajo docente (cf. Kaplan, 2020; Duro et al., 2020). Uno de estos documentos argumenta al respecto:

> La relevancia de indagar en los recursos emocionales en la población docente radica sustancialmente en que existe sobrada evidencia sobre el impacto que tiene en la propia vida de las y los docentes y en su ejercicio profesional, su estado emocional o situación de estrés. Esta dimensión es concebida desde hace ya muchos años como una más de una buena educación. Son muchos los factores que condicionan los aprendizajes, y uno de ellos, es la vida emocional y los recursos emocionales que los y las profesionales manejan o desarrollan en su práctica. (Duro et al., 2020, p. 47)

Este informe, además, no oculta su voluntad de instalar esta temática en la agenda de la política educativa post pandemia:

> En términos de formación y apoyo al fortalecimiento docente post pandemia, instalar en la agenda pública la importancia de la

[8] El informe citado busca relevar los recursos emocionales de los/as docentes a partir de encuestas con las siguientes escalas: CERQ (cuestionario de Regulación Emocional Cognitiva) que indaga sobre la regulación emocional, PTGI (inventario de crecimiento post traumático) para ponderar crecimiento post traumático y CSC (cuestionario de autocompasión) sobre autocompasión (Duro et al., 2020, p. 34)

> dimensión emocional, abogar por su incorporación en la política y programas educativos y en los niveles de formación docente inicial y continua. Fortalecer a los docentes en el manejo de su autorregulación y autoconocimiento y dotarlos de mayores recursos emocionales es un condicionante del propio ejercicio profesional para alcanzar mayor libertad en las decisiones, mejores condiciones del proceso de enseñanza y aprendizaje, mejores climas y oportunidades educativas para la población de estudiantes. (p. 51-52)

Como decíamos, en el contexto de la pandemia provocada por el virus COVID 19 se observa el avance de los lineamientos de la llamada educación emocional a partir de exigir a los/as docentes la puesta en juego de "recursos emocionales" tales como la empatía, la resiliencia, el manejo del estrés y la regulación emocional, entendiendo que serían beneficiosos para el desempeño. Vale resaltar que se trata de disposiciones que están en consonancia con la "emocionalización del trabajo" (Illouz, 2019) propia del capitalismo tardío anteriormente referida, que constituye a las cualidades subjetivas y afectivas como parte de las fuerzas productivas (Presta, 2018).

Por otra parte, si consideramos estos requerimientos como nuevas reglas emocionales de la docencia, deberíamos examinar en qué medida se estarían sumando –o, acaso, sustituyendo– a las ya existentes. Dicho de otro modo, ¿cómo se combina, si es que esto sucede, la entrega incondicional y el "darlo todo" por la tarea con el centramiento en la individualidad emocional docente, el manejo del estrés y la regulación, en pos de alcanzar bienestar emocional? ¿Acaso la solicitud de apelar a "recursos emocionales" se escucha y procesa desde la tradición romántico amorosa fundante de la identidad del magisterio? Para avanzar con estas indagaciones es oportuno sumar el enfoque del sociólogo francés François Dubet.

Algunas claves para analizar el trabajo docente en la época contemporánea: la personalidad a la vanguardia de la escena

Para profundizar en la comprensión del trabajo docente es relevante la noción –acuñada por Dubet– de "trabajo sobre los otros". Según esta perspectiva, la docencia implica una tarea en la que el componente relacional (el cara a cara) y el compromiso subjetivo del/la trabajador/a son fundamentales. El sociólogo sostiene, además, que esta labor combina tres rasgos: el ejercicio de un oficio, el desempeño de un rol y la puesta en juego de la personalidad (Dubet, 2006).

La hipótesis central de Dubet es que desde hace unos cuarenta años el trabajo de enseñar viene sufriendo modificaciones a raíz de lo que él denominó el declive del programa institucional. De las tantas aristas que abre el autor respecto de este tema, nos interesa aquí puntualizar que se ha modificado el interjuego entre los tres elementos anteriormente señalados: oficio, rol y personalidad.

Desde hace unas décadas, los trabajadores y las trabajadoras de la educación están dejando de estar "al abrigo" y "bajo la protección" de sus roles, viéndose obligados a construir ellos/as mismos/as "el marco simbólico de su actividad" (Dubet, 2010, p. 22). El rol ya no funciona, como antaño, ofreciendo un guion preestablecido y previsible. Dicho de otro modo, "ya no basta con representar el rol para que el trabajo de socialización se realice" (p. 24). Ante esta retracción del papel del rol, la personalidad de los y las docentes se ha posicionado a la vanguardia de la escena pedagógica. Esto explica por qué el carisma, el entusiasmo, la capacidad de motivar y el compromiso se han convertido en rasgos fundamentales para el buen desempeño docente. En palabras del sociólogo:

> La decadencia del Programa Institucional puso a todos los actores frente a los gajes de su personalidad y de sus motivaciones en la media en que deben realizar directamente, consigo mismos, con lo que son, ese trabajo antes propio de la institución, la cual les dictaba su rol, su vocación y su legitimidad. (Dubet, 2006, p. 374)

En el marco del declive de la institución se da un desplazamiento (de responsabilidades y de tareas) desde las instituciones hacia los individuos: "los oficios de la enseñanza han adquirido mayor exigencia y sobrecarga cuando ya no reposan sobre un sistema de creencias implícitas y compartidas por todos" (2010, p. 22). Dicho de otro modo, el declive de la institución exige que cada maestro/a o profesor/a resuelva, en términos individuales y apelando a su personalidad, asuntos que otrora eran de incumbencia institucional.

Dubet plantea, además, que el trabajador padece un tipo particular de alienación originada, no por la ajenidad al propio trabajo sino, por el contrario, por estar "demasiado comprometido por convicción, y, especialmente, por necesidad" (2006, p. 373). El compromiso es el "meollo" de la tarea porque sin esa disposición a ir más allá del rol y del oficio el trabajo no se realizaría.

Como venimos señalando a lo largo de este escrito, la docencia solicitó, desde su configuración misma, la puesta en juego de atributos afectivos. En términos de Dubet: "la maestra y el maestro republicanos podían dar pruebas de talento y humanidad, podían hacer más laxas las reglas, podían 'amar' a sus alumnos" (2006, p. 106), y estas inclinaciones reflejaban su adhesión al programa institucional –lo que en otros apartados nombramos como la causa educativa–. Entre las distintas transformaciones generadas por el declive de las instituciones se encuentra una mayor psicologización del rol docente. El sociólogo señala que se ha dado una reconfiguración de la vocación, ya no anclada en la adhesión a los valores y principios del programa institucional sino percibida como una "disposición psicológica", en tanto el trabajo sobre los otros requiere, cada vez más, de una fuerte personalidad, "encanto personal y la capacidad psicológica para conseguir el consentimiento del otro" (Dubet, 2003, p. 230). El ya mencionado desplazamiento desde lo institucional hacia lo individual iría acompañado de un énfasis en lo psicológico antes que en lo social.

Convendría aclarar que Dubet no asume una posición nostálgica respecto de un pasado glorioso perdido pues recuerda, entre otros asuntos, que el programa institucional fue ampliamente criticado por su rigidez y por su carácter opresivo y excluyente. En relación con esto, la atención creciente a la cuestión afectiva en el ámbito laboral en general y en el docente en particular podría leerse como una ganancia. ¿Acaso no representaría un avance la posibilidad de conjugar placer y deber, el hecho de prestar atención a la dimensión personal de la tarea, visibilizar los sentimientos de los sujetos involucrados y construir relaciones de trabajo más íntimas? Altomonte plantea que, en estos tiempos, la "labor remunerada se ha convertido, al menos ideológicamente, en una búsqueda de felicidad e identidad individual" (2020, p. 14). El problema –según Tokumitsu (citado en Altomonte, 2020, p.14)– es que estos "apegos afectivos" contribuyen a satisfacer las demandas del capitalismo, en tanto alejan a los trabajadores y las trabajadoras de la pelea por mejores salarios y condiciones de trabajo. En este punto, no debería obviarse que el auge de la afectivización coincide con una mayor precarización y flexibilización laboral, y que la creciente emocionalización del ámbito de trabajo va de la mano de mayores exigencias e inseguridades y de la responsabilización individual respecto de los fracasos y de los logros alcanzados.

Palabras finales: la identidad magisterial, entre el pasado y el presente

En este escrito se buscó, en primer término, poner de relieve el carácter no novedoso de la dimensión afectiva de la tarea docente. En efecto, la docencia implicó, desde sus orígenes fundacionales, la realización de un trabajo emocional en diálogo con ciertas reglas emocionales históricamente configuradas (Hochschild, 2003). Además, en el caso particular del magisterio argentino, es posible identificar una tradición afectiva que caracterizamos como romántico-amorosa, que ha dotado de un sostén identitario al magisterio y que ha servido de motor en la tarea política de educar a las nuevas generaciones.

La revisión de esta tradición permite no solo poner en suspenso el "boom emocional" actual (Algarra y Noble, 2015) y un tipo de fascinación con lo afectivo que lo construye de manera simplificada como rasgo ausente en el pasado, sino establecer diálogos entre el pasado y el presente: ¿en qué medida el modo actual de asumir afectivamente la docencia es un eco o una reactualización de aquellas tradiciones afectivas romántico-amorosas? ¿Cuál es el sentido político que inspira la actual demanda de poner en juego variables emocionales en la tarea de educar? ¿Cuánto hay de novedoso en el modo de realizar, en las escuelas, el trabajo emocional? ¿Cuánto se han sedimentado y cuánto se han modificado las reglas emocionales allí vigentes?

Dubet plantea una mutación que sirve como explicación de la creciente afectivización del oficio docente: se trata del retroceso de las instituciones y la concomitante centralidad del componente de la personalidad en el ejercicio de la tarea. En efecto, desde hace unas décadas, en el marco del declive del programa institucional, los maestros y las maestras se vienen viendo obligados a hacer pie en sus recursos personales, atando con entrega, amor y compromiso lo que debería estar resuelto por vías materiales. En este punto, resulta oportuno tener en cuenta que la exacerbación de la dimensión emocional del magisterio, generada por el declive de las instituciones y puesta aún más al desnudo a partir de la pandemia iniciada en 2020, en muchas oportunidades retoma y reescribe la tradición romántico-amorosa fundante del magisterio, al invocar la épica, la entrega y el "darlo todo" en pos de la educación de las nuevas generaciones.

Pero, por otra parte, no es menor señalar que en el marco de la pandemia se profundizaron los discursos enrolados en la perspectiva de la educación emocional. En este sentido, la apelación insistente a hacer uso de "recursos emocionales", el manejo de estrés, la regulación emocional y la búsqueda de bienestar pretenden imponerse como las maneras de sobrellevar la tarea docente en el marco de un contexto inédito e incierto.

¿Cómo leer el actual discurso afectivo referido a la tarea docente en la trama histórica de la profesión? En principio, podemos advertir la aparición de nuevas reglas emocionales –las de la educación emocional– que vendrían tanto a mezclarse como a sustituir a aquellas propias de la tradición romántico-amorosa fundante de la identidad del magisterio. Además, sería oportuno no perder de vista qué significa que el costado afectivo de la docencia vaya decantando hacia emociones cada vez más individuales e individualistas, dirigidas al yo y preocupadas por la interioridad personal, tal como indica la noción de bienestar emocional.

Para finalizar, ¿qué relaciones podemos establecer entre la maestra normal santiagueña que, a fines del siglo XIX, era felicitada por sus superiores por quedarse en la escuela durante la calurosa siesta en pos de ver avanzar a sus alumnas, y aquella que, en el siglo XXI, ante los exigentes requerimientos de la tarea, recibe recomendaciones para manejar el estrés y regular sus emociones? En el primer caso, el proyecto político solicitaba una entrega incondicional a la causa educativa y recompensaba al colectivo docente con un férreo sostén simbólico e identitario. El halo que se constituyó en torno al magisterio normalista es un claro ejemplo del éxito de esta operación. En el segundo caso, se advierte una política que apunta a mantener en pie la tarea cotidiana docente, a mitigar la conflictividad y a sostener la productividad a partir de ofrecer un soporte emocional individual de cuidado de uno/a mismo/a. Ambas figuras muestran que lo afectivo se erige como un componente constitutivo, pero no inmutable, de la docencia, y que a su alrededor se tejen identidades y se juegan sentidos políticos.

Bibliografía

Abramowski, A. (en prensa). Ecos del amor romántico en el magisterio argentino en los albores del siglo XX. En O. López Sánchez (coord.), *Amor, desamor y modernidad. Régimen de una educación sentimental en México y América Latina (1900-1950)*. México D. F.: FES Iztacala, UNAM.

Ahmed, S. (2017). *La política cultural de las emociones*. México: Programa Universitario de Estudios de Género de la UNAM.

Algarra, G. y Noble, A. (2015). "Transportamos sentimientos": Desafíos para el estudio de las emociones en América Latina. En C. Macón y M. Solana (eds.), *Pretérito indefinido. Afectos y emociones en las aproximaciones al pasado* (pp. 43-65). Buenos Aires: Título.

Altomonte, G. (2020). Afecto y trabajo. *Athenea Digital*, *20*(2), e2322. https://doi.org/10.5565/rev/athenea.2322

Candioti, M. (9 de septiembre de 2020). Los docentes privados dicen sentirse "desamparados" por los gastos extras para sostener las clases virtuales. *Diario La Capital*. https://www.lacapital.com.ar/la-ciudad/los-docentes-privados-dicen-sentirse-desamparados-los-gastos-extras-sostener-las-clases-virtuales-n2608644.html

Dubet, F. (2003). Mutaciones cruzadas: la ciudadanía y la escuela. En J. Benedicto y M. L. Morán (orgs.), *Aprendiendo a ser ciudadanos. Experiencias sociales y construcción de la ciudadanía entre los jóvenes*. Madrid: Injuve.

Dubet, F. (2006). *El declive de la institución*. Barcelona: Gedisa

Dubet, F. (2010). Crisis de la transmisión y declive de la institución. *Política y Sociedad*, *47*(2), 15-25.

Duro, E.; Bonelli, S.; Cortes, R.; Cortelezzi, M. y Llobenes, L. (2020). *Recursos emocionales en la población en contexto COVID-19. Una exploración en la población docente.* https://unso.edu.ar/Informe-Bienestar-Emocional-en-contexto-de-COVID-19-Observatorio.pdf

Ehrenberg, A. (2000). *La fatiga de ser uno mismo. Depresión y sociedad.* Buenos Aires: Nueva Visión.

Escuela Normal de Maestras de Santiago (1886). Memoria presentada al Congreso Nacional de 1886 por el Ministro de Justicia, Culto é Instrucción Pública. Taller Gráfico de la Penitenciaria.

Escuela Normal de Salta (1885). Memoria presentada al Congreso Nacional de 1885 por el Ministro de Justicia, Culto é Instrucción Pública. Taller Tipográfico de la Penitenciaria.

Han, Byung-Chul (2017). *Psicopolítica.* Buenos Aires: Herder.

Han, Byung-Chul (2018). *La sociedad del cansancio.* Buenos Aires: Herder.

Hardt, M. (1999). Affective Labor. *Boundary, 26*(2), 89-100.

Hochschild, A. (2011). *La mercantilización de la vida íntima. Apuntes de la casa y el trabajo.* Buenos Aires: Katz.

Hochschild, A. (2003). *The Managed Heart. Commercialization of Human Feeling.* Berkeley: University of California Press.

Illouz, E. (2014). *El futuro del alma. La creación de estándares emocionales.* Madrid: Katz/CCCB.

Illouz, E. (2019). Introducción: emodities o la invención de los commodities emocionales. En E. Illouz (comp.), *Capitalismo, consumo y autenticidad. Las emociones como mercancía* (pp. 7-41). Madrid: Katz.

Kaplan, C. (2020). Contención emocional de equipos directivos y herramientas para docentes y familia: El acompañamiento a la comunidad educativa en un contexto de emergencia. Serie: *Los equipos de conducción frente al COVID-19: claves para acompañar a los docentes, las familias y los estudiantes en contextos de emergencia*. Buenos Aires: UNICEF.

Landahl, J. (2015). Emotions, Power and the Advent of Mass Schooling. *Paedagogica Historica: International Journal of the History of Education, 51*(1-2), 104-116

Las emociones en contexto de pandemia (2020). *Guías de orientación educativa. Educar en contexto de pandemia.* Ministerio de Educación del Gobierno de la Ciudad de Buenos Aires. https://www.buenosaires.gob.ar/sites/gcaba/files/las_emociones_en_contexto_de_pandemia.pdf

Maestro (1926). *La Obra, VI*(109).

Ngai, S. (2007). *Ugly feelings.* Harvard University Press.

NU.CEPAL UNESCO (2020). *La educación en tiempos de la pandemia de COVID-19.* CEPAL, UNESCO. https://www.cepal.org/es/publicaciones/45904-la-educacion-tiempos-la-pandemia-covid-19

Presta, S. (2018). Neoliberalismo y transformaciones en el mundo del trabajo en la llamada "cuarta revolución industrial". *Revista de la Carrera de Sociología, 8*(8), 159-197.

Senet, R. (1912). *Apuntes de pedagogía, adaptados al programa de 1er. año normal.* Buenos Aires: Cabaut y Cía Editores. Cuarta edición ampliada.

Slaby, J. y Bens, J. (2019). Political affect. En J. Slaby y Ch. von Scheve (eds.), *Affective Societies: Key Concepts* (pp. 340- 351). New York: Routledge.

Terigi, F. (2020). Cuando no ir a la escuela es una política de cuidado: reflexiones sobre un suceso extraordinario. *Noticias UNGS.* https://noticiasungs.ungs.edu.ar/?portfolio=cuando-no-ir-a-la-escuela-es-una-politica-de-cuidado-reflexiones-sobre-un-suceso-extraordinario

Winograd K. (2003). The functions of teacher emotions: The good, the bad, and the ugly. *Teachers College Record, 105*(9), 1641-1673.

Zembylas, M. (2005). Discursive practices, genealogies, and emotional rules: A poststructuralist view on emotion and identity in teaching. *Teaching and Teacher Education, 21*(8), 935-948.

Trabajo emocional y disonancias en las relaciones de pareja

Desafíos teóricos y metodológicos

Zeyda Rodríguez Morales y Tania Rodríguez Salazar

Introducción

Con base en nuestros hallazgos de investigación en torno a las relaciones de pareja y la vida íntima, ponemos a discusión en este trabajo algunos de los autores, perspectivas, y problemas teórico-metodológicos que han marcado la incorporación de las emociones como una dimensión de análisis en campos de investigación en ciencias sociales (Arlie Hochschild, Martha Nussbaum, Sara Ahmed, entre otros). Nuestra discusión pone de manifiesto que, en los espacios privados o íntimos, y no solo en los fenómenos más abordados en Latinoamérica (p.ej. violencia criminal, desapariciones, movimientos sociales), las emociones alumbran sobre cómo se conecta la vida íntima con lo político. Las regulaciones emocionales asociadas al género, al tipo de relaciones en las que se está inmerso, a la edad, entre otras, crean juegos de diferenciación y jerarquía que marcan las posibilidades de ser reconocido o aceptado dentro de los marcos establecidos. Asumimos que las emociones en las relaciones de pareja se comprenden mejor desde perspectivas relacionales que permiten observar dinámicas de poder y las interacciones múltiples entre lo individual y lo colectivo, entre lo subjetivo y lo objetivo. Por otra parte, las emociones son respuestas socioculturales situadas que fijan posiciones, que establecen sentidos sobre las cosas y las personas, por lo que éstas revelan significados socioculturales incorporados. Las situaciones de vida que afectan emocionalmente a las personas, generalmente, responden a un orden sociocultural establecido que hace deseables ciertas prácticas o vivencias, mientras que estigmatiza otras. Las emociones son políticas y participan de luchas por las definiciones sociales, por el establecimiento de jerarquías y la regulación de la vida social. Estas reflexiones provienen de la sociología de las emociones y del análisis de los resultados de nuestras investigaciones sobre las relaciones de pareja en distintas generaciones.

Las relaciones de pareja y la sociología de las emociones

La relación de pareja es una forma social dada, sujeta a normas que establecen qué es lo deseable y qué es lo prohibido cuando se está en una y marcada por ideales socioculturales históricamente situados (Rodríguez, T., 2020). No obstante, admite una enorme variación por el grado del compromiso/institucionalización (aventuras, noviazgos, uniones, matrimonios, segundos matrimonios), por su posición frente a la monogamia (monogamia absoluta, sucesiva, aparente y formas no monógamas como relaciones extraconyugales, poliamorosas o abiertas) y por las diferencias de género (heterosexualidad y sexodiversidad). Las formas variadas de relaciones de pareja, sin embargo, no solo expresan diferencias sino también jerarquías relacionales socialmente establecidas, en las que los heterosexuales, monógamos, casados y con interés de reproducción ocupan la posición más alta (Rubin, 1989).

Nuestras investigaciones empíricas se han enfocado en relaciones heterosexuales que, al gozar de un incuestionable prestigio social, no suelen ser observadas de manera crítica y se impone sobre ellas una imagen estática dentro de la cual se invisibiliza la trayectoria que desarrollan a lo largo del tiempo, las individualidades que la conforman, y la capacidad de agencia que estas poseen para reconfigurarlas a través de juegos de poder y resistencia.

Así, hemos estudiado estas relaciones poniendo atención en las transgresiones que sus miembros realizan a las instituciones del matrimonio, el amor romántico y, sobre todo, a la monogamia. En las relaciones heterosexuales también hay disidencias amorosas y sexuales, desafíos subrepticios o abiertos a las instituciones que regulan la vida en pareja, aunque más como una expresión de agencia que como una acción política consciente (con múltiples excepciones). Las parejas heterosexuales, en su vida cotidiana, también enfrentan muchos retos cognitivos, emocionales y prácticos para mantenerse juntas, o si es el caso, para separarse o renegociar los términos de sus acuerdos. Se transforman constantemente y en una gran mayoría suponen emociones intensas que expresan incongruencias o disonancias con las normas establecidas, así como la convivencia en espacios íntimos que pueden ser tanto fuertemente opresivos como democráticos (ver Rodríguez et al. 2019).

El énfasis en las emociones en el estudio de las relaciones de pareja se potencia a partir de algunas de las premisas teóricas de la sociología de las emociones. Las emociones, más que estados internos o psicológicos, son prácticas culturales y sociales. Son consideradas como portadoras de interpretaciones y significados socioculturales que definen los momentos y las circunstancias en que debe ser experimentada cada una de ellas y con qué grado de intensidad (ver Hochschild, 1979; Le Breton, 1999; Nussbaum, 2008; Bericat, 2016 y otros). Las emociones, por otra parte, también "hacen cosas" y tienen consecuencias políticas (Ahmed, 2015).

Enseguida, precisaremos algunas premisas teóricas que consideramos relevantes para enmarcar el estudio de las emociones en las ciencias sociales en general y, en particular, en el ámbito de las relaciones de pareja.

Reconocemos, en primera instancia, que las emociones son políticas (Ahmed, 2015) porque actualizan la relación entre sujetos y colectivos de manera mediada. Así, las emociones importan por lo que hacen más que por lo que son:

> lo que nos mueve son las emociones y la manera en que nos mueven implica interpretaciones de las sensaciones y los sentimientos, no solo en el sentido de que interpretamos lo que sentimos sino también porque lo que sentimos puede depender de interpretaciones pasadas... Considerar que las emociones son mediadas y no inmediatas nos recuerda que el conocimiento no puede separase del mundo corporal de los sentimientos y las sensaciones; el conocimiento está ligado a lo que nos hace sudar, estremecernos, temblar, todos esos sentimientos que se sienten de manera crucial, en la superficie del cuerpo, la superficie de la piel con la tocamos y nos toca el mundo. (Ahmed, 2015, p. 260)

De esta manera, asumimos que la relación de pareja implica relaciones de poder que se manifiestan también en las emociones que vivimos como parte de los colectivos a los que pertenecemos (según identidades de género, raza, generación, comunitarias, etc.) y el tipo de relaciones que entablamos. Entendemos que las emociones (en cualquier clase de relación socialmente dada, incluidas por supuesto las de pareja) son terrenos en disputa en la medida en que son claves para el mantenimiento del orden sociocultural y las jerarquías sociales, pero también señalamos que tienen potencial disruptivo para armar disidencias, forjar resistencias y contribuir al cambio.

Las emociones también expresan/comunican posicionamientos frente a lo que se experimenta o viven otros. Para Nussbaum, por ejemplo, las emociones "comportan juicios relativos a cosas importantes, evaluaciones en las que, atribuyendo a un objeto externo relevancia para nuestro bienestar, reconocemos nuestra naturaleza necesitada e incompleta frente a porciones del mundo que no controlamos plenamente" (2008, p. 41). En este sentido, las emociones en sí mismas implican juicios evaluativos y por eso son claves para analizar la cultura que realmente importa. De aquí la posibilidad de analizar las emociones como indicadores de relevancia en la significación sociocultural (Rodríguez, T., 2008).

La investigación empírica de fenómenos sociales particulares desde su dimensión emocional ha mostrado que las emociones no se viven de manera particular o discreta, ni de forma estática. De manera fehaciente, descubrimos que, como plantea Nussbaum (2008), una emoción particular está en interacción con otras emociones que deben considerarse para comprender sus variaciones. Aquí el concepto de estructuras afectivas sirve para dar cuenta de estas interacciones, además de que permite imaginar mutaciones o transformaciones emocionales en direcciones más o menos establecidas (Bericat, 2016), aunque no siempre predecibles. Partimos de la necesidad de estudiar las emociones atendiendo su complejidad, su dinamismo y las múltiples transformaciones que tienen a lo largo de las situaciones o experiencias.

Las emociones no son estados absolutos que irrumpen en nuestra vida de manera irremediable, sino que, al contrario, son también el resultado de nuestros esfuerzos cognitivos, expresivos o comportamentales para sentir de un modo diferente al que sentimos. El concepto de trabajo emocional (*emotional labor*) de Arlie Hochschild (1979; 2003) destaca que "si vamos a investigar las formas en que se tratan de manejar los sentimientos, tendremos que plantear un actor capaz de sentir, capaz de evaluar cuándo un sentimiento es 'inapropiado' y capaz de tratar de manejar los sentimientos" (1979, p. 557). En este capítulo, profundizamos especialmente en este concepto para comprender las disonancias en las relaciones de pareja que suelen emerger en la investigación empírica. Creemos que tiene potencial para identificar y analizar fenómenos como la resignación al sufrimiento o la emergencia de emociones movilizadoras al cambio en las relaciones de pareja y la vida íntima.

Disonancias y trabajo emocional: hacia una redefinición teórica

Los resultados empíricos que guiarán estas reflexiones provienen de estudios sobre parejas en jóvenes y adultos, que muestran cómo las emociones revelan incongruencias o brechas entre discursos y prácticas, enfatizando aspectos en torno a las concepciones genéricas, las formas de organización de la relación amorosa (lo cual inmiscuye los acuerdos en torno a la fidelidad) y la sexualidad. Nos referiremos a ellos con el término *disonancias* (que pueden ser emocionales, culturales o morales) con el fin de hacer alusión a las tensiones y ambivalencias entre conceptos, significados y creencias que poseen las personas al tener acceso a discursos sociales sobre lo amoroso que se encuentran en oposición o conflicto, y que al mismo tiempo se consideran legítimos o se lucha por que lo sean. Estas disonancias poseen un correlato moral, puesto que cada discurso se funda en valores específicos que orientan los parámetros de lo deseable y lo bueno frente a lo condenable y estigmatizado; y otro referido a la experiencia emocional, pues partimos de la idea de que las emociones no son irracionales sino que implican, "en algún grado o nivel, pensamientos, así como que se refieren a algo en particular...... [es decir] ocurren con respecto a cosas importantes (investidas de valor y que han generado compromisos) y que, como cualquier otro comportamiento en la vida social, están sujetas a normas y expuestas a la evaluación y crítica social" (Rodríguez, T., 2008, p. 49).

Las disonancias emocionales, por otra parte, aparecen cuando los sentimientos se desvían de lo estipulado por la norma, activando la necesidad de trabajo emocional para inducir la emoción apropiada –"lo que se debe sentir" – en la situación dada (Hochschild, 2003). En nuestros datos lo que podemos ver es que estas disonancias, en todas sus variantes, pueden contribuir al cuestionamiento de las normas emocionales vigentes o a evidenciar las contradicciones entre ideales o creencias profundamente ancladas en nuestra forma de pensar y con los nuevos aprendizajes socioculturales provenientes de discusiones públicas más amplias. En este sentido, las disonancias culturales, morales o emocionales también nos advierten de algún grado de cuestionamiento de las normas emocionales vigentes.

Así, asumimos junto con Hochschild que los individuos tienen la capacidad para manejar sus emociones, no sólo para aparentar algunas de ellas en su *performance* cotidiano, sino abriendo la posibilidad de llegar a sentirlas profundamente (*deep acting*), mostrando capacidad de agencia en el devenir de su trayectoria de vida. Así lo describe,

> el individuo compara y mide la experiencia con una expectativa a menudo idealizada. Se deja que la motivación ("lo que quiero sentir") medie entre la regla del sentimiento ("lo que debería sentir") y el trabajo de la emoción ("lo que trato de sentir"). Algunas veces, muchos de nosotros podemos vivir con una cierta disonancia entre "debería" y "querer", o entre "querer" e "intentar". Pero los intentos de reducir la disonancia emotiva son nuestras pistas periódicas sobre las reglas del sentimiento. (1979, p. 565, traducción propia)

Como ha planteado Hochschild en otro texto (2003), "un sentimiento que surge espontáneamente actúa para bien o para mal como una pista" (p. 28); una pista que advierte sobre incongruencias entre lo que sentimos, lo que debemos sentir o lo que queremos sentir. Sin embargo, el contenido específico de "lo que debemos sentir" puede estar alimentado por las normas emocionales vigentes en contextos específicos y lo que "queremos sentir" por discursos emergentes que cuestionan dichas normas. Sostenemos que el trabajo emocional no solo se realiza para ajustarse a las normas, sino también para forjar. Las personas actúan profundamente no solo para ajustar sus sentimientos a las normas emocionales de la situación de interacción en la que están inmersas, sino también para fortalecer un sentido de valía (combatiendo emociones como la vergüenza y la culpa) cuando sus prácticas son cuestionadas, criticadas o estigmatizadas por el orden normativo. Lo que hemos denominado como disonancias emocionales (que generalmente implican también disonancias culturales y morales) son detonantes de disidencias grupales o personales que requieren trabajo emocional para adaptarse o cuestionar un orden social (en este caso, afectivo y sexual) que induce la culpa y la vergüenza entre quienes no actúan conforme a las hegemonías (heteronormatividad, monogamia obligatoria, requerimiento de homogamia, etc.).

En la propuesta de Hochschild, el trabajo emocional es enfatizado para comprender los procesos de ajuste de nuestras emociones a las normas. Nuestras indagaciones empíricas nos han mostrado que también el trabajo emocional es político, está inmerso en luchas por el empoderamiento y por el reconocimiento de formas de vida en pareja diversas. El terreno en el cual ocurren estas confrontaciones normativas es el de las disputas entre ideologías distintas en torno a las relaciones amorosas y la vida sexual. Estas ideologías, diría Hochschild (1990), constituirían la base que no se ve *(the "bottom side" of ideology)* del comportamiento de las parejas. El punto que no es considerado por esta autora es que no todos los sujetos estarían interesados necesariamente en ajustar su comportamiento y emociones a las convenciones definidas desde una ideología en particular, sino que podrían estar buscando de forma explícita romper con dicha visión del mundo, y promover la legitimación de nuevos conceptos, creencias, valores y normas sobre las cuales construir emociones alternativas.

En ese sentido, hemos constatado que tales esfuerzos generan que las emociones se transformen. Se trabaja emocionalmente para que la vergüenza se convierta en orgullo, para que el menosprecio se convierta en reconocimiento, para que la tristeza devenga en indignación, o el amor por otro que causa sufrimiento se transforme en amor propio. Estas transformaciones emocionales son resultados de actividades de confrontación entre ideologías que implican control corporal o expresivo. En nuestras investigaciones se dejan ver de modo narrativo, a partir de recuerdos, juicios evaluativos, experiencias de cambio, disonancias emocionales y morales, razones y justificaciones que muestran las tensiones entre permanencia y cambio, entre convenciones y resistencias.

Un elemento que es importante considerar en el esfuerzo de transformar las emociones es el que concierne al acuñamiento de palabras que designen esas nuevas emociones y que permitan etiquetarlas (Gordon, 1990). La construcción y legitimación de emociones alternativas a las hegemónicas implica asimismo una labor colectiva, es decir, política, en la que se erijan nuevos significados y se fijen lingüísticamente. Un ejemplo en este sentido es el sentimiento de *compersión*, el cual designa el gusto porque la pareja sea apreciada, deseada o amada por otra persona en las relaciones abiertas y poliamorosas, y se encuentra en el extremo opuesto a los celos.

El amor, la pareja y los pluralismos socioculturales

El contexto simbólico de la sociedad contemporánea se compone de diversos discursos que generan sentido social, cuyos sistemas de valores no son necesariamente coherentes entre sí. Esto ha sido llamado *pluralismo* (Berger y Luckman, 1997) y dentro de él, el amor y la pareja se han convertido en temas de discusión pública, con aportes desde el feminismo, las no monogamias y la sexo diversidad (p.ej. Esteban, 2011; Vasallo, 2019; Rubín, 1989; Ahmed, 2015). En un escenario como este, distinguimos una tendencia cada vez mayor entre las personas a no seguir los patrones o esquemas culturales de forma incuestionada, sino a que recaiga en la esfera individual el construir una lógica biográfica coherente sobre la cual se realice un trabajo ético que gobierne y justifique el comportamiento y les permita transformarse en sujetos morales de su propia conducta (Foucault, 1986). La tensión generada entre el seguir las convenciones o ser uno mismo quien gobierne la vida afectiva impacta directamente en la autoconcepción y la de las parejas, sea en su etapa de noviazgo o unidas en matrimonio, puesto que existen fórmulas en oposición, por ejemplo, la idea de la pareja como fusión entre sus miembros, frente a la de dos individuos que se acompañan; o priorizar el interés colectivo sobre los proyectos de cada uno. Este espacio de conflictos es en el que ocurren la disonancias a las que nos hemos referido, tanto entre los jóvenes como entre los adultos.

En términos macro, vemos configurarse un escenario de pluralismo socio-cultural que contiene algunas coordenadas fundamentales que funcionan como un marco referencial cada vez más poderoso que nos permite situar y comprender tales disonancias. La primera de ellas es la relativa a la moralidad. Persiste una necesidad de ajustar las prácticas a las convenciones sociales, mientras que aparece la búsqueda de ser sujeto moral de la propia conducta. La forma en que cada individuo y pareja dirime este dilema puede producir diversos resultados. En caso de no atender las convenciones sociales se genera un sentimiento de culpa al respecto, sobre todo entre las mujeres; por el contrario, asumirse como sujeto de la propia conducta, produce un sentido de orgullo y satisfacción personal. La segunda alude a los valores fundamentales que orientan el comportamiento ético. El ajuste a las convenciones sociales alimenta entre las parejas el compromiso, la confianza y la entrega, mientras que el asumirse como sujeto moral autónomo se orienta por la honestidad con uno mismo, la responsabilidad, la creatividad, y el respeto hacia el otro, originando un sentimiento de autenticidad. Por último, la manera en que se orienta la trayectoria biográfica puede seguir la ruta definida socialmente marcada por la diferencia genérica y la edad. Frente a esto se postula la construcción de una biografía libremente elegida. Seguir el primer camino conduce a un sentimiento de adecuación y gratificación existencial, mientras el segundo conduce al orgullo por las decisiones tomadas de forma libre y autónoma.

El amor libre, contranormativo, individualizado, tiene un enorme potencial disruptivo. Podría atentar contra las diferencias de la estratificación social, contra las instituciones del amor romántico, el matrimonio, la heteronormatividad y la monogamia obligatoria. Nuestros hallazgos empíricos muestran que el amor y la pareja, aun en los estrechos límites de la heterosexualidad, se significan no solo a través de la historia personal sino también por el acceso/aceptación/rechazo de discursos socioculturales circulantes que pueden ser contradictorios.

Un aspecto que suele no tomarse en cuenta en el análisis del trabajo emocional y de las disonancias culturales, emocionales y morales es el atender a los contextos en los cuales ocurren las interacciones. Una pareja dirime sus conflictos y realiza negociaciones sobre las reglas que gobernarán su relación en un ámbito privado; pero acuerda de forma implícita o explícita no hacerlos públicos, ni siquiera entre sus familiares y amigos. En este sentido, el trabajo emocional es de dos tipos según el contexto en el que tiene lugar. Se puede ser más flexible en lo privado y seguir las convenciones sociales en lo público. Algunos autores han sugerido tomar en cuenta en el análisis del trabajo emocional el tipo de ganancia que se logra al desempeñarlo (Lively y Weed, 2014). En ese sentido, la ganancia de ocultar acuerdos que retan las normas morales hegemónicas consiste en no ser estigmatizados o sancionados moralmente, mientras que las ganancias en lo privado estriban en el orgullo de lograr relaciones de pareja más igualitarias y flexibles.

Como veremos más adelante, los investigadores de la vida íntima enfrentamos desafíos teóricos y metodológicos para explicar las disonancias culturales, emocionales y morales, y tomamos distancia de las interpretaciones a favor de contradicciones inexplicables o irracionales en el comportamiento de las personas. Nos parece que tales disonancias constituyen una oportunidad valiosísima para el análisis de la gestación de formas de subjetividad híbridas que dan cuenta de la compleja labor de reinvención de las identidades que se manifiesta en los fenómenos antes descritos, en grupos sociales específicos situados desde un contexto particular, desde un cierto género, nivel educativo y etapa biográfica por la que se transita.

Las disonancias en las relaciones amorosas y sexuales de los jóvenes

En estudios previos se ha constatado la prevalencia de las idealizaciones del amor romántico entre los jóvenes urbanos en México. Chicos y chicas de todos los niveles socioeconómicos sueñan con enamorarse y valoran a quienes correspondan con los estereotipos tradicionales que promueven los productos culturales, la publicidad y el mercado, como la belleza en ambos sexos. Dentro de las expectativas que poseen se encuentra el cumplimento de ideales como la fidelidad y sobre todo defienden el valor de la honestidad mutua. Asimismo, son proclives al cumplimiento de rituales como la declaración para dar inicio al noviazgo, la celebración de sus aniversarios, el darse regalos e invitarse a lugares de consumo, donde también aún tiene importancia el poder de pago de los varones. Tampoco descartan el llegar a casarse y esto incluye la celebración religiosa, aún sin ser católicos practicantes. (Rodríguez, Z. 2006; Rodríguez, T., 2017).

Sin embargo, existen también hallazgos venidos de investigaciones realizadas entre grupos particulares de jóvenes urbanos de estratos socioeconómicos medios y con formación educativa de nivel superior, donde su adherencia al amor romántico no es tan fehaciente, pues en torno a algunos aspectos particulares, manifiestan disonancias al interior de sus relaciones amorosas y sus experiencias emocionales, probablemente venidas de discursos orientados por tendencias en oposición, a saber, un creciente individualismo en ambos sexos que a su vez implica un desapego a ideas y principios caros al amor romántico; y la persistencia de tales ideales alimentada por un contexto simbólico que los mantiene vigentes (Illouz, 2009), en la que colaboran de forma relevante la familia de origen y la religión, como instituciones que articulan discursos acerca de la pareja y la sexualidad en México y que muchos de sus pares aún conservan (Rodríguez, Z., 2019).

Uno de estos aspectos es el de la concepción que tienen acerca del valor de la fidelidad entre los miembros de las parejas. Comienza a ser común en muchos de estos jóvenes que el pacto de fidelidad no se dé por sentado en el instante mismo de conformación de la pareja, sino que sea producto de una negociación acerca de las reglas que gobernarán entre ellos en torno a la posibilidad de que ambos miembros tengan o no relaciones adicionales a la principal, normalmente de tipo informal y con el fin de tener relaciones sexuales. En ese sentido, los significados sobre lo que consideran fidelidad e infidelidad son definidos una vez dirimidos los límites de lo que puede tolerarse o no respecto a la vivencia de relaciones sexuales alternativas con personas del mismo o del otro sexo. Para algunos jóvenes, el sentido de la fidelidad no estriba solamente en establecer estos acuerdos, sino en destacar dos valores que han cobrado gran relevancia: el valor de ser auténticos, no engañar al otro, no mentir, ni ocultar nada; y el segundo, referente a la búsqueda del placer por sí mismo, lo cual implica también ser dueños de sus propios cuerpos. En este caso, el planteamiento que se hace es el de asumir un formato de *relación abierta*, la cual implica establecer los límites mencionados y el no ocultarse entre sí la existencia de estas relaciones adicionales.

Sin embargo, la disonancia ocurre cuando este nuevo formato de relación de pareja entra en contradicción con el dolor, los celos, la depresión o la tristeza que se producen cuando uno de los miembros de la pareja no soporta plenamente el que el otro viva experiencias adicionales, y esto a su vez genere, en quien sí las tiene, un impulso o necesidad de proteger, cuidar y hacer feliz al que se siente en desventaja. El mismo fenómeno ocurre cuando el acuerdo consiste en tener una relación poliamorosa.

El formato de las *relaciones poliamorosas* estriba en asumir que cada miembro de la pareja tiene la capacidad de amar a mas de una persona a la vez, no solo el permitir tener relaciones sexuales adicionales a la principal, como en las relaciones abiertas. En este caso, los celos, la tristeza o la depresión pueden ser aún mayores porque el riesgo en el que se coloca la relación principal es aún mayor al involucrar sentimientos que pueden llegar a ser intensos y profundos y no solo la búsqueda del placer. Un elemento que profundiza esta disonancia es la asunción de que la experimentación de tales sentimientos negativos son una expresión emocional que es considerada arcaica y por fuera de los ideales a alcanzar, lo cual genera, en la medida de lo posible, el ocultamiento culposo de tales emociones.

A lo largo de los últimos años hemos constatado que entre los jóvenes de los que hablamos aquí (urbanos, educados y de clase media) es creciente la aceptación de estas formas de relación de pareja alternativas a la monogamia, pues han adquirido prestigio como respuestas posibles a las frecuentes críticas al amor romántico, el cual se considera auspiciador de desigualdades de género y encubridor de relaciones violentas. Tales opciones son consideradas más libres e igualitarias que los vínculos monógamos tradicionales. En algunos casos, como dijimos antes, estos arreglos son lamentados en silencio sobre todo por el miembro de la pareja que se encuentra en desventaja, pero rehúye declararlo. Esto puede interpretarse en el sentido de que los jóvenes están asumiendo dichas formas alternativas de relación de pareja no como una opción liberadora (que pudiera vivirse así en un principio), sino como un nuevo mandato del cual cuesta mucho escapar, pues violarlo o renunciar a él vulnera los acuerdos establecidos entre las parejas inicialmente y daña su prestigio moral, al renunciar a discursos que se consideran mucho más valiosos éticamente.

Un segundo aspecto sobre el cual se manifiestan disonancias es el de las prácticas sexuales. Entre estos jóvenes ha ganado terreno un discurso que promueve y defiende la igualdad de género y esto deriva en una crítica intensa a los roles femenino y masculino tradicionales cada vez más desprestigiados. A través de círculos socializadores como la escuela, grupos de pares, o redes de activismo político, los jóvenes han entrado en contacto con el pensamiento feminista, el cuestionamiento de las masculinidades hegemónicas y el respeto por la diversidad sexo-genérica, a los cuales se adhieren de diversas formas. Sin embargo, ni los varones ni las mujeres llevan esto al plano de las prácticas en un sentido pleno, pues sobre todo en el proceso de cortejo, ambos siguen cultivando expectativas que corresponden a los estereotipos de mujeres buenas y decentes, y hombres con iniciativa y poder de proveeduría. En este proceso resulta también importante la opinión de la familia de origen que fortalece tales valoraciones, pues la gran mayoría de estos jóvenes no son independientes económicamente y aún viven en casa de sus padres.

Por otra parte, tanto ellos como ellas tienen prácticas sexuales fuera de su relación de pareja establecida, tienen disposición para acceder a diversidad de experiencias y son usuarios de aplicaciones de internet para ligar y concertar citas con fines amorosos o sexuales. Cabe destacar que ellas poseen cada vez mayor autonomía y asumen con mayor frecuencia la iniciativa en la búsqueda de encuentros sexuales. La disonancia se manifiesta cuando, sobre todo las mujeres, prefieren conservar en secreto esta forma distinta de llevar su vida sexual pues declararlo abiertamente puede acarrearles ser estigmatizadas y juzgadas, no solo por sus padres, sino también por sus pares hombres y también mujeres. En este sentido, es común que a un sentimiento de orgullo por asumirse libres e independientes sexualmente les sucedan otros como la vergüenza, el miedo a ser descubiertas, el sufrimiento o la tristeza, generados por el juicio negativo de los otros que pesa enormemente en su vida.

Otro elemento que se vincula con lo anterior tiene que ver con las concepciones acerca de las relaciones sexuales con personas a quienes no se ama, relaciones ocasionales fuera de la relación de pareja. En el trabajo cualitativo previo hemos encontrado que el sexo sin amor es algo que se considera indigno, insatisfactorio, aburrido, instintivo, hormonal y muchas veces, ocasiona sentirse utilizado/a o usado/a, sobre todo entre las mujeres. No obstante esta baja valoración, es sumamente revelador que en los mismos relatos los jóvenes describan haber tenido experiencias de este tipo frecuentemente por "pura calentura", deseo, prisa por conocerse o disfrute. Es decir, se asume la vivencia de esas prácticas como algo cotidiano en sus vidas a lo cual no piensan renunciar. En el caso de ellos, sin consecuencias morales de ningún tipo; en el de ellas, a veces lo relacionan con culpa, vergüenza –en caso de que se haga público–, y temor de tener como consecuencia un embarazo no deseado o generar emociones más serias, como el enamoramiento.

Así, la individualización y liberalización de la vida sexual ocurren más fluidamente en el terreno práctico que en el discursivo. El sexo por sí mismo resulta más cercano a la idea de necesidad carnal, irrelevante y superficial frente a lo cual lo amoroso reviste mucha mayor dignidad. Tal vez esta sea la forma en que internamente los jóvenes resuelven practicar sexo casual, sin asociarlo a un valor moral explícito.

Las disonancias en las relaciones amorosas y sexuales de los adultos

Las disidencias en la heteronormatividad emergen principalmente con un cuestionamiento de la monogamia que va acompañado de sinergias con otras disidencias sexuales como los modelos de género diversos, homosexualidad, lesbianismo, bisexualidad, entre otros.

La investigación empírica con jóvenes, pero también con personas adultas en relaciones establecidas, nos ha demostrado que contrariamente a lo que solemos pensar, la fidelidad y la infidelidad significan cosas muy distintas a lo largo de una relación de pareja. Es común que la exigencia y el otorgamiento de la fidelidad como el mayor signo de amor ocurra sobre todo en las parejas jóvenes, de menos años de duración. En el caso de parejas adultas que desarrollan relaciones de largo plazo, en su trayectoria se exige la renovación de acuerdos y la importancia y significado que se le otorga a la infidelidad cambia. Las parejas de mayor número de años pueden abrir su relación para obtener lo que ya han perdido a lo largo de los años como pasión y deseo, pero sin tener que renunciar a lo que han ganado en términos de apego, confianza, intimidad, o incluso, de bienes compartidos.

Las experiencias de infidelidad generan emociones intensas, de bienestar o de sufrimiento, que reflejan la emergencia de discursos en conflicto (ver Rodríguez, T., 2020). Las disonancias tienen lugar, en el caso de los adultos, en sostenerse dentro de las convenciones sociales definidas desde el amor romántico cuyos valores fundamentales son la monogamia y la fidelidad, pero por la vía de los hechos, en sus prácticas cotidianas, estos se ven tambaleados conforme aumenta el tiempo de duración de la relación, siendo común que el no respetarlos a pie juntillas sea la razón de numerosos conflictos y hasta rupturas, generadas por los celos que producen y los sentimientos de dolor, traición y decepción que generan en la persona ofendida.

En conjunto con la persistencia de estos lineamientos morales ha ido ganando espacio un conjunto alternativo de valores y principios que tienen que ver con la experimentación, la aventura, el riesgo, la búsqueda personal, la pasión y el placer, que incitan a la fantasía y a la búsqueda de relaciones ocasionales o paralelas que pudieran llegar a poner en riesgo a la pareja principal. A diferencia de los jóvenes, entre los adultos no ha cobrado mayor relevancia un discurso alternativo sobre las relaciones abiertas o poliamorosas, sin embargo, de forma subterránea, se practican arreglos de diverso tipo entre los miembros de las parejas que abren espacios, normalmente de forma implícita, a terceras y cuartas personas entre ellos. Este hecho evidencia la existencia práctica de espacios de autonomía personal, no necesariamente hechos públicos; al tiempo que conforman un terreno de negociación en el que no es raro que existan márgenes importantes de tolerancia entre los miembros de las parejas.

De este modo, las relaciones ocasionales o paralelas de corto, mediano y largo plazo, son asumidas con mayor frecuencia de forma secreta y sobre todo de parte de los hombres, quienes, por cierto, se consideran y confiesan incapaces de aceptarlas si las tuvieran sus esposas. De hecho, son los hombres quienes las tienen en mayor proporción que las mujeres, quienes, por cierto, no es que no fantaseen o no deseen tenerlas, pero temen las consecuencias de hacerlo, ya sea por ser descubiertas, adquirir una enfermedad de transmisión sexual, enamorarse de su amante ocasional o ser juzgadas y estigmatizadas incluso por sus hijos en caso de hacerse público. Es más común entre ellas tener relaciones adicionales cuando con su pareja principal se está al borde de la ruptura.

También sucede que las parejas llegan a acuerdos explícitos respecto a tener espacios privados en los que cada uno tendría márgenes de acción y libertad sexual, asumiendo un arreglo de igualdad en ese terreno, pero lo ocultan ante sus familiares y amigos por ser objeto de desprestigio para ellos y estigma para ellas, como mencionamos anteriormente. Esto constata que patrones de conducta sexual divergentes alteran u ofenden las regulaciones morales de la vida sexual adulta que, a pesar de ser evidente su obsolescencia, se prefiere una economía del engaño y de doble moral.

En consonancia con esto, el optar por fórmulas como asumir tener relaciones abiertas o aceptar relaciones paralelas desde un planteamiento poliamoroso es muy poco frecuente y, si se llega a conversar, se teme bastante, pues no se considera un asunto de elección individual y de pareja, sino un paso previo a su separación, aunque la posibilidad de amar a más de una persona no sea algo difícil de aceptar. Las razones que hay detrás no solo son el temor a que la relación termine sino a poner en riesgo el patrimonio económico, los hijos, la certidumbre existencial y la seguridad. Desde las prácticas, los adultos claman por una ética de pareja más flexible, que admita renegociaciones y nuevos arreglos, de acuerdo con lo que los involucrados están sintiendo.

Conclusiones

De acuerdo con las experiencias de investigación que hemos recuperado en este capítulo, uno de los desafíos teóricos y metodológicos que tenemos quienes investigamos emociones y relaciones de pareja es dar cuenta de lo que hemos llamado disonancias emocionales, morales o culturales. Consideramos que son un desafío empírico para ponderar lo que significan y lo que aportan a la preservación o al cambio sociocultural, así como para identificarlas sistemáticamente en narrativas personales.

Hemos propuesto que para comprender tales disonancias y sus consecuencias personales es necesario indagar el desarrollo de la vida amorosa y de pareja atendiendo el pluralismo sociocultural, las tensiones entre discursos sociales circulantes y cómo estos afectan las narrativas y prácticas cotidianas. Asimismo, destacamos la importancia de analizar contradicciones, incongruencias, ocultamientos y secretos que pueblan las narrativas. La vida amorosa y sexual transcurre en una senda de creciente individualización, secularización y liberalización; mientras que la forma de elaboración narrativa de tales experiencias se construye sobre otra lógica, más apegada a los derroteros retóricos marcados por el amor romántico, los cuales aún gozan de mayor prestigio moral y aceptación social en México. De este modo, estaríamos siendo testigos de cambios en las formas de relación amorosa y de la experiencia de la sexualidad mucho más palpables en el terreno práctico que en el de la enunciación, sobre todo, insistimos, en el caso de las mujeres, cuyas reputaciones siguen correspondiendo a estereotipos dicotómicos de mujeres buenas y malas.

Asimismo, constatamos también la creciente relevancia que el discurso de la igualdad genérica ha adquirido y que se conjuga con el planteamiento de formas alternativas de organización de las parejas que postulan nuevos modelos no monógamos, los cuales son considerados con un estatuto ético superior y promotores de mayor justicia genérica. Tales fórmulas responden a su vez a un cansancio respecto al mantenimiento de valores como la fidelidad, dentro del esquema del amor romántico, que al ser vulnerado estigmatiza negativamente a las mujeres y al mismo tiempo, se tolera bajo una doble moral en el caso de los hombres, si no es que hasta eleva su prestigio. Estas fórmulas de pareja emergentes a su vez son muy difíciles de llevar a la práctica en un sentido pleno, pues el aprendizaje de la cultura emocional que han asimilado desde la infancia los adultos y aún los jóvenes corresponde a las formas de sentir y expresar emociones acordes al discurso romántico, lo cual les hace experimentar una suerte de esquizofrenia entre "lo que quisieran sentir" y "lo que inevitablemente sienten".

Otra vía para enfrentar el desafío empírico de comprender las disonancias o las incongruencias entre discursos y prácticas en lo cotidiano está en el análisis de todas las formas de trabajo emocional que realizan los actores sociales. En este sentido, propusimos una elaboración teórica más amplia que no solo destaque su papel para la conformación a las normas emocionales sino también para su cuestionamiento y crítica. El trabajo emocional que los sujetos emprenden con el afán de resolver las disonancias que van apareciendo a lo largo de sus vidas les obliga a racionalizar lo que sienten, sobre la lógica de lo que desean alcanzar, en términos de nuevas creencias, idealizaciones y valores. En la medida en que ocurren progresos en ese sentido, su trayectoria amorosa y sexual los empodera y los vuelve conscientes de su propia capacidad para construirse una vida propia, lo cual expresa el vínculo tan estrecho que existe entre la vida íntima, los afectos y la política.

Cabe destacar que este fenómeno de empoderamiento no ocurre de forma igualitaria entre los géneros. Es un desafío para la investigación el que se reconstruyan las condiciones en las que hombres y mujeres se encuentran insertos, pues algunos hallazgos han mostrado que en el logro de acuerdos más democráticos y equitativos en las parejas resulta decisivo para las mujeres su acceso al mercado laboral, su nivel educativo y su autonomía económica (Tenorio, 2012). El ser dependientes del varón en términos estructurales impide de forma muy clara el que se tengan recursos para pugnar por formas de relación más flexibles y poco convencionales. En este mismo sentido, el contar con apoyos desde el Estado para lograr una menor dependencia entre los géneros a través por ejemplo de licencias por paternidad después del parto, guarderías, escuelas de estancia prolongada, etc. constituye una dimensión política institucionalizada que abonaría en esta búsqueda.

Metodológicamente, la indagación de las emociones en el ámbito de la pareja supone el reto de generar narrativas autobiográficas lo suficientemente detalladas y reflexivas, para que desde lo personal se asomen las alianzas y oposiciones con respecto a discursos sociales más amplios, las apropiaciones selectivas de estos discursos, las incongruencias entre lo que se dice/piensa con lo que se hace o con lo que se siente y lo que se debería sentir y sobre todo la revelación de lo que se oculta o se vive en secreto. Esto converge parcialmente con la propuesta de Abu-Lughod de priorizar las etnografías de lo particular para explicar cómo se desarrolla la vida social.

De este modo, nuestros hallazgos acumulados en investigaciones empíricas con jóvenes y adultos nos permiten afirmar con certeza que justamente en el terreno de la vida íntima se encuentran los espacios donde los sujetos ejercen mayor capacidad de agenciamiento, pues no sólo son motivados por poderosas necesidades afectivas, eróticas y emocionales, sino también por un decidido deseo de realización de una vida auténtica, en el que aún en escenarios de regulaciones sociales restringidas, logran de forma abierta o subterránea, de forma pública o privada, logros y satisfacciones. Ser sujetos de la propia vida es parte de una nueva exigencia cultural y moral que los coloca en un terreno donde lo personal es abiertamente político.

Bibliografía

Abu-Lughod, L. (2012). Escribir contra la cultura. *Andamios, Revista de Investigación Social*, *9*(19), 129-157. https://doi.org/10.29092/uacm.v9i19.399

Ahmed, S. (2015) *La política cultural de las emociones.* Ciudad de México: Universidad Nacional Autónoma de México, Programa Universitario de Estudios de Género.

Bericat, E. (2016). The sociology of emotions: Four decades of progress. *Current Sociology*, *64*(3), 491-513. https://doi.org/10.1177/0011392115588355

Berger, P. y Luckmann, T. (1997). *Modernidad, pluralismo y crisis de sentido.* Barcelona: Paidós.

Esteban, M. L. (2011). *Crítica del pensamiento amoroso.* Barcelona: Edicions Bellaterra.

Foucault, M. (1986) *Historia de la sexualidad. El uso de los placeres.* T. 2. México: Siglo XXI.

Gordon, S. (1990). Social Structural effects on emotions. En Theodore Kemper (ed.), *Research agendas in the sociology of emotions* (pp. 145-179). Nueva York: State University of New York Press.

Hochschild, A. (1979). Emotion work, feeling rules and social structure. *The American Journal of Sociology* (University of Chicago Press), *85*(3), 551-575.

Hochschild, A. (1990), Ideology and emotion management: a perspective and path for future research. En Theodore Kemper (ed.), *Research agendas in the sociology of emotions* (pp. 117-142). Nueva York: State University of New York Press.

Hochschild, A. (2003). *The Managed Heart. Commercialization of Human Feeling*. California: University of California Press.

Le Breton, D. (1999). *Las pasiones ordinarias. Antropología de las emociones*. Buenos Aires: Nueva Visión.

Lively, K. y Weed, E. (2014). Emotion management: sociological insight into what, how, why, and what end? *Emotion Review*, 6(3), July, 202-207. https://doi.org/10.1177/1754073914522864

Illouz, E. (2009). *El consumo de la utopía romántica. El amor y las contradicciones culturales del capitalismo*. Buenos Aires: Katz.

Rodríguez, T. (2008). El valor de las emociones para el análisis cultural. *Papers. Revista de Sociología* (Barcelona, Universidad Autónoma de Barcelona), (87), 143-159.

Rodríguez, T. (2017). *El amor y la pareja: nuevas rutas en las representaciones y prácticas juveniles*. Guadalajara: CUCSH-UdeG.

Rodríguez, T. et al. (2019). La intimidad en las relaciones de pareja: reflexiones conceptuales a partir de su multidimensionalidad. En Ana J. Cuevas (coord.), *Intimidad y relaciones de pareja: exploraciones de un campo de investigación* (pp. 37-93). Ciudad de México: Juan Pablo Editores, Universidad de Guadalajara.

Rodríguez, T. (2020). La infidelidad en internet: un panorama sobre el fenómeno y su investigación. *Digithum*, (25), 1-15. https://doi.org/10.7238/d.v0i25.3209

Rodríguez, Z. (2006). *Paradojas del amor romántico. Relaciones amorosas entre jóvenes*. México D. F.: Secretaría de Educación Pública/Instituto Mexicano de la Juventud.

Rodríguez, Z. (2019). Imaginarios amorosos, reglas del sentimiento y emociones entre jóvenes en Guadalajara. *Estudios Sociológicos*

(México, El Colegio de México), *XXXVII*(110), mayo-agosto.10.24201/ES.2019V37N110.1683

Rubin, G. (1989). Reflexionando sobre el sexo: notas para una teoría radical de la sexualidad. *Biblioteca virtual de Ciencias Sociales* (pp. 1-59) [originalmente publicado en Vance, C. S. (comp.), *Placer y peligro. Explorando la sexualidad femenina*. Madrid: Revolución, pp. 113-190]. https://museo-etnografico.com/pdf/puntodefuga/150121gaylerubin.pdf

Tenorio, N. (2012). Repensando el amor y la sexualidad: una mirada desde la segunda modernidad. *Revista Sociológica, 27*(76), 7-52. http://www.scielo.org.mx/scielo.php?pid=S0187-01732012000200001&script=sci_abstract

Vasallo, B. (2019). *Pensamiento monógamo. Terror poliamoroso.* Madrid: La Oveja Roja.

Afectos, brasilidad y urbanidad
Una aproximación

Eliana Rosa de Queiroz Barbosa

Los diversos Brasiles y la urbanidad brasileña

O Brazil não conhece o Brasil
O Brasil nunca foi ao Brazil
Tapir, jabuti
Liana, alamanda, ali, alaúde
Piau, ururau, aki, ataúde
Piá carioca, porecramecrã
Jobim akarore, jobim açu
Uô, uô, uô
Pereê, camará, tororó, olerê
Piriri, ratatá, karatê, olará

Maurício Tapajós y Aldir Blanc,
Querellas do Brasil, 1978.

Comienzo este texto remontándome a un momento en 2015, andando por el centro de São Paulo un viernes caluroso de carnaval acompañada por un colega extranjero, desviándonos entre los muchos cuerpos allí presentes que, como nosotros, buscaban el punto de partida del cortejo del tradicional *bloco* paulistano Ilú Oba de Min. Mi colega, recién llegado a São Paulo para comenzar su investigación de campo y a punto de experimentar su primer carnaval, había pedido que yo lo acompañara, ya que quería ver el cortejo del famoso *bloco* afro. Llegamos al *Viaduto do Chá*, después de un trayecto por las ruidosas y animadas calles del centro nuevo, una multitud esperaba el cortejo que comenzó un tanto atrasado. Primero, escuchamos apenas la batucada, sacudiendo el Shopping Light, el quiosco de diarios, el parapeto de concreto del viaducto, el mundo material que nos rodeaba. Todo se fue encantando. Enseguida, llegaron las voces femeninas hasta que apareció el cortejo de las entidades, tradicionalmente desfilando sobre zancos, vistiendo ropas mayoritariamente doradas. Arrebatada, miré a mi colega, claramente decepcionado, que percibiendo mi asombro justificó: "Creí que era un *bloco* africano". El Ilú Oba de Min y su afrobrasilidad no eran lo suficientemente africanos, según su expectativa.

Introduzco esta primera historia ya que, entre otras, fue un disparador para comenzar a pensar una noción de urbanidad brasileña. Para alcanzar su definición, agrego reflexiones recogidas a través de una inmersión táctil en dos casos brasileños[1] clasificados como patrimonio mundial por la Unesco, a un puñado de propuestas epistemológicas, de campos disciplinares diversos, que tienen como objetivo colocar a Brasil, o a los diversos Brasiles, múltiples, en pauta. ¿Cómo estas propuestas epistemológicas pueden iluminar los estudios urbanos brasileños? ¿Qué implica adjetivar la palabra urbanidad como brasileña? ¿Cómo la teoría de los afectos nos puede ayudar a aproximarnos a una noción de urbanidad brasileña? ¿Cómo aplicar esa noción en los estudios urbanos brasileños?

[1] Este artículo se inserta en el marco del proyecto de investigación que aborda el acto de "habitar" los sitios urbanos clasificados como patrimonio cultural mundial por la Unesco, a través de dos estudios de caso: el *Cais do Valongo* (Muelle de Valongo) y su área perimetral en Río de Janeiro, y el barrio *Santo Antônio Além do Carmo* en Salvador, que llevo a cabo en nivel posdoctoral en el Programa Avanzado de Culturas Contemporáneas, UFRJ.

Este texto está organizado en tres partes. En la primera, introduzco la problemática de la noción de memoria aliada a lo que aquí llamamos urbanidad afrobrasileña. Luego, presento una breve revisión bibliográfica sobre la cuestión del entrelazamiento entre cuerpos, espacios y afectos. En la tercera parte, propongo una reflexión sobre las inserciones en campo hasta el momento realizadas, a través de los abordajes conceptuales de Simas (2019); Simas y Rufino (2019a; 2019b, 2020) y Oliveira (2012), articulando los afectos a la cultura material y a la propuesta de una urbanidad (afro)brasileña.

Urbanidad y noción de memoria

"En un lugar de dolor, ¿qué es lo que ellos hacen? Ellos bailan".[2]

Me dejo llevar ahora a Bahía por el seminario *"Memória, sobrevivências, ruínas: pensar as temporalidades urbanas"*, realizado en noviembre de 2019 y repito esa frase, parte de las memorias del historiador Washington Drumond, que cuenta haber acompañado a un colega extranjero al *Pelourinho*. Dicha frase, proferida con espanto por el extranjero al vivenciar la fuerza pulsante que emana del reiteradamente arruinado centro histórico de Salvador, representa el espanto de muchos, extranjeros otros, algunos hasta locales, al observar diferentes manifestaciones, vivencias y experiencias en el espacio público brasileño. Retomo la reflexión de Washington Drumond sobre ese relato y sobre la noción de memoria practicada, ampliamente basada en la praxis urbana, para aproximarme a una noción de urbanidad que pueda ser adjetivada como brasileña. En respuesta al comentario del visitante extranjero, él reflexiona sobre nuestros lugares de memoria: "[En esos lugares] nosotros no sobrevivimos, nosotros vivimos, nosotros no resistimos, nosotros actuamos".[3]

[2] La frase original fue proferida en portugués: *"Num lugar de dor, o que eles fazem? Eles dançam"*.

[3] La frase original fue proferida en portugués: *"[nesses lugares] nós não sobrevivemos, nós vivemos, nós não resistimos, nós agimos"*.

Esta reflexión se asienta en la noción de memoria, ya que parte de dos estudios de caso escogidos por haber sido sitios clasificados como patrimonio mundial por la Unesco, que siendo clasificados con base en justificaciones distintas, presentan lo que aquí ensayo como urbanidad afrobrasileña. Urbanidad, por ser algo que se expresa en el espacio urbano, público, o sea, en la calle, y que se manifiesta de diversas formas. Afrobrasileña porque agrega herencias, memorias, manifestaciones, rituales y prácticas brasileñas que se relacionan con la ancestralidad africana; que son entendidas como parte de culturas de diáspora (Simas, 2019; Gilroy, 2012). Por lo tanto, propongo que la urbanidad afrobrasileña se da en relación a las nociones de memoria y de ancestralidad.

Los casos son el *Cais do Valongo* (o Muelle de Valongo), redescubierto durante las obras del *Porto Maravilha* en 2012, y el llamado Centro Antiguo de Salvador,[4] un conjunto de barrios en el área central de la ciudad que pasaron por un largo y conflictivo proceso de renovación durante las décadas de 1990 y 2000.

El centro antiguo de Salvador fue clasificado como patrimonio cultural mundial en 1985, ya que el conjunto urbano de edificios preservados en un contexto urbano colonial renacentista es considerado único, además de ser considerado uno de los principales puntos de confluencia de las culturas europeas, africanas y amerindias, según la Unesco. Después de su declaración, el estado de Bahía, con apoyo del municipio, emprendió un extenso proceso de renovación de uno de sus barrios, desapropiando la mayor parte de las edificaciones en el espacio que pasó a ser llamado *Pelourinho*, lo que generó procesos de gentrificación y de turistificación del paisaje urbano.

Por un lado, la renovación del *Pelourinho* provocó la expulsión de la mayor parte de los habitantes de este sitio urbano; por otro, este proceso definió el tipo aceptable de patrimonio cultural afrobrasileño

[4] En 2018, realicé un trabajo de campo de tres meses que incluyó los dos casos. En 2019, realicé otras inserciones puntuales en el campo. Por otra parte, nuevas inserciones en el campo fueron impedidas por la pandemia.

a ser exhibido y celebrado en este nuevo espacio urbano turistificado, lo que llevó a la persecusión de la presencia del cuerpo negro no turistificado en este espacio en constante disputa (Collins, 2015), un proceso que evidencia conflictos que todavía no acabaron. El barrio *Santo Antônio Além do Carmo* se localiza en el límite del área clasificada como patrimonio cultural mundial y no sufrió la gentrificación promovida por el estado en los años 1990 y 2000, como se observó en el *Pelourinho*, habiendo recibido a algunos de los antiguos habitantes expulsados de este último espacio. Manteniendo aún muchos de sus habitantes más antiguos y un fuerte sentido de comunidad, el barrio hoy se enfrenta a la amenaza de la especulación[5] inmobiliaria a través de la manutención de edificios declarados patrimonio vacantes, a partir del reciente descubrimiento de casonas del siglo XIX y de comienzos del siglo XX por agentes del mercado inmobiliario.

Además de ese proceso, emergió un nuevo circuito cultural y turístico, que trajo una revigorizada vida nocturna, con la multiplicación de nuevos establecimientos de comercio y servicios que desafían las prácticas cotidianas del barrio. En este caso, la política urbana y la política de patrimonio se transformaron en los últimos años, contemplando la creación de un fondo inmobiliario (creado en 2014), formulado para gestionar una gran operación urbana (creada por el plan director aprobado en 2016, cuya regulación específica actualmente se encuentra en discusión), que engloba todos los barrios que contemplan el frente marítimo en la región central, con el objetivo de transformar el conjunto edificado y adecuarlo a las necesidades del desarrollo turístico (Sant'anna, 2017). Su intersección con la política de preservación se dio a través del establecimiento del

[5] La noción de especulación es empleada para describir el proceso en que actores pertenecientes al mercado de la producción inmobiliaria –emprendedores y propietarios de tierra– mantienen sus terrenos y edificios vacantes aguardando mejores condiciones mercadológicas. La especulación se da a partir de la expectativa de su valorización. Procesos especulativos se dan también en la inminencia de alteraciones en la regulación urbana, momento en que estos actores actúan para garantizar el "derecho de protocolo", muchas veces sin efectivamente tener la intención de realizar obras de mejoría en sus propiedades.

programa Restaurar (2017), iniciativa municipal que pretendió estimular la restauración de edificios particulares a través de un programa de beneficios y exenciones fiscales.

El *Cais do Valongo* fue clasificado en 2017, como un sitio de memoria sensible relacionado con la herencia y memoria afrobrasileña, de acuerdo con la Unesco, ya que se estima que casi un millón de negros esclavizados desembarcaron en este lugar. El área donde se encuentra el *Cais* y el perímetro de preservación, apodada míticamente como Pequeña África, dada la concentración de negros libres y esclavizados en su origen y sus descendientes en la actualidad, está próximo a tornarse un museo urbano[6] de celebración de la cultura afrobrasileña. La historia del samba y del surgimiento de las religiones de matriz africana son expresiones culturales afrobrasileñas que emergieron en este espacio urbano. Simultáneamente, el área se encuentra, desde 2009, amenazada por los avances de la Operación Urbana *Porto Maravilha*, que tiene como objetivo transformar parte de la Pequeña África en un nuevo centro de negocios de la ciudad, una renovación promovida como legado de los grandes eventos que la ciudad recibió en la última década: el Mundial de 2014 y los Juegos Olímpicos de 2016.

Con la candidatura y posterior declaración de la Unesco, las tensiones en torno a ese territorio crecieron y diferentes grupos relacionados al patrimonio cultural afrobrasileño disputan la gestión de este circuito de herencia africana. Al pasar por un proceso de renovación desde el inicio de la década de 2000, el área portuaria pasó de un *vacío estructural* a un *vacío proyectual*, usando las categorías analíticas de Borde (2006), pues, dada la incompletud del proyecto, está latente su desarticulación del tejido urbano y social del entorno, lo que aumenta las disputas entre los diferentes grupos involucrados en el habitar de este espacio.

[6] La propuesta de museo urbano viene siendo discutida por el poder público municipal, como forma de atender las exigencias de la UNESCO para la mantención de la clasificación del *Cais do Valongo* como patrimonio.

A pesar de distintas en la temporalidad y en las especificidades en tanto sitios urbanos clasificados como patrimonio cultural mundial, estos dos casos tienen en común la presencia urbana de la cultura afrobrasileña y los conflictos que surgen al intentar *decolonizar* su historia urbana. Las dos ciudades, Río de Janeiro y Salvador, fueron pioneras en la promoción de políticas de reparación, y en ambas la celebración de la ancestralidad africana permea la vida cotidiana. Por otro lado, ambos casos presentan ejemplos del llamado fenómeno global de urbanización, como apunta Harvey (2011), también llamado fenómeno de urbanización neoliberal (Bordin, 2010) y de urbanismo corporativo (Fernandes, 2013), en la medida en que espacios de la ciudad se transforman en activos en un proceso de acumulación flexible. En ambos casos el patrimonio se transforma en un activo y el tema de la preservación en un discurso legitimador (Sant'anna, 2017).

Así, en ambos casos, lo urbano y la urbanidad se articulan a través de una disputa por la memoria, que, retomando a Washington Drumond, en esos lugares específicos, se relaciona con la praxis. En el caso de los sitios urbanos, esto se refiere a la práctica en la ciudad. De esta manera, el supuesto que resulta de este abordaje del patrimonio cultural es el entendimiento de la noción de memoria en tanto práctica y agenciamento del presente.

No me interesa tratar del muelle o del caserío en tanto muelle y caserío. Antes bien, me interesa trabajar con y reflexionar sobre las prácticas en ese muelle y en ese caserío y sobre cómo dichas prácticas se relacionan con la materialidad. Entendiendo muelle y caserío como soporte y, al mismo tiempo, como materia vibrante, portadora de agencia propia que a su vez afecta las prácticas, realimentando ese proceso de memorias corporificadas y de ancestralidades ampliadas.

Por lo tanto, al intentar trabajar con la noción de urbanidad afrobrasileña, aquel supuesto nos transporta a los siguientes campos: (1) el campo de los estudios diaspóricos, con las acciones de transculturación y las nociones de memoria y ancestralidad; y (2) el campo de la materialidad y de los afectos –que movilizan esa praxis y que explican el movimiento relacional entre objetos, personas y acciones. Estos campos son brevemente explorados a continuación.

Cuerpos, espacios y afectos

En julio de 2018, llegué a Salvador y alquilé una casita histórica en el Barrio *Santo Antônio*. Pequeña, de un solo piso, sin retiros, una puerta y dos ventanas antiguas de madera. Las ventanas daban a la *Rua dos Marchantes*. Me quedé en esa primera casa por dos semanas. Una de las primeras mañanas, me despertó un batuque, acompañado de algunas voces. Sin saber si era de día o de noche, me levanté imaginando que sería un grupo bohemio que se había extendido noche adentro, la casa era vecina de un pequeño bar. Era de día. Al abrir la ventana que traía la calle para adentro de la casita, me encontré con una curiosa escena. Primero, en la calle vacía, reverberaba el sonido de instrumentos de percusión, una voz masculina, seguida de un coro de voces femeninas. La curvatura de la calle no dejaba ver lo que estaba por llegar. De a poco fui viendo un grupo viniendo por la calle, pero paró y se aglomeró en la estrecha acera para dejar un carro pasar. Vi, entonces, un hombre al frente, gritando palabras de orden y pidiendo cuidado con los carros. El batuque cesó. Oí un murmullo. El carro pasó, el hombre retomó la delantera e hizo una señal para que un hombre de mediana edad, vestido de azul, percusionista, retomara el ritmo. Una joven, también de azul, lo acompañaba con un tamboril. Vi entonces que el grupo estaba compuesto principalmente por señoras mayores. Algunas llevaban maracas. Otras caminaban cantando, con pequeñas mochilas en la espalda, riñoneras o bolsos pequeños cruzados. Muchas usaban camisetas blancas, que parecían un uniforme. El hombre que iba al frente era seguido por otras dos mujeres, más jóvenes, que parecían servir de apoyo al grupo, cargando portapapeles. El hombre, que tocaba un *tamtam* con baqueta de *surdo*, gritaba. Las señoras respondían. Era una marcha cantada. Eran cerca de treinta personas que pasaban por mi ventana, cantando, sonriendo y levantando los brazos. Algunas señoras me saludaron. La curvatura de la calle hizo, nuevamente, que no las viese más, el sonido se desvaneció. Cerrando la ventana, "salí de la calle" y volví a casa. Descubrí después que ese es un grupo de caminata y ejercicios para adultos mayores, organizado por la unidad básica de salud del barrio. El grupo venía acompañado de percusionistas que son trabajadores de la unidad básica de salud. El instructor guía el grupo por las calles de *Santo Antônio*, que sale del puesto de salud a las 7:30 de la mañana y realiza un recorrido que llega a la plaza de la iglesia, una plaza donde los participantes hacen una serie de ejercicios de elongación y fortalecimiento de la musculatura.

Es un ritual que sucede tres veces por semana, lunes, miércoles y viernes. La música, ritmada por la percusión –que es usada en el samba, pero también en las ceremonias de *candomblé*– es un llamado a colocar el cuerpo en la calle. Es con ese llamado que el grupo avisa que está pasando y va sumando nuevos adeptos a esta práctica urbana a lo largo del trayecto. Presento este pequeño relato para abordar el campo de la materialidad y de los afectos.

Al avanzar sobre la relación entre espacio y corporeidad, Guattari (1992) introdujo la noción de "agenciamiento de enunciación", que organiza las diversas modalidades, tanto de espacialización –el acto de apropiarse o crear espacios– como de corporalidad, entendida como la agencia del cuerpo. En esta relación, según el autor, son los afectos los que promueven la multiplicación de percepciones del espacio y su subjetivación –necesaria para la espacialización. Esta subjetivación del espacio, mediada por los afectos, relaciona el presente y el pasado, lo cual es importante aquí para entender la relación de la espacialización afectiva con la noción de memoria y ancestralidad.

Guattari sugiere que los espacios nos interpelan emocionalmente, son "máquinas de sentido y de sensación", que no son universales. Espacios como máquinas de sentido pueden movilizar afectos diversos, pues –permeados por objetos que poseen "vida propia" – pueden servir a proyectos uniformizadores –los proyectos de muro como define Simas (2019) – y, al mismo tiempo, pueden incitar subjetividades individuales o colectivas.

> Puede parecer paradojal deslocar así la subjetividad para conjuntos materiales, por eso hablaremos aquí de subjetividad parcial; la ciudad, la calle, el edificio, la puerta, el corredor...modelizan, cada uno por su parte y en composiciones globales, focos de subjetivación. (Guattari, 1992, p. 161)[7]

Para Guattari, esa subjetividad parcial es mediada por afectos estéticos complejos y por la asociación de formas espaciales, ritmos y frases populares, que juntos forman el soporte existencial de un foco enunciativo, que sirve a los agenciamientos colectivos de enunciación.

Como tarea metodológica, el arquitecto contemporáneo es llamado para, en la elaboración de un proyecto siempre en movimiento, aprehender (el espacio) de forma transversal y cartografiar de forma multidimensional esa producción de subjetividades.

Este llamamiento a una cartografía de las subjetividades se alinea con lo que Milton Santos (2006) llama Geografía de la Acción. La acción, tratándose siempre de una situación, se relaciona con la praxis, los ritos, las rutinas, un conjunto de gestos que contribuyen para la producción de determinado orden. En esta formulación, el accionar simbólico –incalculable, mediado por los afectos y rituales– moviliza modelos de significación y representación, en oposición al orden de los datos y de la norma representada por el accionar técnico y formal.

En este planteamiento, Milton Santos defiende que en cada situación diferentes objetos "prefieren" ciertas acciones en detrimento de otras, en una clara sugerencia a la agencia de los objetos en detrimento de la supremacía del agenciamiento de los sujetos o actores.

[7] En el original: "Pode parecer paradoxal deslocar assim a subjetividade para conjuntos materiais, por isso falaremos aqui de subjetividade parcial; a cidade, a rua, o prédio, a porta, o corredor ... modelizam, cada um por sua parte e em composições globais, focos de subjetivação".

Así, objetos y acciones forman un conjunto inseparable, híbrido. "Las dos categorías, objeto y acción, materialidad y evento, deben ser tratadas unitariamente" (Santos, 2006, p. 56).[8]

Esta formulación reconoce la agencia de los objetos y el afecto como mediadores de subjetividades en las relaciones entre objetos y cuerpos en el espacio urbano. Lo que nos lleva al nexo entre afectos y espacios. Para explorar dicho nexo incluyo, entre la gama de autores que vienen explorando el tema, a Reckwitz (2012) con su noción de espacios afectivos, así como a Hutta (2018, 2019) con la noción de re-territorialización afectiva.

Reckwitz (2012), procurando contribuir para la teoría de la acción, propone un cuadro conceptual que posibilita el análisis simultáneo de emociones, afectos, artefactos y espacios, integrándolos como componentes básicos de la sociabilidad a partir de las formulaciones provenientes del giro espacial y del giro afectivo en las ciencias sociales que superan la lectura clásica de que espacio y afecto son categorías materiales, residuales. Para el autor, la sociabilidad es entendida como una red siempre en expansión, compuesta por cuerpos y artefactos. Esta red está compuesta por tareas interconectadas, materialmente ancladas, afectándose mutuamente. Por lo tanto, involucra cuerpos, artefactos y movimientos. Así, propone que (1) cada práctica social implica una estructuración afectiva y perceptiva, pasible de análisis; (2) cada práctica social implica una estructuración espacio- artefacto pasible de análisis; (3) los afectos son direccionados a artefactos y objetos y son estructurados por los espacios que estos artefactos objetos forman.

Estas prácticas sociales, a su vez, están ancladas en cuerpos sensuales (no apenas cuerpos sociales), pasibles a estímulos. Están, por lo tanto, ancladas en comportamientos, tienen una estructuración afectiva. Son cuerpos y objetos que afectan y son afectados, de esta forma, el afecto en el espacio adquiere un carácter dinámico y una

[8] En el original: "As duas categorias, objeto e ação, materialidade e evento, devem ser tratadas unitariamente".

dimensión interactiva, crucial para suscitar reacciones y excitaciones corporales –ansiedad, alegría, irritación, luto. Para Reckwitz, los afectos son, de esta manera, reacciones corporales y forman parte de las prácticas sociales.

Además, los afectos son espacialmente situados *en relación* a artefactos, formando culturas afectivas. Reckwitz define culturas afectivas como redes expansibles de cuerpos (muchas veces múltiples), artefactos, subjetivaciones, percepciones, sensaciones, rutinas y prácticas discursivas, basadas en emociones, que a su vez suscitan prácticas afectivas no-discursivas. Son arreglos espaciales complejos que engendran formas específicas de afectividad (como la intimidación, la comodidad, la convivialidad y lo sublime). El autor utiliza la metáfora de la atmósfera, en que artefactos estabilizan culturas afectivas a través del afecto y del hábito. La transformación de esas atmósferas, o sea, de esas culturas afectivas, se da tanto por la reorganización de los artefactos, como por transformaciones discursivas, que pasan a movilizar nuevos afectos. Concluye, así, que las transformaciones discursivas y el reordenamiento de los artefactos conforman constelaciones que llevan a transformaciones en las prácticas y actitudes afectivas, lo que lleva a nuevas atmósferas como nuevas culturas afectivas que deben, por lo tanto, ser objetivo de observaciones empíricas.

Este necesario abordaje empírico nos remite a las reflexiones de Hutta (2018, 2019) y a la noción de territorios y reterritorializaciones afectivas, construidas a través de observaciones en campo realizadas en Brasil post junio de 2013,[9] a partir de las cuales afectos intensos –progresistas y conservadores– pasaron a ser cada vez más

[9] Un consenso -siempre parcial- se formó en torno a la observación de que las manifestaciones de junio de 2013 se consolidan en un punto de inflexión del entrelazamiento de afectos y performances en los espacios públicos brasileños. Maricato et al. (2013); Carlos (2014); Pinto (2017); Monteiro (2018); Pinheiro-Machado (2019); Kalil (2018a; 2018b), son algunas autoras entre los muchos que se dedicaron a las transformaciones ocurridas, así como al significado de junio de 2013 en Brasil. Esta revisión bibliográfica escapa al alcance de este texto, pero es relevante al tratarse de disputas en relación a los espacios públicos en Brasil desde entonces.

performados en la esfera pública. Estos vectores afectivos presentes cada vez en mayor cantidad e intensidad, son capaces de potencializar o perjudicar reterritorializaciones, conformando capacidades de actuar en contextos espaciales. Para Hutta, los eventos recientes en el contexto brasileño demuestran cómo las capacidades de habitar, apropiarse y controlar espacios están conectadas a los afectos, entendiendo afectos como dinamismo relacional, entre cuerpos de diferentes propiedades (en el sentido más amplio posible), desplegándose entre cuerpos en interacción con y en el espacio. Se trata de encuentros. Es a través de ese dinamismo afectivo, portador de agencia propia, que territorios políticos y económicos son creados y destruidos. Los afectos no solo se dan en el territorio, ellos lo constituyen y lo deshacen.

Hutta propone tres reorientaciones en la articulación entre afectos y territorios. La primera apunta a una modificación afectiva en la capacidad de actuar; la segunda a la fuerza constitutiva de los afectos en sí y, por último, a la relación contingente entre afectos y reterritorializaciones, que requieren una mirada atenta a lo empírico y a esas relaciones.

Retomando la noción de urbanidad afrobrasileña, la suma del campo de los afectos al campo de la ancestralidad africana observada en esos casos nos lleva a tres cuestiones. La primera es la observación de que el patrimonio cultural abordado engendra de forma específica la relación entre historia, historiografía y memoria. La segunda revela cómo el lente de la decolonialidad (Mignolo, 2015) desorganiza esa relación entre historia, historiografía y memoria, visibilizando disputas, disensos y controversias. Si los casos traen a la luz los borramientos y movimientos de rescate de la historia, ese rescate pasa por una disputa, que es tanto una disputa de narrativas, como una disputa entre prácticas, usos, performances, todas movilizadas por los afectos. Al mismo tiempo, son prácticas, usos, performances en espacios y objetos que, en sí, también son actuantes, artefactos entendidos como materia vibrante, portadores de agencia propia (Bennet, 2010).

Este problema colocado por la formulación de una noción de urbanidad afrobrasileña sugiere la aproximación con epistemologías otras, que vienen siendo ensayadas en diversos campos del conocimiento y que pueden ser compartidas en el campo del urbanismo, para *ritmar* esta discusión que ensayo en la próxima sesión. Se trata de la epistemología de la *ginga* (Araújo, 2017), la epistemología de las *macumbas* (Simas y Rufino, 2019a, 2019b, 2020), la epistemología de la ancestralidad (Oliveira, 2012) y la filosofía popular brasileña (Haddock-Lobo, 2020), de esta última, específicamente la noción de brasilidad.

Afecto, cultura material y urbanidad afrobrasileña

Comienzo la discusión del entrelazamiento entre afecto, cultura material y urbanidad afrobrasileña con una reflexión sobre los procesos de patrimonialización de los espacios urbanos y la supremacía de los saberes técnicos, en detrimento de las experiencias de los practicantes de los espacios.

Vuelvo a mi inserción en campo, en Salvador. Llego específicamente a una observación, que resultó del acompañamiento de actores sociales, activistas e investigadores en campo en la realización de un inventario sobre el estado de conservación del Centro Antiguo. Acompañé diversas visitas, parte del proceso de reconocimiento y elección de las referencias culturales urbanas, como punto de partida de un inventario comunitario, que aliaría la visión técnica a las referencias culturales de los practicantes del espacio. Al caminar por las laderas y galerías del Centro, los investigadores insistían en "enseñar" a los agentes de campo a "ver" la ciudad, apuntando hacia aquello a lo que deberían prestar atención. Estaban muy poco interesados en lo que efectivamente afectaba a esos agentes comunitarios durante el recorrido. Los técnicos estaban todavía menos interesados por las historias que los agentes de campo contaban sobre cómo habitaban aquel espacio en la cotidianeidad.

Este pequeño relato de campo señala el hecho de que el proceso de elección de valores, común en las discusiones sobre patrimonio, pasa por un proceso de subjetivación y producción de significado que es individual. A pesar de tener recortes técnicos y socioeconómicos, también posee recortes de raza y género, no pudiendo, por lo tanto, ser realmente universal –como propone la UNESCO. La imposibilidad de existencia de valores universales es una gran fuente de conflicto y disputa, cuando se trata de patrimonio cultural y principalmente de sitios urbanos patrimonializados.

Las epistemologías de la *ginga*, de la *macumba* y de la ancestralidad nos ayudan a poner en práctica una dimensión de urbanidad brasileña y, específicamente, de urbanidad afrobrasileña existente en espacios patrimonializados, en la medida en que explicitan la dicotomía entre ciudad simulacro (desencantada) y ciudad *terreiro* (encantada), así como la relación entre la memoria, el cuerpo, el rito y lo imprevisible, desestabilizando la noción de tiempo.

> Las raíces del *Iroko* encarnan la eternidad de la memoria ancestral. *Iroko* es el tiempo en dos dimensiones: el de la ancestralidad y el del porvenir. Es el misterio de la paciencia. *Exu* recorre la temporalidad del *Iroko* en la dimensión de la imprevisibilidad. *Iroko* tiene la firmeza de la *gameleira*. *Exu* tiene la fluidez de la hoja que cae del árbol en el medio del remolino. (Simas, Rufino, 2019b, p. 14)[10]

Estas epistemologías nos proporcionan lentes adecuados para entender ciertas prácticas y acciones en estos territorios y el modo en que esas prácticas y acciones, juntas, forman el caldo que impregna ciertos espacios urbanos de brasilidad. Más que un foco en el peligroso terreno de las identidades estancas y de los nacionalismos, como nos alerta Rafael Haddock-Lobo (2020), la brasilidad aquí es

[10] En el original: "as raízes do Iroko encarnam a eternidade da memória ancestral. Iroko é o tempo em duas dimensões: o da ancestralidade e o do porvir. É o mistério da paciência. Exu percorre a temporalidade do Iroko na dimensão da imprevisibilidade. Iroko tem a fixidez da gameleira. Exu tem a fluidez da folha que cai da árvore no meio do redemoinho".

construcción colectiva en varios acentos. El autor define "lo que precaria y estratégicamente podemos llamar brasilidad, siendo esto lo que nos tornó reconocidos nacional e internacionalmente" (2020, p.101),[11] algo que no se puede definir sino dentro de una pluralidad, de una no-identidad, que no se reduce a una unidad. Nuestras "múltiples y singulares brasilidades" (2020, p.102),[12] están compuestas de diversos acentos que se reconocen cuando son colocados en relación con la tradición europea y occidental. Rafael nos invita, al provocarnos con su filosofía popular brasileña, a "pensar a partir de una experimentación de la cultura popular brasileña" (2020, p. 102),[13] una invitación a la inmersión empírica en la calle, o sea, en la urbanidad brasileña, estando abiertos a experiencias múltiples.

Para aproximarme a la relación entre afecto y urbanidad afrobrasileña, quiero aquí proponer que el proceso de producción de significado es un proceso de encantamiento y *terreirización*, categorías definidas por Simas y Rufino (2019a, 2019b, 2020), dos de los autores con los que pretendo caminar a lo largo esta narrativa. Por lo tanto, el habitar de esos espacios es un accionar que involucra el encantamiento, un proceso atravesado por imaginación y afectos. Las escenas que ilustran las dos primeras sesiones ejemplifican bastante bien lo que es una inmersión en campo en esos lugares encantados y *terreirizados*.

Ciudades *terreirizadas* (Simas y Rufino, 2020) abrigan prácticas, rituales y performances, creando tiempo/espacio movibles y no permanentes, que se construyen a partir del rito.

> El rito expone las posibilidades, circunstancias e imprevisibilidades colocadas en las dinámicas de afirmarse *terreiros* [...] *terreiro* puede ser desde el tiempo/espacio en que se fundamenta el saber para la experiencia con lo sagrado como también el tiempo/espacio en el

---

[11] En el original: "o que precária e estrategicamente podemos chamar de brasilidade, sendo isto o que nos tornou reconhecidos nacional e internacionalmente".

[12] En el original: "múltiplas e singulares brasilidades".

[13] En el original: "pensar a partir de uma experimentação da cultura popular brasileira".

> que se carnavaliza esa experiencia o inclusive ambas posibilidades en imbricación. (Simas y Rufino, 2019b, p.41)[14]

En esa ecuación tenemos los objetos –en tanto materia, es decir, los artefactos, las piedras–, las personas y las acciones. En el proceso de encantamiento y *terreirización*, esos tres elementos se encuentran en relación y movimiento: el objeto, el sujeto y la acción. "Las piedras que fundamentan las invenciones de los *terreiros* se encantan a partir de los cuerpos" (Simas y Rufino, 2019b, p.51).[15]

Tratándose de encantamiento de objetos y *terreirización* en el espacio público –por lo tanto, en esa ecuación en movimiento–, Simas (2019) propone que la Calle, en tanto categoría analítica, es espacio de construcción tensa e intensa de sociabilidades, aquello que agrega afectos y espacios. Es un espacio que engendra sabidurías y que estimula la creación. Por ello, el proceso de movilización de los afectos que la Calle engendra es definido por lo que el autor llama de culturas de grieta y de síncope. Las culturas de grieta y de síncope son, por un lado, las acciones que enfrentan proyectos de muro, barreras (físicas e institucionales) impuestas por proyectos hegemónicos. Por otro lado, en tanto síncope, llenan los vacíos dejados por el ritmo de esos proyectos, ocupando con diferentes ritmos el espacio entre un toque y otro, el espacio del silencio.

La inmersión en campo, tanto en Río de Janeiro como en Salvador, al darse en espacios de cultura material colonial, que podrían ser entendidos como espacios de memoria sensible, ocurre en espacios patrimonializados. Esos espacios son, al mismo tiempo, violentamente atravesados por transformaciones urbanas orquestadas por la articulación del capital inmobiliario y el Estado, e innegablemente

[14] En el original: "rito expõe as possibilidades, circunstâncias e imprevisibilidades postas nas dinâmicas de se firmar terreiros [...] terreiro pode ser desde o tempo/ espaço em que se fundamenta o saber para a experiência com o sagrado como também o tempo/espaço em que carnavaliza essa experiência ou até mesmo ambas as possibilidades em imbricação".

[15] En el original: "As pedras que fundamentam as invenções dos terreiros encantam-se a partir dos corpos".

imbuidos de una “brasilidad”, cuya definición es siempre precaria. Esta brasilidad es llevada, o cargada, por los cuerpos que practican esos espacios. Cuerpos como soportes de memorias (Simas y Rufino, 2019b, p.45), que se vinculan con la epistemología de la ancestralidad (Oliveira, 2012) a través de la permanencia, entendiéndola como la existencia en un continuo, mantenida por dinámicas de perpetuación de la memoria (Simas y Rufino, 2019b).

Los ritos –acciones congregadas, comunitarias– “reinventan las posibilidades de ser/estar/practicar encantar el mundo en tanto *terreiro*” (Simas y Rufino, 2019b, p. 48),[16] estableciendo “sus vínculos de pertenencia con otras temporalidades/espacialidades” (p.49).[17]

La urbanidad de esos casos patrimonializados en disputa abriga *rodas de samba*, de *choro*, comercio ambulante, performances y agremiaciones. Estas prácticas ejemplifican la producción de significado por los hábitos, por las sociabilidades, por la performance, por las acciones que se realizan en comunidad en el espacio de la Calle, entendiendo Calle como una categoría espacial que recibe, abriga, guía el movimiento y quiebra el desencanto.

> La ciudad simulacro se levanta como un edificio entonado por un único decir, crece por encima de cuerpos y saberes múltiples. La ciudad *terreiro* corre, gira, habla en varios decires para múltiples entendimientos, afirma el encanto en el cruzamiento de las cuatro direcciones. (Simas y Rufino, 2019b, p. 79)[18]

La reflexión que propongo es que, para estar imbuidos de brasilidad, esos espacios urbanos, esa cultura material, fueron “*terreirizados*”. Fueron encantados por las prácticas de construcción de sociabilidad,

[16] En el original: “reinventam as possibilidades de ser/estar/praticar encantar o mundo enquanto terreiro”.

[17] En el original: “vínculos seus vínculos de pertença com outras temporalidades/ espacialidades”.

[18] En el original: “a cidade simulacro ergue-se feito um edifício entoado por um único dizer, cresce por cima de corpos e saberes múltiplos. A cidade terreiro corre, gira, fala em vários dizeres para múltiplos entenderes, firma o encante no cruzado dos quatro cantos”.

de reconstrucción de identidad y de formación de comunidades, a través de asociaciones diversas. Los puntos de confluencia de significados fueron transformados en "encrucijada", en campo de posibilidades (Simas y Rufino, 2019a), una categoría analítica utilizada, también, desde los años 1980 por Leda Maria Martins (1995), al tratar sobre manifestaciones artísticas y performáticas afrobrasileñas.

El cuestionamiento de los valores universales y de la forma en que los saberes técnicos se relacionan con el patrimonio se enlaza con la incompatibilidad de la pretendida universalidad de ese patrimonio –y del proyecto de muro que él representa al restringir las prácticas en el espacio. Esos valores establecidos contrastan con la producción de significado individual y colectiva, invariablemente afectivas y contextuales. Los saberes técnicos de la conservación tienen dificultades para lidiar con la producción de significado afectiva, diversa, contextual y movible.

Las nociones de cultura de grieta y de síncope, de la *terreirización* y del encantamiento abren nuevos caminos para entender la urbanidad brasileña y practicar ese patrimonio, en oposición a los llamados proyectos de muro. Proyectos de muro son proyectos del Estado y del capital, cuyos canales institucionales están cerrados para diferentes expectativas de mundo, prácticas del y en el espacio, aniquilando el sentido de la Calle, provocando lo opuesto a la producción de significado: el desencanto. El desencanto ocurre a través de la promoción de territorios apenas funcionales que, por lo tanto, no permiten los afectos. Estos proyectos de muro, son las operaciones urbanas,[19] por

[19] Las Operaciones Urbanas son instrumentos urbanísticos previstos en el marco legal brasileño, con foco en promover el desarrollo urbano y la transformación inmobiliaria de áreas específicas de las ciudades. Las Operaciones Urbanas funcionan como instrumentos de financiamiento urbano a través de la financiarización de los coeficientes urbanísticos. Se puede encontrar más sobre operaciones urbanas en: Barbosa, E. R. Q. (2018). De la Norma a la forma: Urbanismo contemporáneo y la materialización de la ciudad. Universidad Nacional Autónoma de México Coordinación de Humanidades Programa Universitario de Estudios sobre la Ciudad. Recuperado de: https://www.puec.unam.mx/pdf/publicaciones_digitales/tesis/de_la_norma_a_la_forma_libroelectronico.pdf

ejemplo, pero también muchos procesos de revitalización urbana que tienen como objetivo la protección del patrimonio.

En contraposición al desencanto, la *terreirización* es movilizada por los afectos. En la cotidianeidad de esos lugares, la urbanidad afrobrasileña hace de estos sitios patrimonializados espacios *terreirizados*, espacios de práctica de vida, de encantamiento, inmersos de forma rigurosa y afectiva en la experiencia de la Calle (Simas, 2019).

Esta cultura material que se protege en tanto espacio urbano, solo es brasileña cuando la entendemos como cultura de síncope. Es la cultura que se da en el vacío, que llena de forma improvisada ese vacío, que se da entre un golpe y otro, o en nuestro caso, entre un objeto y otro. El acto de "habitar" el patrimonio urbano, en este caso, es el acto de *terreirizar* ese patrimonio.

> Cultura, encrucijadas, adaptaciones, dinamismo, resignificación, sobrevivencia, tradición, invención, renovación. Saquen de la ciudad el complejo de saberes sofisticados de las calles que nos forjaron; silencien los batuques que resonaron en las noches de desasosiego, acariciaron las almas y liberaron los cuerpos, *y que sobrará?* (Simas, 2019, p. 37)

Para lo que nos interesa en esta formulación de urbanidad brasileña, sin la memoria de los cuerpos, no sobrará ni muelle ni caserío.

Bibliografía

Araújo, R. C. (2017). *Ginga: uma epistemologia feminista*. Seminário Internacional Fazendo Gênero 11 & 13th Women's Worlds Congress (Anales Electrónicos), Florianópolis, Brasil.

Barbosa, E. R. Q. (2018). *De la norma a la forma: Urbanismo contemporáneo y la materialización de la ciudad.* Universidad Nacional

Autónoma de México Coordinación de Humanidades Programa Universitario de Estudios sobre la Ciudad. https://www.puec.unam.mx/pdf/publicaciones_digitales/tesis/de_la_norma_a_la_forma_libroelectronico.pdf

Bennett, J. (2010). *Vibrant Matter: A Political Ecology of Things.* Durham: Duke University Press.

Borde, A. L. (2006). *Vazios urbanos: perspectivas contemporâneas.* [Tesis de doctorado]. Universidade Federal do Rio de Janeiro, Programa de Posgraduación en Urbanismo, Río de Janeiro, Brasil.

Bourdin, A. (2010). *O urbanismo depois da crise.* Lisboa: Livros Horizontes.

Carlos, A. F. (2014). O poder do corpo no espaço público: o urbano como privação e o direito à cidade. *GEOUSP Espaço e Tempo, 18*(3), 472-486.

Collins, J. F. (2015). *Revolt of the saints: memory and redemption in the twilight of Brazilian racial democracy.* Durham: Duke Press University.

Fernandes, A. (2013). Decifra-me ou te devoro: urbanismo corporativo, cidade-fragmento e dilemas da prática do urbanismo no Brasil. En S. F. N. Gonzales et al. (ed.), *Planejamento & urbanismo na atualidade brasileira: objeto, teoria e prática.* (pp. 83-107). Río de Janeiro: Livre Expressão.

Gilroy, P. (2012). *O Atlântico negro.* São Paulo: Editora 34.

Guattari, F. (1992). Espaço e corporeidade. En *Caosmose. Um novo paradigma estético* (pp. 153-168). São Paulo: Editora 34.

Haddock-Lobo, R. (2020). Maria Navalha e a filosofia popular brasileira. Um "trabalho" de Ccampo. *Revista Calundu, 4*(2), 6-26.

Haddock-Lobo, R. (2020). *Os fantasmas da colônia: notas de descontrução e filosofia popular brasileira*. Río de Janeiro: Bazar do Tempo.

Hutta, J. S. (2019). Affective territorialities in Brazil's current political conjuncture. A three-part essay. *Environment + Space*. https.//societyandspace.org/2019/04/11/affective-territorialities-in-brazil's-current-political-conjuncture-i-political-effects/.

Hutta, J. S. (2019). Affective territories: cartography of aconchego as cartography of power. *Revista Geografia em Atos (GeoAtos online). Afetos e emoções: abordagens teórico-metodológicas na análise do espaço geográfico*, 5(12), 8-36.

Kalil, I. O. (2018a). *Quem são e no que acreditam os eleitores de Jair Bolsonaro* (informe de investigación). São Paulo: Fundação Escola de Sociologia e Política de São Paulo.

Kalil, I. O. (2018b). Notas sobre "Os Fins da Democracia": etnografar protestos, manifestações e enfrentamentos políticos. *Ponto Urbe, 22*, 1-6.

Maricato, E. et al. (2013). *Cidades rebeldes: Passe Livre e as manifestações que tomaram as ruas do Brasil*. São Paulo: Boitempo.

Martins, L. M. (1995). *A cena em sombras*. São Paulo: Perspectiva.

Mignolo, W. D. (2015) Geopolítica de la sensibilidad y del conocimiento: sobre descolonialidad, pensamiento fronterizo y desobediencia epistémica. En F. E Caballo y L. A. Herrera Robles (orgs.), *Habitar la frontera. Sentir y pensar la decolonialidad (Antología, 1999-2014)* (pp. 173-189). Barcelona: CIDOB/UACJ.

Monteiro, M. (2018). *"De pedra e pau": etnografia do levante popular de junho de 2013 na cidade do Rio de Janeiro e suas continuidades* [Tesis de doctorado]. Florianópolis: Universidade Federal de Santa Catarina.

Oliveira, E. D. de (2012). Filosofia da ancestralidade como filosofia africana: educação e cultura afro-brasileira. *Revista Sul-Americana de Filosofia e Educação (RESAFE), 18,* 28-47. https://doi.org/10.26512/resafe.v0i18.4456

Pinheiro-Machado, R. (2019). *Amanhã vai ser maior. O que aconteceu com o Brasil e possíveis saídas para a crise atual.* São Paulo: Planeta do Brasil.

Pinto, C. R. J. (2017). A trajetória discursiva das manifestações de rua no Brasil (2013-2015). *Lua Nova: Revista de Cultura e Política, 100,* 119-153.

Reckwitz, A. (2012). Affective spaces: a praxeological outlook. *Rethinking History,16(2),* 241-258.

Sant'anna, M. (2014). *Da cidade-monumento à cidade-documento: a norma de preservação de áreas urbanas no Brasil 1937-1990.* Salvador: Editora Oiti.

Santos, M. (2006). *A natureza do espaço: técnica e tempo, razão e emoção.* São Paulo: Editora da Universidade de São Paulo.

Simas, L. A. (2019). *O corpo encantado das ruas* (versão Kindle). Río de Janeiro: Civilização Brasileira.

Simas, L. A. y Rufino, L. (2019a). *Flecha no tempo.* Río de Janeiro: Mórula.

Simas, L. A. y Rufino, L. (2019b). *Fogo no mato: A ciência encantada das macumbas.* Río de Janeiro: Mórula.

Simas, L. A. y Rufino, L. (2010). *Encantamento: sobre política de vida.* Río de Janeiro: Mórula.

Sobre los autores y autoras

Ana Abramowski es doctora en Educación (Universidad de Buenos Aires), magister en Ciencias Sociales con mención en Educación (FLACSO) y licenciada y profesora en Ciencias de la Educación (Universidad Nacional de Rosario). Es investigadora-docente en la Universidad Nacional de General Sarmiento e investigadora principal del Área Educación de FLACSO, Sede Argentina. Se desempeña como coordinadora del Núcleo de Estudios Sociales sobre la intimidad, los afectos y las emociones (FLACSO, Argentina) y codirige el *Anuario Historia de la Educación*, publicación periódica de la Sociedad Argentina de Investigación y Enseñanza en Historia de la Educación (SAIEHE). Sus principales líneas de investigación son la afectividad docente en perspectiva histórica; las emociones y la educación en la época contemporánea; y el vínculo entre afectos, educación y política. Ha compilado, junto con Eduardo Galak, Agustín Assaneo e Ignacio Fretchel, el libro *Circulaciones, tránsitos y traducciones en la historia de la educación* (UNIPE, 2021) y, con Santiago Canevaro, *Pensar los afectos. Aproximaciones desde las Ciencias Sociales y las Humanidades* (Ediciones UNGS, 2017). Es autora de *Maneras de querer. Los afectos docentes en las relaciones pedagógicas* (Paidós, 2010).

Cristian Acosta Olaya es doctor en Ciencias Sociales de la Universidad de Buenos Aires y politólogo de la Universidad Nacional de Colombia. Es miembro del Grupo de Estudios sobre Identidades Políticas del Centro de Estudios Sociopolíticos, radicado en la Escuela Interdisciplinaria de Altos Estudios Sociales de la Universidad Nacional de San Martín. En dicha escuela tiene actualmente su lugar de trabajo como becario posdoctoral del CONICET y coordina allí también desde el 2018 el Círculo de Estudios sobre la Colombia Contemporánea. Entre sus publicaciones más recientes están los artículos "Cerca de la revolución colombiana. Repensando el unirismo de Jorge Eliécer Gaitán (1933-1935)" (Cali, 2021) y "'Férrea pero consciente': disciplina y lazo identitario en las organizaciones clandestinas de las Fuerzas Armadas Revolucionarias de Colombia-Ejército del Pueblo (FARC-EP)" (Santiago de Chile, 2019). Sus principales líneas de investigación son el populismo latinoamericano, la violencia política de mediados de siglo XX en Colombia y el estudio general de las identidades políticas.

Luciana Anapios es doctora en Historia por la Universidad de Buenos Aires, investigadora asistente del Consejo Nacional de Investigaciones Científicas y Técnicas (CONICET) y profesora adjunta de la Escuela Interdisciplinaria de Altos Estudios Sociales de la Universidad Nacional de San Martín (EIDAES-UNSAM). Actualmente, dirige la Sede Cono Sur y Brasil del Centro María Sibylla Merian de Estudios Latinoamericanos Avanzados, por la UNSAM. En su tesis doctoral, *El movimiento anarquista en Buenos Aires durante el período de entreguerras*, analizó las prácticas del movimiento anarquista en Buenos Aires poniendo atención en las transformaciones de sus prácticas culturales frente a los desafíos de la cultura de masas, el debilitamiento de su vinculación con el movimiento obrero, los debates sobre la relación entre política y violencia hacía fines de la década del veinte y comienzos de la del treinta, el rol del anarquismo en las principales movilizaciones del período y los desafíos y límites a su discurso político a partir de las transformaciones sociales, políticas y culturales del período. Ha publicado diversos artículos en revistas nacionales e internacionales y capítulos de libros, entre los que figura "La ciudad de las bombas. El anarquismo y la propaganda por el hecho en la Buenos Aires de los años veinte", en *Boletín del Instituto de Historia Argentina y Americana Dr. Emilio Ravignani*, Nº 39, 2013; "El niño anarquista", en Mirta Zaida Lobato (dir.), *Infancias argentinas*, Buenos Aires, Edhasa, 2019; y "Los perseguidos por la justicia. El caso Sacco y Vanzetti en la construcción de una opinión pública sensible en Buenos Aires", en Reindert Dhondt, Silvana Mandolessi y Martin Zikari (comps.), *Afectos y violencias en la cultura latinoamericana*, Países Bajos, Vervuert/Iberoamericana, en prensa.

Julieta Armella es doctora de la Universidad de Buenos Aires, área Ciencias de la Educación e investigadora asistente del CONICET. Es miembro del Laboratorio de Investigación en Ciencias Humanas (LICH) del Centro de Estudios en Desigualdades, Sujetos e Instituciones (CEDESI) y docente de grado y posgrado en la UNSAM, donde asimismo se desempeña como consejera suplente en el claustro docente de la Escuela de Humanidades. Su tema de investigación actual gira en torno a la inclusión digital en escuelas secundarias públicas emplazadas en contextos de extrema pobreza urbana con énfasis en la vida cotidiana de las instituciones. Co-coordina talleres de producción audiovisual en escuelas del partido de San Martín y analiza las formas en las que el arte interviene en los procesos narrativos allí donde la precariedad atraviesa la vida de los sujetos, de los barrios y de las instituciones.

María Cecilia Bocchio es investigadora asistente del CONICET con sede de trabajo en el Laboratorio de Investigación en Ciencias Humanas (LICH). Es asimismo doctora en Educación y en Política y Administración Educativa por la Universidad de Lisboa (becaria Eramus-Mundus UE), y licenciada y profesora en Ciencias de la Educación por la Universidad Nacional de Córdoba, Argentina. Es investigadora responsable del proyecto "Políticas y tensiones de la inclusión social y educativa en la cotidianeidad de escuelas secundarias emplazadas en ciudades-barrios de Córdoba Capital", financiado por el FONCYT. Sus estudios priorizan un enfoque cualitativo de investigación y se focalizan en el análisis desde una perspectiva sociopolítica de los procesos de puesta en acto de las políticas educativas en instituciones educativas de gestión estatal. Es también investigadora del Grupo de Estudios sobre Políticas Educativas (GiEPE), en el Centro de Investigaciones de la Facultad de Filosofía y Humanidades (CIFFYH) de la Universidad Nacional de Córdoba.

Laura Bonilla Neira es magister en Semiótica y licenciada en Español y Literatura de la Universidad Industrial de Santander. Actualmente cursa sus estudios doctorales en la Facultad de Filosofía y Letras de la Universidad de Buenos Aires con una beca otorgada por el Consejo Nacional de Investigaciones Científicas y Técnicas (CONICET). Su tema de investigación es el estudio del discurso público en plataformas digitales en las campañas del plebiscito sobre el Acuerdo de Paz en Colombia de 2016. Ha sido docente en universidades públicas y privadas en cursos de semiología, lingüística y lectura y escritura. Hace parte del grupo de investigación Cultura y Narración en Colombia (CUYNACO) y del Grupo de Investigación en Archivos de la Represión (GIAR). Sus principales líneas de investigación son argumentación retórica, identidad discursiva y discurso político contemporáneo. Entre sus publicaciones más recientes se encuentra el artículo "Tópicos y violencia verbal en la convocatoria a la marcha #NoMásDesgobierno en Colombia" (Minas Gerais, 2020) y los capítulos de libro "Imágenes sobre las mujeres en torno a la vigilancia a la Unión de Mujeres de Argentina" (Buenos Aires, 2020) y "La 'résistance civile' à l'accord de paix en Colombie. Mobilisation et construction d'un ethos collectif" (París, 2021).

Mariana Cané Pastorutti es doctora en Ciencias Sociales (UBA), magíster en Ciencia Política (IDAES/UNSAM) y licenciada en Sociología (UBA). Es especialista en análisis del discurso político y teoría política posfundacional. Su investigación actual aborda los modos de construcción del tiempo en los discursos políticos y los discursos antipolítica, particularmente en la década del noventa y la crisis de 2001 en Argentina. Es becaria posdoctoral del CONICET y docente de la Facultad de Ciencias Sociales de la UBA. Entre sus últimas publicaciones se encuentran "Cuidar, explicar, gobernar. El discurso de Alberto Fernández durante la pandemia de COVID-19 en Argentina" (coautoría con Ana Soledad Montero, en el libro *Ciencias sociales y big data*, editado por la UNR), "Más allá del voto bronca. Una relectura de las elecciones legislativas de 2001 en Argentina a partir del análisis de los discursos políticos del periodo" (*Pilquén*, 2021), "Cinco presidentes: ¿una sola crisis? Articulaciones tópicas y ethos en los discursos presidenciales de fines de 2001 en Argentina" (*Temas y Debates*, 2021); "Todos los tiempos, el tiempo. Reflexiones sobre lo político y el tiempo" (*Pensamiento al Margen*, 2019).

Ulrike Capdepón se doctoró en Ciencias Políticas en el Instituto de Estudios Latinoamericanos (ILAS) del GIGA y de la Universidad de Hamburgo (2011). Fue Marie Curie-Fellow en el Centro de Ciencias Humanas y Sociales (CCHS) del CSIC en Madrid, donde sigue siendo parte del proyecto "Las políticas de la memoria." Fue investigadora asociada al proyecto del ERC en la Universidad de Konstanz sobre "Narrativas del terror y de la desaparición en Argentina". Después de haber estado como Postdoctoral Research Scholar en el Institute for the Study of Human Rights (ISHR) de la Columbia University (Nueva York) durante dos años, fue investigadora y lectora, impartiendo clases en el Program in Latin American Studies (PLAS) de la Universidad de Princeton (EE. UU.) durante dos semestres. Antes de incorporarse en la UdeG fue investigadora y coordinadora de los proyectos "Reconstructing memory in European cities" y del proyecto "Sentido en común," ambos en la Universidad de Konstanz (Alemania). A continuación, fue Tándem Research Fellow en el Centro CALAS, y actualmente es profesora visitante del DAAD en el CUCSH de la UdeG. Sus intereses de investigación giran en torno a las culturas de memoria y los estudios sobre derechos humanos, paz y violencia política en Europa, especialmente la Península Ibérica, y los países del Cono Sur de América Latina. Entre sus publicaciones destaca la monografía *Del caso Pinochet a los desaparecidos de la Guerra Civil* [*Vom Fall Pinochet zu den Verschwundenen des Spanischen Bürgerkrieges: Die Auseinandersetzung mit Diktatur und Menschenrechtsverletzungen in Chile und Spanien*] (Global Studies, Transcript, 2015) y es coeditora de los volúmenes *Contested Urban Space. Monuments, Traces, and Decentered Memories* (Memory Studies Series, Palgrave Macmillan, con el Dr. Sarah Dornhof) que está a punto de publicarse y *The Impact of Human Rights Prosecutions: Insights from European, Latin American, and African Post-Conflict Societies* (Leuven University Press, 2020, con Rosario Figari Layús). Forma parte del equipo editorial de la revista *Journal of Genocide Research* (Taylor and Francis).

Eliana Rosa de Queiroz Barbosa es profesora del Departamento de Urbanismo y Medio Ambiente de la Facultad de Arquitectura y Urbanismo de la Universidad Federal de Río de Janeiro. Entre 2019-2020, fue profesora invitada de Estudios Urbanos en el Politécnico di Milano y entre 2017-2019 fue investigadora y coordinadora de Relaciones Internacionales para los Programas de Maestría en Asentamientos Humanos y Antropología Cultural y Estudios del Desarrollo, ambos en la Universidad de Lovaina, Bélgica. Su docencia e investigación se centran en el campo de los estudios urbanos y los desafíos que se enfrentan en las ciudades contemporáneas del Sur Global. Está particularmente interesada por métodos de investigación interdisciplinarios, principalmente en los campos del urbanismo y la antropología, y entrelazamientos entre territorio y afecto.

Rosario Fernández Ossandón es doctora en Sociología (Goldsmiths, Universidad de Londres). Es investigadora postdoctoral del Instituto de Estudios Avanzados de la Universidad de Santiago de Chile, integrante del Núcleo Milenio Autoridad y Asimetrías de Poder y profesora del Departamento de Filosofía de la Facultad de Filosofía y

Humanidades de la Universidad de Chile. Sus líneas de investigación son género, feminismo, poder, trabajo doméstico y afectos/emociones. Actualmente desarrolla el proyecto Fondecyt Postdoctoral N° 3210057, "El ejercicio de la autoridad en las relaciones entre mujeres. Aproximaciones sociológicas a partir del estudio del trabajo doméstico pagado" (2021-2024) financiado por la Agencia Nacional de Investigación y Desarrollo de Chile. Sus últimas publicaciones son: "Feminist movements in Chile: new configurations and the intensifications of its critical power" (2022, co-autora en *Handbook de Critical Race and Gender Studies*); "Asimetrías de poder y el ejercicio de la autoridad en el trabajo doméstico pagado" (2021, *Convergencia Revista de Ciencias Sociales*); "Una presentación para Julieta. Sentires sobre *Los nudos de la sabiduría feminista*" (2019, *Revista CUYO Anuario de Filosofía Argentina y Americana*); *Nación, otredad, deseo: producción de la diferencia en tiempos multiculturales* (2019, co-coordinadora del libro editado por la Academia de Humanismo Cristiano); y "Commodification of domestic labour, culture of servitude, and the making of the Chilean nation" (2018, *Austrian Sociological Journal*).

Montserrat Fois es doctoranda en Antropología Social en la Facultad de Filosofía y Letras de la Universidad de Buenos Aires. Cursó la maestría en Antropología Social en la misma institución y es licenciada en Ciencia Política por la Universidad Católica de Asunción. Es becaria del Programa Nacional de Becas "Don Carlos Antonio López" de Paraguay. Autora y editora de artículos académicos, capítulos de libros y columnas periodísticas, integra la Asociación Argentina para la Investigación en Historia de las Mujeres y Estudios de Género y el Grupo de Trabajo de Antropología del Turismo de la Asociación Latinoamericana de Antropología. Sus áreas de interés e investigación son los estudios acerca del Estado y las políticas públicas desde un enfoque de género, así como el análisis crítico de las políticas de "empoderamiento" y los programas de microcréditos diseñados para el "desarrollo" del Sur Global. En la actualidad su trabajo de investigación se centra en las políticas públicas dirigidas a mujeres trabajadoras paraguayas y sus familias en el marco del desarrollo de emprendimientos turísticos para el "empoderamiento" y el crecimiento económico local.

Laura Gherlone es investigadora en semiótica y literatura comparada del Consejo Nacional de Investigaciones Científicas y Técnicas (CONICET) de Argentina. Además, es profesora adjunta de Literatura Rusa en el Departamento de Letras de la Universidad Católica Argentina, Buenos Aires. Durante el período 2016-2019, fue becaria postdoctoral en el Centro de Investigaciones del Lenguaje de la Universidad Nacional de Córdoba (fondo: CONICET). Anteriormente, se ha desempeñado como investigadora en Italia. Ha sido profesora visitante en Alemania, México y Estonia. Su investigación aborda el pensamiento interdisciplinario de Juri Lotman –con foco en su producción teórica tardía– en relación con el giro espacial, la teoría de los afectos culturales y la reflexión latinoamericana sobre la decolonialidad, tomando la problemática migratoria como campo de exploración. Es autora de numerosas publicaciones internacionales.

Agustina González es diseñadora industrial, estudiante de la Maestría en Estudios Culturales de la Universidad Nacional de Rosario (UNR), becaria de investigación categoría A en la Universidad Nacional de Mar del Plata (UNMdP) e investigadora en grupos de investigación del IEHPAC / CIPADI, Facultad de Arquitectura, Urbanismo y Diseño (FAUD), Universidad Nacional de Mar del Plata (UNMdP). Sus proyectos actuales se relacionan con el estudio sobre las formas de construcción social del cuerpo en experiencias de ocio balneario y su abordaje desde distintas representaciones visuales de la cultura material. Sus intereses teóricos se vinculan con los estudios del cuerpo, de la ciudad y del ocio y se entrecruzan con las teorías sobre la imagen y los estudios visuales. Entre sus publicaciones recientes, se encuentran "Discursos, pedagogías y estereotipos en la natación femenina argentina a principios del siglo XX" (*Educación Física y Ciencia*, 2021) y "Diseño en clave histórica, algunas aproximaciones" (en *Becarios FAUD 2020: formación de investigadores y líneas de trabajo*, 2020), ambas en coautoría junto a G. Kaczan.

Silvia Grinberg es especialista y profesora en Sociología de la Educación y Pedagogía. Es directora e investigadora del Laboratorio de Investigación en Ciencias Humanas (LICH), de doble dependencia CONICET/Escuela de Humanidades, UNSAM. En dicha casa de estudios también dirige el Doctorado en Ciencias Humanas y se desempeña como docente de grado y posgrado. Preside la Asociación Argentina de Sociología. Sus intereses de investigación abarcan juventud y educación en extrema pobreza urbana, estudios ambientales, inclusión social y desigualdades educativas. Tiene experiencia en métodos de investigación innovadores basados en la comunidad, a través de prácticas digitales y audiovisuales. En sus proyectos más recientes, se enfoca en las cartografías urbanas de las desigualdades sociales y educativas. Ha dirigido proyectos de investigación de alta complejidad, internacionales y nacionales. Ha formado a investigadores, doctorandos y maestrandos. Tiene amplia experiencia en proyectos vinculados a políticas educativas, a nivel primario y secundario. Su producción académica incluye doce libros y numerosos capítulos y artículos en revistas académicas del país y del extranjero. Ha sido invitada para dictar cursos de posgrado y conferencias en universidades latinoamericanas, europeas y canadienses. Entre sus libros se destacan *Silencios que gritan 2. Relatos urbanos en primera persona* (2018), *Cuadernos de pensamiento biopolítico latinoamericano 2* (2014), *La escuela not dead. Dispositivos pedagógicos, territorios y desigualdad* (2013) y *Silencios que gritan* (2012). Algunos de sus últimos capítulos en libros y artículos son: "How to take flight from menacing futures? Young people and education in the slums of the global south" (*Disassembled Cities: Social and spatial strategies to reassemble communities*, 2019); "Carcova is love: Becoming youth in the slums of the Global South" (*Youth inequality and social change in the Global South*, 2019); "Management times as moral regulation in Argentina. A study at the everyday work of a secondary school principal" (*International*

Journal of Leadership in Education, 2019) y "Self-made school and the everyday making in Buenos Aires slums" (*British Journal of Sociology of Education*, 2019).

Claudia Hammerschmidt es doctora en Filología Románica por la Universidad de Köln. Ha sido profesora titular en el Instituto de Filología Románica de la Universidad de Trier (2009-2011) y, desde 2011, es catedrática de literatura española, latinoamericana y francesa en el Instituto de Filología Románica de la Universidad Friedrich Schiller de Jena. Actualmente, es directora del Centro Internacional de Estudios Interdisciplinarios Argentina/Cono Sur (ARCOSUR) de la Universidad Friedrich Schiller de Jena (https://www.gw.uni-jena.de/es/arcosur.html) y de la Sede Cono Sur y Brasil del Centro Regional Maria Sibylla Merian, por la Universidad Friedrich Schiller de Jena (http://www.calas.lat/conosur-brasil). Hasta fines de 2021, dirigió la red temática "Cambio transnacional, desigualdad social, intercambio intercultural y manifestaciones estéticas: el ejemplo de la Patagonia", en cooperación con ocho universidades argentinas y chilenas (http://www.patagonia.uni-jena.de/). De 2016 a 2020 fue presidenta del Instituto Internacional de Literatura Iberoamericana (con sede en la universidad de Pittsburgh, EE. UU.). De 2015 a 2019 fue codirectora del proyecto binacional DFG-CONICET-MINCyT "El paradigma Marechal o la ‚tercera posición' de la literatura argentina" (https://www.romanistik.uni-jena.de/Binationales_ DFG_ Projekt_Leopoldo_ Marechal.html). Es editora de las colecciones „Fines del mundo. Estudios culturales del Cono Sur" (que contiene la serie „Patagonia literaria") y „Estudios culturales de Latinoamérica y el Caribe" (todas por INOLAS). Ha organizado y dirigido 22 congresos y coloquios internacionales (en Alemania, Francia, Argentina, Chile, EE. UU.), 10 ciclos de conferencias (en la Universidad Friedrich Schiller de Jena), 4 exposiciones de *posters* (en Alemania y Argentina) y ca. 25 lecturas de poesía latinoamericana (en Alemania, Argentina y Chile). Su tesis doctoral versó sobre Guillermo Cabrera Infante y su literatura del exilio (publicado por Vervuert en 2002; traducido al castellano en 2015 con el título de *Mi genio es un enano llamado Walter Ego. Estrategias de autoría en G. Cabrera Infante*). Su tesis de habilitación se dedicó a la constitución de la autoría moderna en la literatura francesa (*Autorschaft als Zäsur. Vom Agon zwischen Autor und Text bei d'Urfé, Rousseau und Proust*, Fink, 2010). Desde entonces ha editado 18 libros y más de 50 artículos y capítulos de libros, en particular sobre literatura latinoamericana.

Donovan Adrián Hernández Castellanos es doctor en Filosofía por la UNAM y realizó su posdoctorado en la UAM-X. Es profesor asociado de tiempo completo en la FFyL de la UNAM y profesor visitante del CELEI de Chile y la Comisión de Derechos Humanos de Quintana Roo. Forma parte del consejo académico de *Cultura DH*. Ha publicado tres libros de filosofía, entre ellos *Discutir la biopolítica. Mapa de una problematización* (EAE, 2012) y *Arqueologías urbanas, topografías críticas. La dialéctica de la ciudad en Siegfried Kracauer y Walter Benjamin* (Parmenia, 2020). Es autor de la entrada "Freedom" del diccionario de estudios latinoamericanos de la editorial Routledge, así como de otros cincuenta ensayos. Sus líneas de investigación son la teoría política, con especial énfasis en género, inclusión y derechos humanos en América Latina. Participó en el seminario-semillero "El pensamiento crítico frente a la Hidra capitalista", convocado por el EZLN (CIDECI, Chiapas). Coordinó, junto a la Dra. Maya Aguiluz, el seminario "De un gesto soberano. Paradigmas bio-necropolíticos en México y América Latina", en el CEIICH-UNAM. Actualmente coordina el coloquio internacional "La filosofía política a la prueba de los derechos humanos", en la FFyL de la UNAM. Pronto se publicará su libro de periodismo *El color de la tierra* por la editorial ¡Ay Bacantes! y la Comisión Nacional de Derechos Humanos (CNDH).

Anna Hickey-Moody es profesora y futura becaria del Consejo Australiano de Investigación y becaria de investigación distinguida del vicerrector de RMIT. Es profesora de Medios y Comunicación en el Centro de Investigación de Etnografía Digital, RMIT Melbourne.

Sus libros más recientes son *Faith Stories: Sustaining Meaning in Troubling Times* (Manchester University Press, 2022), *Childhood, Citizenship and the Anthropocene: Posthuman Publics and Civics* (Rowman y Littlefield, 2021) y *Deleuze and Masculinity* (Palgrave, 2019). Su investigación financiada más recientemente explora cómo los jóvenes aprenden a través de la creación artística.

Gisela Paola Kaczan es diseñadora industrial, doctora en Historia e investigadora adjunta del CONICET. Asimismo es directora de grupos de investigación en el IEHPAC / CIPADI, Facultad de Arquitectura, Urbanismo y Diseño (FAUD), Universidad Nacional de Mar del Plata (UNMdP), y docente de grado y posgrado de la misma facultad y universidad. Sus proyectos actuales se dedican a estudiar las relaciones interpersonales y las prácticas socioespaciales y corporales durante tiempos para el ocio desde un marco teórico que cruza la historia cultural y urbana, las perspectivas de género y los estudios visuales.

Entre sus publicaciones recientes, se encuentran "Discursos, pedagogías y estereotipos en la natación femenina argentina a principios del siglo XX" (*Educación Física y Ciencia*, 2021), "Viajes de mujeres. Representaciones sobre el vacacionar en la costa marítima, Argentina, 1920-1930" (*Memorias: Revista Digital de Historia y Arqueología desde el Caribe colombiano*, 2020) y "Las marcas corporales, las vacaciones y los cuerpos disidentes: una reflexión en clave histórica" (en *Cuerpos en perspectiva (desbordados y sumergidos)*, en prensa, junto a P. Núñez).

Oliva López Sánchez es doctora en Antropología, profesora-investigadora en la Facultad de Estudios Superiores Iztacala de la Universidad Nacional Autónoma de México, y coordinadora del Proyecto de Investigación Interdisciplinaria sobre Cuerpo, Emociones y Género (PIICEG-FESI-UNAM). Asimismo es co-coordinadora de la Red Nacional de Investigación en los Estudios Socioculturales de las Emociones (RENISCE) e integrante de la Academia Mexicana de Ciencias y del Sistema Nacional de Investigadores nivel II. Sus líneas de investigación son las representaciones técnico-médicas del cuerpo de las mujeres en México (siglos XIX y XX); la salud mental desde las perspectivas de la antropología médica, la historia cultural y de género; los estudios socioculturales de las emociones y el cuerpo; y la historia cultural de las emociones y la educación sentimental en México. Actualmente es responsable del proyecto "Características psicosociales y procesos socioemocionales en comunidades estudiantiles universitarias frente al aislamiento sanitario por COVID 19: hacia una política institucional del cuidado, autocuidado y autoatención" con financiamiento UNAM. Es autora de artículos especializados y libros de autor. Entre sus publicaciones más recientes se encuentran: "Amor, desamor y modernidad. Régimen de una educación sentimental en México y América Latina (1900-1950)" y "Extravíos del alma mexicana. Patologización de las emociones en los diagnósticos psiquiátricos (1900-1940)". Es coeditora de la Colección Emociones e Interdisciplina de la RENISCE.

Maximiliano Marentes es licenciado en Sociología, magister en Sociología de la Cultura y el Análisis Cultural por la Universidad Nacional de San Martín (UNSAM) y doctor en Ciencias Sociales por la Universidad de Buenos Aires (UBA). Actualmente se desempeña como becario posdoctoral del Consejo Nacional de Investigaciones Científicas y Técnicas (CONICET) en la Escuela Interdisciplinaria de Altos Estudios Sociales (IDAES/UNSAM), adonde también es coordinador académico del Doctorado en Sociología. Ha publicado artículos en revistas nacionales y extranjeras. Los más recientes son "Acosos, apoyos y amores: en los pliegues de las memorias escolares de varones gays del Área Metropolitana de Buenos Aires, Argentina" y "Conocerse como proceso. Inicios de las historias de amor de varones gays en producciones culturales argentinas". Su tesis *¿El mismo amor? Un estudio sobre especificidades del amor gay a partir de historias de varones jóvenes del Área Metropolitana de Buenos Aires 2017-2018* resultó ganadora del Premio Nacional de Tesis Doctoral en Ciencias Sociales. Sus áreas de especialidad son los estudios sociales del amor, género y sexualidades, producción social de las intimidades, familias y diversidad sexual.

Eduardo Mattio es marica feminista. Es doctor y licenciado en Filosofía por la Universidad Nacional de Córdoba (UNC, Argentina). Es profesor de ética en la Escuela de Filosofía e investigador en el Área de Feminismos, género y sexualidades (FemGeS) del Centro de Investigaciones María Saleme de Burnichon de la Facultad de Filosofía y Humanidades (CIFFyH) y del Instituto de Humanidades (IDH, CONICET-UNC). Dirige el proyecto de investigación "Emociones, temporalidades, imágenes: hacia una crítica de la sensibilidad neoliberal" (CIFFyH, UNC). Ha publicado artículos y capítulos de libro en el país y en el extranjero sobre cuestiones de género y disidencia sexual. Ha dictado seminarios de grado y posgrado sobre género y sexualidad en diversas universidades del país y también ha sido profesor visitante en la Maestría de Antropología Social de la Benemérita Universidad Autónoma de Puebla, México. Es miembro de Comité Académico del Doctorado en Estudios de Género del Centro de Estudios Avanzados, FCS, UNC. Su trabajo de investigación reciente cruza cuestiones de filosofía práctica, teoría *queer* y giro afectivo; desde ese marco examina la potencia política, en particular las gramáticas afectivas sexo-disidentes.

Mariela Peller es socióloga y doctora en Ciencias Sociales por la Universidad de Buenos Aires. Docente de teoría feminista y estudios de género en la Carrera de Sociología de la Facultad de Ciencias Sociales (UBA) e investigadora del CONICET con lugar de trabajo en el Instituto de Investigaciones de Estudios de Género (FFyL-UBA). Sus principales líneas de investigación giran en torno a los estudios de memoria y los estudios de género, particularmente, en los últimos años se ha dedicado a investigar sobre posmemorias y segundas generaciones. Es integrante del proyecto UBACyT "Pasado/presente. Afectos, testimonios y archivos en la cultura argentina contemporánea" e investigadora responsable del proyecto PICT "Nuevas voces de la memoria social: hijas de represores en Argentina". Asimismo, es coordinadora del Grupo de Trabajo de CLACSO "Red de Género, Feminismos y Memorias de América Latina y el Caribe". Su texto "Las hijas de la militancia", integra la colección *Historia feminista de la literatura argentina*, Villa María, EDUVIM, 2020.

Mariana Eva Pérez es licenciada en Ciencia Política (Universidad de Buenos Aires). Integró el equipo fundador del proyecto de investigación "Reconstrucción de la identidad de los desaparecidos. Archivo biográfico familiar de Abuelas de Plaza de Mayo" (IIGG, UBACyT 1999-2007). Realizó su doctorado en Literatura Románica en la Universidad de Konstanz (Alemania) con una investigación sobre la desaparición de personas en la dramaturgia argentina del período 2001-2015 (que se publicará en 2022 con el título *Fantasmas en escena*). Publicó *El pasado inasequible. Desaparecidos, hijos y combatientes en el arte y la literatura del nuevo milenio* (Eudeba, 2018), con Jordana Blejmar y Silvana Mandolessi, y la novela *Diario de una princesa montonera: 110% Verdad* (Planeta, 2021). Integra el proyecto "Dialécticas de incidencia entre las artes escénicas y la trama política (1976-2017)" (IIGG, PICT 2017-3059) y "Todos somos Ayotzinapa. El rol de los medios digitales en la formación de memorias transnacionales sobre la desaparición" (ERC / KU Leuven / UdeSA). En 2021 fue becaria del CALAS en el formato tándem transatlántico, junto con Ulrike Capdepón, con el proyecto "Infancias, cautiverio y desaparición en Argentina. Los niños sobrevivientes en los procesos de lesa humanidad y los sitios de memoria".

Zeyda Rodríguez Morales es profesora-investigadora titular de la Universidad de Guadalajara, México, adscrita al Departamento de Estudios de la Comunicación Social. Estudió Licenciatura en Sociología, Maestría en Sociología y es Doctora en Ciencias Sociales por la Universidad de Guadalajara. Es miembro del Sistema Nacional de Investigadores desde 2005, actualmente nivel III. Imparte clases en las Licenciaturas en Comunicación Pública y Licenciatura en Sociología, la Maestría en Ciencias Sociales, la Maestría en Comunicación y el Doctorado en Ciencias Sociales. Sus líneas de investigación versan sobre emociones, relaciones amorosas y sexualidad en jóvenes y adultos. Actualmente es responsable de un proyecto colectivo sobre intimidad y relaciones de pareja apoyado por Conacyt. Entre sus publicaciones recientes se encuentran: "Emociones juveniles en torno al amor: autorregulación del yo e imaginarios amorosos", (en *Acercamientos multidisciplinarios a las emociones*, 2017), "Imaginarios amorosos, reglas del sentimiento y emociones entre jóvenes en Guadalajara" (*Revista Estudios Sociológicos*, 2019) y "Sexualidad y relaciones de pareja entre adultos y adultos mayores en México y América Latina: explorando la normalidad heterosexual" (en *Intimidad y relaciones de pareja: exploraciones de un campo de investigación*, 2020).

Tania Rodríguez Salazar es doctora en Ciencias Sociales por la Universidad de Guadalajara, México. Es profesora e investigadora del Departamento de Estudios de la Comunicación Social de la misma universidad y miembro del Sistema Nacional de Investigadores (SIN), nivel II. Es autora de los libros *Las razones del matrimonio* (2001), *Vidas deseables. Cartografías de deseos y valores en jóvenes* (2009), *El amor y la pareja: nuevas rutas en las representaciones y prácticas juveniles* (2017) y coordinadora de los libros colectivos *Representaciones sociales. Teoría e investigación* (2007), *Representaciones mediáticas del amor, el sexo y el poder femenino* (2016), entre otros. Sus líneas de investigación se relacionan con representaciones sociales, sociología de las emociones, teoría cultural, amor, relaciones de pareja y mediaciones tecnológicas, dentro de las cuales ha publicado una diversidad de artículos y capítulos de libro.

Tanja Petra Schindewolf estudió Ciencias de Educación con especialización en educación de adultos y desarrollo organizacional con el apoyo de una beca de la Fundación Hans Böckler en las universidades de Marburg y Heidelberg (Alemania), así como en la Universidad de Santiago de Compostela (España) y la Universidad de Viña del Mar (Chile). Ha estado involucrada en la educación sindical durante varios años. Actualmente trabaja para el centro de educación de la Confederación Alemana de Sindicatos a nivel federal como directora de las cooperaciones de proyectos sindicales por el sur y el sudeste de Asia. Además, en nombre del Instituto Alemán de Educación de Adultos, realiza actividades como experta para el reconocimiento de las competencias pedagógicas de las y los profesores de educación de adultos. Como parte de una estancia de investigación en el Ministerio de Educación de Chile, investigó las diferencias específicas de género en la participación en programas de intercambio en el desarrollo profesional. Sus intereses de investigación incluyen procesos educativos participativos, enfoques educativos sistémicos, educación política internacional y movimientos sindical.

Cintia Schwamberger es doctora en Ciencias de la Educación (UBA), licenciada y profesora de Educación Especial (UNSAM) y becaria posdoctoral del Consejo de Investigaciones Científicas y Técnicas (CONICET) en el Laboratorio de Investigación en Ciencias Humanas (LICH). También es miembro del equipo de investigación CEDESI EHU-UNSAM y del Grupo de Trabajo en Estudios Críticos de la Discapacidad (CLACSO). Docente de la Escuela de Humanidades de la UNSAM. Sus temas de vinculación refieren a la puesta en acto de las políticas de inclusión de estudiantes con discapacidad en su relación con la pobreza urbana, los procesos de escolarización, la producción audiovisual como línea de fuga y los estudios críticos en discapacidad.

Mariela Solana es doctora en Filosofía por la Universidad de Buenos Aires y licenciada y profesora en Filosofía por la misma universidad. Actualmente, es investigadora asistente de CONICET (Instituto de Investigación de Estudios de Género, Facultad de Filosofía y Letras, UBA) y se dedica a estudiar la relación entre afectos, lenguaje y corporalidad en la teoría feminista. Es docente del Instituto de

Estudios Iniciales y miembro del Programa de Estudios de Género en la Universidad Nacional Arturo Jauretche. Fue becaria Fulbright-Ministerio de Educación, así como becaria doctoral y posdoctoral CONICET. Publicó artículos en distintas revistas especializadas como *Mora, Descentrada, Cuadernos de filosofía, La Ventana, Revista de Filosofía y Teoría Política, Daimon, Tópicos, Estudos Feministas*, entre otras. Es autora del libro *La noción de subversión en Judith Butler* (Buenos Aires, Teseo, 2017). Ha editado los libros: *Pretérito indefinido. Afectos y emociones en las aproximaciones al pasado* (Título, 2015), junto a Cecilia Macón; *Debates y acciones feministas en las universidades* (UNAJ Edita, 2021), junto a Daniela Losiggio; y *Affect, Gender and Sexuality in Latin America* (Palgrave MacMillan, 2021) junto a Cecilia Macón y Nayla Vacarezza.

Made in United States
North Haven, CT
10 November 2026

22091524R00261